普通高等教育经管类专业“十三五”规划教材·用友 ERP 实训互动系列

场景式企业供应链应用基础教程

(用友 ERP-U8 V10.1)

李吉梅　于海宝　主　编

马骋宇　宋　彤　副主编

清华大学出版社

北　　京

内 容 简 介

本书是一本以工业企业的日常供应链活动为原型设计的、适用于移动学习的互动图书，其教辅网站支持微学习和无缝学习。它突出“利用碎片时间学习、在场景中理解业务、利用虚拟机掌握操作”的理念，基于用友 ERP-U8 V10.1 软件，以“强化实践、培养技能”为目标，将企业的购销存业务活动案例贯穿始终，力争使读者在虚拟现实中可视化地学会使用信息化手段处理企业供应链典型业务的技能，更好地理解信息化环境下企业购销存业务之间的关系，并能更深入地理解企业的业务流和信息流的集成性、实时性和共享性的内涵。

本书可用作高等院校(含高职)会计、管理、物流、电子商务、信息管理与信息系统等相关专业的供应链应用类课程的教学用书，也可用作用友 ERP 认证系列和相关技能竞赛的实验用书，还可用作企业财务人员、业务人员、管理人员了解企业信息系统实务的参考读本和多终端个性化自适应学习的在线资料。

图书在版编目(CIP)数据

场景式企业供应链应用基础教程：用友 ERP-U8 V10.1 /李吉梅，于海宝　主编. —北京：清华大学出版社，2016(2018.2重印)

(普通高等教育经管类专业“十三五”规划教材·用友 ERP 实训互动系列)

ISBN 978-7-302-45330-7

Ⅰ. ①场…　Ⅱ. ①李…　②于…　Ⅲ. ①企业管理－供应链管理－计算机管理系统－高等学校－教材　Ⅳ. ①F274-39

中国版本图书馆 CIP 数据核字(2016)第 257085 号

责任编辑：刘金喜
封面设计：周晓亮
版式设计：思创景点
责任校对：曹　阳
责任印制：李红英

出版发行：清华大学出版社

网　　址：http://www.tup.com.cn，http://www.wqbook.com
地　　址：北京清华大学学研大厦 A 座　　邮　　编：100084
社 总 机：010-62770175　　邮　　购：010-62786544
投稿与读者服务：010-62776969，c-service@tup.tsinghua.edu.cn
质 量 反 馈：010-62772015，zhiliang@tup.tsinghua.edu.cn
课 件 下 载：http://www.tup.com.cn，010-62781730

印 装 者：三河市少明印务有限公司
经　　销：全国新华书店
开　　本：185mm×260mm　　**印　　张**：18　　**字　　数**：405 千字
版　　次：2016 年 11 月第 1 版　　**印　　次**：2018 年 2 月第 2 次印刷
印　　数：3001～4500
定　　价：36.00 元

产品编号：070380-01

本教材出版得到以下项目资助和支持：

- **教育部 2014 年与百度公司校企合作专业综合改革重点项目**
  ERP 软件应用的教学实验设计，项目号【2014-B306】
- **北京语言大学院级科研项目(中央高校基本科研业务专项资金资助)**
  不确定性问题的智能决策理论与方法研究，项目号【16YJ030001】
- **北京语言大学“教学名师支持计划”项目，项目编号【OTP201607】**

编写委员会

序　言

ERP(Enterprise Resources Planning，企业资源规划)是一种企业信息系统(Enterprise Information Systems，EIS)，它将企业的物流、资金流和信息流统一起来进行管理，对企业所拥有的人力、资金、材料、设备、方法(生产技术)、信息和时间等各项资源进行综合平衡和充分考虑，最大限度地利用企业现有的资源以取得更大的经济效益，科学有效地管理企业人、财、物、产、供、销等各项具体工作。目前绝大多数跨国企业、国内大中型企业都在使用或实施 ERP。

本系列图书是根据教育部高等教育司组织、由高等学校文科计算机基础教学指导委员会编写的《高等学校文科类专业大学计算机基本要求(第 6 版，2011 年版)》有关企业信息系统(EIS)的基本要求，以及教育部高等学校管理科学与工程类学科专业教学指导委员会与国际信息系统协会中国分会课题组编制的《中国信息系统学科课程体系 2011》(2011 年版)中有关 EIS 原理及应用的教学要求编写而成的。

在高等教育中，实践教学是巩固理论知识和加深对理论认知的有效途径，是培养具有创新意识的高素质工程技术人员的重要环节；是理论联系实际、培养学生掌握科学方法和提高动手能力的重要平台。我国在《国家中长期人才发展规划纲要(2010—2020 年)》、《国家中长期教育改革和发展规划纲要(2010—2020年)》以及《关于实施高等学校本科教学质量与教学改革工程的意见(教高[2011]6 号)》中，明确指出要“大力加强实验、实践教学改革”“以强化实践教学为重点，整合各类实验实践教学资源”，所以本系列图书强调实践性，基于用友 ERP 产品进行企业业务的信息化处理。

同时，为帮助学生理解企业业务，以及业务与软件操作之间的关系，本系列图书模拟现代商业社会环境中企业的经营与管理，对典型业务进行了虚拟场景设计。

另外，随着移动互联网的发展和泛在学习的普及，碎片化、可视化学习越来越受到大家的关注，所以本系列图书实现了互动性，将企业业务在用友 ERP 产品中的应用操作，按知识点和业务场景录制了微视频。

总之，本系列图书突出“利用碎片时间学习、在场景中理解业务、利用虚拟机掌握操作”的理念，以“强化实践实训、突出技能培养”为目标，将企业经营活动的业务，先以情景剧的形式体现，然后在业务分析和知识点讲解的基础上，以用友 ERP-U8 V10.1 软件为工具，进行处理方法和操作流程的讲解，并给出了相应的操作录屏(10 分钟以内的微视频)，使读者可以在虚拟现实中可视化地学会使用信息化手段处理企业业务的技能，更深入地理解企业的业务流、资金流和信息流的集成性、实时性和共享性的内涵。

本系列图书的教辅网站，支持学员的微学习、无缝学习和自适应学习等，支持教师的在线开课和学习管理等。

系列图书编委会

2016 年 4 月于北京

前　言

本书是以工业企业的日常供应链活动为原型设计的，将企业的购销存业务活动案例贯穿始终，重点讲解在信息化管理环境下，工业企业供应链典型业务在用友 ERP-U8 V10.1 中的处理方法和处理流程，涉及采购、销售、库存和存货核算等 4 个功能模块。

由于用友 ERP 软件体现了业务流程的思想，在进行各项任务的信息化处理时，会涉及多个模块和多项功能命令的使用，所以本书模拟现代商业社会环境中企业的经营与管理，对供应链典型业务进行了虚拟场景设计，并将企业业务在用友 ERP 产品中的应用操作，按知识点和业务场景录制了微视频，以分解业务处理流程和降低学习难度。

本书的微视频，全部按业务流程和虚拟场景的顺序，存放在本书的教辅网站上。教辅网站支持无缝学习和微学习，学员可在网站上自主地选择学习、通过搜索知识点进行精准学习，以及参加教师的课程进行系统学习等；教师可基于本书的在线资料和微视频，进行在线开课、课程管理和学员的学习管理等。

为了更好地支持教与学活动和移动学习，本书还提供了配套的可在笔记本电脑上运行的实验环境和按章存放的账套备份文件，以提高读者的实验环境搭建效率和业务操作的效率与效果。

本书由 8 章组成，前 3 章主要讲解实验环境的搭建、案例企业的管理体系与制度、案例企业的基础档案和案例企业对用友 ERP 软件中各个业务模块的初始设置；第 4 章是日常采购业务和特殊业务；第 5 章是库存和存货核算业务；第 6 章是销售业务；第 7 章是月末处理，讲解案例企业各个模块的月末处理方法；第 8 章是综合实验，用于检验学员对相关业务的理解程度和操作熟练程度。

本书在每章开头给出本章概要、授课时间建议，以及实验目的与要求，并在理论知识较多的章节中，增加“预备知识”部分。例如，在第 4 章中增加“4.1 预备知识”，讲解完整采购业务管理系统的业务类型、应用模型，采购管理过程中涉及的单据类型、单据状态和单据操作等。

本书中的供应链业务和虚拟场景设计按岗位分工进行，但在操作时以账套主管的身份进行，以降低学习难度。本书共设计了10 个岗位(即场景中的人物)，包括账套主管、财务主管、会计、采购主管、采购业务员、销售主管、销售批发员、销售零售员、仓库主管和仓库管理员，以仿真企业实际。

本书的主体写作模式为：业务描述与分析、虚拟业务场景和操作指导。以第 4.2 节(请购与采购订货)为例，其业务描述为“4 月 1 日，生产部向采购部请购镜片树脂 1.5 千克，要求本月5号到货。采购员张新海请购，获得批准后与北京塑料二厂签订采购合同(合同编号 CG001)，订购镜片树脂 1.5 千克，无税单价 6000 元，增值税税率为 17%，约定本月 5

号到货”。其业务分析为“本笔业务是采购管理中的请购与采购订货业务，需要填制并审核采购请购单、填制并审核采购订单”。

虚拟业务场景中包括人物设计(如刘正——生产部主管，刘静——采购部主管，张新海——采购部职员，席子君——北京塑料二厂销售部)、场景事件(如“场景一　生产部向采购部提出采购申请，要求订购镜片树脂 1.5 千克，5 日到货”)，以及对话设计(如下)。

> 刘正：喂，您好。这里是生产部。
> 张新海：您好，这里是采购部。
> 刘正：我们本月 5 号需要 1.5 千克镜片树脂。
> 张新海：好的，我马上请购(开始填写请购单)。
> (张新海请采购主管刘静审核采购请购单)
> 张新海：主管，生产部要求请购的镜片树脂的请购单已经填好了。您给审核一下？
> 刘静：好的。(开始审核)

操作指导中，首先给出本笔业务的操作流程图，然后按场景给出微视频所在的网页地址及其二维码、操作任务说明，以及相应的操作步骤。以第 4.2 节的场景一为例，其相关内容如下图。

> 请确认系统日期和业务日期为 2016 年 4 月 1 号……
>
> **2. 场景一的操作步骤**
>
> 
>
> **视频网址**：http://www.mdmuke.com/mdmk/mod/page/view.php?id=1099
> **任务说明**：填制与审核请购单。
>
> (1) 打开“采购请购单”窗口。在“企业应用平台”的“业务工作”页签中，依次点击“供应链/采购管理/请购/请购单”菜单项，系统打开“采购请购单”窗口。
>
> (2) 填制请购单。单击工具栏中的“增加”按钮，新增一个请购单，然后做如下编辑。
>
> ① 表头编辑。参照生成“请购部门”为“生产部”，其他项默认。
>
> ② 表体编辑。参照生成表体的“存货编码”为“12220”(镜片树脂)，并在“数量”栏填入“1.5”，修改“需求日期”为“4 月 5 号”，其他项默认。
>
> ③ 保存。单击工具栏中的“保存”按钮，保存该请购单，结果如图 4-15 所示。
>
> (3) 审核请购单。单击工具栏中的“审核”按钮，审核通过该请购单。
>
> (4) 退出。单击“采购请购单”窗口右上角的“关闭”按钮，退出该窗口。

由上图可知，针对每个操作步骤，本书不仅给出了详细的描述，还都提炼了主要功能或目标(如打开“…”窗口、保存、审核、退出)，以利于读者快速了解本步骤的目标。

另外，为便于初学者了解单据中各个栏目的含义和各种单据的操作，本书在每种单据首次被使用时，都会给出单据中主要栏目的含义解释，以及操作提示，以说明该种单据的可操作类型和操作限制。

总之，本书突出“利用碎片时间学习、在场景中理解业务、利用虚拟机掌握操作”的理念，以“强化实践实训、突出技能培养”为目标，注重提高读者的使用效率与效果。

本书的授课时间建议为36～72课时，业余时间与课堂的学时比例至少为2:1，建议进行混合模式教学，即学生业余时间通过微视频学习操作，课堂进行理论讲解、实操经验交流和完成实验报告。

本书PPT教学课件可通过http://www.tupwk.com.cn/downpage下载。

本书由北京语言大学信息科学学院的李吉梅教授和新道科技股份有限公司的于海宝ERP高级顾问担任主编，首都医科大学卫生管理与教育学院的马骋宇副教授和北京城市学院的宋彤高级经济师担任副主编，参与本书编写的还有杜美杰、张忠伟、李康、孟先进、吴金昊、陈麒麟、陶艺雯、刘兆平、白雪玉、柏梦涵、董熙、靳晰淅、李昕和王涵(排名不分前后)。本书的微视频后期制作与相关网页编辑，由北京神州明灯教育科技有限公司完成。全书最后由李吉梅教授统稿和审定。

群名称：用友ERP微学习之U8
群　号：190665520

本书在编写过程中，得到了新道科技股份有限公司李林坤客户经理的技术支持与帮助，北京神州明灯教育科技有限公司的微视频播放与在线学习支持，合一集团(优酷土豆股份有限公司)的微视频存放与播放支持，并获北京语言大学院级科研项目(中央高校基本科研业务专项资金资助，项目编号 16YJ030001)和教学名师支持计划(项目编号OTP201607)的资助，在此一并表示感谢！

书中难免会有不妥和错误之处，敬请同行与读者不吝指正。联系方式：

E-mail：ljm@blcu.edu.cn或290105757@qq.com

QQ群：190665520(用友ERP微学习之U8)

李吉梅

2016年4月于北京

教辅资料与网站说明

欢迎使用《场景式企业供应链应用基础教程(用友 ERP-U8 V10.1)》(以下简称“本教程”)!

本教程的编者在百度云盘空间中，存放并共享了实验环境——用友 ERP-U8 V10.1 教学版的虚拟机软件和数据文件(云盘地址：http://pan.baidu.com/s/1miczJ7M，访问密码：l4gr)，教学课件、案例企业的数据账套，以及业务操作的微视频访问说明等(云盘地址：https://pan.baidu.com/s/1kVO5jMZ，访问密码：m68d)。

另外，本教程的教辅网站(网站地址：http://www.mdmuke.com/mdmk/course/view.php?id=36)支持微学习和无缝学习，支持教师在线开课和教师间的资料共享，以及学员多终端的在线个性化学习与交流。

1. 用友 ERP-U8 V10.1 实验环境

本教程是在用友 ERP-U8 V10.1 软件中操作的，您必须有实验环境才能进行实验操作。该实验环境可以用以下 2 种方式搭建：

- 安装用友 ERP-U8 V10.1 教学版软件。
- 安装虚拟机软件，然后在虚拟机中导入用友 ERP-U8 V10.1 教学版的数据文件。

一般学校的用友 ERP 实验室中的教学用机上都安装有此软件，安装方法在此不再赘述。若需要在个人计算机上使用，因用友 ERP-U8 V10.1 的安装步骤和所需要的组件较多，而且对计算机上的其他软件限制较多，所以本教程给出了利用虚拟机软件搭建实验环境的方法(详见第 1 章)，百度云盘空间中的“U8V101 虚拟机”文件夹中包括以下 3 个文件：

- VirtualBox.exe　虚拟机软件，V4.3.28 绿色版。
- VirtualBoxHelp.pdf　虚拟机软件的安装说明和帮助手册。
- U8V101.ova　用友 ERP-U8 V10.1 教学版的虚拟机数据文件。

2. 数据账套使用方法

百度云盘空间中的“实验账套数据”文件夹中，账套备份文件均为“压缩”文件。使用前，需要首先将相应的压缩文件从云盘中下载到本地硬盘上，再用解压缩工具进行解压(建议用 WinRAR 3.42 或以上版本)，得到相应可以引用的账套数据文件。

您可以在做实验前引入相应的账套，然后在引入的账套上进行业务操作；或者将您实验的结果与备份账套核对，以验证实验的正确性。

3. 微视频观看方法

本教程配套的微视频，均存放在北京神州明灯教育科技有限公司和合一集团(优酷土豆股份有限公司)网站上，相应的访问说明请参见百度云盘中的“微视频访问说明.doc”和“如何获取与管理账号.doc”。

目　　录

第 1 章

实验环境搭建

本教程是在用友 ERP-U8 V10.1 软件中操作的，所以必须有实验环境才能完成本教程中的实验任务。该实验环境可以有 2 种方式搭建：一是安装用友 ERP-U8 V10.1 教学版软件；二是安装虚拟机软件，然后在虚拟机软件中导入用友 ERP-U8 V10.1 教学版的数据文件，以虚拟电脑的方式运行。

由于一般学校的用友 ERP 实验室中的教学用机上都安装有此软件，在此不再赘述。若需要在个人计算机上使用，因用友 ERP-U8 V10.1 的安装步骤和所需要的组件较多，而且对计算机上的其他软件限制较多，所以本章第 1.1 节将给出利用虚拟机软件 VirtualBox 搭建实验环境的方法，相应的软件和数据文件，存放在百度云盘空间(云盘地址：http://pan.baidu.com/s/1miczJ7M，访问密码：l4gr)，您可随时下载使用。

用友 ERP-U8 软件产品，是由多个产品组成，各个产品之间相互联系、数据共享，共同实现财务业务一体化的管理。对于企业资金流、物流、信息流的统一管理提供了有效的方法和工具。由于用友 ERP-U8 软件所含的各个产品，是为同一个主体(如企业、事业单位或独立核算部门)的不同层面服务的，因此就要求这些产品具备如下特点：①具备公用的基础信息；②操作员和操作权限集中管理，并且进行角色的集中管理；③业务数据共用一个数据库。

本章的第 1.2 节将简介本教程案例公司(北京亮康眼镜有限公司)的基本情况、公司所采用的内部会计制度，以及企业员工的岗位分工情况。

第 1.3 节的主要任务，是建立企业账套的公用基本信息以及对账套信息进行管理，并在“系统管理”功能模块中进行相关操作。系统管理的主要功能包括新建账套、新建年度账、账套修改和删除、账套备份，根据企业经营管理中的不同岗位职能建立不同角色、新建操作员，以及权限的控制与分配等功能。第 1.3 节的主要内容包括：

(1) 账套建立。账套指的是一组相互关联的数据，每个企业或每个独立核算部门的数据，在 ERP-U8 中都表现为一个账套。一个账套的基本信息包括账套信息、单位信息、核算类型、基础信息、编码方案、数据精度等 6 个方面。您可以根据企业的基本情况、内部会计制度及企业员工信息，建立账套。

(2) 用户及权限设置。为了保证系统数据的安全与保密，系统管理提供了用户及其功能权限的集中管理功能。但在进行权限设置之前，首先要添加系统用户信息，然后企业管理者可以根据用户的不同岗位分工来设置其操作权限。这样一方面可以避免与业务无关的人员进入系统进行非法操作，另一方面可以按照企业需求对各个用户进行管理授权，以保证各负其责，使得工作流程清晰顺畅。

(3) 账套管理。账套建立后，可以根据实际情况进行修改完善，灵活地对账套进行引入、输出等备份操作。

本章的授课时间建议 2 学时(主要讲解课程规划、课程实验环境及其搭建、实验案例企业概况，账套、权限、操作员等基本概念，用友 ERP-U8 账套备份的作用等，相关内容可参见教程配套的课件)，实验 2 学时(若课时不足，可跳过)，实验目的与要求如下：

- 搭建用友 ERP 实验环境。
- 学会“系统管理”的启动与退出。
- 学会创建企业账套。
- 掌握编辑操作员功能权限与数据权限。
- 了解账套的自动备份。
- 掌握账套的输出与引入。
- 学会查阅操作结果。

本章实验操作完成的基本账套备份压缩文件(01 新建账套.rar)，存放在百度云盘空间的“实验账套数据”文件夹中(云盘地址：https://pan.baidu.com/s/1kVO5jMZ，访问密码：m68d)，您可随时下载使用。

1.1 实验环境搭建

1.1.1 VirtualBox 虚拟机软件

VirtualBox 是一款开源的虚拟机软件，是由德国 Innotek 公司开发、由 Sun Microsystems 公司出品的软件，在 Sun 被 Oracle 收购后正式更名成 Oracle VM VirtualBox。使用者可以在 VirtualBox 上安装并且执行 Solaris、Windows、DOS、Linux、OS/2 Warp、BSD 等系统作为客户端操作系统。

1. VirtualBox 的特点

VirtualBox 简单易用，可虚拟的系统包括 Windows(从 Windows 3.1 到 Windows 10、Windows Server 2012)、Mac OS X、Linux、OpenBSD、Solaris、IBM OS2，甚至 Android 等操作系统，使用者可以在 VirtualBox 上安装并且运行上述的这些操作系统。

与同类的 VMware 及 Virtual PC 相比，VirtualBox 还包括对远端桌面协定(RDP)、iSCSI

及 USB 的支持，其主要特点如下：

- 在主机端与客户端间建立分享文件夹(须安装客户端驱动)；
- 能够在主机端与客户端共享剪贴簿(须安装客户端驱动)；
- 无缝视窗模式(须安装客户端驱动)；
- 支持 64 位客户端操作系统，即使主机使用 32 位 CPU；
- 支持 SATA 硬盘 NCQ 技术；
- 虚拟硬盘快照；
- 内建远端桌面服务器，实现单机多用户；
- 支持 VMware VMDK 磁盘文档及 Virtual PC VHD 磁盘文档格式；
- 3D 虚拟化技术支持 OpenGL(2.1 版后支持)、Direct3D(3.0 版后支持)、WDDM(4.1 版后支持)；
- 最多虚拟 32 颗 CPU(3.0 版后支持)；
- 支持 VT-x 与 AMD-V 硬件虚拟化技术；
- iSCSI 支持；
- USB 与 USB 2.0 支持。

目前 VirtualBox 软件已更新到 5.0.6 正式版，本次更新后支持配置 HTTP 代理、支持快捷键重新分配，增强对各种 Linux 发行版的支持，支持 Linux kernel 4.3 内核。

2. VirtualBox 的安装

VirtualBox 的安装文件，可以从其官方网站(https://www.virtualbox.org/)下载与您的计算机(以下简称“主机”)的操作系统对应的安装文件。本教程的共享云盘中(云盘地址：http://pan.baidu.com/s/1miczJ7M，访问密码：l4gr)，也存放有 VirtualBox 的安装文件，您可以将其下载到主机运行。

运行 VirtualBox 的安装文件，将开启一个简单的安装向导，允许用户定制 VirtualBox 特性，选择任意快捷方式并指定安装目录。

安装成功之后，桌面上会增加“Oracle VM VirtualBox”桌面图标，双击该图标，系统将打开“Oracle VM VirtualBox 管理器”窗口(参见图 1-1)。

1.1.2 导入虚拟电脑

在 VirtualBox 中创建虚拟电脑，可以按照用户个人的应用情况选择配置。由于篇幅的限制，虚拟电脑的创建步骤，请您参阅本教程配套光盘中的帮助文件，在此仅讲解虚拟电脑的导入和设置。

在导入 ERP10.1 虚拟电脑前，请首先将百度云盘空间(云盘地址：http://pan.baidu.com/s/1miczJ7M，访问密码：l4gr)中“U8V101 虚拟机”文件夹下的“U8V101.ova”下载到您的计算机。“U8V101.ova”数据文件，是编者通过 Oracle VM VirtualBox 管理器的“导出虚拟电脑”功能，导出的已安装了用友 ERP-U8 V10.1 教学版的虚拟电脑数据文件，它本身不可直接运行，但其导入 VirtualBox 软件成功之后，便可直接使用用友 ERP-U8 V10.1 软件了。

导入虚拟电脑的操作步骤如下：

(1) 打开“Oracle VM VirtualBox 管理器”窗口。双击桌面上的“Oracle VM VirtualBox”图标，系统打开“Oracle VM VirtualBox 管理器”窗口(参见图 1-1)。

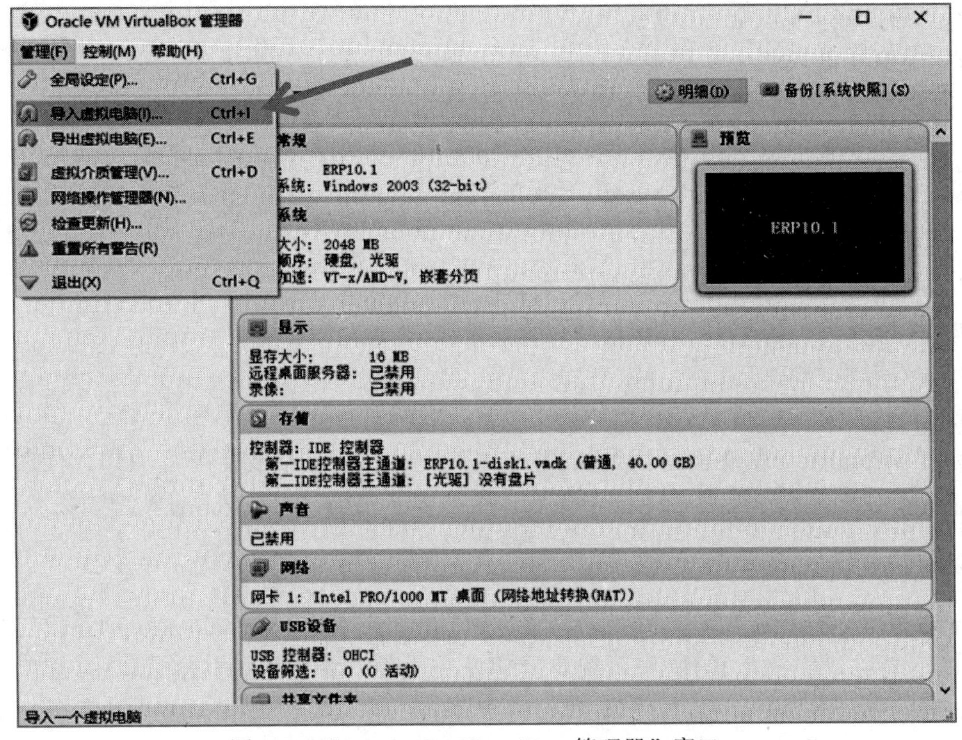

图 1-1 “Oracle VM VirtualBox 管理器”窗口

(2) 单击“管理/导入虚拟电脑”菜单项，系统弹出“要导入的虚拟电脑”对话框，请浏览找到您计算机上的“U8V101.ova”数据文件。

(3) 单击“下一步”按钮，系统弹出“虚拟电脑导入设置”对话框，结果如图 1-2 所示，其中默认虚拟电脑的“名称”为“ERP10.1”，“内存”为“2048MB”，“虚拟硬盘”的路径为“C:\Users\lijimeiBlcu\VirtualBox VMs\ERP10.1\ERP10.1-disk1.vmdk”。

(4) 设置虚拟电脑的内存。在“虚拟电脑导入设置”对话框中，双击“内存”所在行，可录入拟建的虚拟电脑的内存大小。因为 VirtualBox 不支持内存过量使用，所以不能给一个虚拟电脑分配超过主机内存大小的内存值，建议分配给虚拟电脑的内存不超过您的计算机内存的一半，但至少 1024MB，否则用友 ERP-U8 V10.1 软件无法运行。

(5) 设置“虚拟硬盘”的位置。在“虚拟电脑导入设置”对话框中，双击“虚拟硬盘”所在行，可修改系统默认的虚拟电脑文件存放的位置，可以根据您的计算机存储空间分布情况，设置该路径。

(6) 开始导入。单击“虚拟电脑导入设置”对话框中的“导入”按钮，系统弹出如

图 1-3 所示的导入进度条，开始导入 ERP10.1 虚拟电脑。

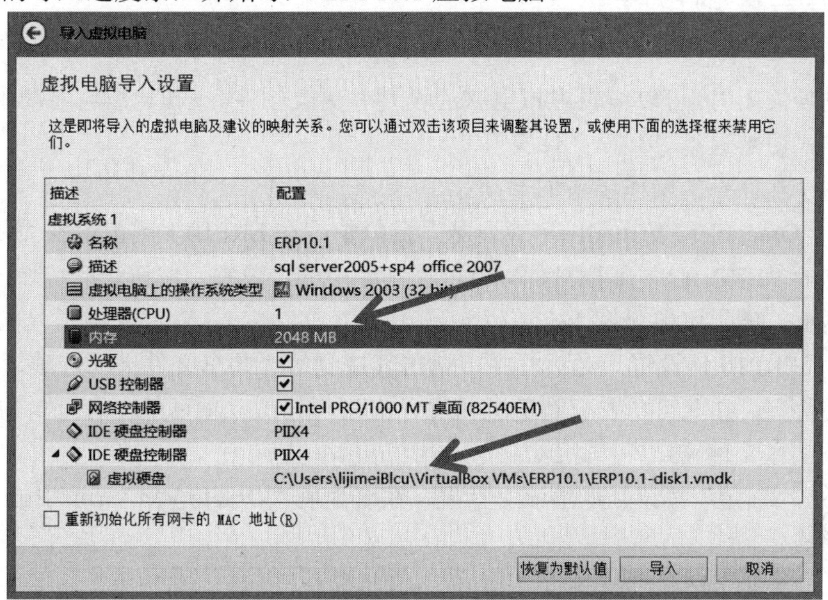

图 1-2 “虚拟电脑导入设置”对话框

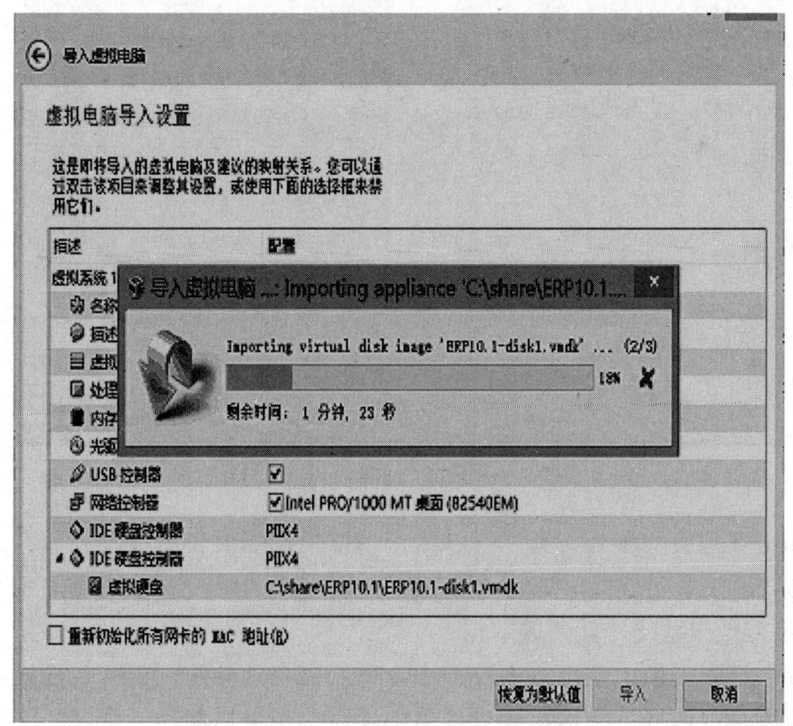

图 1-3 虚拟机导入进度条

(7) 完成。导入成功后，系统将返回“Oracle VM VirtualBox 管理器”窗口，结果可参见图 1-4。

1.1.3 设置虚拟电脑

虚拟电脑关闭时，可以编辑虚拟电脑的设置并更改硬件。虚拟电脑与主机的数据交换，最便捷的方式便是通过“共享文件夹”。

设置共享文件夹的操作步骤如下：

(1) 在“Oracle VM VirtualBox 管理器”窗口中，在 ERP10.1 虚拟电脑关闭的情况下，先单击左侧的“ERP10.1”虚拟机，再单击工具栏中的“设置”按钮，系统弹出“ERP10.1 设置”对话框，结果可参见图 1-4。

(2) 在“ERP10.1 设置”对话框中，单击其左侧的“共享文件夹”选项，右侧显示已有的共享文件夹，在此可单击已有的共享文件夹进行修改，也可单击右上角的“+”按钮，以增加一个共享文件夹。

(3) 单击“确定”按钮，退出该对话框，系统返回“Oracle VM VirtualBox 管理器”窗口，设置完成。

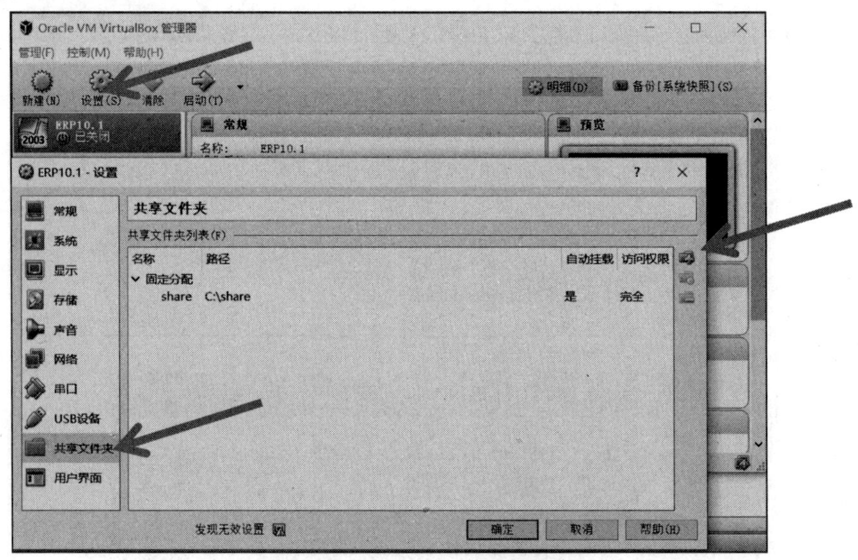

图 1-4 “ERP10.1 设置”对话框

VirtualBox 虚拟机的参数，有以下 5 类，可以根据需要自主设置。

(1) 虚拟电脑名称：虚拟电脑名(如 ERP10.1)是虚拟电脑的唯一标识，用来区分虚拟电脑的硬件配置、操作系统、软件等数据。

(2) 内存：指定虚拟电脑可用内存大小，系统会自动分配，也可自行设置。

(3) 虚拟硬盘：选择一个虚拟硬盘作为主硬盘，也可以新建一个。

(4) 硬盘存储类型：分为动态扩展和固定大小两种，其中动态扩展类型最初只需占用非常小的物理硬盘空间，然后根据虚拟电脑的实际需求动态分配；固定大小类型就是建立时就分配指定的大小给虚拟电脑使用。后者在性能上有一定优势，但建立时间较长。

(5) 摘要：显示虚拟电脑的各项数据情况。

小贴士：在 Windows 10 系统中，在 VirtualBox 管理器中运行虚拟电脑时，若出现如图 1-5 所示的错误提示，可单击“明细”前的箭头以展开其错误说明，然后根据说明修改主机或虚拟机的相关设置之后，或直接单击其“确定”按钮返回，再次打开一般就能正常开机了。若一直出现问题，可以“删除”后再次“导入虚拟电脑”。

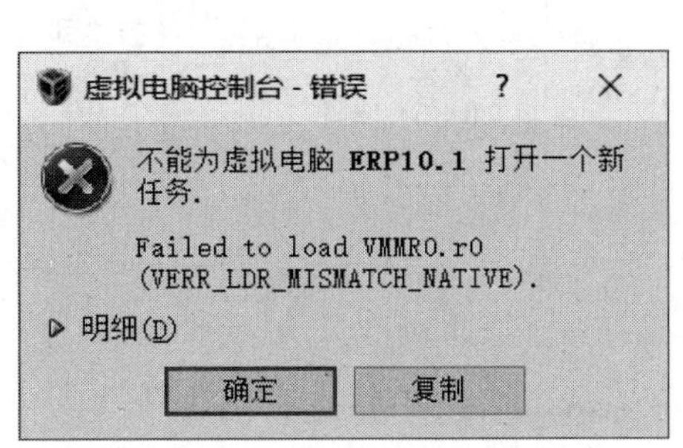

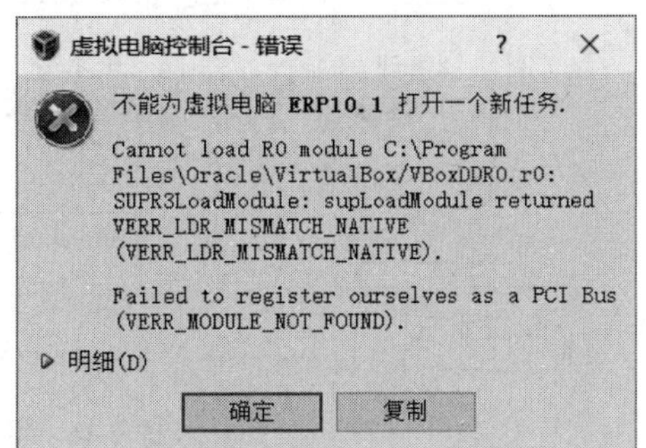

图 1-5　虚拟电脑启动时可能出现的错误提示

1.2　案例企业情况简介

本节的内容包括案例企业的基本情况、公司所采用的内部会计制度，以及企业员工的岗位分工情况。

1.2.1　基本情况

1. 公司简介

北京亮康眼镜有限公司(简称亮康公司)，是专门从事眼镜生产、批发和零售的制造企业，位于北京市昌平区。该公司开户银行为中国工商银行北京市昌平支行，账号为200106653251，该公司为一般纳税人，纳税登记号为210019995461202；电话：010-60228226；邮箱 liangkang@163.com。

2. 组织结构

公司的注册类型为有限责任公司，股东由三个自然人组成。其中，李吉贡出资额占70%，由其出任公司董事长兼总经理，是公司的法人代表；赵飞和刘静各占 15%，均为董事会成员。总经理下设四位副总经理，其中赵飞担任销售副总，刘静担任采购副总，曾志伟担任财务副总，陈虹担任行政副总，组织结构图如图 1-6 所示。

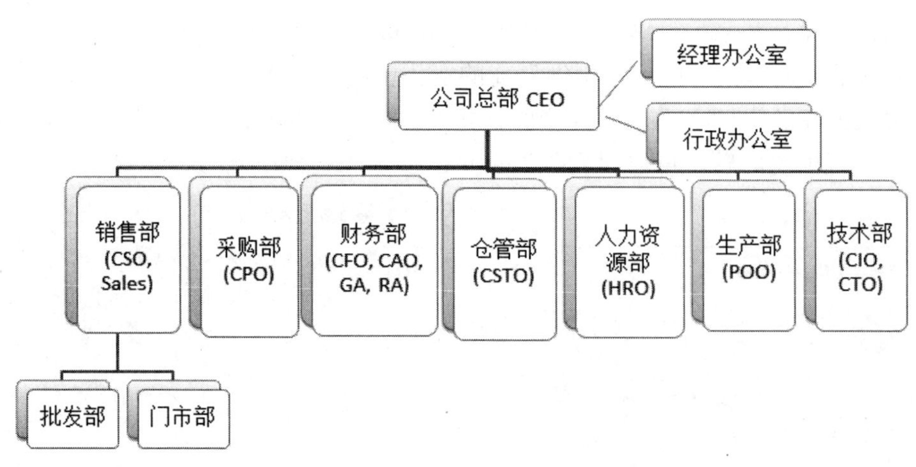

图 1-6　案例企业组织结构图

1.2.2　企业会计制度

1. 会计科目设置规定

(1) 会计科目编码。会计科目编码采用 4-2-2 方式，即一级科目 4 位字长，二级科目 2 位字长，三级科目 2 位字长。

(2) 会计科目设置要求。“库存现金”科目是现金日记账科目；“原材料”科目下设“塑料”、“树脂镜片”和“硅胶”三个二级科目，而且二级科目均为“数量核算”。类似地，其他一级科目的辅助账类型设置要求、二级科目的增加和辅助账类型设置要求，以及三级科目的增加和辅助账类型设置要求，请参见 2.9 节的表 2-21。

(3) 项目核算。本案例企业不设置科目的项目核算。

2. 相关内部会计政策

(1) 会计核算的基本规定。企业采用科目汇总表账务处理程序，每月月末编制科目汇总表并登记一次总账；公司采用复式记账，按记账凭证的格式(单一凭证格式)填制凭证。会计凭证按月连续编号；公司开设总分类账、明细分类账、现金和银行存款日记账及银行结算票据备查簿；公司按规定编制资产负债表、利润表、现金流量表和所有者权益变动表。

(2) 货币资金的核算方法。每日终了，对库存现金进行实地盘点，确保现金账面余额与实际库存相符。银行存款每月根据银行对账单进行核对清查。若发现不符，及时查明原因，做出处理。公司采用的结算方式包括现金、现金支票、转账支票、银行承兑汇票、商业承兑汇票、电汇、同城特约委托收款等。

(3) 存货的核算方法。企业存货包括各种眼镜(包括太阳镜和老花镜)、包装物，以及办公用品类的低值易耗品；各类存货采用永续盘存制，按照实际成本核算；在核算过程中，存货采用移动平均法计算成本。

其他的内部会计政策，如固定资产的核算方法、职工薪酬的核算方法、税务的会计处理、利润分配规定和坏账损失的核算方法，以及案例企业的会计岗位职责等，可参见本系列教程之《场景式企业财务业务综合实践教程(用友 ERP-U8 V10.1)》的 1.2.2 节，在此从略。

1.2.3 操作员及权限

账套使用人员岗位分工与权限设置，详见表 1-1，其用户类型均为“普通用户”。

表 1-1 软件应用人员分工及权限分配表

编码	人员姓名	职务	操作权限	所属角色	功能权限修改
8800	赵技巩	技术总监	系统初始设置、所有业务单据审核与批复	账套主管	
8100	李吉贡	总经理	采购、销售、库存、存货		销售管理、采购管理、库存管理和存货核算
8900	读者您的姓名(如丁一)		所有业务和财务的单据填制、审核与批复	账套主管	为便于教师组织实验和检查实验结果，建议每位学员将自己设置为账套主管，并在实验时以自己的身份登录操作

备注：

- 操作员的初始密码均为“1”，用户类型均为“普通用户”。
- 总经理李吉贡具有采购、销售、库存和存货核算的全部操作权限，以简化教学和实验操作。
- 实际工作中需要根据本单位的实际情况授权，本系列教程之《场景式企业财务业务综合实践教程(用友 ERP-U8 V10.1)》中，是按照虚拟业务场景中人物的工作需要进行的功能权限设置和数据权限设置，并基于各自的权限在企业账套中操作。

1.3 建账及账套备份

本账套建立时间为 2016 年 4 月 1 日，各子系统启用时间为 2016 年 4 月 1 日。本案例企业发生业务活动的时间均为 2016 年 4 月，建账的操作流程图，可参见图 1-7。

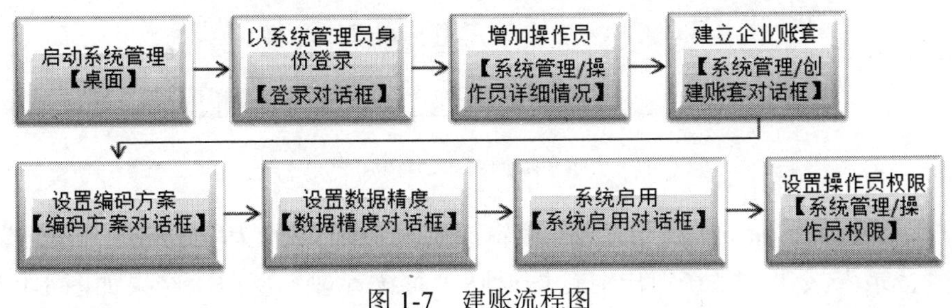

图 1-7 建账流程图

需要说明的是：

(1) 本教程的所有业务实验操作，都有配套的微视频，您可以通过扫描二维码，或者到指定的网页去观看。

(2) 本节的实验操作，因其是基础数据且比较简单，没有做相应的视频录制，已经完成的基本账套数据(01 新建账套.rar)，存放在百度云盘空间的"实验账套数据"文件夹中(云盘地址：https://pan.baidu.com/s/1kVO5jMZ，访问密码：m68d)。

(3) 实验操作前，需要将系统时间调整为 2016 年 4 月 1 日。如果没有调整系统时间，则在建账过程中和启用子系统时，注意修改时间为 2016 年 4 月 1 日。

1.3.1　添加操作员

本案例企业的操作员，详见表 1-1。本任务是按照表 1-1 的资料，在系统管理中添加操作员。在操作之前，请确认系统日期为 2016-04-01。

操作步骤：

(1) 启动系统管理，以系统管理员(admin)身份注册。

① 双击桌面的"系统管理"快捷方式，系统打开"系统管理"窗口，结果可参见图 1-8。

② 在"系统管理"窗口中，单击"系统/注册"菜单项，系统打开系统管理的登录对话框，结果如图 1-8 所示。

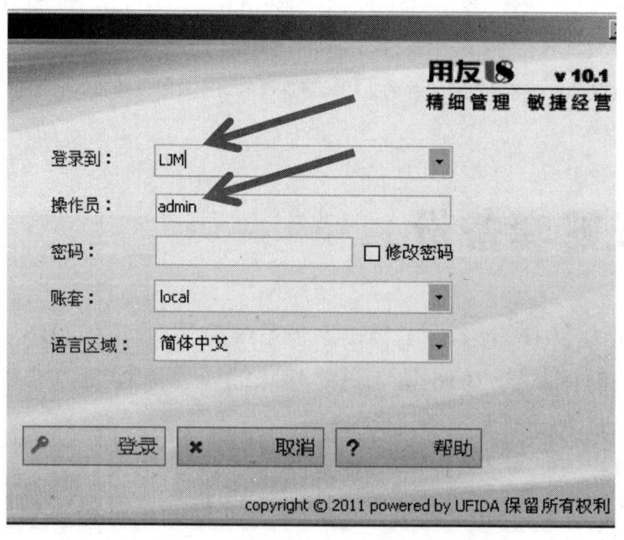

图 1-8　系统管理登录对话框

③ 以系统管理员(admin)身份注册：编辑或确认"操作员"为"admin"，"密码"为"空"，然后单击"登录"按钮，系统退出对话框返回"系统管理"窗口，结果如图 1-9 所示。

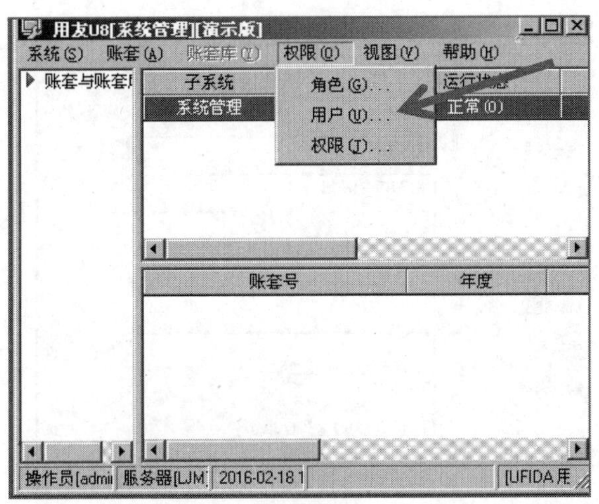

图 1-9 “系统管理”窗口

提示：

- “系统管理”窗口的使用者为企业的信息管理人员，包括系统管理员 Admin、安全管理员 Sadmin、管理员用户和账套主管。
- 系统管理员“admin”的密码默认为空，若需要修改，则在登录时，在密码栏中先输入正确的密码，然后勾选“修改密码”栏前的复选框，单击“确定”按钮，在提示窗口中输入并确定新密码。

(2) 增加操作员。

注意，由于还未建账套，所以无法录入功能权限，此步只增加相应操作员并设置角色。

① 在“系统管理”窗口中，单击“权限/用户”菜单项，系统打开“用户管理”窗口。

② 在“用户管理”窗口中，单击“增加”按钮，系统打开“操作员详细情况”对话框。

③ 在对话框中增加“赵技巩”用户：根据表 1-1，输入“赵技巩”的编号、姓名、用户类型(已默认为普通用户)、口令(即密码，初始密码设置为“1”)和所属角色等信息(结果可参见图 1-10)，然后单击“增加”按钮。

提示：

只有“账套主管”需要此时设置角色，其他操作员将在 1.3.3 节中设置。

④ 重复步骤③，按照表 1-1，完成其他操作员(即用户)的编辑工作，请注意“所属角色”的设置。

⑤ 退出。单击对话框中的“取消”按钮，系统退出对话框返回“用户管理”窗口，再单击其“退出”按钮，返回“系统管理”窗口。

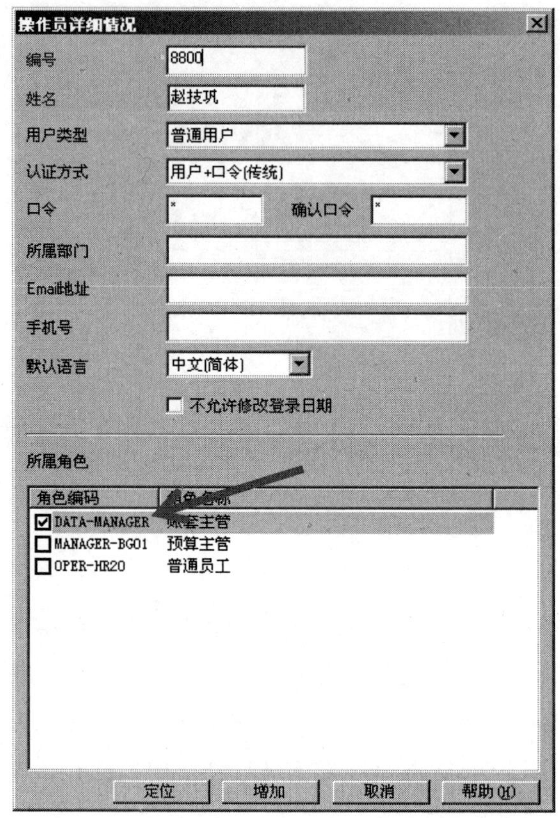

图 1-10　“操作员详细情况”对话框

1.3.2　建立案例企业账套

本任务是依据 1.2 节的资料，在用友 ERP-U8 中建立案例企业的账套，并启用相应的功能模块，包括采购管理、销售管理、库存管理、存货核算、应收款管理、应付款管理、总账系统。

具体地，本案例企业账套的账套号为“816”，账套名称为“北京亮康眼镜有限公司”，账套路径默认为“C:\u8soft\admin\”，启用会计期为“2016-04”。

请注意，只有系统管理员用户才有权限创建新账套。

操作步骤：

(1) 打开“创建账套”向导。在“系统管理”窗口(参见图 1-8)中，单击“账套/建立”菜单项，系统打开“创建账套”对话框，然后根据向导操作完成账套资料的录入。

(2) 在打开的“创建账套—建账方式”对话框中，默认为“新建空白账套”并单击“下一步”按钮，然后在系统打开的“创建账套—账套信息”对话框中，编辑“账套号”为“816”，“账套名称”为“北京亮康眼镜有限公司”，确认“启用会计期”为“2016-04”，其他项默认，结果如图 1-11 所示。

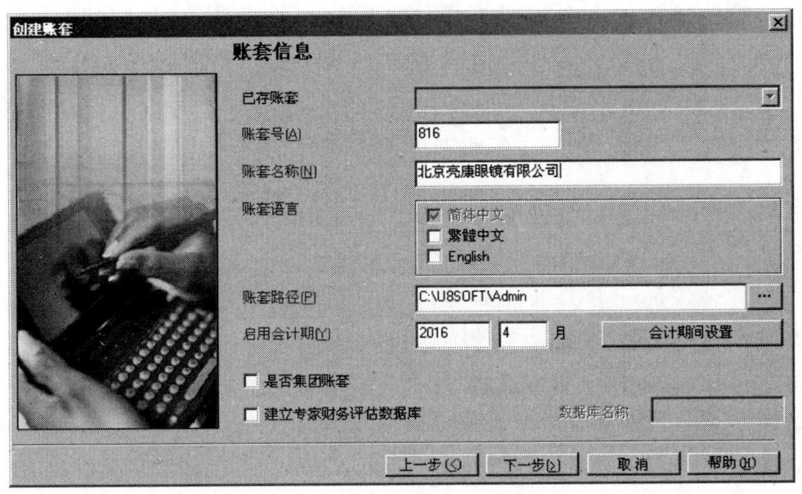

图 1-11 “创建账套”对话框

提示：

企业的实际核算期间可能和正常的自然日期不一致，而 U8 支持在一个账套库中保存连续多年的业务数据，而且支持不同年度定义各自的会计月历。用户可根据企业的实际情况，调整尚未发生业务的会计期间的起止日期，也可以手工新增整年会计月历或删除整年尚未发生业务的会计月历。

(3) 单击“下一步”按钮，在“创建账套—单位信息”对话框中，编辑“单位名称”为“北京亮康眼镜有限公司”(在此应录入企业的全称，以便打印发票时使用)，“机构代码”为“168306659”，“单位简称”为“亮康眼镜”，“单位地址”为“北京市昌平区”，“法人代表”为“李吉贡”，“邮政编码”为“100022”，“联系电话”为“400812345678”，“电子邮件”为“liangkang@163.com”，“税号”为“1101082121202”，“备注一”为“眼镜生产”，“备注二”为“眼镜批发与零售”。

【主要栏目说明】

- 已存账套：系统将现有的账套以下拉框的形式在此栏目中表示出来，用户只能查看，不能输入或修改。其作用是在建立新账套时可以明晰已经存在的账套，避免在新建账套时重复建立。
- 账套号：用来输入新建账套的编号，必须输入(只能是 001～999 之间的数字，而且不能是已存账套中的账套号)。
- 账套名称：用来输入新建账套的名称，作用是标识新账套的信息，必须输入最多 40 个字符。
- 账套语言：用来选择账套数据支持的语种，也可以在以后通过语言扩展对所选语种进行扩充。
- 账套路径：用来输入新建账套所要被保存的路径，必须输入，可参照生成，但不能是网络路径中的磁盘。

- 启用会计期：用来输入新建账套将被启用的时间，具体到“月”，必须输入。

(4) 单击“下一步”按钮，在“创建账套—核算类型”对话框中，编辑“本位币”为“RMB”(人民币)，“企业类型”为“工业”；“行业性质”为“2007 年新会计制度科目”，“账套主管”为“8800”，并勾选“按行业性质预置会计科目”。

【主要栏目说明】

- 账套主管：用来确认新建账套的账套主管。
- 企业类型：必须从下拉框中选择输入与自己企业类型相同或最相近的类型。系统提供工业、商业和医药流通 3 种选择。
- 行业性质：必须从下拉框中选择输入本单位所处的行业性质，为下一步“按行业预置科目”确定科目范围，并且系统会根据企业所选行业(工业和商业)预制一些行业的特定报表。用友产品提供行政、工业企业、商品流通、旅游饮食、施工企业、外商投资、铁路运输、对外合作、房地产、交通运输、民航运输、金融企业、保险企业、邮电通信、农业企业、股份制、科学事业、医院、建设单位、种子、国家物资储备、中小学校、高校、新会计制度科目、社会保险-医疗、社会保险-失业、社会保险-养老、社会保险-其他、律师行业、中国铁路等不同性质的行业。请您选择适用于您企业的行业性质。
- 是否按行业预置科目：如果用户希望采用系统预置所属行业的标准一级科目，则勾选该选项前的复选框；如果不选，则由用户自己设置会计科目。

(5) 单击“下一步”按钮，在“创建账套—基础信息”对话框中，增加勾选“有无外币核算”选项，确认选中“存货是否分类”、“客户是否分类”和“供应商是否分类”选项，然后单击“下一步”按钮，系统打开“创建账套—开始”对话框页面。

【主要栏目说明】

- 存货是否分类：如勾选了该复选框，则表明您要对存货进行分类管理，那么在进行基础信息设置时，必须先设置存货分类，然后才能设置存货档案。
- 客户是否分类：如勾选了该复选框，则表明您要对客户进行分类管理，那么在进行基础信息设置时，必须先设置客户分类，然后才能设置客户档案。
- 供应商是否分类：如勾选了该复选框，则表明您要对供应商进行分类管理，那么在进行基础信息设置时，必须先设置供应商分类，然后才能设置供应商档案。
- 是否有外币核算：如果您单位有外币业务，例如用外币进行交易业务或用外币发放工资等，可以勾选该选项前的复选框。

(6) 单击“完成”按钮，系统弹出“可以创建账套了吗？”提示框，单击“是”按钮，系统开始创建账套，初始创建完成之后打开“编码方案”对话框。

(7) 在“编码方案”对话框中，对“科目编码级次”进行设置，录入第 2 级和第 3 级的位长为“2”，其他的编码分类采用系统默认值，结果如图 1-12 所示。

(8) 单击“确定”按钮系统保存编码设置，再单击“取消”按钮，系统打开“数据精度”对话框，结果如图 1-13 所示。

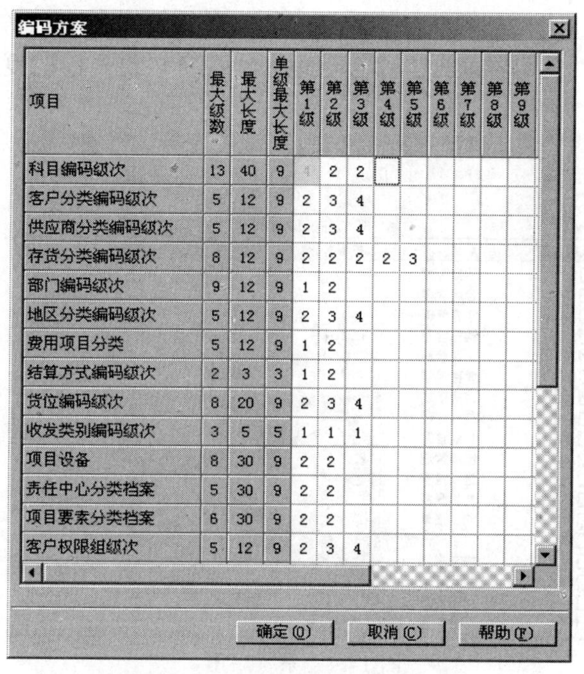

图 1-12 “编码方案”对话框

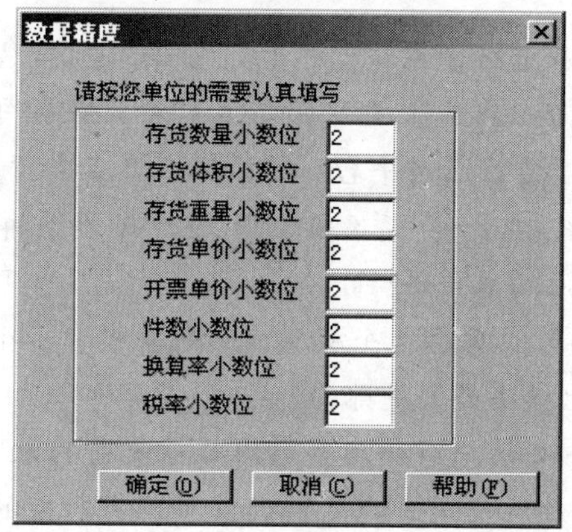

图 1-13 “数据精度”对话框

提示：

- 科目编码长度 4-2-2，即科目编码时一级科目编码为 4 位长，二级科目编码为 2 位长，三级科目编码为 2 位长。
- 由于各用户企业对数量、单价的核算精度要求不一致，为了适应各用户企业的不同需求，本系统提供了自定义数据精度的功能。应收、应付、销售、采购、库存、存货、采购计划系统均需使用数据精度。

(9) 数据精度全部采用默认值，所以直接单击“取消”按钮，系统退出“数据精度”对话框，此时系统创建账套成功，并弹出“现在进行子系统启用的设置吗？”信息提示框。

(10) 单击“是”按钮，系统打开“系统启用”对话框；在该对话框中依次选中“启用总账”、“销售管理”、“采购管理”、“库存管理”、“存货核算”前的复选框，启用时间均为“今天”，结果如图 1-14 所示。

图 1-14　系统启用

提示：

- 如在系统弹出“现在进行子系统启用的设置吗？”信息提示框时，单击“否”按钮，则系统直接返回“系统管理”窗口。如果需要启用或修改启用结果，请以账套主管的身份登录“企业应用平台”，然后依次点击“基础设置/基本信息/系统启用”菜单项，在系统打开的“系统启用”窗口进行编辑。
- 供应链系统产品启用约束条件：
  - 采购、销售、存货、库存 4 个模块，如果其中有一个模块后启，其启用期间必须大于等于其他模块最大结账月。
  - 在启用库存前，必须先审核库存启用日期之前的未审发货单。
  - 库存启用时，若库存启用日期之前的发货单有对应的库存启用日期之后的出库单，则必须将此类出库单删除，并在库存启用日期之前生成这些出库单，然后再启用库存系统。
  - 库存启用时，必须先审核库存启用日期之前的先开票、未审发票，否则库存系统不能启用。
  - 采购先启用，库存后启用时，如果库存启用月份已有根据采购订单生成的采购入库单，则库存不能启用。

(11) 单击“系统启用”和“创建账套”对话框中的“退出”按钮，系统返回“系统管理”窗口。

1.3.3 设置操作员权限

本任务是依据表 1-1 的资料，设置操作员的功能权限和数据权限。用友 ERP-U8 中可做三个层次的权限管理，即功能级权限管理、数据级权限管理和金额级权限管理。

- 功能级权限管理，提供了划分更为细致的功能级的权限管理功能，包括各功能模块相关业务的查看和分配权限。
- 数据级权限管理，可以通过两个方面进行权限控制与分配，即字段级和记录级。
- 金额级权限管理，主要用于完善内部金额控制，实现对具体金额数量划分级别，对不同岗位和职位的操作员进行金额级别控制，限制他们制单时可以使用的金额数量。

1. 设置操作员的功能权限

操作步骤：

(1) 打开“操作员权限”窗口。在“系统管理”窗口中，单击“权限/权限”菜单项，系统打开“操作员权限”窗口。

(2) 在打开的“操作员权限”窗口中，在左窗格中选择操作员“李吉贡”，单击窗口工具栏中的“修改”按钮，然后在窗口右侧先选择或确认账套为“[816]...”和年度“2016—2016”，然后依据表 1-1 中的“功能权限修改”列，增加选中需要的功能项目。李吉贡的功能权限设置结果如图 1-15 所示。

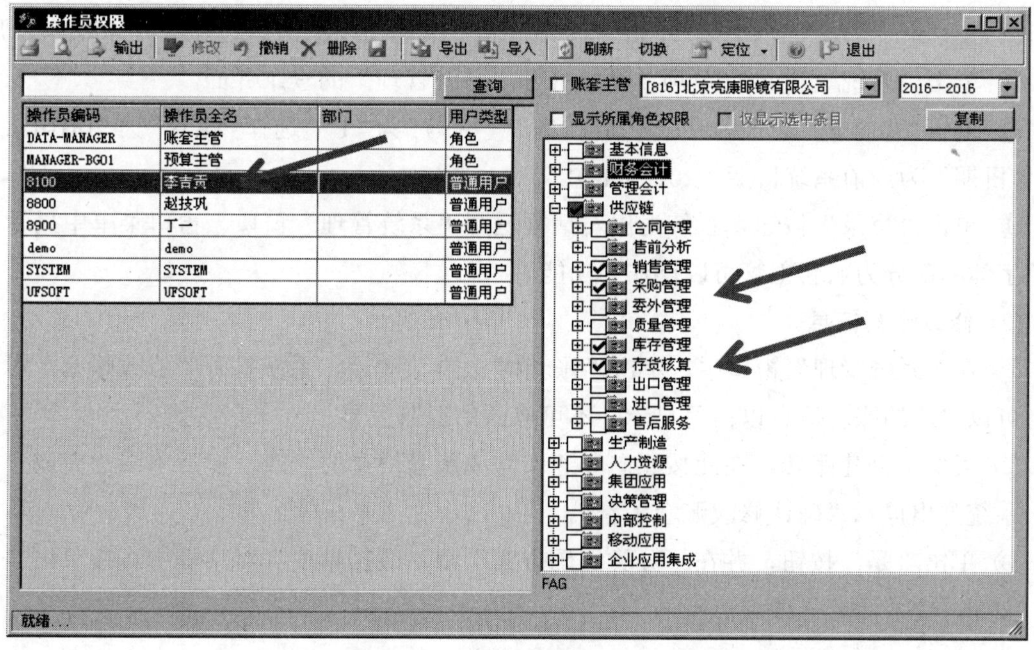

图 1-15 “操作员权限”窗口

(3) 单击“保存”按钮，完成其功能权限的修改。

(4) 退出。单击“操作员权限”窗口工具栏中的“退出”按钮，退出该窗口返回“系统管理”窗口。

提示:

- 账套主管拥有所有模块的权限。由于在建立账套时已经指定“赵技巩”为账套主管了，所以无须再设置。
- 功能级权限分配，在“系统管理”窗口中完成。在为用户赋予权限时，可一次性勾选大的模块即可实现所有的下属模块权限。
- 数据权限和金额权限在“企业应用平台”的“系统服务”页签下的“数据权限”中进行分配。对于数据级权限和金额级的设置，必须是在系统管理的功能权限分配之后才能进行。

1.3.4 修改账套信息

修改账套信息的工作，应由“账套主管”在“系统管理”中完成。

操作步骤:

(1) 以账套主管“赵技巩”的身份注册系统管理(说明：也可以您本人的姓名或编号“8900”注册系统管理)。

① 在“系统管理”窗口中，单击“系统/注销”菜单项以注销系统管理员身份的注册。

② 单击“系统/注册”菜单项，系统打开“系统管理”的登录界面。

③ 编辑“操作员”为“8800”或“赵技巩”,“密码”为“1”, 选择“账套”为“[816]...”,“操作日期”为当前系统日期“2016-04-01”。

④ 单击“登录”按钮，系统退出对话框返回“系统管理”窗口，窗口菜单中显示为黑色字体的部分为账套主管可以操作的功能。

(2) 修改账套信息。

① 在“系统管理”窗口中，单击“账套/修改”菜单项，系统打开“修改账套”对话框，可以修改的账套信息以白色显示，不可修改的以灰色显示。

② 类似于创建账套，在此按照向导逐步完成账套信息的修改，然后单击“完成”按钮，系统弹出提示“确认修改账套了？”。

③ 单击“是”按钮，并在“分类编码方案”和“数据精度”对话框中直接单击“取消”按钮，完成账套修改。

1.3.5 账套备份

1. 设置系统自动备份计划

注意，该工作可由“账套主管”或“系统管理员”在“系统管理”中完成。

操作步骤：

(1) 在 C 盘新建“账套备份”文件夹。

(2) 在“系统管理”窗口中，单击“系统/设置备份计划”菜单项，打开“备份计划设置”对话框(结果可参见图 1-16)，然后单击工具栏中的“增加”按钮，打开“备份计划详细情况”对话框。

(3) 录入“计划编号”为“2016-816”，“计划名称”为“816 亮康眼镜”，选择“发生频率”为“每周”，录入“开始时间”为“00:00:00”，“发生天数”为“1”(表示每周日 0 点开始备份)。

(4) 单击对话框中间的“增加”按钮，系统弹出“请选择账套备份路径”对话框。

(5) 选择“C:\账套备份”文件夹为备份路径，然后单击“确定”按钮返回，此时在“请选择备份路径”区中增加了一行，其右侧出现“浏览”按钮(单击它可打开“请选择账套备份路径”对话框)，在“请选择账套和年度”区，选中“816”账套，结果如图 1-16 所示。

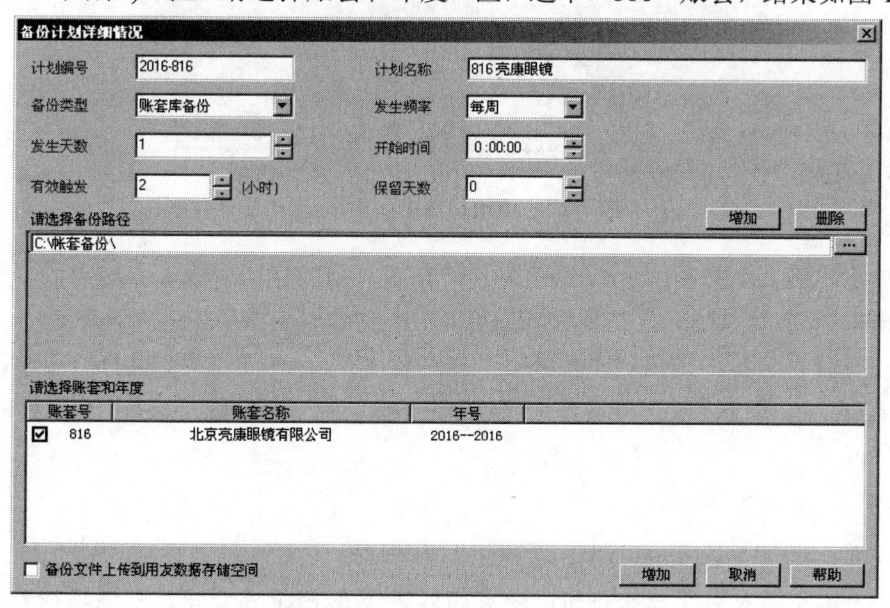

图 1-16 “备份计划详细情况”对话框

(6) 单击对话框底部的“增加”按钮，完成该备份计划的设置。

(7) 退出。单击“取消”按钮退出“备份计划详细情况”对话框，返回“备份计划设置”窗口；再单击“退出”按钮返回“系统管理”窗口。

2. 账套输出

为能让每次实验具有连续性，以完成完整的流程操作，建议您每完成 1 节或 1 章的实验之后，将实验结果备份保存在 C 盘或自己的 U 盘、云盘中。

为此，您需要在每次实验之后，先进行企业账套的输出，并将输出的结果压缩后保存。然后在下次实验前，再将上次的操作成果引入系统。

操作步骤：

(1) 以系统管理员身份注册并打开“系统管理”窗口。若“系统管理”窗口没有打开，请双击桌面上的“系统管理”图标打开该窗口；若已经打开，则选择“系统管理”的“系统/注销”菜单项；然后单击“系统/注册”菜单项打开“登录”对话框，最后以系统管理员(admin)身份注册并打开“系统管理”窗口。

(2) 在“系统管理”窗口中，单击“账套/输出”菜单项，打开“账套输出”对话框；选定“账套号”和“输出文件位置”后，确认没有选中“删除当前输出账套”复选框，结果如图 1-17 所示。

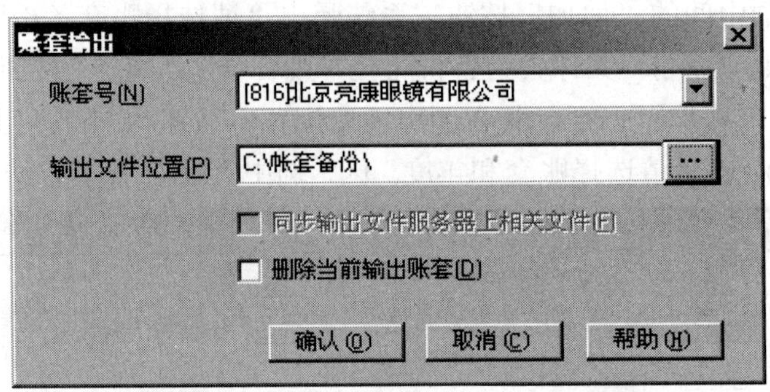

图 1-17 “账套输出”对话框

(3) 单击“确认”按钮，一般等待 3 分钟左右，系统自动完成账套输出的任务并弹出信息提示框，单击其“确定”按钮完成账套输出。

(4) 在资源管理器中，打开“账套备份”文件夹，将列出两个文件：UFDATA.BAK(1.5GB 左右)和 UfErpAct.Lst (1KB)，将这两个文件压缩成一个包(150MB 左右)，并发送到 U 盘或云盘中。

提示：

- 只有系统管理员(admin)才能“输出”账套。
- 账套输出只是做了账套备份，现有的账套还在 ERP 系统中，可继续操作；但若删除了账套，则下次必须“引入”账套后才能继续操作。
- 账套删除和账套输出的操作基本一样，区别只是在“账套输出”对话框中，需要勾选“删除当前输出账套”复选框，且在系统提示“真要删除该账套吗？”时，单击“确认”按钮即可，若单击“取消”按钮则不删除当前输出的账套，下次可继续使用该账套。

- 正在使用的账套，系统的“删除当前输出账套”是置灰的，即不允许选中。

3. 引入(恢复)账套

操作步骤：

(1) 启动系统管理，以系统管理员(admin)身份注册。

(2) 引入账套。

① 在“系统管理”窗口中，单击“账套/引入”菜单项，系统弹出“请选择账套备份文件”对话框。

② 在该对话框中，选择“C:\账套备份\UfErpAct.Lst”，然后单击“确定”按钮，系统弹出“系统管理”信息提示框，提示账套引入的默认路径。

③ 直接单击“确定”按钮，系统弹出“请选择账套引入的目录”对话框，选择“C:\U8SOFT”文件夹，结果如图1-18所示。

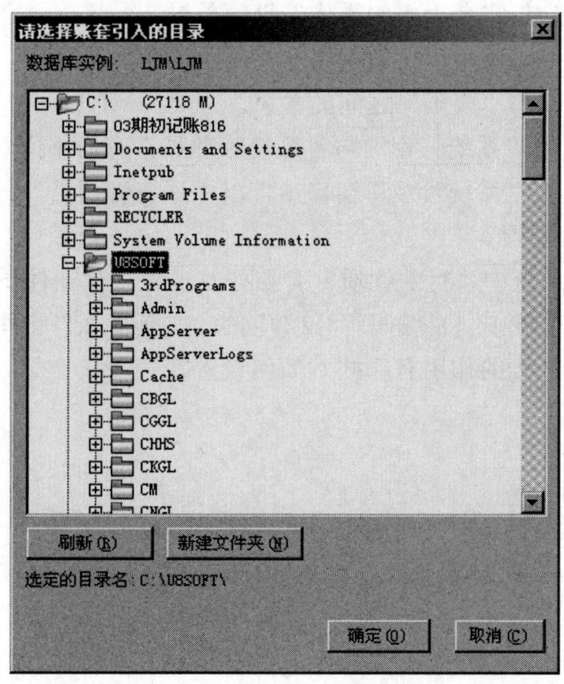

图1-18　账套引入目录选择对话框

④ 单击“确定”按钮，系统弹出“账套引入”信息提示框。

⑤ 一般等待3分钟左右，系统弹出信息提示框，提示账套“引入成功”。

⑥ 直接单击“确定”按钮，退出该信息提示框，返回“系统管理”窗口。

提示：

只有系统管理员(admin)才能“引入”账套。

1.4 实验报告内容

1. 请查看 ERP-U8 系统中的操作员列表，并将结果界面拷屏后粘贴在实验报告中。
2. 本实验中，账套和账套号的作用是什么？
3. 请查看您设置的自动备份计划，并将结果界面拷屏后粘贴在实验报告中。
4. 请查看案例企业的“系统启用”情况，并将结果界面拷屏后粘贴在实验报告中。
5. 请查看案例企业的编码方案，并将结果界面拷屏后粘贴在实验报告中。
6. 请给出查看拥有“账套主管”角色的用户列表的操作步骤。
7. 请比较操作员的功能权限与数据权限的功能差异(即作用的不同)。
8. 请比较操作员的功能权限与数据权限的操作差异。
9. 请比较账套删除与账套输出的操作差异。
10. 请比较账套删除与账套输出的操作结果的差异。
11. 请说明“用户”与“角色”的作用及其间的关系。
12. 请说明“角色”与“权限”之间的关系。
13. 用友 ERP-U8 的“系统管理”与“系统管理员”有何不同？
14. 用友 ERP-U8 的“系统管理”窗口中，以“系统管理员”与“账套主管”身份登录后，其操作权限有何异同？
15. 用友 ERP-U8 系统中“行业性质”有哪些？设置“行业性质”的作用是什么？
16. 用友 ERP-U8 系统中科目编码“4-2-2”的含义是什么？请举例说明。
17. 设置账套备份计划的作用有哪些？如何设置？

第 2 章

企业基础档案设置

企业基础档案，是在“企业应用平台”中进行操作的。“企业应用平台”是用友 ERP-U8 系统的集成应用平台，它是进行企业账套管理的唯一入口，可以实现企业基础档案和基础数据的设置与维护、信息的及时沟通和传输、信息的统计分析等。

本章的主要内容是设置企业的基础档案信息和会计科目及其期初余额。

企业的基础档案设置，是设置用友 ERP-U8 各个子系统公用的基础档案信息，主要包括企业部门及人员档案、客商信息、存货档案、财务信息、收付结算信息等。

会计科目设置，是编辑一级科目的科目属性(如辅助账类型、受控系统)，以及新增二级、三级科目，如在银行存款科目下，增加工行存款和中行存款。

会计科目的期初余额，是以上期的期末余额为基础，反映了以前期间的交易和上期采用的会计政策的结果。期初已存在的账户余额，是由上期结转至本期的金额，或是上期期末余额调整后的金额。本章的 2.9 节将在总账系统中录入上月的会计科目期末余额数据信息，作为本月会计科目期初余额数据，以保证数据的完整性和连续性。

本章的操作，应该是在系统日期为“2016-04-01”，由账套主管“赵技巩”(或者读者您本人)登录到“企业应用平台”，并在第 1 章完成的账套中进行。所以在实验操作前，需要将系统时间调整为 2016 年 4 月 1 日。如果没有调整系统时间，则在登录“企业应用平台”时需要修改“操作日期”为 2016 年 4 月 1 日；如果操作日期与账套建账时间之间的跨度超过 3 个月，则该账套在演示版状态下不能执行任何操作。

如果您没有完成第 1 章的建账和设置权限的任务，则可以到百度云盘空间(云盘地址：https://pan.baidu.com/s/1kVO5jMZ，访问密码：m68d)的“实验账套数据”文件夹中，将“01 新建账套.rar”下载到实验用机上，然后“引入”(操作步骤详见 1.3.5 节)到 ERP-U8 系统中。需要说明的是：

(1) 因云盘中的账套备份文件均为“压缩”文件，所以下载完成后引入前，需要用解压缩工具进行解压(建议用 WinRAR 3.42 或以上版本)，得到相应可以引入的账套数据文件。而且，本章完成的账套，其“输出”压缩的文件名为“02 基础档案.rar”。

(2) 本教程的所有业务实验操作，都有配套的微视频，您可以通过扫描二维码，或者到指定的网页去观看。但本章的实验操作，因其是基础档案且比较简单，没有做相应的视频录制。

本章的授课时间建议讲课 2～4 学时(主要讲解基础档案中各种基础数据的作用，以及数据之间的勾稽关系，内容可参见教程配套的课件)、实验 4～6 学时(若课时不足，可跳过本章的讲解与实验)，实验目的与要求如下：

- 理解企业中人、财、物基础数据的重要性。
- 理解存货的计价方式(如移动平均法、全月平均法、个别计价法)。
- 掌握 ERP 软件中编辑企业利益相关者(如员工、客户、供应商)档案的操作。
- 掌握编辑企业的会计相关档案(如会计科目、付款条件、开户银行、结算方式、凭证类别)的操作。
- 掌握编辑企业的业务基础档案(如仓库档案、收发类别、发运方式、采购类型、销售类型)的操作。
- 掌握存货档案的编辑操作。
- 学会对相关报表的查询。

2.1 部门与人员档案设置

企业一般对其人员类别进行分类设置和管理，案例企业是按树形层次结构分类(详见表2-1)。根据企业各部门的实际情况，案例企业已经设置了各职位具体人员的职责(详见表 2-2)。

1. 人员类别设置

新建账套时，系统已预置了正式工、合同工、实习生 3 个人员类别。表 2-1 列示的是本案例企业的人员类别设置情况。本任务是按照表 2-1，完成案例企业的“正式工”人员类别的子类(企管人员、采购人员、销售人员和生产人员)在用友 ERP-U8 中的设置。

表 2-1 人员类别

人员类别	档案编码	档案名称
101 正式工	1011	企管人员
	1012	采购人员
	1013	销售人员
	1014	生产人员
102 合同工		
103 实习生		

操作步骤：

(1) 打开“企业应用平台”窗口。双击桌面的“企业应用平台”快捷方式，在系统打开的在“登录”对话框中，设置“操作员”为“8800”，“密码”为“1”，“账套”为“[816]...”，然后单击“登录”按钮，系统打开“企业应用平台”窗口。

(2) 打开“人员类别”窗口。在“企业应用平台”的“基础设置”页签下，依次点击(此处用“点击”是因为最后一个菜单项需要双击打开)“基础档案/机构人员/人员类别”菜单项，系统打开“人员类别”窗口。

(3) 先单击左窗格的“正式工”，然后单击工具栏中的“增加”按钮，系统弹出“增加档案项”对话框。

(4) 编辑“档案编码”为“1011”、“档案名称”为“企管人员”，再单击“确定”按钮。

(5) 重复步骤(4)，录入完成表 2-1 中的 1012、1013 和 1014 后，单击“取消”按钮，返回“人员类别”窗口。

(6) 退出。先单击“增加档案项”对话框中的“取消”按钮，再单击工具栏中的“退出”按钮，返回企业应用平台窗口。

【主要栏目说明】

- 人员类别编码必须录入且唯一，同级档案编码长度相同。
- 人员类别名称必须录入且唯一。
- 新增/修改人员信息时，只能选择末级的人员类别。

2. 部门档案与人员档案设置

ERP-U8 中的“部门”，是指账套主体(如案例企业)下辖的需要进行独立的财务核算或业务管理要求的单元体，可以是实际中的部门机构，也可以是虚拟的核算单元。

ERP-U8 中的“人员”，是指企业各职能部门中需要进行独立财务核算和业务管理的职员信息，必须先设置好部门档案才能在这些部门下设置相应的职员档案。除了固定资产和成本管理产品外，其他产品均需使用职员档案。如果企业不需要对职员进行核算和管理要求，则可以不设置职员档案。

表 2-2 列示的是本案例企业的部门档案和人员档案。本任务是按照表 2-2，完成案例企业的部门档案和人员档案在用友 ERP-U8 中的设置。

为减少录入工作量，您可以只录入人员编号为 8100 和 8800 的员工信息，这样也不影响本教程中的业务操作。

表 2-2　部门档案与人员档案

一级部门	二级部门	人员类别	人员编码及姓名	性别	雇佣状态	银行	银行账号	是否操作员	是否业务员
1 公司总部	101 经理办公室	企管人员	8100 李吉贡	女	在职	工行	11022033001	是	
	102 行政办公室	企管人员	8101 陈虹	女	在职	工行	11022033002		

（续表）

一级部门	二级部门	人员类别	人员编码及姓名	性别	雇佣状态	银行	银行账号	是否操作员	是否业务员
2 财务部		企管人员	8200 曾志伟	男	在职	工行	11022033003		
		企管人员	8201 张兰	女	在职	工行	11022033004		
		企管人员	8202 罗迪	女	在职	工行	11022033005		
3 销售部	301 批发部	销售人员	8300 赵飞	男	在职	工行	11022033006		是
	301 批发部	销售人员	8301 夏于	男	在职	工行	11022033007		是
	302 门市部	销售人员	8302 李华	男	在职	工行	11022033008		是
4 采购部		采购人员	8400 刘静	女	在职	工行	11022033009		是
		采购人员	8401 张新海	男	在职	工行	11022033010		是
5 仓管部		企管人员	8500 李莉	女	在职	工行	11022033011		
		企管人员	8501 赵林	男	在职	工行	11022033012		
		企管人员	8502 李东	男	在职	工行	11022033013		
6 人力资源部		企管人员	8600 王军	男	在职	工行	11022033014		
		企管人员	8601 梁京	女	在职	工行	11022033015		
7 生产部		生产人员	8700 刘正	男	在职	工行	11022033016		
		生产人员	8701 李江	男	在职	工行	11022033017		是
8 技术部		企管人员	8800 赵技巩	男	在职	工行	11022033019	是	

操作步骤：

(1) 打开“部门档案”窗口。在“企业应用平台”的“基础设置”页签下，依次点击“基础档案/机构人员/部门档案”菜单项，系统打开“部门档案”窗口。

(2) 单击工具栏中的“增加”按钮，录入“部门编码”为“1”、“部门名称”为“公司总部”，然后单击“保存”按钮。

(3) 重复步骤(2)，按照表 2-2 的第 1 列和第 2 列，将部门档案全部录入，完成后单击“部门档案”窗口右上角的“关闭”按钮，退出该窗口并返回企业应用平台。

(4) 双击“人员档案”菜单项，系统打开“人员档案”窗口。

(5) 单击“增加”按钮，系统进入新增状态，并新增一张人员档案表。

(6) 编辑“人员编码”为“8100”、“人员姓名”为“李吉贡”、“性别”为“女”、“行政部门”为“101 经理办公室”、“雇佣状态”为“在职”、“人员类别”为“企管人员”、“银行”为“中国工商银行”、“账号”为“11022033001”，同时勾选“是否操作员”复选框，结果如图 2-1 所示。

(7) 单击“保存”按钮，若该人员已经是用友 ERP 软件的操作员，则系统弹出提示框“人员信息已改，是否同步修改操作员的相关信息？”，单击“是”按钮，系统保存人员信息并新增一张人员档案表。

(8) 重复步骤(6)和(7)，依据表 2-2 将人员档案全部录入(或再录入 8800 的员工信息)完成后，单击工具栏中的“退出”按钮，返回“人员档案”窗口。

(9) 退出。单击“人员档案”窗口右上角的“关闭”按钮，关闭并退出该窗口。

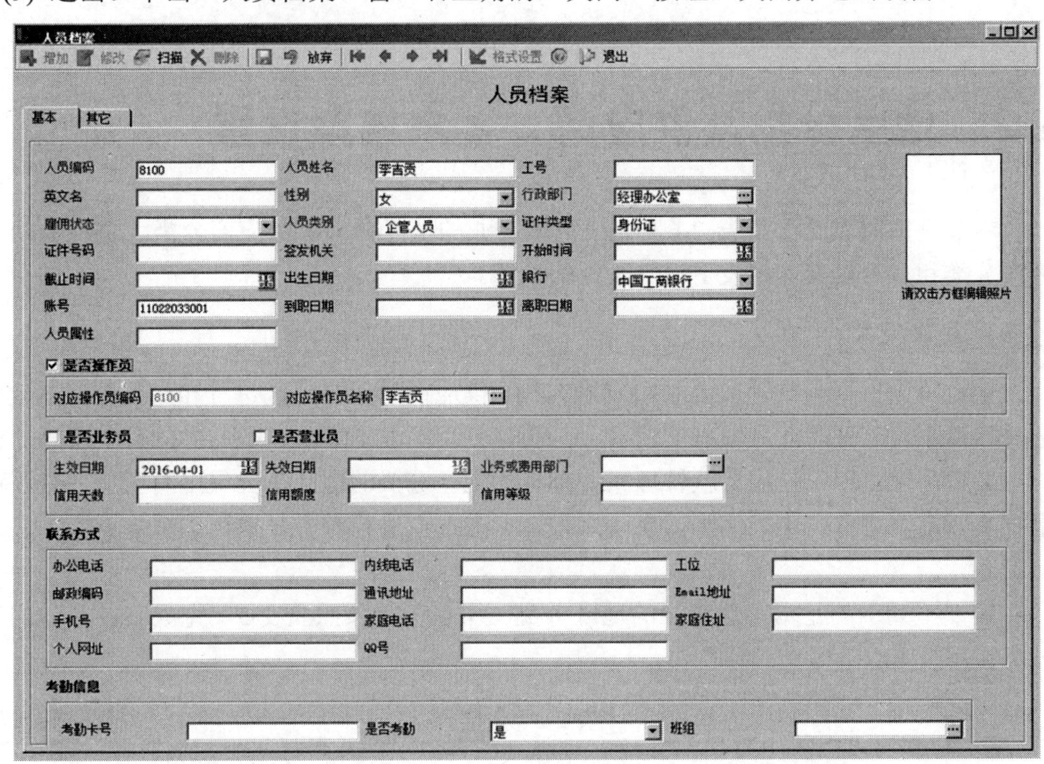

图 2-1　“人员档案”窗口

【主要栏目说明】

- 部门编号需要符合编码级次原则，必须录入且唯一。部门档案中的“部门编码”不允许与工作中心档案的“工作中心编码”重复。
- 部门名称必须录入，且可以重名。
- 人员编码必须录入且唯一，保存后不能修改。
- 人员的名称必须录入，可以重名，可随时修改。
- 如果部门人员“是”操作员，则同时保存到操作员表中，其密码默认为操作员编码，角色默认为“普通用户”角色。
- 如果新增的人员设置为操作员时，则将操作员的所属行政部门、Email 地址、手机号带入到用户档案中。对于关联的操作员或修改人员时，系统将提示“人员信息已改，是否同步修改操作员的相关信息？”如果选择“是”，则将操作员的所属行政部门、Email 地址、手机号带入用户档案(可在“系统管理”窗口的用户列表中查看)中。

- 是“业务员”的需要添加“业务或费用部门”；若在增加时设置为“业务员”，则有与其“行政部门”相同的默认部门。
- 业务及费用归属部门：指此人员作为业务员时，所属的业务部门，或当他不是业务员，但其费用需要归集到的业务部门。该栏目参照部门档案生成，只能输入末级部门。

2.2 地区分类及供应商、客户档案设置

本节是按照表 2-3 至表 2-6，完成案例企业的地区分类、供应商分类、供应商档案、客户分类和客户档案在用友 ERP-U8 中的设置。

1. 地区分类

企业可以根据自身管理要求出发对客户、供应商的所属地区进行相应的分类，建立地区分类体系，以便对业务数据的统计、分析。使用用友 ERP-U8 产品中的采购管理、销售管理、库存管理和应收应付款管理系统都会用地区分类。地区分类最多有五级，企业可以根据实际需要进行分类。例如，您可以按区、省、市进行分类，也可以按省、市、县进行分类。

表 2-3 列示的是本案例企业的地区分类。本任务是按照表 2-3，完成案例企业的地区分类在用友 ERP-U8 中的设置。

表 2-3 地区分类

分类编码	分类名称
01	华北地区
02	华东地区
03	西北地区

操作步骤：

(1) 打开“地区分类”窗口。在“企业应用平台”的“基础设置”页签下，依次点击“基础档案/客商信息/地区分类”菜单项，打开“地区分类”窗口。

(2) 新增一个地区类别。单击工具栏中的“增加”按钮，录入“分类编码”为“01”、“分类名称”为“华北地区”，并单击“保存”按钮。

(3) 完成地区分类编辑。重复步骤(2)，依据表 2-3，完成地区分类信息的录入工作。

(4) 退出。单击“地区分类”窗口中的“退出”按钮，退出该窗口。

【主要栏目说明】

- 地区分类编码，必须录入、必须唯一且符合编码规则，并要注意分类编码字母的大小写。
- 类别名称可以是汉字或英文字母，必须录入且唯一。

2. 客户分类与供应商分类

企业可以根据自身管理的需要对供应商进行分类管理，建立供应商分类体系。可将供应商按行业、地区等进行划分，设置供应商分类后，根据不同的分类建立供应商档案。

同理，企业可以根据自身管理的需要对客户进行分类管理，建立客户分类体系。可将客户按行业、地区等进行划分，设置客户分类后，根据不同的分类建立客户档案。

表 2-4 列示的是本案例企业的客户和供应商分类。本任务是按照表 2-4，完成案例企业的客户和供应商分类，在用友 ERP-U8 中的设置。

表 2-4　客户分类与供应商分类

类别名称	一级分类编码与名称	二级分类编码与名称
供应商	01 供应商	01001 厂商
		01002 材料商
	02 委外商	
客户	01 代销商	
	02 批发商	02001 山西省批发商
		02002 北京市批发商
		02003 上海市批发商
	03 零售商	

操作步骤：

(1) 打开“供应商分类”窗口。在“基础档案”的“客商信息”功能模块，双击“供应商分类”菜单项，系统打开“供应商分类”窗口。

(2) 新增一个供应商分类。单击工具栏中的“增加”按钮，录入“分类编码”为“01”、“分类名称”为“供应商”，并单击“保存”按钮。

(3) 完成供应商分类编辑。重复步骤(2)，依据表 2-4 录入供应商分类信息完成后，单击“退出”按钮。

(4) 打开“客户分类”窗口。双击“客户分类”菜单项，系统打开“客户分类”窗口。

(5) 新增一个客户分类。单击工具栏中的“增加”按钮，录入“分类编码”为“01”、“分类名称”为“代销商”，并单击“保存”按钮。

(6) 完成客户分类编辑。重复步骤(5)，依据表 2-4 录入客户分类信息完成后，单击“退出”按钮。

【主要栏目说明】

- 供应商/客户的类别编码，是系统识别不同供应商/客户的唯一标志，所以编码必须唯一且不可修改。

- 供应商/客户的类别名称，是用户对供应商/客户类别的信息描述，可以是汉字或英文字母，不能为空。

3. 供应商档案

企业设置往来供应商的档案信息，有利于对供应商资料管理和业务数据的统计与分析。ERP-U8 中建立供应商档案，主要是为企业的采购管理、委外管理、库存管理、应付账管理服务的。在填制采购入库单、采购发票和进行采购结算、应付款结算和有关供货单位统计时都会用到供货单位档案，因此必须先设立供应商档案。在输入单据时，如果单据上的供货单位不在供应商档案中，则必须在此建立该供应商的档案。如果在建立账套时选择了供应商分类，则必须在设置完成供应商分类档案的情况下才能编辑供应商档案。

表 2-5 列示的是本案例企业的供应商档案。本任务是按照表 2-5，完成案例企业的供应商档案在用友 ERP-U8 中的设置。

表 2-5　供应商档案

供应商编码与名称	供应商简称	所属分类	所属地区	税号	开户银行	银行账号	邮编	地址
001 大运眼镜公司	大运公司	01001 厂商	01	55555	工行朝阳支行	48723367	100045	北京朝阳十里堡 8 号
002 吉祥眼镜公司	吉祥公司	02 委外商	02	88888	工行浦东支行	85115076	200332	上海浦东新区东方路 1 号
003 北京塑料二厂	塑料二厂	01002 材料商	01	44444	招行昌平支行	1235689575	100046	北京昌平区大新路 33 号
004 银川螺钉厂	螺钉厂	01002 材料商	03	88855	工行银川支行	862559521	333571	银川市和信区富民路 23 号
005 燕郊硅胶三厂	硅胶三厂	01002 材料商	01	44446	工行燕郊支行	862559585	100050	河北省燕郊经济开发区 20 号

备注：

- 所有供应商的结算币种均为人民币。
- 供应商属性(采购/委外/服务/国外)均为“采购”。

操作步骤：

(1) 打开“供应商档案”窗口。在“基础档案”的“客商信息”菜单下，双击“供应商档案”菜单项，打开“供应商档案”窗口。

(2) 新增一个供应商。单击“增加”按钮，增加一张供应商档案单据，编辑供应商档案的“基本”和“联系”信息，包括编码、名称、简称、分类、币种、所属地区等。以表 2-5 第 1 行为例，其“基本”选项卡的结果参见图 2-2。

(3) 保存并新增。单击“保存并新增”按钮，系统保存该供应商信息并增加一张供应商档案。

(4) 完成编辑。重复步骤(2)和(3)，将表2-5中所有供应商档案全部录入后，单击“退出”按钮退出该窗口。

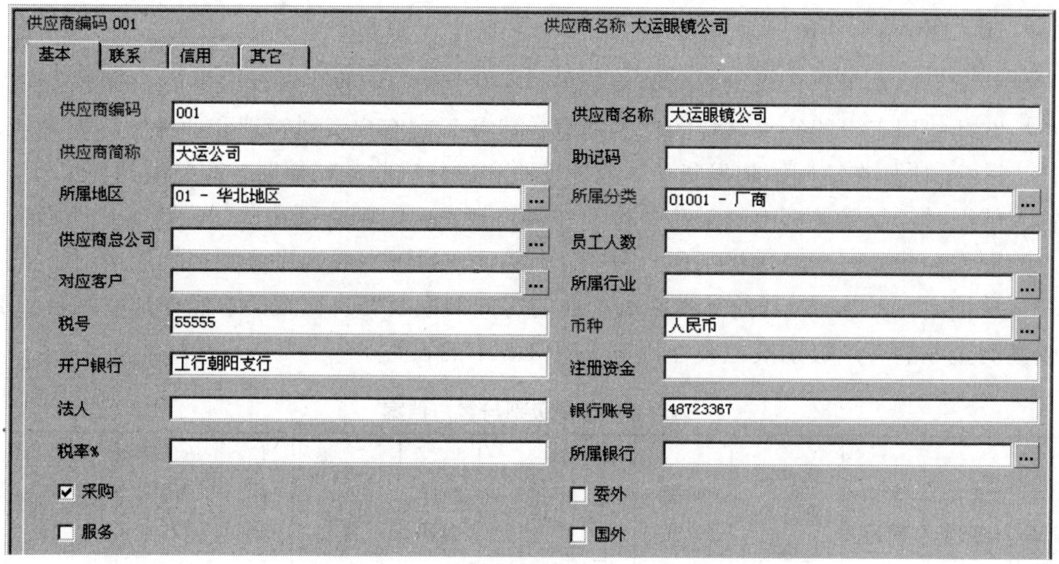

供应商编码 001　　供应商名称 大运眼镜公司

基本　联系　信用　其它

供应商编码 001　　供应商名称 大运眼镜公司
供应商简称 大运公司　　助记码
所属地区 01 - 华北地区　　所属分类 01001 - 厂商
供应商总公司　　员工人数
对应客户　　所属行业
税号 55555　　币种 人民币
开户银行 工行朝阳支行　　注册资金
法人　　银行账号 48723367
税率%　　所属银行
☑ 采购　　☐ 委外
☐ 服务　　☐ 国外

图2-2　供应商档案“基本”选项卡示意图

【主要栏目说明】

- 供应商编码必须录入且唯一，可以是数字或字符，最多可输入20位数字或字符。
- 供应商名称可以是汉字或英文字母，最多49个汉字或98个字符。供应商名称用于销售发票的打印，即打印出来的销售发票的销售供应商栏目，显示的内容为销售供应商的供应商名称。
- 供应商简称可以是汉字或英文字母，最多30个汉字或60个字符。供应商简称用于业务单据和账表的屏幕显示。
- 对应客户：若该供应商同时也是企业的客户，则在供应商档案编辑时可输入对应客户名称，但不允许重复，即不允许多个供应商对应一个客户，且当在001供应商中输入了对应客户编码为666，则在保存该供应商信息时，同时会将666客户档案中的对应供应商编码记录也保存为001。
- 税号：输入供应商的工商登记税号，用于销售发票的税号栏内容的屏幕显示和打印输出。若税号为空，则不可录入专用发票。
- 供应商属性：可在采购、委外、服务和国外4种属性中选择一种或多种。“采购”属性的供应商用于采购货物时可选的供应商，“委外”属性的供应商用于委外业务时可选的供应商，“服务”属性的供应商用于费用或服务业务时可选的供应商。如果此供应商已被使用，则供应商属性不能删除修改，可增选其他项。

提示：

已停用的供应商(即供应商档案的停用日期小于当前单据日期的供应商)，输入单据时不能再参照，否则系统提示“此供应商已停用，请选择其他供应商”。在进行单据或账表查询时，已停用的供应商仍可继续查询。

4. 客户级别及档案

建立客户档案主要是为企业的销售管理、库存管理、应收账管理服务的。ERP-U8 中，客户档案功能用于设置往来客户的档案信息，以便于对客户资料管理和业务数据的录入、统计、分析，比如在填制销售发货单、销售发票和进行应收款结算时，都会用到客户档案。在输入单据时，如果单据上的采购单位不在客户档案中，则必须在此建立该客户的档案。

如果您在建立账套时选择了客户分类，则必须在设置完成客户分类档案的情况下才能编辑客户档案。表 2-6 列示的是本案例企业的客户级别及客户档案。本任务是按照表 2-6，完成案例企业的客户级别及档案在用友 ERP-U8 中的设置。

表 2-6　客户级别与客户档案

客户编码	客户名称	客户简称	客户级别编码与名称	所属分类	所属地区	税号	邮政编码	地址	信用额度	开户银行	银行账号
001	光明眼镜公司	光明公司	01VIP 客户	02002	01	11111	100077	北京海淀学院路 1 号	250 万	工行海淀支行	73853654
002	雪亮眼镜公司	雪亮公司	03 一般客户	02003	02	12121	200032	上海徐汇天平路 8 号	5 万	工行徐汇支行	36542234
003	同方眼镜公司	同方公司	02 重要客户	01	01	11134	100088	北京海淀成府路 3 号	170 万	光大银行海淀支行	85265419
004	华飞眼镜公司	华飞公司	03 一般客户	02001	01	11135	250000	山西太原天桥区成府路 3 号	5 万	光大银行太原支行	85265420
005	零散客户	零散客户		03							

备注：

- 所有客户的结算币种均为“人民币”；属性均为“国内”。
- 表 2-6 中的“开户银行”均是默认的结算银行。
- 在录入“开户银行”时，需要在“增加客户档案”对话框中，单击工具栏中的“银行”按钮，然后在打开的对话框中，录入相关信息，其“所属银行”为“开户银行”所在银行，如“工行海淀支行”的“所属银行”为“中国工商银行”。

操作步骤：

(1) 打开“客户级别分类”窗口。在“基础档案”的“客商信息”菜单下，双击“客户级别”菜单项，系统打开“客户级别分类”窗口。

(2) 新增 VIP 客户类别。单击工具栏中的“增加”按钮，编辑客户级别的相关信息，以表 2-6 第 1 行为例，在表体中录入“客户级别编码”为“01”、“客户级别名称”为“VIP 客户”，并单击“保存”按钮。

(3) 完成客户类别编辑。重复步骤(2)，客户级别全部录入完成后，单击“退出”按钮退出该窗口。

(4) 打开“客户档案”窗口。双击“客户档案”菜单项，打开“客户档案”窗口。此时左窗口中显示已经设置的客户分类，单击鼠标选中某一客户分类，右窗口中显示该分类下的所有客户列表。

(5) 新增一个客户并编辑基本信息。单击“增加”按钮，打开“增加客户档案”对话框，在基本选项卡中编辑客户档案相关信息，包括客户编码、客户名称、简称等，表 2-6 第 1 行的客户基本信息编辑结果如图 2-3 所示。

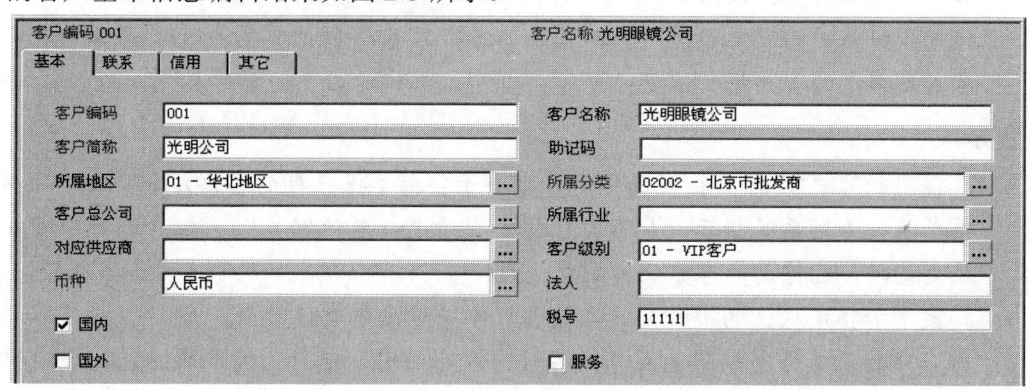

图 2-3　客户档案“基本”选项卡示意图

(6) 编辑客户的信用信息。在“增加客户档案”对话框中的“联系”选项卡中编辑邮政编码和地址，在“信用”选项卡中编辑信用额度。

(7) 编辑客户的银行信息。在“增加客户档案”对话框中，单击工具栏中的“银行”按钮，弹出“客户银行档案”对话框，单击“增加”按钮，以表 2-6 第 1 行为例，选择“所属银行”为“中国工商银行”并录入“开户银行”为“工行海淀支行”、“银行账号”为“73853654”、“默认值”为“是”，然后“保存”并“退出”该对话框。

(8) 保存并新增。单击工具栏中的“保存并新增”按钮，保存该客户信息并新增一张客户档案单据。

(9) 完成客户信息编辑。重复步骤(5)～(8)，依据表 2-6，完成客户档案的录入。

(10) 退出。单击“关闭”按钮，关闭并退出“客户档案”窗口。

【主要栏目说明】

- 客户编码必须录入唯一，可以用数字或字符表示，最多 20 位数字或字符。

- 客户名称可以是汉字或英文字母，最多 49 个汉字或 98 个字符。客户名称用于销售发票的打印，即打印出来的销售发票的销售客户栏目，显示的内容为销售客户的客户名称。
- 客户简称，可以是汉字或英文字母，最多 30 个汉字或 60 个字符。客户简称用于业务单据和账表的屏幕显示。
- 对应供应商：若该客户同时也是本企业的供应链，则在客户档案编辑时可输入对应供应商名称，不允许重复，即不允许有多个客户对应一个供应商的情况出现。例如当在 666 客户中输入了对应供应商编码为 001，则在保存该客户信息时同时需要将 001 供应商档案中的对应客户编码记录也保存为 666。
- 客户属性："国内"，指国内客户，如果启用销售系统，新增客户档案默认为"国内"；"国外"，指国外客户，如果未启用销售系统，只启用了出口系统，新增客户档案默认为"国外"；"服务"，标记为服务属性的记录为售后服务业务使用。
- 客户档案银行页：使用 U8 产品的用户，大多数还需要使用金税系统，由 U8 系统传入金税系统的发票不允许修改客户的银行信息，因此需要在 U8 产品中能正确录入发票上的客户银行信息。

提示：

- 已停用的客户(即客户档案的停用日期小于当前单据日期的客户)，输入单据时不能再参照，否则系统提示"此客户已停用，请选择其他客户"。但在进行单据或账表查询时，已停用的客户仍可继续查询。
- 档案增加指定默认的币种，将在销售订单等单据中直接带出。
- 当客户的基本信息编辑完成并保存后，方可使用"银行"的编辑功能，来编辑此客户的银行信息。

2.3 存货与仓库档案设置

ERP-U8 中的存货功能，主要用于设置企业在生产经营中使用到的各种存货信息，以便对这些存货进行资料管理、实物管理和业务数据的统计、分析。企业的存货，需要有计量单位和存放的仓库，而且多数会有存货分类。

需要指出的是，在编辑计量单位时，应先通过"分组"定义计量单位组，即先增加计量单位组，再增加组下的具体计量单位内容。

1. 存货计量单位(组)

计量单位组分无换算、浮动换算、固定换算 3 种类别，每个计量单位组中有至少一个主计量单位、一个或多个辅助计量单位，可以设置主辅计量单位之间的换算率。

- 无换算计量单位组：在该组下的所有计量单位都以单独形式存在，各计量单位之间不需要输入换算率，系统默认为主计量单位。

- 浮动换算计量单位组：设置为浮动换算率时，可以选择的计量单位组中只能包含两个计量单位。此时需要将该计量单位组中的主计量单位、辅计量单位显示在存货卡片界面上。
- 固定换算计量单位组：设置为固定换算率时，可以选择的计量单位组中可以包含两个(不包括两个)以上的计量单位，且每一个辅计量单位对主计量单位的换算率不为空。此时需要将该计量单位组中的主计量单位显示在存货卡片界面上。

存货档案中每一存货只能选择一个计量单位组，表 2-7 列示的是本案例企业使用的存货计量单位组。

表 2-7　存货计量单位组

计量单位组编码	计量单位组名称	计量单位组类别
01	副	固定换算率
02	无固定换算率	无换算率

操作步骤：

(1) 打开“计量单位”窗口。在“企业应用平台”的“基础设置”页签下，依次点击“基础档案/存货/计量单位”菜单项，打开“计量单位”窗口。

(2) 打开“计量单位组”对话框。单击工具栏中的“分组”按钮，系统弹出“计量单位组”对话框。

(3) 新增计量单位组“副”。单击“增加”按钮，录入“计量单位组编码”为“01”、“计量单位组名称”为“副”，选择“计量单位组类别”为“固定换算率”，然后单击“保存”按钮。

(4) 完成计量单位组编辑。重复步骤(2)，录入表 2-7 中的第 2 行，保存后单击“退出”按钮，系统返回“计量单位”窗口。

提示：

- 计量单位组保存后，只可对计量单位组的名称和类别进行修改。
- 已经使用过的计量单位组，不能修改其已经存在的计量单位信息。
- 已经有数据的存货，不允许修改该存货的计量单位组。

2. 存货计量单位

表 2-8 列示的是案例企业的存货计量单位，其中“换算率”是辅计量单位和主计量单位之间的换算比，如一箱啤酒为 24 听，则 24 就是辅计量单位“箱”和主计量单位“听”之间的换算比。

- 主计量单位的换算率自动置为 1。
- 无换算计量单位组中不可输入换算率。
- 固定换算的计量单位组，辅计量单位的换算率必须录入。

- 浮动换算的计量单位组，可以录入，可以为空。
- 数量(按主计量单位计量)＝件数(按辅计量单位计量)×换算率，例如 1 盒眼镜 10 副，则 10 是辅计量单位“盒”和主计量单位“副”之间的换算比。

本任务是按照表 2-8，完成案例企业的存货计量单位在用友 ERP-U8 中的设置。

表 2-8　存货计量单位

计量单位编码	计量单位名称	计量单位组	主计量单位标志	换算率
01	副	01 副	是	
02	盒	01 副	否	10
03	对	02 无固定换算率		
04	颗	02 无固定换算率		
05	个	02 无固定换算率		
06	千克	02 无固定换算率		
07	次	02 无固定换算率		

操作步骤：

(1) 打开“计量单位”窗口。

(2) 打开计量单位组“副”的“计量单位”对话框。首先选中左窗格的“计量单位组”为“副”，然后单击工具栏中的“单位”按钮，系统弹出“计量单位”对话框。

(3) 编辑计量单位组“副”的主计量单位。单击“增加”按钮，新增一张表单，此时“计量单位组编码”默认为“01”(不可修改)，然后在表头，录入“计量单位编码”为“01”、“计量单位名称”为“副”，确认勾选“主计量单位标志”复选框，然后单击“保存”按钮。

(4) 编辑计量单位组“副”的辅计量单位。在“计量单位”对话框中，单击“增加”按钮，然后在表头，录入“计量单位编码”为“02”、“计量单位名称”为“盒”，确认没有勾选“主计量单位标志”复选框，“换算率”为“10”，然后单击“保存”按钮，再单击“退出”按钮，返回“计量单位”窗口。

(5) 编辑计量单位组“无固定换算率”的所有计量单位。重复步骤(2)～(4)，依据表 2-8 录入第 2～7 行的计量单位后，单击“计量单位”对话框中的“退出”按钮，返回“计量单位”窗口。

(6) 退出。单击“计量单位”窗口中的“退出”按钮，退出该窗口。

3. 仓库档案设置

存货一般是用仓库来保管的，对存货进行核算管理，首先应对仓库进行管理，因此进行仓库设置是供销链管理系统的重要基础准备工作之一。

表 2-9 列示的是案例企业的仓库档案，其“计价方式”用友 ERP 系统提供了 6 种，工业企业的有计划价法、全月平均法、移动平均法、先进先出法、后进先出法、个别计价法，每个仓库必须选择一种计价方式。

- 计划价：期末处理计算差异率时，要根据此仓库的同种存货的差异、金额计算的差异率计算出库成本。

- 全月平均：期末处理计算出库成本时，要根据该仓库同种存货的金额和数量计算的平均单价计算出库成本。
- 移动平均：计算出库成本时要根据该仓库的同种存货按最新结存金额和结存数量计算的单价计算出库成本。
- 先进先出、后进先出：出库单记账时(包括红字出库单)，计算出库成本时，只按此仓库的同种存货的入库记录进行先进先出或后进先出选择成本，只要存货相同、仓库相同则将入库记录全部大排队进行先进先出或后进先出选择成本。
- 个别计价：计算成本的方法不变。

“仓库属性”可选择普通仓、现场仓、委外仓，默认为普通仓。普通仓用于正常的材料、产品、商品的出入库、盘点的管理；现场仓用于生产过程的材料、半成品、成品的管理；委外仓用于管理发给委外商的材料的管理。

表 2-9 仓库档案

仓库编码	仓库名称	部门	计价方式	仓库属性	参与 MRP 运算 参与 ROP 计算	货位管理
0010	大运仓库	5 仓管部	移动平均法	普通仓	否、否	否
0020	原材料仓库	5 仓管部	移动平均法	普通仓	是、是	否
0030	半成品仓库	5 仓管部	移动平均法	普通仓	是、是	否
0040	产成品仓库	5 仓管部	移动平均法	普通仓	是、是	否

操作步骤：

(1) 打开“仓库档案”窗口。在“基础档案”功能模块中，依次点击“业务/仓库档案”菜单项，打开“仓库档案”窗口。

(2) 新增一个仓库。单击工具栏中的“增加”按钮，在弹出的“增加仓库档案”窗口中，录入“仓库编码”为“0010”、“仓库名称”为“大运仓库”，选择“部门编码”为“5 仓管部”、“计价方式”为“移动平均法”、“仓库属性”为“普通仓”，不勾选“参与 MRP 运算”、“参与 ROP 计算”、“货位管理”复选框，然后单击“保存”按钮。

(3) 完成仓库编辑。重复步骤(2)，完成表 2-9 中所有仓库档案的录入，然后单击“增加仓库档案”窗口右上角的“关闭”按钮，返回“仓库档案”窗口。

(4) 退出。单击“仓库档案”窗口右上角的“关闭”按钮，关闭并退出该窗口。

【主要栏目说明】

- 仓库编码，最多 10 位，必须输入且唯一；仓库名称也最多 20 位，必须输入。
- 若仓库已经使用，则不可删除，而且只可修改负责人、电话、资金定额、仓库地址和备注等几项。

4. 存货分类设置

存货分类用于设置存货分类编码、名称及所属经济分类，以便于对业务数据的统计和分析。表 2-10 列示的是案例企业的存货分类，本任务完成案例企业存货分类在用友 ERP-U8 中的设置。

表 2-10 存货分类

一级分类编码与名称	二级分类编码与名称
01 商品	0101 太阳镜
	0102 亮康眼镜
02 生产	0201 原材料
	0202 半成品
03 劳务	

操作步骤：

(1) 打开“存货分类”窗口。在“基础档案”功能模块中，依次点击“存货/存货分类”菜单项，打开“存货分类”窗口。

(2) 新增一个存货分类。单击“增加”按钮，在其右窗格中输入“分类编码”为“01”、“分类名称”为“商品”，然后单击“保存”按钮。

(3) 完成存货分类的编辑。重复步骤(2)，录入并保存表 2-10 中所有的存货分类。

(4) 退出。单击“存货分类”窗口中的“退出”按钮，退出该窗口。

【主要栏目说明】

- 分类编码必须录入且唯一，且需按其级次的先后次序建立。
- 存货分类最多可分 8 级，编码总长不能超过 30 位，您可自由定义每级级长。

5. 存货档案设置

表 2-11 列示的是案例企业的存货档案。在用友 ERP-U8 中，“存货属性”有 18 种属性。如“内销”，具有该属性的存货可用于销售，发货单、发票、销售出库单等与销售有关的单据参照存货时，参照的都是具有销售属性的存货。类似地，具有“外购”属性的存货，可用于采购，到货单、采购发票、采购入库单等与采购有关的单据参照存货时，参照的都是具有外购属性的存货。开在采购专用发票、普通发票、运费发票等票据上的采购费用，也应设置为外购属性，否则开具采购发票时无法参照。

同一存货可以设置多个属性，但当一个存货同时被设置为自制、委外和(或)外购时，MPS/MRP 系统默认自制为其最高优先属性而自动建议计划生产订单；而当一个存货同时被设置为委外和外购时，MPS/MRP 系统默认委外为其最高优先属性而自动建议计划委外订单。具体的含义和使用，可参见本系列教程之《场景式企业生产制造应用教程(用友 ERP-U8 V10.1)》。

另外，随同发货单或发票一起开具的应税劳务，也应设置在存货档案中。

表 2-11 存货档案

基本						成本		
存货编码/代码	存货名称	主计量组/单位	税率/%	存货分类	存货属性	参考成本	参考售价	主要供货单位/默认仓库
00001	男士高端太阳镜	01/副	17	0101 太阳镜	内销、外购	350	420	大运公司/大运仓库
00002	女士高端太阳镜	01/副	17	0101 太阳镜	内销、外购	300	360	大运公司/大运仓库
00003	男士普通太阳镜	01/副	17	0101 太阳镜	内销、外购	90	108	大运公司/大运仓库
00004	女士普通太阳镜	01/副	17	0101 太阳镜	内销、外购	80	96	大运公司/大运仓库
00005	运输费	02/次	11	03 劳务	应税劳务			
10000	亮康眼镜	01/副	17	0102 亮康眼镜	内销、自制	160	200	产成品仓库
11000	镜片	02/对	17	0202 半成品	生产耗用、委外	80		吉祥公司/半成品仓库
12000	镜架	02 /个	17	0202 半成品	生产耗用、自制	50		半成品仓库
12100	镜框	02/对	17	0202 半成品	生产耗用、自制	12		半成品仓库
12200	镜腿	02/对	17	0202 半成品	生产耗用、自制	12		半成品仓库
12210	塑料	02/千克	17	0201 原材料	外购，生产耗用	1 000		塑料二厂/原材料仓库
12220	镜片树脂	02/千克	17	0201 原材料	外购，生产耗用	6 000		塑料二厂/原材料仓库
12300	鼻托	02/对	17	0202 半成品	生产耗用、自制	20		半成品仓库
12310	硅胶	02/千克	17	0201 原材料	外购，生产耗用	1 600		硅胶三厂/原材料仓库
13000	螺钉	02/颗	17	0201 原材料	外购，生产耗用	1		螺钉厂/半成品仓库

操作步骤：

(1) 打开“存货档案”窗口。在“存货”功能模块中，双击“存货档案”菜单项，打开“存货档案”窗口。

(2) 新增一张存货档案。单击工具栏中的“增加”按钮，系统打开“增加存货档案”窗口，新增一张存货档案单据。

(3) 编辑存货档案。在新增的单据中，做如下编辑。

① 在“基本”选项卡中，根据表 2-11 编辑存货档案相关信息，包括存货编码、存货代码、存货名称、主计量单位组、主计量单位、存货分类和存货属性，其他值默认。

② 单击“成本”选项卡，在打开的页签中录入参考成本、最低售价、参考售价、主要供货单位和默认仓库，其他值默认。

(4) 保存并新增。单击工具栏中的“保存并新增”按钮，系统保存该存货信息，并新增一张表单。

(5) 完成存货档案编辑。重复步骤(3)和(4)，依据表 2-11 将存货档案全部录入并保存。

(6) 退出。单击“存货档案”窗口右上角的“关闭”按钮，关闭并退出该窗口。

注意：

太阳镜的主计量单位默认为“01-副”，其采购、库存等的默认单位为辅助计量单位“02-盒”。

【主要栏目说明】

- 存货编码必须输入且唯一，最多 60 位数字或字符。
- 存货名称必须输入且最多 255 位汉字或字符。
- 存货代码，可不输、可重复，可用于快速录入。例：在销售订单上录入存货时，直接输入存货代码即可显示该存货信息。

2.4 收发类别与发运方式设置

1. 收发类别设置

收发类别设置，是为了对材料的出入库情况进行分类汇总统计而设置的，表示材料的出入库类型。用友 ERP-U8 规定：收发类型只有两种，即收和发，编辑时单选确定。请注意入库的“收发类别标志”为“收”，出库的“收发类别标志”为“发”。

本任务是按照表 2-12，完成在用友 ERP-U8 中设置案例企业的仓库收发类别。

表 2-12 收发类别

收发类别编码	收发类别名称	收发类别标志	收发类别编码	收发类别名称	收发类别标志
1	正常入库	收	3	正常出库	发
11	采购入库		31	销售出库	
12	采购退货		32	销售退货	
13	调拨入库		33	调拨出库	
14	产成品入库		34	领料出库	
15	其他入库		35	其他出库	
2	非正常入库	收	4	非正常出库	发
21	盘盈入库		41	盘亏出库	
22	其他入库		42	其他出库	

操作步骤：

(1) 打开“收发类别”窗口。在“企业应用平台”的“基础设置”页签下，依次点击“基础档案/业务/收发类别”菜单项，打开“收发类别”窗口。

(2) 新增一个收发类别。单击“增加”按钮，在右窗格中编辑收发类别相关信息。以表2-12第1行为例，录入“收发类别编码”为“1”、“收发类别名称”为“正常入库”，并选择“收”，然后单击“保存”按钮。

(3) 完成收发类别的编辑。重复步骤(2)，将表2-12中所有的收发类别录入并保存。

(4) 退出。单击“收发类别”窗口中的“退出”按钮，退出该窗口。

【主要栏目说明】

- 类别编码，必须输入且唯一。系统规定收发类别最多可分三级，最大位数5位。必须逐级定义，即定义下级编码之前必须先定义上级编码。
- 类别名称，最多12位，相同级次且上级级次相同的类别名称不可相同。

2. 发运方式设置

用户在处理采购业务或销售业务中的运输方式时，应先设定这些运输方式。表2-13列示的是本案例企业的发运方式，本任务将完成在用友ERP-U8中设置案例企业的发运方式。

表2-13 发运方式

发运方式编码	发运方式名称
01	公路
02	铁路
03	航空
04	水运

操作步骤：

(1) 打开“发运方式”窗口。在“业务”功能模块中，双击“发运方式”菜单项，打开“发运方式”窗口。

(2) 新增一个发运方式。单击工具栏中的“增加”按钮，录入“发运方式编码”为“01”、“发运方式名称”为“公路”，然后单击“保存”按钮。

(3) 完成发运方式编辑。重复步骤(2)，将表2-13中的发运方式全部录入并保存。

(4) 退出。单击“发运方式”窗口中的“退出”按钮，退出该窗口。

2.5 采购和销售类型设置

如果企业需要按采购类型进行统计，那就应该建立采购类型项目。采购类型是由用户根据企业需要自行设定的项目，用户在使用用友采购管理系统，填制采购入库单等单据时，会涉及采购类型栏目。采购类型不分级次，企业可以根据实际需要进行设立。例如：从国外购进、国内纯购进、从省外购进、从本地购进；从生产厂家购进，从批发企业购进；为生产采购、为委托加工采购、为在建工程采购，等等。

用户在处理销售业务时，可以根据自身的实际情况自定义销售类型，以便于按销售类型对销售业务数据进行统计和分析。

表 2-14 列示的是本案例企业的采购类型和销售类型。本任务是完成在用友ERP-U8 中设置案例企业的采购类型与销售类型。

表 2-14　采购与销售类型

采购类型编码	采购类型名称	入库类别	是否默认值	销售类型编码	销售类型名称	出库类别	是否默认值
01	商品采购	11(采购入库)	是	01	批发销售	31(销售出库)	是
02	材料进货	11(采购入库)	否	02	门市零售	31(销售出库)	否
03	采购退回	12(采购退货)	否	03	销售退回	32(销售退货)	否

操作步骤：

(1) 打开“采购类型”窗口。在“业务”功能模块中，双击“采购类型”菜单项，系统打开“采购类型”窗口。

(2) 新增一个采购类型。单击工具栏中的“增加”按钮，编辑采购类型相关信息，包括采购类型编码、名称及入库类别。以表 2-14 左侧第 1 行为例，在表体中填制“采购类型编码”为“01”、“采购类型名称”为“商品采购”，选择“入库类别”为“11(采购入库)”、“是否默认值”为“是”，单击“保存”按钮。

(3) 完成采购类型编辑。重复步骤(2)，依据表 2-14 将采购类型全部录入并保存。

(4) 退出。单击“采购类型”窗口中的“退出”按钮，退出该窗口。

【主要栏目说明】

- 采购类型编码，只有 2 位字长，必须输入且唯一，区分大小写。
- 入库类别：是设定填制采购入库单时默认的入库类别，以便加快录入速度。
- 是否默认值：是设定某个采购类型是填制采购单据默认的采购类型，对于最常发生的采购类型，可以设定该采购类型为默认的采购类型。
- 是否委外默认值：设定某个采购类型是填制委外单据默认的采购类型，对于最常发生的委外加工的采购类型，可以设定该采购类型为默认的委外类型。
- 列入 MPS/MRP 计划：选择是或否，可以按类型控制采购入库单等单据是否列入 MPS/MRP 计划。

(5) 打开“销售类型”窗口。在“业务”功能模块中，双击“销售类型”菜单项，打开“销售类型”窗口。

(6) 新增一个销售类型。单击工具栏中的“增加”按钮，编辑销售类型相关信息，包括销售类型编码、名称及出口类别。以表 2-14 右侧的第 1 行为例，在表体中填制“销售类型编码”为“01”、“销售类型名称”为“批发销售”，选择“出库类别”为“31(销售出库)”、“是否默认值”为“是”，单击“保存”按钮。

(7) 完成销售类型编辑。重复步骤(6)，依据表2-14将销售类型全部录入并保存。

(8) 退出。单击“销售类型”窗口中的“退出”按钮，退出该窗口。

【主要栏目说明】

- 销售类型编码，只有2位字长，必须输入且唯一，区分大小写。
- 出库类别：输入销售类型所对应的出库类别，以便销售业务数据传递到库存管理系统和存货核算系统时进行出库统计和财务制单处理。
- 是否默认值：标识销售类型在单据录入或修改被调用时，是否作为调用单据的销售类型的默认取值。
- 列入 MPS/MRP 计划：选择是或否，可以按类型控制销售订单等单据是否列入MPS/MRP 计划。

2.6 费用项目设置

用户若需处理销售业务中的代垫费用、销售支出费用，则应先设定这些费用项目。费用项目分类是对同一类属性的费用，归集成一类，以便统计和分析。

表2-15列示的是本案例企业的费用项目分类，表2-16列示的是费用项目。本任务是按照表2-15和表2-16，完成在用友ERP-U8中设置案例企业的费用项目分类和费用项目。

1. 费用项目分类设置

表2-15 费用项目分类

分类编码	分类名称
1	购销
2	管理

操作步骤：

(1) 打开“费用项目分类”窗口。在“企业应用平台”的“基础设置”页签下，依次点击“基础档案/业务/费用项目分类”菜单项，打开“费用项目分类”窗口。

(2) 新增一个费用项目分类。单击“增加”按钮，然后编辑费用项目分类相关信息，包括分类编码和名称。以表2-15第1行为例，在右窗格中输入“分类编码”为“1”、“分类名称”为“购销”，单击“保存”按钮。

(3) 完成费用项目分类编辑。重复步骤(2)，完成表2-15中第2行的录入并保存。

(4) 退出。单击“费用项目分类”窗口中的“退出”按钮，退出该窗口。

2. 费用项目设置

表 2-16　费用项目

费用项目编码	费用项目名称	费用项目分类名称
01	运输费	1 购销
02	装卸费	1 购销
03	包装费	1 购销
04	业务招待费	2 管理

操作步骤：

(1) 打开“费用项目”窗口。在“业务”功能模块中，双击“费用项目”菜单项，打开“费用项目”窗口。

(2) 新增一个费用项目。单击“增加”按钮，然后编辑费用项目相关信息，包括费用项目编码、名称及分类名称。以表 2-16 第 1 行为例，在右窗格的费用项目表体中输入“费用项目编码”为“01”、“费用项目名称”为“运输费”，选择“费用项目分类名称”为“购销”，再单击“保存”按钮。

(3) 完成费用项目的编辑。重复步骤(2)，依据表 2-16 将费用项目全部录入并保存。

(4) 退出。单击“费用项目”窗口中的“退出”按钮，退出该窗口。

2.7　收付结算设置

收付结算设置包括结算方式、开户银行和付款条件设置。

1. 结算方式设置

结算方式，即财务结算方式，如现金结算、支票结算等。用友 ERP-U8 中，结算方式最多可以分为 2 级。表 2-17 列示的是本案例企业的结算方式，本任务是按照表 2-17，完成在用友 ERP-U8 中设置本案例企业的结算方式。

表 2-17　结算方式

结算方式编码	结算方式名称
1	现金
2	支票
201	现金支票
202	转账支票
3	商业汇票
301	银行承兑汇票
302	商业承兑汇票
4	电汇
5	同城特约委托收款

操作步骤：

(1) 打开“结算方式”窗口。在“企业应用平台”的“基础设置”页签下，依次点击“基础档案/收付结算/结算方式”菜单项，打开“结算方式”窗口。

(2) 新增一个结算方式。单击“增加”按钮，在其右窗格中录入“结算方式编码”为“1”、“结算方式名称”为“现金”，然后单击“保存”按钮。

(3) 完成结算方式的编辑。重复步骤(2)，依据表 2-17 将结算方式全部录入并保存。

(4) 退出。单击“结算方式”窗口中的“退出”按钮，退出该窗口。

【主要栏目说明】

- 结算方式编码，用以标识某结算方式，必须录入且唯一，而且必须按照结算方式编码级次的先后顺序录入。
- 结算方式名称是用户根据企业的实际情况所给出的结算方式名称，必须录入且唯一，最多 6 个汉字(或 12 个字符)。
- 结算方式一旦被引用，便不能进行修改和删除的操作。

2. 付款条件

付款条件也叫现金折扣，是指企业为了鼓励客户偿还贷款而允诺在一定期限内给予的规定的折扣优待。这种折扣条件通常可表示为“4/10,2/20,n/30”，它的意思是客户在 10 天内偿还贷款，可得到 4%的折扣，只付原价的 96%的货款；在 20 天内偿还贷款，可得到 2%的折扣，只要付原价的 98%的货款；在 30 天内偿还贷款，则须按照全额支付货款；在 30 天以后偿还贷款，则不仅要按全额支付贷款，还可能要支付延期付款利息或违约金。付款条件将主要在采购订单、销售订单、采购结算、销售结算、客户目录、供应商目录中引用。

表 2-18 列示的是本案例企业的付款方式。本任务是按照表 2-18，完成案例企业的付款方式在用友 ERP-U8 中的设置。

表 2-18 付款条件

付款条件编码	付款条件名称	信用天数	优惠天数 1	优惠率 1	优惠天数 2	优惠率 2	优惠天数 3	优惠率 3
01	4/10,2/20,n/30	30	10	4	20	2	30	0
02	n/60	60						

操作步骤：

(1) 打开“付款条件”窗口。在“收付结算”功能模块中，双击“付款条件”菜单项，打开“付款条件”窗口。

(2) 新增一个付款条件。单击工具栏中的“增加”按钮，在表体中填制“付款条件编码”为“01”、“信用天数”为“30”、“优惠天数 1”为“10”、“优惠率 1”为“4”、“优惠天数 2”为“20”、“优惠率 2”为“2”、“优惠天数 3”为“30”、“优惠率 3”为“0”，单击“保存”按钮，此时“付款条件名称”自动填写为“4/10,2/20,n/30”。

(3) 完成付款条件编辑。重复步骤(2)，完成表 2-18 中第 2 行的录入并保存。

(4) 退出。单击“付款条件”窗口中的“退出”按钮，退出该窗口。

【主要栏目说明】

- 付款条件编码，用以标识某付款条件，必须输入且唯一，可以用数字 0～9 或字符 A～Z 表示，但编码中&、"、；、-，以及空格禁止使用，最多可输入 3 个字符。
- 付款条件名称，系统自动根据用户录入的信用天数、优惠天数、优惠率显示该付款条件的完整信息。
- 信用天数，指最大的可延期付款天数，如超过此天数，则不仅要按全额支付贷款，还可能支付延期付款利息或违约金。必须输入，最大值为 999。
- 优惠天数 1，指享受折扣优待的第一个时间段的最大天数，它应小于信用天数。最大值为 999。
- 优惠率 1，指在优惠天数 1 范围内付款而享受的优惠率，按照百分比计算。
- 优惠天数 2，指享受折扣优待的第二个时间段的最大天数，它应大于优惠天数 1 而小于信用天数。最大值为 999。
- 优惠率 2，指在优惠天数 1 至优惠天数 2 范围内付款而享受的优惠率，按照百分比计算。优惠率 2 应该小于优惠率 1。
- 优惠天数 3，指享受折扣优待的第三个时间段的最大天数，它应大于优惠天数 2 而小于信用天数。最大值为 999。
- 优惠率 3，指在优惠天数 2 至优惠天数 3 范围内付款而享受的优惠率，按照百分比计算。优惠率 3 应该小于优惠率 2。
- 系统最多同时支持 4 个时间段的折扣。
- 付款条件一旦被引用，便不能进行修改和删除的操作。

3. 本单位开户银行

ERP-U8 支持企业具有多个开户行及账号的情况。“本单位开户银行”功能用于维护及查询使用单位的开户银行信息。开户银行一旦被引用，便不能进行修改和删除的操作。表 2-19 列示的是本案例企业的开户银行信息。本任务是按照表 2-19，完成案例企业的单位开户银行在用友 ERP-U8 中的设置。

表 2-19　本单位开户银行

编码	银行账号	币种	开户银行	所属银行编码	签约标志
01	200106653251	人民币	中国工商银行昌平支行	01 中国工商银行	检查收付款账号

操作步骤：

(1) 打开“本单位开户银行”窗口。在“收付结算”功能模块中，双击“本单位开户银行”菜单项，打开“本单位开户银行”窗口。

(2) 编辑本单位开户银行信息。单击“增加”按钮，系统弹出“增加本单位开户银行”窗口，录入“编码”为“01”、“银行账户”为“200106653251”、“币种”为“人民币”、“开户银行”为“中国工商银行昌平支行”并且选择“所属银行编码”为“01 中国工商银行”、“签约标志”为“检查收付账号”，然后依次单击“保存”和“退出”按钮，系统返回“本单位开户银行”窗口。

(3) 退出。单击“退出”按钮，退出“本单位开户银行”窗口。

【主要栏目说明】

- 编号用来标识某开户银行及账号，可手工输入，也可以由系统自动给定；录入值必须唯一；编号可以数字 0～9 或字符 A～Z 表示，但编号中&、"、；、-，以及空格禁止使用。开户银行编号最多 3 个字符。
- 开户银行用来输入使用单位的开户银行名称，必须输入，名称可以重复，最多 30 个字符或 15 个汉字。
- 账号，用来输入使用单位在开户银行中的账号名称，必须输入且唯一，最多 20 个字符。
- 暂封标识，用来标识账号的使用状态。如果这个账号临时不用时，可以用鼠标点击来设置暂封标志为有效。

2.8 凭证类别与外币设置

许多单位为了便于管理或登账，会对记账凭证进行分类编制，但各单位的分类方法不尽相同，所以用友 ERP-U8 中提供了“凭证类别”功能。

汇率管理是专为外币核算服务的，用友 ERP-U8 中提供了“外币设置”功能。

1. 凭证类别设置

如果是第一次进行凭证类别设置，可以按以下几种常用分类方式进行定义：

- 记账凭证。
- 收款、付款、转账凭证。
- 现金、银行、转账凭证。
- 现金收款、现金付款、银行收款、银行付款、转账凭证。
- 自定义凭证类别。

“限制科目”(参见表 2-20)是某些类别的凭证在制单时，对科目有一定限制，用友 ERP-U8 系统有 7 种“限制类型”供选择。

- 借方必有：制单时，此类凭证借方至少有一个限制科目有发生。
- 贷方必有：制单时，此类凭证贷方至少有一个限制科目有发生。
- 凭证必有：制单时，此类凭证无论借方还是贷方至少有一个限制科目有发生。

- 凭证必无：制单时，此类凭证无论借方还是贷方不可有一个限制科目有发生。
- 无限制：制单时，此类凭证可使用所有合法的科目限制科目由用户输入，可以是任意级次的科目，科目之间用逗号分割，数量不限，也可参照输入，但不能重复录入。
- 借方必无：即金额发生在借方的科目集必须不包含借方必无科目。可在凭证保存时检查。
- 贷方必无：即金额发生在贷方的科目集必须不包含贷方必无科目。可在凭证保存时检查。

表 2-20 列示的是本案例企业的凭证类别信息。

表 2-20　凭证类别

类别字	类别名称	限制类型	限制科目
记	记账凭证	无限制	无

操作步骤：

(1) 打开“凭证类别”选择对话框。在“企业应用平台”的“基础设置”页签下，依次点击“基础档案/财务/凭证类别”菜单项，系统弹出“凭证类别”选择对话框。

(2) 打开“凭证类别”编辑对话框。选择该对话框中的“分类方式”为“记账凭证”，然后单击“确定”按钮，系统打开“凭证类别”编辑对话框。

(3) 确认信息。确认该对话框表体中的“类别字”为“记”、“类别名称”为“记账凭证”，“限制类型”为“无限制”。

(4) 退出。单击工具栏中的“退出”按钮，退出该对话框。

提示：

- 已使用的凭证类别不能删除，也不能修改类别字。
- 若选有科目限制(即“限制类型”不是“无限制”)，则至少要输入一个限制科目。若“限制类型”选“无限制”，则不能输入限制科目。

2. 外币设置

在用友 ERP-U8 的“外币设置”功能模块中，可以对本账套所使用的外币进行定义(设置界面可参见图 2-4)，其中主要参数含义如下。

- 外币折算方式分为直接汇率与间接汇率两种，直接汇率即“外币×汇率=本位币”，间接汇率即“外币÷汇率=本位币”。
- 汇率分为固定汇率与浮动汇率，选“固定汇率”即可录入各月的月初汇率，选“浮动汇率”即可录入所选月份的各日汇率。
- 记账汇率是在平时制单时，系统自动显示此汇率。如果用户使用固定汇率(月初汇率)，则记账汇率必须输入，否则制单时汇率为 0。
- 调整汇率即月末汇率，在期末计算汇兑损益时用，平时可不输入，等期末可输入期末时汇率，用于计算汇兑损益，本汇率不作其他用途。

本案例企业需要增加美元($)外币，按固定汇率设置 2016.04 的“记账汇率”为“6.1”。

操作步骤：

(1) 打开“外币设置”对话框。在“财务”功能模块中，双击“外币设置”菜单项，打开“外币设置”对话框，结果可参见图 2-4。

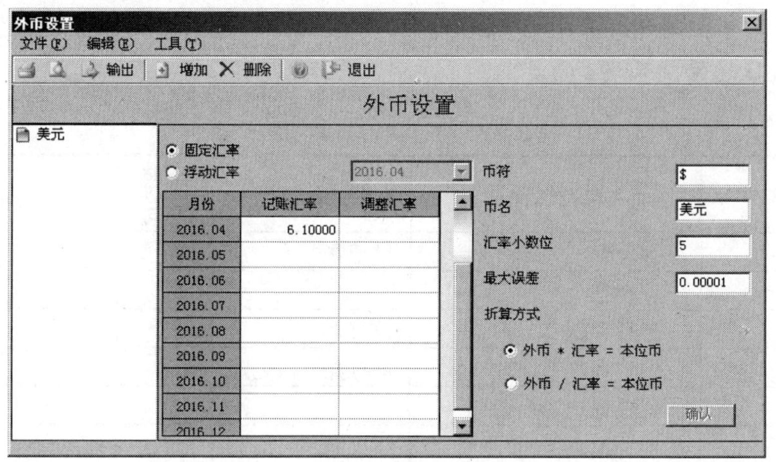

图 2-4　“外币设置”对话框

(2) 设置外币的币符和币名。将“币符”设置为“$”，“币名”设置为“美元”，单击对话框右下角的“确认”按钮。

(3) 设置汇率。选中窗体中部的“固定汇率”单项按钮，然后在“2016.04”的“记账汇率”栏录入“6.1”，结果如图 2-4 所示。

(4) 退出。单击“退出”按钮退出该对话框。

提示：

此处仅供用户录入固定汇率与浮动汇率，并不决定在制单时使用固定汇率还是浮动汇率，在“选项”中的“汇率方式”的设置决定制单使用固定汇率还是浮动汇率。

2.9　会计科目及期初余额设置

会计科目是填制会计凭证、登记会计账簿、编制会计报表的基础。会计科目是对会计对象具体内容分门别类进行核算所规定的项目。会计科目是一个完整的体系，它是区别于流水账的标志，是复式记账和分类核算的基础。会计科目设置的完整性影响着会计过程的顺利实施，会计科目设置的层次深度直接影响会计核算的详细、准确程度。

表 2-21 列示的是本案例企业的会计科目及其期初余额，包括系统默认的一级科目、需要增加的二级三级科目。

本任务是按照表 2-21，完成在用友 ERP-U8 中设置案例企业的会计科目，包括新增所有的二级三级科目并设置相应的辅助账类型和受控系统，录入会计科目的期初余额(分 3 类完成)，以及指定现金科目和银行科目。

提示：

若设置会计科目时，系统弹出“与某台电脑冲突，操作被锁定”的信息提示框，而且多次“重注册”企业应用平台均无效时，可以登录“系统管理”窗口，进入“视图/清除单据锁定”菜单项，并在弹出的窗口中单击“确定”按钮，再重新注册到企业应用平台，就可以进行会计科目的修改和增加了。

表 2-21　会计科目及其期初余额

科目编码	科目名称	辅助账类型	余额方向	期初余额
1001	库存现金	日记账	借	4 665
1002	银行存款		借	328 661.44
100201	工行存款	银行账、日记账	借	328 661.44
100202	中行存款	银行账、日记账	借	
1121	应收票据		借	
112101	银行承兑汇票		借	
112102	商业承兑汇票		借	
1122	应收账款	客户往来	借	3 274 128(详见表 2-22)
1123	预付账款	供应商往来	借	
1231	坏账准备		贷	8 752.58
1402	在途物资		借	
1403	原材料		借	26 000
140301	塑料	数量核算	借	10 000
			千克	10
140302	镜片树脂	数量核算	借	
			千克	
140303	硅胶	数量核算	借	16 000
			千克	10
1405	库存商品		借	3 252 000
1601	固定资产		借	770 000
1602	累计折旧		贷	185 652
1901	待处理财产损溢		借	
190101	待处理流动资产损溢		借	
190102	待处理固定资产损溢		借	
2201	应付票据		贷	
220101	银行承兑汇票		贷	
220102	商业承兑汇票		贷	
2202	应付账款	供应商往来	贷	2 691 000(详见表 2-23)
2203	预收账款	客户往来	贷	
2211	应付职工薪酬		贷	159 659.6
2221	应交税费		贷	149 530.96

(续表)

科目编码	科目名称	辅助账类型	余额方向	期初余额
222101	应交增值税		贷	
22210101	进项税额		贷	
22210102	进项税额转出		贷	
22210103	销项税额		贷	
22210104	已交税金		贷	
22210105	转出未交增值税		贷	
222102	未交增值税		贷	9 000
222103	应交所得税		贷	137 500
222104	应交个人所得税		贷	2 130.96
222105	应交城市维护建设税		贷	630
222106	应交教育费附加		贷	270
2241	其他应付款			24 064.8
4001	实收资本		贷	3 900 000
4101	盈余公积		贷	59 857
4103	本年利润		贷	45 600
4104	利润分配		贷	550 000
410401	提取法定盈余公积		贷	
410402	提取任意盈余公积		贷	
410406	未分配利润		贷	550 000
5001	生产成本		借	71 412.5
500101	直接生产成本		借	71 412.5
50010101	直接人工		借	18 662.5
50010102	直接材料		借	52 750
500102	辅助生产成本		借	
5101	制造费用		借	47 250
6001	主营业务收入		贷	
6301	营业外收入		贷	
6401	主营业务成本		借	
6403	营业税金及附加		借	
6601	销售费用		借	
6602	管理费用		借	

表 2-22 销售部转来的增值税发票列表

单据日期	发票号	客户名称	存货名称	数量	无税单价	价税合计	税率/%
2016-03-25	XS0301	光明公司	男士高端太阳镜	4 000	420	1 965 600	17
2016-03-26	XS0302	雪亮公司	女士高端太阳镜	3 000	360	1 263 600	17
2016-03-28	XS0303	华飞公司	女士普通太阳镜	400	96	44 928	17

表 2-23 采购部转来的增值税发票列表

发票号	单据日期	供应商	存货	数量	无税单价	价税合计	税率/%
CG0301	2016-03-17	大运公司	男士高端太阳镜	4000	350	16 380 000	17
CG0302	2016-03-20	大运公司	女士高端太阳镜	3000	300	1 053 000	17

2.9.1 编辑与新增会计科目

本任务将编辑部分一级科目的辅助账类型和受控系统(详见表 2-21)，新增表 2-21 中所有的二级和三级科目，同时设置科目的辅助账类型和受控系统(如果需要，具体的可参阅表 2-21)。

1. 编辑会计科目

操作步骤：

(1) 打开“会计科目”窗口。在“企业应用平台”的“基础设置”页签下，依次点击“基础档案/财务/会计科目”菜单项，系统打开“会计科目”窗口。

(2) 编辑库存现金的辅助账类型。首先双击预修改的会计科目，比如“1001”(库存现金)，然后在系统弹出的“会计科目”对话框中，先单击“修改”按钮，再编辑会计科目相关信息，比如，勾选“日记账”复选框，以设置“库存商品”的辅助账类型为“日记账”，然后单击“确定”按钮，保存并退出。

(3) 编辑其他会计科目。重复步骤(2)，依据表 2-22 将预修改的会计科目全部编辑完成。

(4) 退出。单击“会计科目”窗口中的“退出”按钮，退出该窗口。

提示：

- 非末级科目和已使用的末级科目，不能再修改科目编码。
- 在科目设置中定义的客户、供应商核算的科目，系统将自动被设置成应收应付系统的受控科目，此时您可根据需要自由修改是否受控。

2. 新增会计科目

新增表 2-21 中所有的二级和三级科目，同时设置科目的辅助账类型和受控系统(如果需要)。

操作步骤：

(1) 打开“会计科目”窗口。

(2) 新增工行存款科目。单击“增加”按钮，弹出“新增会计科目”对话框，编辑会计科目相关信息。以“100201 工行存款”为例，录入“科目编码”为“100201”、“科目名称”为“工行存款”，勾选“银行账”、“日记账”复选框，确认“余额方向”为“借”，然后单击“确定”按钮，保存并退出。

(3) 新增其他会计科目。重复步骤(2)，依据表2-22新增其他会计科目。

(4) 退出。单击“会计科目”窗口中的“退出”按钮，退出该窗口。

提示：

- 科目增加下级科目时，自动将原科目的所有账全部转移到新增的下级第一个科目中，此操作不可逆，同时要求新增加的下级科目所有科目属性与原上级科目一致。
- 已使用末级的会计科目不能再增加下级科目。

2.9.2 指定科目

本任务是指定现金科目和银行科目，只有进行现金和银行科目的指定了，总账中的“凭证/出纳签字”才能查询到相应凭证。

操作步骤：

(1) 打开“会计科目”窗口。

(2) 指定科目。单击“编辑/指定科目”菜单项，然后设置“现金科目”为“库存现金”，“银行科目”为“银行存款”。

(3) 确定。单击“确定”按钮，完成制定科目并返回“会计科目”窗口。

(4) 退出。单击“会计科目”窗口中的“退出”按钮，退出该窗口。

提示：

- 在查询现金、银行存款日记账前，必须指定现金、银行存款总账科目，以供出纳管理使用。
- 如果本科目已被制过单或已录入期初余额，则不能删除、修改该科目。如要修改该科目必须先删除有该科目的凭证，并将该科目及其下级科目余额清零，再行修改，修改完毕后要将余额及凭证补上。

2.9.3 编辑账户期初余额

本任务将录入会计科目的账户期初余额(分3类完成)。

根据期初余额录入方式的不同，在此把会计科目分为3类：直接录入、参照录入，以及通过录入下级科目自动得出，具体的可参见图2-4。

一般而言，只有末级科目且辅助账类型不是项目核算和部门核算，而且不需要与其他子系统账簿对账的账户，其期初余额才能直接录入；是项目核算或部门核算的末级科目，以及需要与其他账簿对账的末级科目，其账户的期初余额需要参照录入；非末级科目的账户期初余额，是通过录入下级科目的账户期初余额后系统自动得出的。

下面是具体的分类说明，以及相应的录入操作步骤。

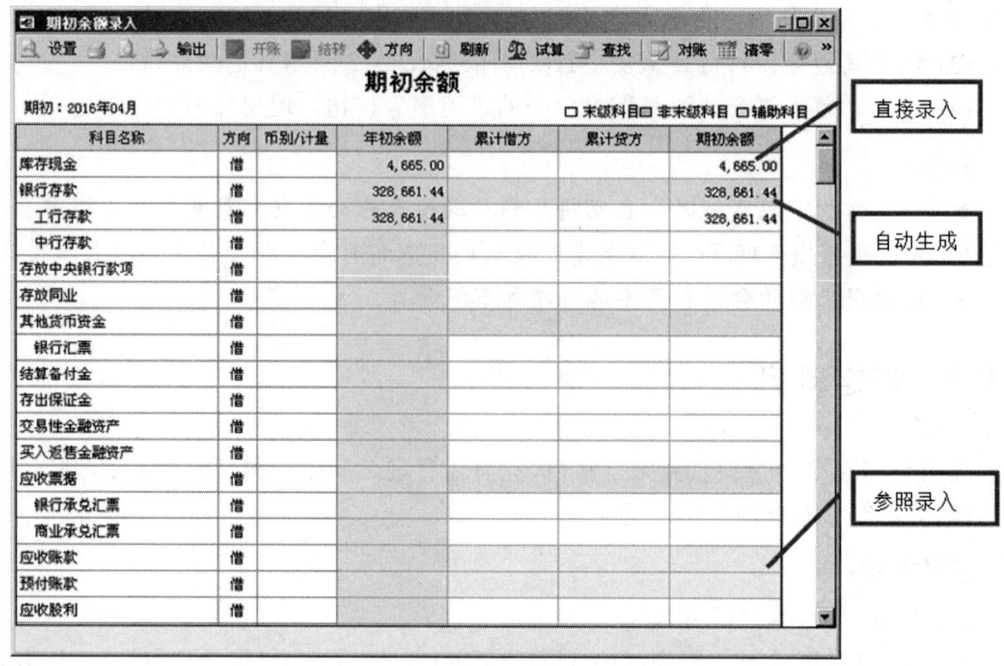

科目名称	方向	币别/计量	年初余额	累计借方	累计贷方	期初余额
库存现金	借		4,665.00			4,665.00
银行存款	借		328,661.44			328,661.44
工行存款	借		328,661.44			328,661.44
中行存款	借					
存放中央银行款项	借					
存放同业	借					
其他货币资金	借					
银行汇票	借					
结算备付金	借					
存出保证金	借					
交易性金融资产	借					
买入返售金融资产	借					
应收票据	借					
银行承兑汇票	借					
商业承兑汇票	借					
应收账款	借					
预付账款	借					
应收股利	借					

图 2-4　总账中期初余额的录入方式

1. 直接录入

可直接录入期初余额的科目，包括库存现金、工行存款、坏账准备、塑料、镜片树脂、硅胶、固定资产、累计折旧、实收资本、直接人工、直接材料、制造费用等。这些科目是末级科目且辅助账类型不是项目核算和部门核算，而且不需要与其他账簿对账。

操作步骤：

(1) 打开总账的“期初余额”窗口。在“企业应用平台”的“业务工作”页签下，依次点击“财务会计/总账/设置/期初余额”菜单项，打开“期初余额”窗口。

(2) 编辑科目期初余额。双击相应科目的“期初余额”栏，然后录入其期初余额值。

(3) 完成期初余额编辑。重复步骤(2)，依据表 2-22 编辑完成可直接录入期初余额的会计科目期初余额。

(4) 退出。单击“期初余额”窗口中的“退出”按钮，退出该窗口。

2. 参照录入

参照录入主要是需要与应收应付系统对账的期初数据录入，可通过总账中的期初往来明细参照录入。以“应收账款”为例，操作步骤如下：

(1) 在总账系统的“期初余额”窗口中，双击“应收账款”科目，然后在系统弹出的“辅助期初余额”窗口中，单击其“往来明细”按钮，进入“期初往来明细”窗口。

(2) 单击“增行”按钮，依据表 2-22 的第 1 行，录入“日期”为“2016-03-25”，“客户”为“光明公司”、“摘要”为“男士高端太阳镜 4000 副”，“方向”为“借”，金额为

“1 965 600”，“票号”为“XS0301”。

(3) 重复步骤(2)，完成表 2-22 中第 2 行和第 3 行的录入。

(4) 单击“汇总”按钮，系统弹出信息提示框，单击“确定”按钮，完成往来明细的汇总，单击“退出”按钮，返回“辅助期初余额”窗口后，该科目的余额自动带入。

与“应收账款”期初余额的录入方法相似，依据表 2-23，完成“应付账款”的期初余额录入。

3. 通过录入下级科目自动生成

该类会计科目的期初余额，不需要通过人工录入，系统会依据其下级科目的账户期初余额，自动给出。因为有些会计科目之间，存在勾稽关系，系统可以自行处理。比如原材料科目的账户期初余额，可以通过在录入原材料类的塑料、镜片树脂和硅胶的数量和单价后，系统自动计算给出其期初余额。

2.9.4 总账期初余额试算

通过总账系统的期初试算功能，系统将显示期初试算平衡表。如果不平，可重新调整直至平衡后再进行下一步工作。

操作步骤：

(1) 打开总账系统的“期初余额”窗口。

(2) 单击“试算”按钮，系统弹出“期初试算平衡表”对话框，并给出试算结果，如图 2-5 所示。

(3) 单击“确定”按钮，系统返回“期初余额”窗口。

(4) 单击工具栏中的“退出”按钮，退出“期初余额”窗口。

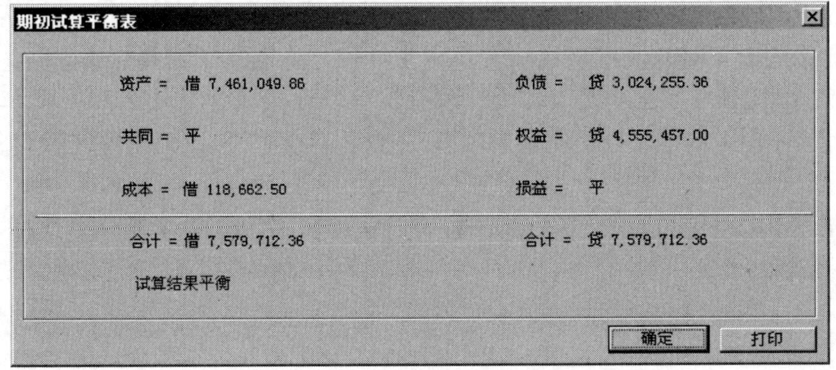

图 2-5 期初试算结果示意图

提示：

在总账系统中，若有当月凭证记账了，则总账期初余额不能再修改了。

2.10 实验报告内容

1. 请查看本企业的部门档案列表，并将结果界面拷屏后粘贴在实验报告中。
2. 请查看本企业的人员档案列表，并将结果界面拷屏后粘贴在实验报告中。
3. 请查看本企业的供应商档案列表，并将结果界面拷屏后粘贴在实验报告中。
4. 请查看本企业的客户档案列表，并将结果界面拷屏后粘贴在实验报告中。
5. 请查看本企业的付款条件设置，并将结果界面拷屏后粘贴在实验报告中。
6. 请查看本企业的费用项目，并将结果界面拷屏后粘贴在实验报告中。
7. 请查看本企业的收发类别，并将结果界面拷屏后粘贴在实验报告中。
8. 请查看本企业的计量单位(单位)，并将结果界面拷屏后粘贴在实验报告中。
9. 请查看本企业的仓库档案列表，并将结果界面拷屏后粘贴在实验报告中。
10. 请查看本企业的存货档案列表，并将结果界面拷屏后粘贴在实验报告中。
11. 请查看本企业的仓库收发类别列表，并将结果界面拷屏后粘贴在实验报告中。
12. 请查看本企业的发运方式列表，并将结果界面拷屏后粘贴在实验报告中。
13. 登录“系统管理”窗口和“企业应用平台”窗口中的“登录”对话框，有哪些相同点和不同点？
14. ERP 软件中的“部门”与企业实际的部门，一定是一一对应的吗？请解释原因。
15. 在用友 ERP-U8 中，如何创建供应商的档案？已经停用的供应商档案，是否等同于删除了该供应商？请说明原因。
16. 在用友 ERP-U8 中，设置客户级别有哪些作用？
17. 在用友 ERP-U8 中，如何设置客户的银行档案？如果设置不成功，以后的哪些操作会因此而出现异常？
18. 用友 ERP-U8 中有哪几种计量单位组?各有哪些特点?
19. 用友 ERP-U8 中，仓库有哪几种计价方式?各有哪些特点?
20. 为什么用友 ERP-U8 中“运输费”作为一种存货建立了存货档案？
21. 在实验账套中，“运输费”作为一种存货，其存货属性是什么？
22. 在用友 ERP-U8 中，存货属性有哪些？(查看存货档案)请列出每一种存货属性的特点。
23. 在用友 ERP-U8 的人员档案设置时，有“操作员”和“业务员”复选框，请说明两者的功能差异。

第 3 章

子系统的期初设置

用友 ERP-U8 系统，包括多个子系统。本教程面向企业供销存业务的应用(不涉及财务部分)，所以将主要使用采购管理、销售管理、库存管理和存货核算等业务子系统。

企业供应链管理的信息化，其主要优点是业务单据在业务流程经过的各系统之间自动生成，同时业务单据可以自动生成对应的财务凭证。比如，根据采购订单(采购管理子系统)生成库存系统的采购入库单(库存管理子系统)，根据采购入库单生成采购到货对应的存货凭证(存货核算子系统、总账子系统)；根据采购订单生成采购发票，采购发票计入应付明细账(应付款管理子系统、总账子系统)，并根据采购发票生成应付凭证(应付款管理子系统、总账子系统)等。这里的采购发票，是销售方开具给案例企业的，案例企业为了管理的信息化，依据该发票在 ERP 系统中填制相应信息，形成电子版的采购发票信息。

图 3-1 是工业企业供应链管理的应用模型，图中描述了各个子系统之间的关联关系和主要的信息流。

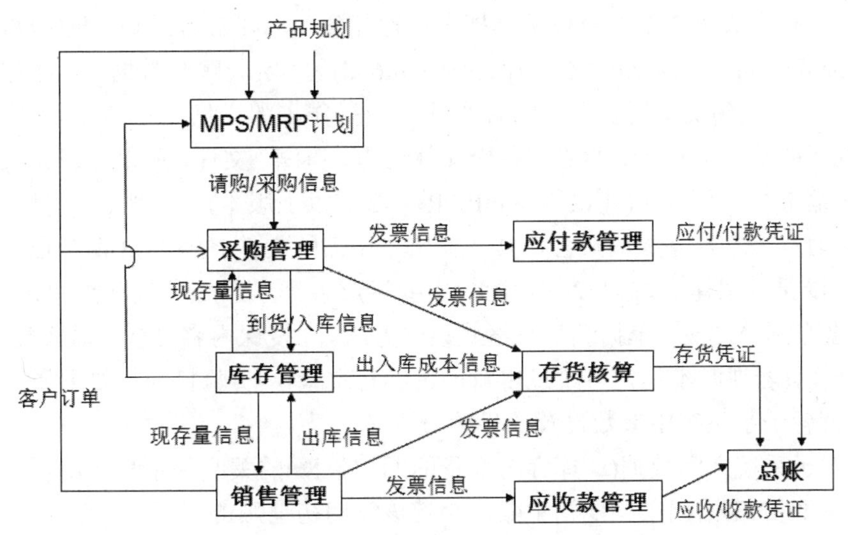

图 3-1 工业企业供应链管理应用模型

图 3-1 中的采购发票，是销售方开具给案例企业的，案例企业为了管理的信息化，需要依据该发票在 ERP 系统中填制相应信息，形成电子版的采购发票信息。

图 3-1 中的数据流，反映了企业财务业务一体化的思想，体现了企业供应链的业务流、资金流和信息流的共享性、及时性和一致性。本教程将仅从供应链应用的角度，讲解基础的业务流和信息流，所以仅涉及采购、销售、库存和存货核算。

本章的主要内容是对已经启用的各个业务子系统进行系统参数和业务规则设置，以及期初数据的录入与记账，以保证手工业务与软件处理的衔接，以及各个子系统间数据的连贯。

系统参数，即业务处理控制参数，是指在企业业务处理过程中所使用的各种控制参数，系统参数的设置将决定用户使用系统的业务流程、业务模式和数据流向，所以在进行系统参数设置之前，您一定要详细了解选项开关对业务处理流程的影响，并结合企业的实际业务需要进行设置。由于有些选项在日常业务开始后不能随意更改，所以企业最好在业务开始前进行全盘考虑，尤其一些对其他系统有影响的选项设置更要考虑清楚。

账簿都应有期初数据，以保证其数据的连贯性。初次使用时，应先输入采购、销售、库存、存货和总账的期初数据。采购和存货核算系统，还需要进行期初记账操作。期初记账之后的业务和数据，系统才会将其作为本期业务处理。

本章的操作，应该是在系统日期为“2016-04-01”，由账套主管“赵技巩”(或者读者您本人)登录到“企业应用平台”，并在第 2 章完成的账套中，在采购管理、销售管理、库存管理和存货核算中进行。

在实验操作前，需要将系统时间调整为 2016 年 4 月 1 日。如果没有调整系统时间，则在登录“企业应用平台”时需要修改“操作日期”为 2016 年 4 月 1 日；如果操作日期与账套建账时间之间的跨度超过 3 个月，则该账套在演示版状态下不能执行任何操作。

如果您没有完成第 2 章的企业基础档案设置任务，则可以到百度云盘空间(云盘地址：https://pan.baidu.com/s/1kVO5jMZ，访问密码：m68d)的“实验账套数据”文件夹中，将“02 基础档案.rar”下载到实验用机上，然后“引入”(操作步骤详见 1.3.5 节)到 ERP-U8 系统。

需要说明的是，因云盘中的账套备份文件均为“压缩”文件，所以下载完成后引入前，需要用解压缩工具进行解压(建议用 WinRAR 3.42 或以上版本)，得到相应可以引入的账套数据文件。而且，本章完成的账套，其“输出”压缩的文件名为“03 期初记账.rar”。

本章的授课时间建议讲课 2～4 学时(主要讲解各个子系统关键参数和核算规则的作用、期初数据的录入方法、单据编号与格式设置方法等，授课内容可参见教程配套的课件)，实验 2～4 学时(若课时不足，可跳过本章的讲解与实验)，实验目的与要求如下：

- 理解各个子系统中参数设置的目的与意义。
- 理解子系统之间数据(如库存与存货的期初数据)的关联关系与作用。
- 理解期初记账(如采购期初记账、存货核算期初记账)的作用。
- 掌握各个子系统中参数设置的操作。
- 掌握各个子系统期初数据的编辑操作。

- 掌握单据编号和单据格式的编辑操作。

3.1 采购管理

本节将对采购管理系统的参数、供应商存货调价单、单据编号进行设置，以及期初数据的录入与记账。

3.1.1 参数设置

采购管理系统的选项设置，将对采购管理的所有操作员和客户端的操作生效，故要慎重设定或修改。根据本案例企业的采购管理要求，在采购管理系统的选项设置中，除系统默认设置之外，还需进行如下参数设置：

- 业务及期限控制：将“订单/到货单/发票单价录入方式”设置为“取自供应商存货价格表价格”。

操作步骤：

(1) 打开“采购系统选项设置”对话框。在“企业应用平台”的“业务工作”页签下，依次点击“供应链/采购管理/设置/采购选项”菜单项，系统打开“采购系统选项设置”对话框。

(2) 取价方式设置。在“业务与权限控制”选项卡中，选中“订单\到货单\发货单价录入方式”为“取自供应商存货价格表价格”，其他选项按系统默认设置，结果如图 3-2 所示。

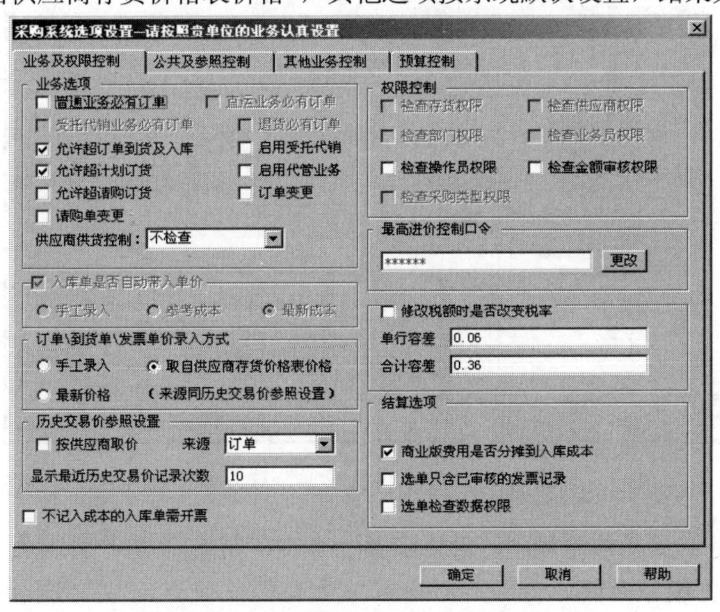

图 3-2　采购管理系统基本参数设置

(3) 单击“确定”按钮，保存系统参数的设置并关闭“采购选项系统设置”对话框。

提示：

- 在进行采购选项修改前，应确定系统相关功能没有使用，否则系统提示警告信息。
- 在相关业务已开始后，最好不要随意修改采购选项。

3.1.2 单据编号设置

将采购管理中采购专用发票、采购普通发票、采购运费发票和采购订单的单据编号，设置为可以自动编号和手动修改方式。

操作步骤(以“采购专用发票”的设置为例)：

(1) 打开“单据编号设置”对话框。在“企业应用平台”的“基础设置”页签下，依次点击“单据设置/单据编号设置”菜单项，系统弹出“单据编号设置”对话框，结果可参见图 3-3。

(2) 选择“采购专用发票”单据。在左侧的“单据类型”列表框里，依次点击“采购管理/采购专用发票”菜单项，选中“采购专用发票”单据。

(3) 修改“采购专用发票”单据的编号规则。单击右侧工具栏中的“修改”按钮，然后勾选“手工改动，重号时自动重取”复选框，结果如图 3-3 所示，然后单击右侧工具栏中的“保存”按钮，设置完成。

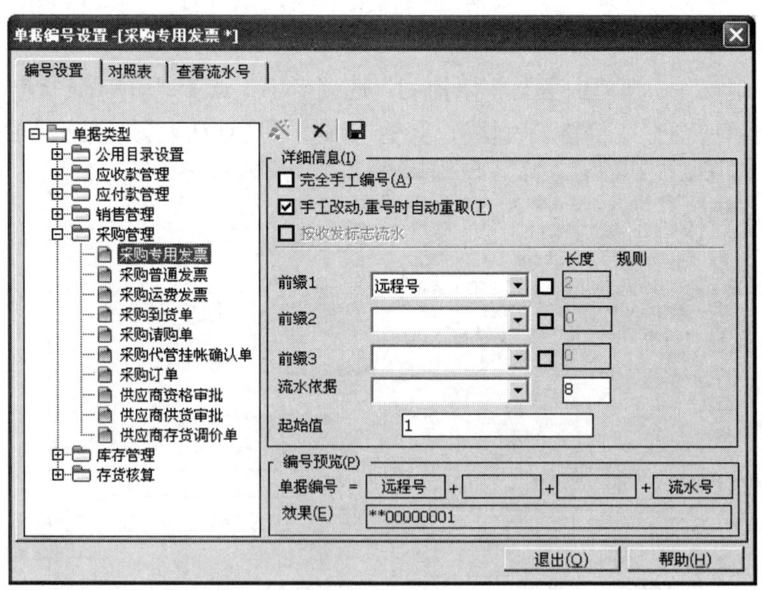

图 3-3　“单据编号设置”对话框

(4) 修改其他单据的编号规则。重复步骤(2)和(3)，完成采购普通发票、采购运费发票和采购订单的单据编号设置。

(5) 退出。单击“退出”按钮，退出“单据编号设置”对话框。

3.1.3 期初数据录入与记账

1. 期初采购发票

表 3-1 是采购部收到的还没有采购结算的增值税发票列表，税率为 17%。

本案例企业仅启用了采购管理系统，所以期初发票在采购管理中录入。若同时启用了应付款管理，则还需要在应付款管理中作为应付款的期初余额录入。

表 3-1 期初专用采购发票列表

发票号	单据日期	供应商	存货	数量	原币单价	本币金额或原币金额	税率/%
CG0301	2016-03-17	大运公司	男士高端太阳镜	4000	350	1 400 000	17
CG0302	2016-03-20	大运公司	女士高端太阳镜	3000	300	900 000	17

操作步骤：

(1) 打开“期初专用发票”窗口。在“采购管理”子系统中，依次点击“采购发票/专用采购发票”菜单项，系统打开“期初专用发票”窗口。

(2) 编辑发票信息。单击工具栏中的“增加”按钮，新增一张期初专用发票单据，编辑表头的“发票号”为“CG0301”、“开票日期”为“2016-03-17”、选择“供应商”为“大运公司”、“部门名称”为“采购部”，编辑表体的“存货编码”为“00001”(男士高端太阳镜)，“数量”为“4000”副，“原币单价”为“350”，结果如图 3-4 所示。

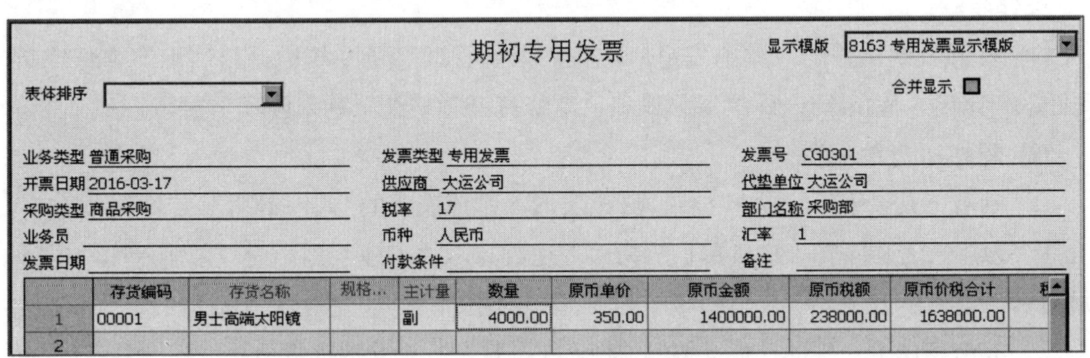

图 3-4 采购期初专用发票 CG0301

(3) 保存。单击工具栏中的“保存”按钮，保存该单据。

(4) 重复步骤(2)和(3)，完成表 3-1 中第 2 笔业务期初数据录入，结果如图 3-5 所示。

(5) 退出。单击“期初专用发票”窗口右上角的“关闭”按钮，关闭并退出该窗口。

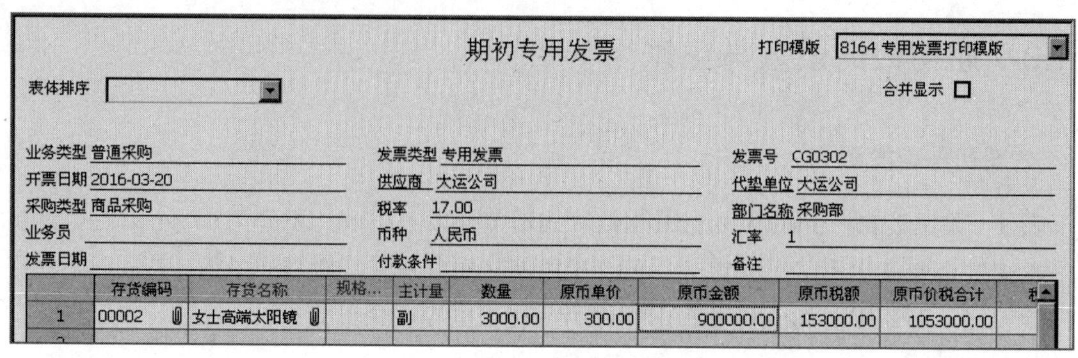

图 3-5　采购期初专用发票 CG0302

2. 期初采购入库单

初次使用采购管理系统时，应先输入期初数据。如果系统中已有上年的数据，不允许取消期初记账。采购期初数据包括：

- 期初暂估入库：将启用采购系统时，没有取得供货单位的采购发票，而不能进行采购结算的入库单输入系统，以便取得发票后进行采购结算。
- 期初在途存货：将启用采购系统时，已取得供货单位的采购发票，但货物没有入库，而不能进行采购结算的发票输入系统，以便货物入库填制入库单后进行采购结算。

本案例企业的期初采购入库单为：3 月 15 日，从大运公司购入女士高端太阳镜 500 副，已入大运仓库，发票未到。暂估入库单价 300 元，货款共计 150 000 元。

操作步骤：

(1) 打开“期初采购入库单”窗口。在“采购管理”子系统中，依次点击“供应链/采购管理/采购入库/采购入库单”菜单项，系统打开“期初采购入库单”窗口。

(2) 新增期初入库单。

① 单击工具栏中的“增加”按钮，修改新增入库单表头的“入库日期”为“2016-03-15”，“仓库”为“大运仓库”，“供货单位”为“大运公司”，“入库类别”为“采购入库”，其他项默认。

② 双击表体第一行的“存货编码”栏，并在打开的“采购存货档案”窗口中选择“女士高端太阳镜”后返回“期初采购入库单”窗口，完成存货的参照生成。

③ 在表体第一行的“数量”栏输入“500”，“本币单价”栏输入“300”，然后单击“保存”按钮，保存暂估入库单信息，结果如图 3-6 所示。

(3) 退出。单击“期初采购入库单”窗口右上角的“关闭”按钮，关闭退出该窗口。

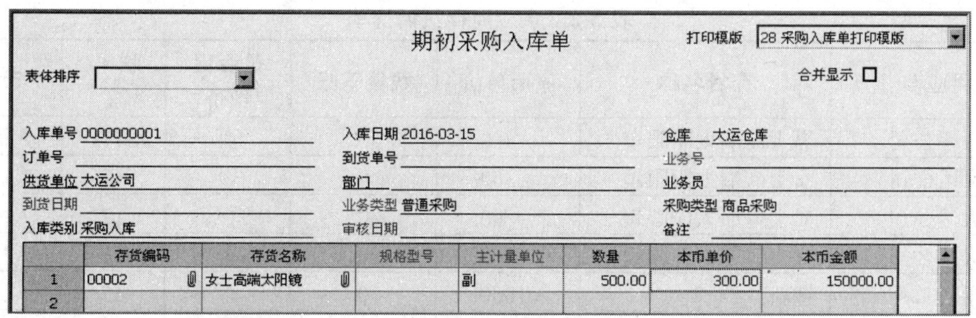

图 3-6　采购期初入库单

提示：

- 在库存管理与采购管理系统集成使用时，采购管理系统的“采购入库”，只能录入期初暂估入库单。采购期初记账后，采购入库单只能在“库存管理”系统的“入库业务/采购入库单”录入或生成。
- 暂估入库单，在采购管理系统期初记账前可以修改和删除。但在期初记账后，不允许修改和删除。

3. 采购管理系统期初记账

采购期初记账是将采购期初数据记入有关采购账。期初记账后，期初数据不能增加、修改，除非取消期初记账。

操作步骤：

(1) 打开“期初记账”对话框。在“采购管理”子系统中，依次点击“设置/采购期初记账”菜单项，打开“期初记账”对话框。

(2) 记账。单击“记账”按钮，系统弹出“期初记账完毕”信息提示框。

(3) 退出。单击“确定”按钮，完成采购管理系统期初记账。

提示：

- 采购期初记账是表明采购管理业务的往期数据录入工作已完成，之后进行的业务操作属于当期业务。
- 如果没有期初数据，可以不输入期初数据，但必须执行记账操作。

3.1.4　供应商存货调价表

供应商存货调价单，按供应商＋存货＋定价自由项进行制价和调价。在此表单可以针对不同供应类型(采购、委外、进口)进行价格设置，包括含税单价、税率、无税单价，可以按数量阶梯进行价格设置，可以设置生效日期、失效日期，可以设置是否为促销价。

表 3-2 列示的是本案例企业的供应商存货调价单。本任务是按照表 3-2，完成案例企业的供应商存货调价单的设置，包括录入、保存与审核。

表 3-2　供应商存货调价单

供应商	存货名称	原币单价	数量下限	是否促销价	税率/%	币种
大运公司	男士高端太阳眼镜	350	0	否	17	人民币
大运公司	女士高端太阳眼镜	300	0	否	17	人民币
大运公司	男士普通太阳眼镜	90	0	否	17	人民币
大运公司	女士普通太阳眼镜	80	0	否	17	人民币
塑料二厂	塑料	1000	0	否	17	人民币
塑料二厂	镜片树脂	6000	0	否	17	人民币
硅胶三厂	硅胶	1600	0	否	17	人民币

操作步骤：

(1) 打开“供应商存货调价单”窗口。在“采购管理”子系统中，依次点击“供应商管理/供应商供货信息/供应商存货调价单”菜单项，打开“供应商存货调价单”窗口。

(2) 编辑并保存调价单。单击“增加”按钮，确认表头的“价格标识”为“含税价”，然后根据表 3-2 进行表体的价格维护，编辑完成后单击“保存”按钮，保存调价单，结果如图 3-7 所示。

供应商存货调价单

打印模版 30964 调价单打印模版

表体排序

价格标识 含税价　　单据号 0000000001　　调价日期 2016-04-01

调价部门　　调价业务员　　表头备注

供应类型 采购

	操作类型	供应商	存货编码	存货名称	原币单价	含税单价	数量下限	生效日期	是否促销价	税率	币种
1	新增	大运公司	00001	男士高端太阳镜	350.00	409.50	0.00	2016-04-01	否	17.00	人民币
2	新增	大运公司	00002	女士高端太阳镜	300.00	351.00	0.00	2016-04-01	否	17.00	人民币
3	新增	大运公司	00003	男士普通太阳镜	90.00	105.30	0.00	2016-04-01	否	17.00	人民币
4	新增	大运公司	00004	女士普通太阳镜	80.00	93.60	0.00	2016-04-01	否	17.00	人民币
5	新增	塑料二厂	12210	塑料	1000.00	1170.00	0.00	2016-04-01	否	17.00	人民币
6	新增	塑料二厂	12220	镜片树脂	6000.00	7020.00	0.00	2016-04-01	否	17.00	人民币
7	新增	硅胶三厂	12310	硅胶	1600.00	1872.00	0.00	2016-04-01	否	17.00	人民币
8											

图 3-7　供应商存货调价单

(3) 审核。单击“审核”按钮，审核通过调价单，系统将自动更新供应商存货价格表，完成存货的“定价”操作，价格生效。

(4) 退出。单击窗口右上角的“关闭”按钮，关闭该窗口。

提示：

- 调价单审核之后更新价格表。
- 操作类型为“新增”的记录将追加到价格表中，操作类型为“修改”时，更新原行；操作类型为“删除”时，删除原行。
- 通过调价功能可实现删除价格表。

3.2 销售管理

在进行销售日常业务之前，需要做一些基本的设置工作，首先要根据业务情况设置销售的系统参数，还可以进行允销限设置，可以设置信用审批人，录入期初单据。本节将对销售管理系统的参数、存货调价单和单据编号进行设置。

3.2.1 参数设置

在进行销售日常业务之前，需要根据业务情况设置销售的系统参数。本案例企业，除系统默认设置之外，还需进行如下参数设置。

- 业务控制：选择“有零售日报业务”、“有委托代销业务”、“有分期收款业务”、“有直运销售业务”和“委托代销必有订单”、“销售生成出库单”、“允许超发货量开票”，不选择“报价含税”。
- 其他控制：“新增退货单默认”选择“参照订单”；“新增发票默认”选择“参照发货”。
- 可用量控制：在“发货单/发票非追踪型存货预计库存量查询公式”选择区，勾选“做预计库存量查询”选项，而且勾选“预计入库”区和“预计出库”区的所有选项。

操作步骤：

(1) 打开“销售选项”设置对话框。在“企业应用平台”的“业务工作”页签下，依次点击“供应链/销售管理/设置/销售选项”菜单项，打开“销售选项”设置对话框。

(2) 设置业务控制的参数。在“业务控制”选项卡中，选择“有零售日报业务”、“有委托代销业务”、“有分期收款业务”、“有直运销售业务”和“委托代销必有订单”选项，确认勾选“销售生成出库单”、“允许超发货量开票”复选框，取消勾选“报价含税”复选框，其他选项按系统默认设置，结果如图 3-8 所示。

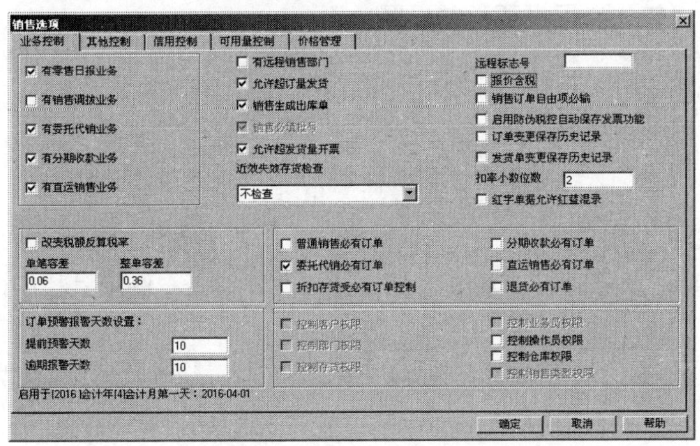

图 3-8 销售管理系统的“业务控制”参数设置

(3) 设置其他控制的参数。在“其他控制”选项卡中，确认“新增退货单默认”选择“参照订单”；“新增发票默认”选择“参照发货”，其他选项按系统默认设置。

(4) 设置可用量控制的参数。在“可用量控制”选项卡中，在“发货单/发票非追踪型存货预计库存量查询公式”选择区，勾选“做预计库存量查询”选项，而且勾选“预计入库”区和“预计出库”区的所有选项，其他选项按系统默认设置，结果如图 3-9 所示。

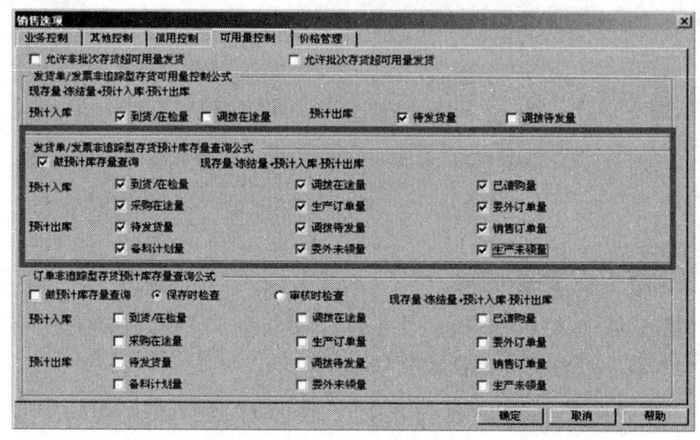

图 3-9　销售管理系统“可用量控制”参数设置

(5) 退出。单击“确定”按钮，保存系统参数的设置，关闭“销售选项”设置对话框。

3.2.2　单据设置

本任务是将案例企业账套的销售专用发票、销售普通发票和销售订单的单据编号，设置为可以自动编号和手动修改方式，并在“委托代销结算单”的表头增加“发票号”项。

1. 单据编号设置

将销售管理中销售专用发票、销售普通发票和销售订单的单据编号，设置为可以自动编号和手动修改方式。

操作步骤(以“销售专用发票”的设置为例)：

(1) 打开“单据编号设置”对话框。在“企业应用平台”的“基础设置”页签中，依次点击“单据设置/单据编号设置”菜单项，系统弹出“单据编号设置”对话框。

(2) 选中“销售专用发票”单据。在左侧的“单据类型”里，依次点击“销售管理/销售专用发票”选项，选中“销售专用发票”单据。

(3) 修改“销售专用发票”单据的编号设置。单击右侧工具栏中的“修改”按钮，然后勾选“手工改动，重号时自动重取”复选框，然后单击右侧工具栏中的“保存”按钮，设置完成。

(4) 编辑其他单据的编号设置。重复步骤(2)和(3)，完成销售普通发票和销售订单的单据编号设置。

(5) 退出。单击“退出”按钮，退出该对话框。

2. 单据格式设置

设置“委托代销结算单”的单据格式，在表头增加“发票号”。

操作步骤：

(1) 打开“单据格式设置”窗口。在“单据设置”功能模块，双击“单据格式设置”菜单项，系统打开“单据格式设置”窗口。

(2) 选中委托代销结算单的显示单据。依次点击对话框左侧的“销售管理/委托代销结算单/显示/委托代销结算单显示模板”菜单项，右侧出现委托代销结算单单据格式设置界面。

(3) 增加选择“发票号”项目。单击选择工具栏中的“表头项目”，在系统弹出的“表头”对话框中，勾选选中“31 发票号”(结果如图 3-10 所示)复选框，单击“确定”按钮，系统返回单据格式设置界面。

(4) 保存。在格式设置界面找到“发票号”编辑框，拖曳到合适的地方，单击“保存”按钮。

(5) 退出。单击“单据格式设置”窗口的“关闭”按钮，关闭并退出该窗口。

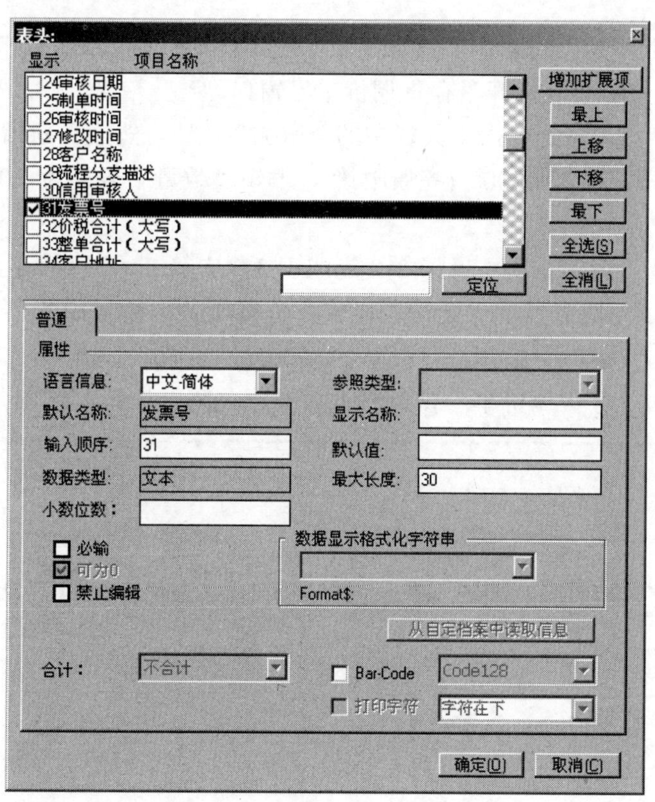

图 3-10 “委托代销结算单”的表头设置

需要指出的是，若增加之后看不到“发票号”编辑框，则是被其他项挡住了，可通过窗口右上角的“单据标题”下拉列表框选定“发票号”，使其被选中，此时该编辑框周围有 8 个黑点，将鼠标置于 8 个黑点之间，拖动鼠标，将其放置到合适的位置即可。

3.2.3 销售存货调价单

销售存货调价单可以用来设置、修改存货的价格，调价单审核以后，价格可以更新存货价格表。本节的任务是录入与审核销售存货价格单，表 3-3 是案例企业现阶段执行的销售存货价格表。

表 3-3 销售存货价格表

存货名称	数量下限	批发价 1	零售价 1	生效日期	是否促销价	税率/%
亮康眼镜	0	220		2016.4.1	否	17
亮康眼镜	100	200		2016.4.1	否	17
女士高端太阳镜	0	380		2016.4.1	否	17
女士高端太阳镜	100	360		2016.4.1	否	17

操作步骤：

(1) 打开“存货调价单”窗口。在“销售管理”子系统中，依次点击“价格管理/存货价格/存货调价单”菜单项，打开“存货调价单”窗口。

(2) 新增一条存货调价。单击工具栏中的“增加”按钮，然后在新增的存货调价单中，参照生成“存货编码”为“10000”(亮康眼镜)，编辑“数量下限”为“0”，“批发价1”为“220”。

(3) 完成存货调价编辑。重复步骤(2)，完成表 3-3 中第 2～5 行的存货调价录入，然后单击“保存”按钮，完成存货的“定价”操作，价格生效，结果如图 3-11 所示。

(4) 审核。单击“审核”按钮，使存货的“定价”生效。

(5) 退出。单击“存货调价单”窗口右上角的“关闭”按钮，关闭并退出该窗口。

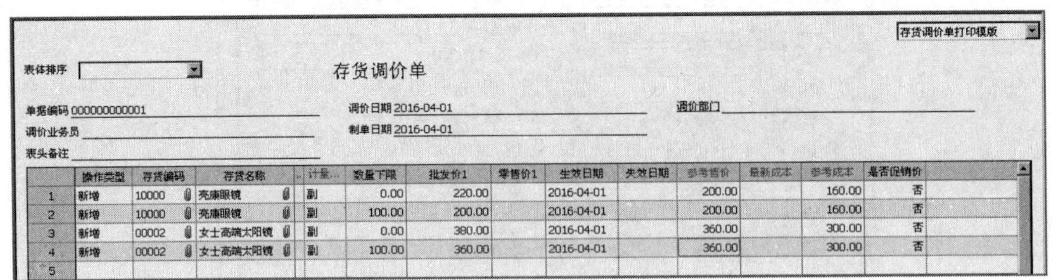

存货调价单打印模版

表体排序

存货调价单

单据编码 000000000001　调价日期 2016-04-01　调价部门

调价业务员　制单日期 2016-04-01

表头备注

	操作类型	存货编码	存货名称	计量...	数量下限	批发价1	零售价1	生效日期	失效日期	参考售价	最新成本	参考成本	是否促销价
1	新增	10000	亮康眼镜	副	0.00	220.00		2016-04-01		200.00		160.00	否
2	新增	10000	亮康眼镜	副	100.00	200.00		2016-04-01		200.00		160.00	否
3	新增	00002	女士高端太阳镜	副	0.00	380.00		2016-04-01		360.00		300.00	否
4	新增	00002	女士高端太阳镜	副	100.00	360.00		2016-04-01		360.00		300.00	否
5													

图 3-11 销售存货调价单

3.3 库存管理与存货核算管理

本节是对库存和存货管理，进行系统参数设置、期初余额录入与记账。

3.3.1 参数设置

1. 库存管理系统参数设置

本案例企业的库存管理系统参数，除系统默认设置之外，还需进行如下参数设置。

- 通用设置：确认勾选“业务设置”区的“有无委托代销业务”复选框；勾选“修改现存量时点”区的“采购入库审核时改现存量”、“销售出库审核时改现存量”、“其它出入库审核时改现存量”复选框；“业务校验”区不勾选“审核时检查货位”复选框。
- 专用设置：“业务开关”区勾选“允许超发货单出库”复选框；“自动带出单价的单据”区勾选“采购入库单”、“采购入库取价按采购管理选项”、“销售出库单”、“其他入库单”、“其他出库单”、“调拨单”复选框。
- 预计可用量设置：“预计可用量检查公式”设置为“出入库检查预计可用量”；“预计入库量”包括“已请购量”、“生产订单量”、“采购在途量”、“到货/在检量”、“委外订单量”；“预计出库量”包括“销售订单量”、“待发货量”、“生产未领量”和“委外未领量”。

操作步骤：

(1) 打开“库存选项设置”对话框。在“企业应用平台”的“业务工作”页签中，依次点击“供应链/库存管理/初始设置/选项”菜单项，系统打开“库存选项设置”对话框。

(2) 通用设置。在“通用设置”选项卡中，确认选中“业务设置”区的“有无委托代销业务”复选框、“修改现存量时点”区的“采购入库审核时改现存量”、“销售出库审核时改现存量”和“其它出入库审核时改现存量”复选框，取消“业务校验”区的“审核时检查货位”复选框的默认选中状态，其他选项按系统默认设置，结果如图 3-12 所示。

(3) 专用设置。在“专用设置”选项卡中，在“业务开关”区勾选“允许超发货单出库”复选框；选中“自动带出单价的单据”区的“采购入库单”及其子项“采购入库取价按采购管理选项”、“销售出库单”、“其他入库单”、“其他出库单”和“调拨单”复选框，其他选项按系统默认设置。

(4) 预计可用量设置。在“预计可用量设置”选项卡中，“预计可用量检查公式”设置为“出入库检查预计可用量”；“预计入库量”包括“已请购量”、“生产订单量”、“采购在途量”、“到货/在检量”、“委外订单量”；“预计出库量”包括“销售订单量”、“待发货量”、“生产未领量”和“委外未领量”。

(5) 退出。单击“确定”按钮，保存系统参数的设置，关闭“库存选项设置”对话框。

图 3-12　库存管理“通用设置”参数设置

2. 存货核算设置

本案例企业的存货核算系统参数，除系统默认设置之外，还需进行如下参数设置。

- 核算方式：选择“暂估方式”区的“单到回冲”选项，“零成本出库选择”区的“参考成本”选项，“入库单成本选择”区的“参考成本”选项，“红字出库单成本”区的“参考成本”。
- 控制方式：勾选“结算单价与暂估单价不一致是否调整出库成本”复选框。

操作步骤：

(1) 打开存货核算的“选项录入”对话框。在“企业应用平台”的“业务工作”页签中，依次点击“供应链/存货核算/初始设置/选项/选项录入”菜单项，系统打开“选项录入”对话框。

(2) 核算方式设置。在“核算方式”选项卡中，选择“暂估方式”区的“单到回冲”选项，“零成本出库选择”区的“参考成本”选项，“红字出库单成本”区的“参考成本”选项，“入库单成本选择”区的“参考成本”选项，其他选项按系统默认设置，结果如图 3-13 所示。

(3) 控制方式设置。在“控制方式”选项卡中，选中“结算单价与暂估单价不一致时是否调整出库成本”复选框，其他选项按系统默认设置。

(4) 退出。单击“确定”按钮，保存系统参数的设置，关闭“选项录入”对话框。

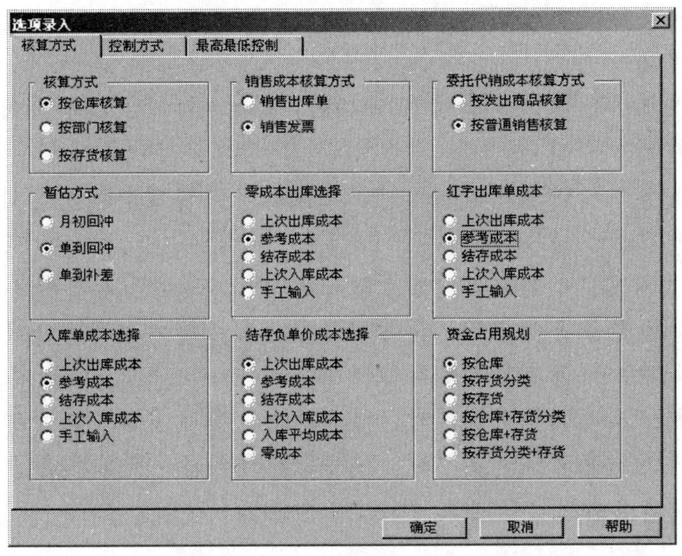

图 3-13 存货“核算方式”参数设置

3. 存货科目设置

存货核算系统的存货科目功能是设置本系统中生成凭证所需要的各种存货科目、差异科目、分期收款发出商品科目、委托代销科目，因此用户在制单之前应先在本系统中将存货科目设置正确、完整，否则系统生成凭证时无法自动带出科目。表 3-4 列示的是本案例企业的存货科目。本任务是按照表 3-4，完成案例企业的存货科目设置。

表 3-4 存货科目

存货分类	存货	存货科目编码	存货科目名称
0101 太阳镜		1405	库存商品
0102 亮康眼镜		1405	库存商品
	12210 塑料	140301	塑料
	12220 镜片树脂	140302	镜片树脂
	12310 硅胶	140303	硅胶

操作步骤：

(1) 打开“存货科目”窗口。在“企业应用平台”的“业务工作”页签中，依次点击“供应链/存货核算/初始设置/科目设置/存货科目”菜单项，系统打开“存货科目”窗口。

(2) 编辑存货科目。单击“增加”按钮，按照表 3-4 的内容，依次填写“存货分类编码”或“存货编码”、“存货科目编码”，单击“保存”按钮，完成设置。

(3) 退出。单击“退出”按钮，退出“存货科目”窗口。

【业务规则】

- 采购入库业务：采购入库单制单时，借方取存货科目，贷方取对方科目中收发类别对应的科目。

- 产成品入库业务：产成品入库单制单时，借方取存货科目，贷方取对方科目中收发类别对应的科目。
- 普通销售业务：销售出库单制单时，借方取对方科目中收发类别对应的科目，贷方取存货科目。
- 材料出库业务：材料出库单制单时，借方取对方科目中收发类别对应的科目，贷方取存货科目。
- 调拨业务：调拨业务制单时，借方取存货科目，贷方取存货科目。
- 盘点业务：盘盈业务制单时，借方取存货科目，贷方取对方科目。盘亏业务制单时，借方取对方科目，贷方取存货科目。
- 入库调整单：入库调整单制单时，借方取存货科目，贷方取对方科目。
- 出库调整单：出库调整单制单时，借方取对方科目，贷方取存货科目。

4. 存货对方科目设置

存货核算系统的存货对方科目功能用于设置本系统中生成凭证所需要的存货对方科目(即收发类别)所对应的会计科目，因此用户在制单之前应先在本系统中将存货对方科目设置正确、完整，否则无法生成科目完整的凭证。

表 3-5 列示的是本案例企业的存货对方科目。本任务是按照表 3-5，完成案例企业的存货对方科目设置。

表 3-5 存货对方科目

收发类别编码	收发类别名称	对方科目名称	暂估科目名称
11	采购入库	1401 材料采购	2202 应付账款
31	销售出库	6401 主营业务成本	
21	盘盈入库	190101 待处理流动资产损溢	
41	盘亏出库	190101 待处理流动资产损溢	

操作步骤：

(1) 打开“对方科目”窗口。在“企业应用平台”的“业务工作”页签中，依次点击“供应链/存货核算/初始设置/科目设置/对方科目”菜单项，打开“对方科目”窗口。

(2) 编辑对方科目。单击“增加”按钮，按照表 3-5 的内容，依次填写收发类别、对方科目名称以及暂估对方科目名称，单击“保存”按钮，完成设置。

(3) 退出。单击“退出”按钮，退出“对方科目”窗口。

【业务规则】

- 采购入库业务：采购入库单制单时，借方取存货科目，贷方取对方科目中收发类别对应的科目。
- 产成品入库业务：产成品入库单制单时，借方取存货科目，贷方取对方科目中收发类别对应的科目。

- 其他入库业务：其他入库单制单时，借方取存货科目，贷方取对方科目中收发类别对应的科目。
- 普通销售业务：销售出库单制单时，借方取对方科目中收发类别对应的科目，贷方取存货科目。
- 材料出库业务：材料出库单制单时，借方取对方科目中收发类别对应的科目，贷方取存货科目。
- 其他出库业务：其他出库单制单时，借方取对方科目中收发类别对应的科目，贷方取存货科目。
- 入库调整单：入库调整单制单时，借方取存货科目，贷方取对方科目。
- 出库调整单：出库调整单制单时，借方取对方科目，贷方取存货科目。

3.3.2 期初数据录入与记账

1. 库存期初数据

库存管理的期初数据，只有在启用系统的第一年或重新初始化的年度可以录入，其他年度均不可录入。但启用第一年或重新初始化年度第一个会计月结账后，也不允许再新增、修改或删除期初数据，也不可以审核和弃审。因此应在期初数据全部录入完毕并审核后，再进行第一个会计月的结账操作。

本任务是依据表3-6，完成案例企业的库存期初数据。请注意每个仓库一张期初数据录入单据。

表3-6 库存期初数据

仓库编码	仓库名称	存货编码	存货名称	数量	单价	入库类别
0010	大运仓库	00001	男士高端太阳镜	100	350	采购入库
0010	大运仓库	00003	男士普通太阳镜	100	90	采购入库
0010	大运仓库	00004	女士普通太阳镜	100	80	采购入库
0040	产成品仓库	10000	亮康眼镜	20000	160	产成品入库
0020	原材料仓库	12210	塑料	10	1000	采购入库
0020	原材料仓库	12310	硅胶	10	1600	采购入库

操作步骤：

(1) 打开“库存期初数据录入”窗口。在“企业应用平台”的“业务工作”页签中，依次点击“供应链/库存管理/初始设置/期初结存”菜单项，打开“库存期初数据录入”窗口。

(2) 选择仓库。选择“仓库”为“大运仓库”后，单击“修改”按钮，使“库存期初”窗口处于编辑状态。

(3) 编辑一条期初数据。在表体，参照生成第1行的“存货编码”为“00001”(男士高端太阳镜)，在“数量”栏输入“100”，“单价”栏输入“350”，“入库类别”为“采购入库”。

(4) 编辑其他期初数据。重复步骤(3)，依据表 3-6，录入“男士普通太阳镜”和“女士普通太阳镜”的期初库存数据。

(5) 保存和批审。单击“保存”按钮，保存录入的存货信息；再单击“批审”按钮，审核该仓库的所有期初数据。

(6) 编辑与审核其他仓库的期初数据。重复步骤(2)～(5)，依据表 3-6，完成“产成品仓库”和“原材料仓库”的期初库存数据录入、保存和审核工作。

(7) 退出。单击“库存期初数据录入”窗口中的“关闭”按钮，关闭并退出该窗口。

提示：

- 库存期初结存数据必须按照仓库分别录入，且录入完成后必须审核。期初结存数据的审核实际是期初记账的过程，表明该仓库期初数据录入工作的完成。
- 库存期初数据审核是分仓库分存货进行的，即“审核”功能仅针对当前仓库的一条存货记录进行审核；“批审”功能是对当前仓库的所有存货执行审核，不是审核所有仓库的存货。
- 审核后的库存期初数据不能修改、删除，但可以“弃审”后进行修改或删除。
- 库存期初结存数据录入时，若默认存货在库存系统的计量单位不是主计量单位，则需要录入该存货的单价和金额，由系统计算该存货的数量。

2. 存货核算期初数据的生成与记账

初次使用存货核算系统时，应先输入全部末级存货的期初余额。存货核算的期初数据，一般与库存管理系统的期初相对应，可以直接录入。但若在库存管理系统中已经录入了，则可以在存货核算系统中通过“取数”功能，以从库存管理系统中取数。当然，库存的期初数据也可与存货核算的期初数据不一致，系统提供两边互相取数和对账的功能。

期初数据录入后，可执行期初记账，则系统把期初差异分配到期初单据上，并把期初单据的数据记入存货总账、存货明细账、差异账、委托代销/分期收款发出商品明细账。期初记账后，用户才能进行日常业务、账簿查询、统计分析等操作。

如果期初数据有错误，可以取消期初记账后修改期初数据，然后重新执行期初记账。

操作步骤：

(1) 打开存货核算“期初余额”窗口。在“存货核算”子系统中，依次点击“初始设置/期初数据/期初余额”菜单项，系统打开“期初余额”窗口。

(2) 从大运仓库取数。在“仓库”下拉列表中选择“大运仓库”选项，然后单击“取数”按钮，则系统自动读取仓库存货并显示在“期初余额”窗口中。

(3) 从其他仓库取数。重复步骤(2)，从“产成品仓库”和“原材料仓库”中“取数”，以完成存货核算系统期初数据的生成。

(4) 对账。单击“对账”按钮，系统弹出“库存与存货期初对账查询条件”对话框，已默认选择了所有仓库，直接单击“确定”按钮，系统弹出“对账成功！”信息提示框，单击“确定”按钮退出该提示框，系统即完成了库存与存货的期初对账。

(5) 记账。单击“记账”按钮，系统弹出“期初记账成功”提示框，单击“确定”按钮，完成存货期初的记账工作。

(6) 汇总。单击“汇总”按钮，系统弹出“期初汇总条件选择”对话框，已默认选择了所有仓库，选择“存货级次”为“1”到“明细”，然后单击“确定”按钮，系统打开“期初数据汇总”窗口，表明已完成期初数据汇总工作，结果如图3-14所示。

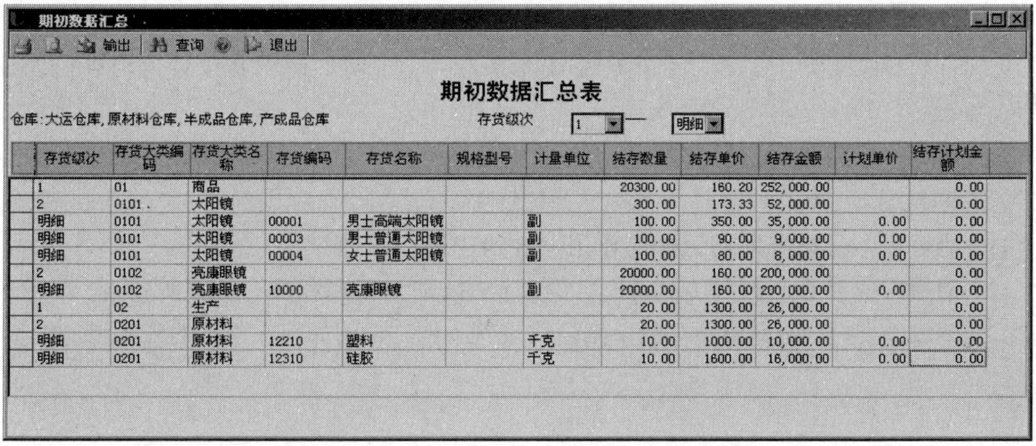

期初数据汇总

输出　查询　退出

期初数据汇总表

仓库:大运仓库,原材料仓库,半成品仓库,产成品仓库　　存货级次 1 — 明细

存货级次	存货大类编码	存货大类名称	存货编码	存货名称	规格型号	计量单位	结存数量	结存单价	结存金额	计划单价	结存计划金额
1	01	商品					20300.00	160.20	252,000.00		0.00
2	0101 .	太阳镜					300.00	173.33	52,000.00		0.00
明细	0101	太阳镜	00001	男士高端太阳镜		副	100.00	350.00	35,000.00	0.00	0.00
明细	0101	太阳镜	00003	男士普通太阳镜		副	100.00	90.00	9,000.00	0.00	0.00
明细	0101	太阳镜	00004	女士普通太阳镜		副	100.00	80.00	8,000.00	0.00	0.00
2	0102	亮康眼镜					20000.00	160.00	200,000.00		0.00
明细	0102	亮康眼镜	10000	亮康眼镜		副	20000.00	160.00	200,000.00	0.00	0.00
1	02	生产					20.00	1300.00	26,000.00		0.00
2	0201	原材料					20.00	1300.00	26,000.00		0.00
明细	0201	原材料	12210	塑料		千克	10.00	1000.00	10,000.00	0.00	0.00
明细	0201	原材料	12310	硅胶		千克	10.00	1600.00	16,000.00	0.00	0.00

图3-14　存货的期初数据汇总表

(7) 退出。连续单击“退出”按钮，退出窗口返回企业应用平台。

提示：

- 期初记账前可修改存货的计价方式及核算方式，可修改存货的期初数据，但记账后不能改。
- 期初数据录入完毕，必须期初记账后才能开始日常业务核算。未记账时，允许进行单据录入、账表查询。
- 期初数据记账是针对所有期初数据进行记账操作。因此您在进行期初数据记账前，必须确认所有期初数据全部录入完毕并且正确无误。
- 没有期初数据的用户，可以不录入期初数据，但也必须执行期初记账操作。
- 恢复期初记账时，是第一会计年度，直接恢复期初记账。如果不是，系统弹出提示框：只有调整存货的核算方式和计价方式、核算自由项、修改期初数据时才可以恢复期初记账。
- 汇总，是指对期初余额按存货进行逐级汇总。

3.4 实验报告内容

1. 请查看采购系统的业务与权限控制设置结果，并将结果界面拷屏后粘贴在实验报告中。

2. 请查看期初采购入库单的编辑窗口，并将结果界面拷屏后粘贴在实验报告中。

3. 请查看供应商存货调价单，并将结果界面拷屏后粘贴在实验报告中。

4. 请查看销售存货调价单，并将结果界面拷屏后粘贴在实验报告中。

5. 请查看销售系统的业务控制设置结果，并将结果界面拷屏后粘贴在实验报告中。

6. 请查看库存管理的专用参数设置结果，并将结果界面拷屏后粘贴在实验报告中。

7. 请查看存货核算系统的核算方式设置结果，并将结果界面拷屏后粘贴在实验报告中。

8. 请解释采购期初记账的作用，并给出操作路径。

9. 请以“采购专用发票”的单据编号设置为例，说明如何将其设置为可以自动编号和手动修改。

10. 请说明库存与存货核算的期初数据之间的关系，并说明如何将库存的期初数据自动带入存货核算。

11. 请解释存货核算期初记账的作用，并给出操作路径。

12. 请解释 3 种存货核算方式(按仓库核算、按部门核算和按存货核算)的含义。

13. 请以“委托代销结算单”的单据格式设置为例，说明如何在单据的表头增加编辑栏。

第 4 章

采购业务

企业的采购是从资源市场获取资源的过程，它是一种经济活动。采购过程既是一个信息流过程，也是一个物流和资金流过程。

采购管理是供应链管理系统的重要组成部分，其主要任务是执行采购计划，进行采购订单管理、采购发票管理以及供应商管理。采购管理的目标是保证企业在生产和销售业务顺利进行的前提下，维持合理的库存量，从而降低成本。为了降低成本，企业需要不断地协调销售与采购、采购与库存间的关系。

在 ERP 信息支撑环境中，实施标准的采购业务过程管理，可将透明销售与采购、采购与库存间的物流(采购入库引起的实物变化)信息、价值流(实物的成本变化)信息和资金流(采购付款引起的资金变化)信息相联系，使得物料的数量、成本、资金都更加清晰，也使得销售与采购更理性化、更具科学性。所以，企业的采购业务，将涉及采购管理、库存管理、存货核算和应付款管理系统，它们之间的关系可参见图 4-1 和图 4-2。

本教程的案例企业是工业企业，所以在新建账套时选择“企业类型”为“工业”，建立工业版账套。这样在采购管理系统中存货、货物，是指原材料、材料、包装物、低值易耗品、委外加工材料及企业自行生产的半成品、产成品等。

而且案例企业同时启用了库存管理和存货核算(没有启用应付款管理系统)，所以采购的物料流动过程信息在采购和库存管理系统中完成，价值流动过程信息在存货核算系统中完成(需要在应付款管理系统中完成的资金流动过程信息，相应的讲解请参见《场景式企业供应链应用高级教程》)，具体的可参见表 4-1 和图 4-6。

普通采购业务是指企业 95%以上的常规日常采购业务。本教程设计了有请购的采购业务，有报价降价和现付的普通采购业务(第 4.3 和 4.4 节，其业务模型请参见图 4-2)，以及采购到货拒收、采购退货等采购业务中的异常情况(第 4.5 节和 4.6 节)。

采购到货是采购订货和采购入库的中间环节。对于入库前的拒收作业，可以通过填制到货拒收单来实现，详见 4.5 节。

采购退货单表示入库后的退货，由采购业务员填退货通知单，仓库负责实物退库。此种业务的处理是：先参照原到货单或订单生成采购退货单，再根据采购退货单生成红字入库单。相应的业务处理参见 4.6 节。

本章的操作，请按照业务描述中的系统日期(如 4 月 1 日)，以账套主管赵技巩(或读者您本人)的身份，在第 3 章完成的基础上，在采购管理、库存管理和存货核算系统中进行。

如果您没有完成第 3 章的企业账套期初设置与记账的操作，则可以到百度云盘空间(云盘地址：https://pan.baidu.com/s/1kVO5jMZ，访问密码：m68d)的“实验账套数据”文件夹中，将“03 期初记账.rar”下载到实验用机上，然后“引入”(操作步骤详见 1.3.5 节)到 ERP-U8 系统中。而且，本章完成的账套，其“输出”压缩的文件名为“04 采购业务.rar”。

需要注意的是，因云盘中的账套备份文件均为“压缩”文件，所以下载完成后引入前，需要用解压缩工具进行解压(建议用 WinRAR 3.42 或以上版本)，得到相应可以引入的账套数据文件。

本章的所有业务实验操作，都有配套的微视频，您可以通过扫描二维码，或者到指定的网页去观看。本教程配套的微视频，均存放在北京神州明灯教育科技有限公司和合一集团的网站上，相应的访问说明请参见云盘中的“微视频访问说明.doc”。

本章的授课时间建议讲课 4～8 学时(主要讲解采购概论、采购普通业务流程和单据状态，内容可参见教程的 4.1 节和配套的课件)、实验 4～8 学时，实验目的与要求如下：

- 了解采购管理系统的作用。
- 理解采购部门与其他管理部门的关系。
- 掌握采购管理的普通业务流程。
- 熟练掌握采购普通业务的请购、订货、到货、入库、发票(采购专用发票、采购运费发票)、结算(手工结算和自动结算，包括在发票窗口自动结算)等业务。
- 熟练掌握采购普通业务的成本核算操作。
- 熟练掌握采购到货拒收和采购退货业务的操作。

4.1 预备知识

传统的采购管理系统，仅包括采购请购、采购订货、采购到货、采购入库、采购开票和采购结算等业务管理，不涉及采购成本核算和采购应付管理。但从企业经营管理的角度看，采购业务的物流(即采购入库引起的实物变化)，以及由物流驱动的价值流(即存货成本的变化)和资金流(即采购付款引起的资金变化)，应该进行无缝连接，形成一个完整的采购业务管理系统。

本节将讲解完整采购业务管理系统的业务类型、应用模型，采购管理过程中涉及的单据类型、单据状态、单据操作，以及采购单据中常用栏目的取值规则。

4.1.1 采购管理概论

采购是从资源市场获取资源的过程。下面从采购业务类型、采购管理应用模型和采购普通业务流程等方面讲解。

1. 采购业务类型

采购业务根据企业应用，一般分为普通采购、受托代销、直运业务、代管采购、固定资产 5 种业务类型。

(1) 普通采购业务，是适合大多数企业的一般采购业务，本章的内容主要讲解普通采购业务。

(2) 受托代销业务，是一种“先销售后结算”的采购业务，适用于有受托代销业务的商业企业和医药流通企业。

受托代销是指其他企业委托本企业代销其商品，代销商品的所有权仍归委托方。代销商品销售后，本企业与委托方进行结算，开具正式的销售发票，商品所有权转移。

受托代销的业务模式是与委托代销(详见 6.4 节和 6.5 节)相对应的一种业务模式，可以节省商家的库存资金，降低经营风险。

(3) 直运业务，是由供应商直接将商品发给企业的客户，在结算时由购销双方分别与企业结算，具体的可参见本教程的系列图书《场景式企业供应链应用高级教程》的第 8.4 节。

(4) 代管采购业务，是一种“先使用再结算”的采购业务，适用于一般商业和工业企业。

代管采购业务的主要特点是：企业替供应商保管其提供的物料，先使用物料，然后根据实际使用定期汇总、挂账，最后根据挂账数与供应商进行结算、开票以及后续的财务支付。

代管采购既类似于普通采购，又不同于普通采购。它的实际业务流程与普通采购相似，不同之处主要是体现在结算上，即“先使用后结算”。

(5) 固定资产采购业务，适合于企业采购固定资产的业务。企业发生固定资产采购业务时，可以通过采购和库存系统对采购流程进行管理，入库之后通过固定资产系统登记固定资产账，通过应付款管理系统对固定资产采购过程中发生的应付账款进行管理。

2. 普通采购业务模型

普通采购业务，是指企业 95%以上的常规日常业务，基本上是采用“先收货，后付款”的赊购业务模式，标准的普通采购业务模型请参见图 4-1。

由图 4-1 可知，完整的普通采购业务，涉及的部门包括采购部、仓管部和财务部，涉及的 ERP 软件功能模块包括采购管理、库存管理、存货核算、应付款管理和总账系统。

用友 ERP-U8 的采购管理系统，提供了请购、采购订货、采购到货、采购入库、采购开票、采购结算等业务管理，您可以根据业务需要选用不同的业务单据和业务流程。

用友 ERP-U8 的采购管理，适用于各类工业企业和商业批发、零售企业、医药、物资供销、对外贸易、图书发行等商品流通企业的采购部门和采购核算财务部门。但若企业类型不同则采购业务的管理也不同。

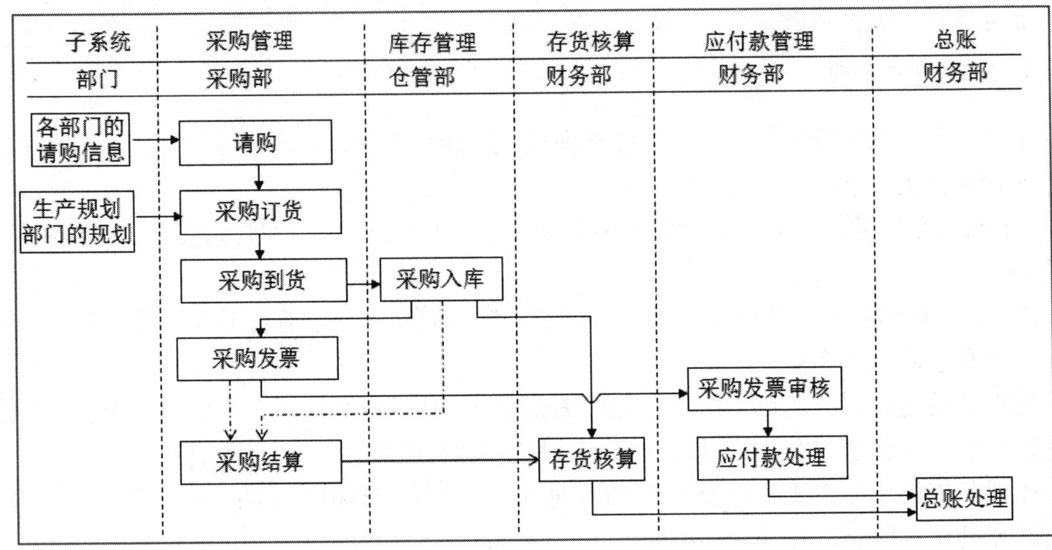

图 4-1 标准的普通采购业务应用模型

用友 ERP-U8 的采购管理既可以单独使用，又能与用友 U8 的库存管理、销售管理、存货核算、应付款管理等模块集成使用(参见图 4-2)，提供完整全面的业务和财务流程处理。下面将详细阐述图 4-2 中各个子系统之间的接口关系。

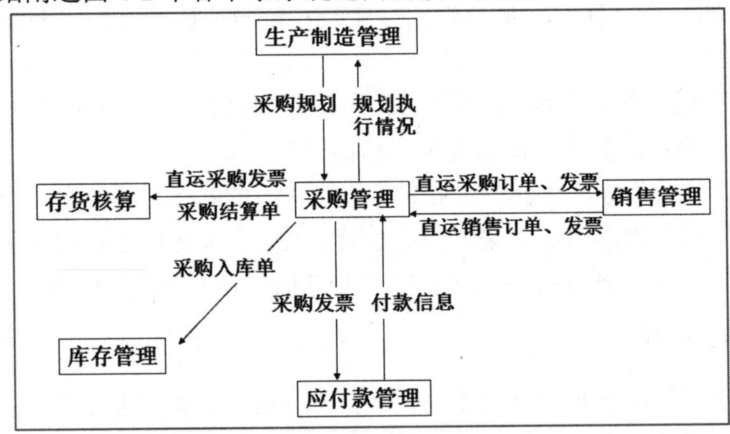

图 4-2 采购管理系统与其他系统的关系

(1) 库存管理与采购管理。图 4-3 是采购管理与库存管理系统的接口图。由图 4-3 可知，库存管理系统可以参照采购管理系统的采购订单、采购到货单生成采购入库单，并将入库情况反馈到采购管理系统。

采购管理系统可以参照库存管理系统的 ROP 计划(名称解释详见 5.1.1 节)生成采购订单、请购单，参照采购入库单生成发票，根据库存管理系统的采购入库单和采购管理系统的发票进行采购结算。

另外，采购管理系统可以参照库存管理系统记入代管消耗的出、入库单，生成代管挂账确认单，并可将代管挂账确认单与发票进行结算。

(2) 销售管理与采购管理。销售管理系统的直运销售订单，可参照生成采购管理系统的直运采购订单；直运销售发票与直运采购发票可互相参照。

采购管理系统可参照销售订单生成采购订单，还可参照销售订单进行齐套采购，即专为某个销售订单所需的装配件进行采购，以减少冗余采购，从而控制库存。

图 4-4 是销售管理与采购管理系统的接口图。

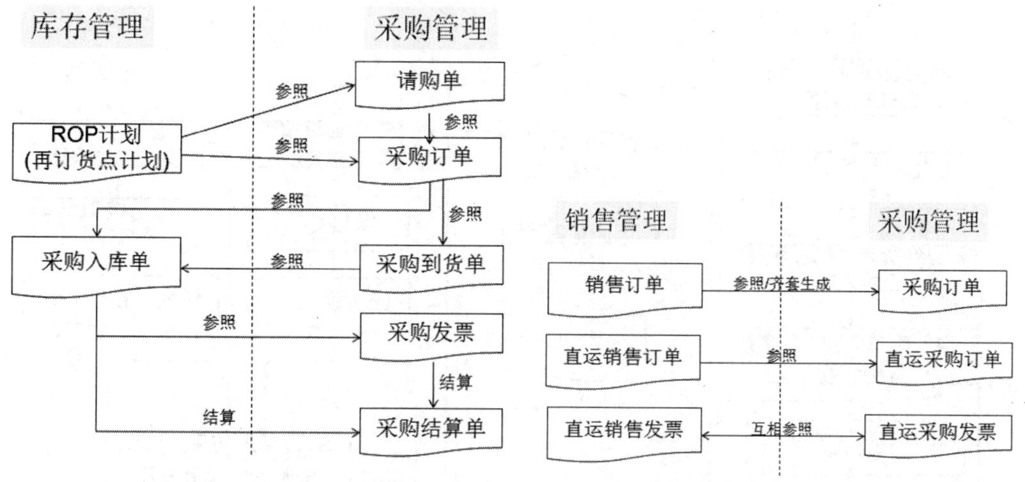

图 4-3　库存管理与采购管理系统接口图　　　图 4-4　销售管理与采购管理系统接口图

(3) 存货核算与采购管理。图 4-5 是存货核算与采购管理系统的接口图。由图 4-5 可知，直运采购发票在存货核算系统进行记账，登记存货明细账，并制单生成凭证(详见 8.4 节)。采购入库单和采购结算单可以在存货核算系统进行制单生成凭证。

一般情况下，存货核算根据采购管理系统结算的入库单进行记账和制单，对没有结算的入库单进行暂估处理；根据代管挂账确认单进行记账和制单，对没有结算的代管挂账确认单进行暂估处理。

(4) 应付款管理与采购管理。采购货物的货款，形成企业的应付款。本教程的案例企业没有启用应付款管理系统，应付款管理的相关理论与业务操作，请参见本教程的系列图书《场景式企业供应链应用高级教程》。

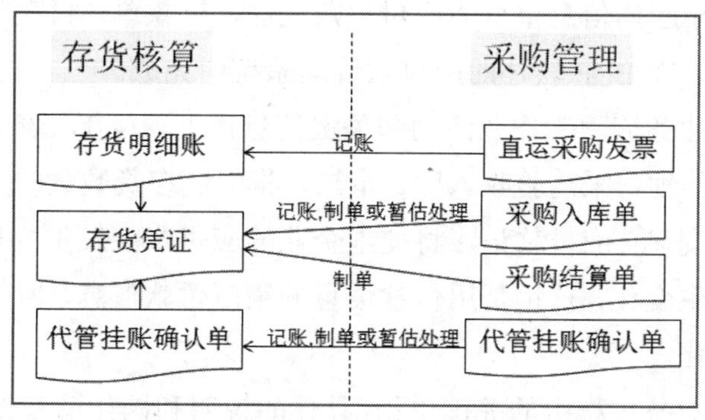

图 4-5　存货核算与采购管理系统接口图

3. 普通采购业务流程

普通采购的业务流程(参见图 4-6)，可分为物料流动过程、价值流动过程和资金流动过程。

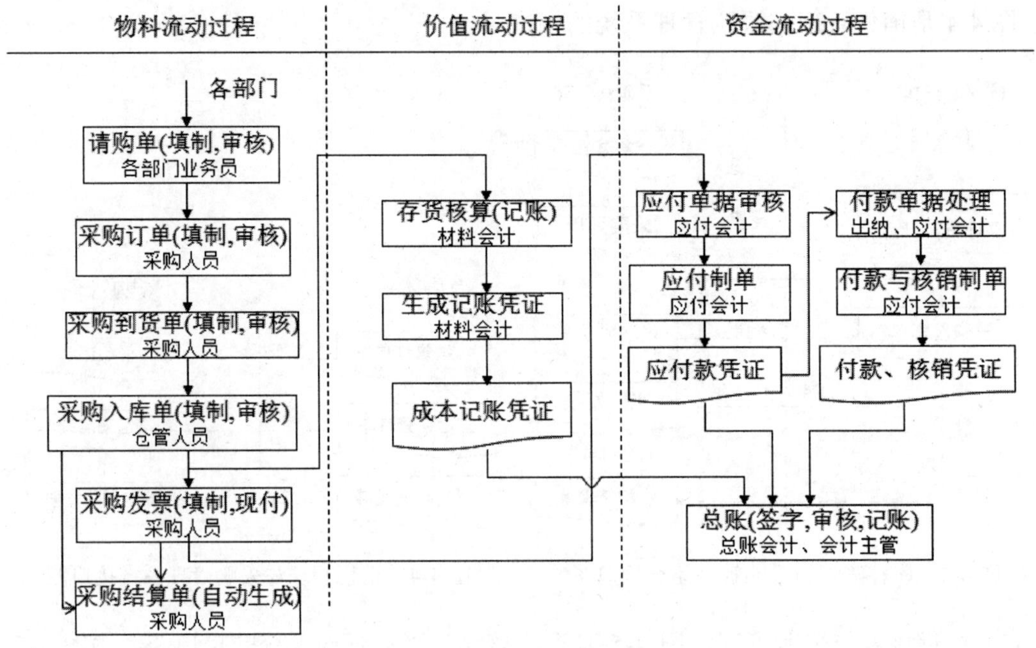

图 4-6　普通采购业务流程图

(1) 物料流动过程，包括采购请购、订货、到货、入库、开票和采购结算 6 个作业活动，相应的信息单据为请购单、采购订单、采购到货单、采购入库单、采购发票，以及采购结算生成的采购结算单。物料流动信息管理，在 ERP 软件的采购和库存管理系统中完成。

(2) 价值流动过程，包括材料记账和存货成本制单 2 个作业活动，相应的信息单据为存货的总账、明细账和存货成本记账凭证等，在 ERP 软件的存货核算系统中完成。

(3) 资金流动过程，包括应付单据审核与制单、付款单据处理、付款制单、核销与制单等多个作业活动，相应的信息单据为应付记账凭证、付款单、付款记账凭证、应付核销单、核销记账凭证等，在 ERP 软件的应付款管理系统中完成。

普通采购业务的业务流程、作业活动和关键信息详见表 4-1，表中标识的关键活动将引起资源的变化。具体地，采购验收入库、审核，将引起存货数量的变化；入库成本记账将使得存货成本发生变化；应付款记账将使本企业的应付账款发生变化；已付款记账将使本企业的货币资金发生变化；核销是用付款信息冲销应付款信息，所以核销记账将使本企业的应付账款发生变化。

关键信息是采购业务过程中的关键单据，具体的说明和操作请参见 4.1.2 节和 4.1.3 节。

表 4-1　普通采购业务作业活动与信息表

业务	作业类型	作业活动	关键活动	关键信息
采购业务	物流	采购请购/询价		采购请购单、采购询价单
		采购订货		采购订单
		采购到货		采购到货单
		采购入库	采购验收入库、审核	采购入库单
		采购发票		采购发票
		采购结算		采购结算单
	价值流	单据记账	入库成本记账	
		存货成本制单		成本记账凭证
	资金流	采购发票审核		
		发票制单		应付款记账凭证
		应付款记账	应付款记账	
		付款		付款单
		付款单据审核		
		付款单据制单		已付款记账凭证
		已付款记账	已付款记账	
		应付核销		应付核销单
		应付核销制单		核销记账凭证
		应付核销记账	应付核销记账	

4.1.2　采购单据类型与操作

由表 4-1 可知，采购业务过程中的关键单据有请购单、采购订单、采购到货单、采购入库单、采购发票、采购结算单、成本记账凭证、应付款记账凭证、付款单、已付款记账凭证、应付核销单和核销记账凭证，这些单据之间的上下游关系以及单据的主要操作类型，如图 4-7 所示。

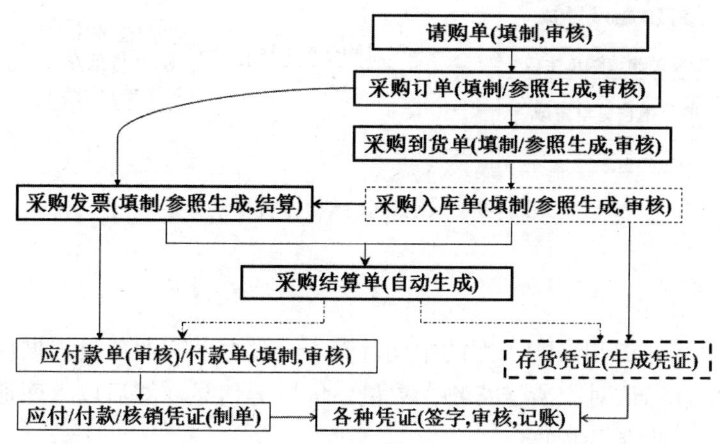

图 4-7　普通采购业务的单据流程图

1. 请购单

请购单是采购业务处理的起点，用于描述和生成采购的需求，如采购什么货物、采购多少、何时使用、谁用等内容；同时，也可为采购订单提供建议内容，如建议供应商、建议订货日期等。

请购单的填制与审核操作流程，可参见图 4-8。请购单可以手工增加，也可参照主生产计划和需求规划系统的 MPS/MRP 计划(即主生产计划和物料需求计划)、库存管理系统的 ROP 计划(即再订货计划)和生产订单管理系统的生产订单生成，还可以拷贝已经存在的请购单生成，以减少录入工作量。

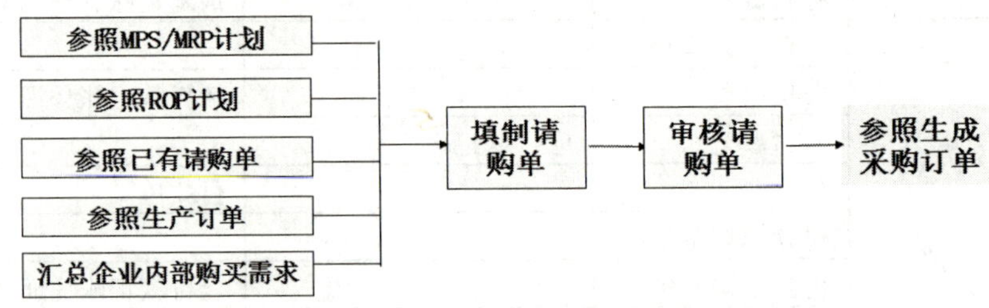

图 4-8 采购请购操作流程图

2. 采购订单

采购订单是企业与供应商之间签订的采购合同、购销协议等，主要内容包括采购什么货物、采购多少、由谁供货，什么时间到货、到货地点、运输方式、价格、运费等。

图 4-9 是采购订货操作流程图。由图 4-9 可知，采购订单可以根据采购管理系统的请购单、销售管理系统的销售订单(直运业务模式)、主生产计划和需求规划系统的 MPS/MRP 计划(即主生产计划和物料需求计划)、库存管理系统的 ROP 计划(即再订货计划)等生成，还可以在采购管理系统中直接录入采购订单。

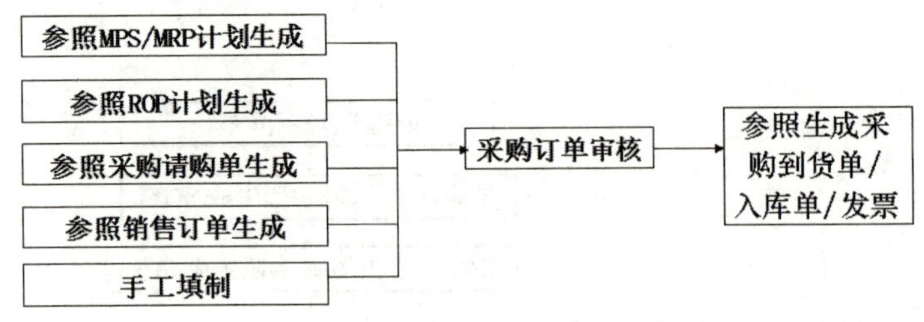

图 4-9 采购订货操作流程图

3. 采购到货单

采购到货是采购订货和采购入库的中间环节，一般由采购业务员根据供方通知或送货单填写采购到货单，确认对方所送货物、数量、价格等信息，然后以入库通知单的形式传递到仓库作为保管员收货的依据。

图 4-10 是采购到货操作流程图。由图 4-10 可知，采购到货单可以手工新增，也可以

参照采购订单生成(但必有订单时，采购到货单不可手工新增)。

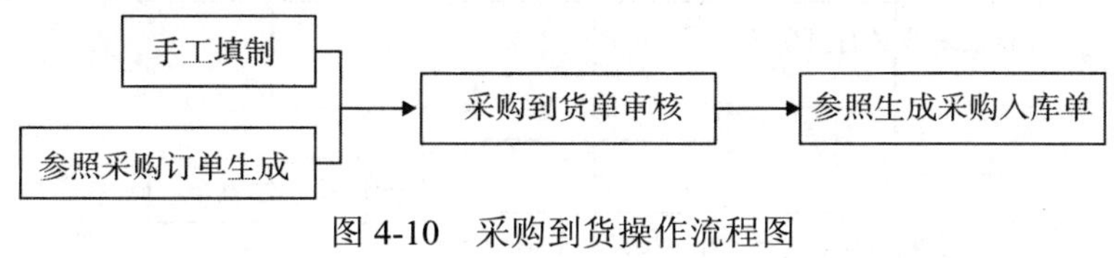

图 4-10　采购到货操作流程图

4. 采购入库单

采购入库是通过采购到货、质量检验环节，对合格到货的存货进行入库验收。采购入库单是根据采购到货的实收数量填制的单据。对于工业企业，采购入库单一般指采购原材料验收入库时所填制的入库单据；对于商业企业和医药流通企业，采购入库单一般指商品进货入库时所填制的入库单据。

采购入库单按进出仓库方向分为：蓝字采购入库单、红字采购入库单。红字入库单是采购入库单的逆向单据。在采购业务活动中，如果发现已入库的货物因质量等因素要求退货，则对采购业务进行退货单处理。如果发现已审核的入库单数据有错误(多填数量等)，也可以填制退货单(红字入库单)原数冲抵原入库单数据。原数冲回是将原错误的入库单，以相等的负数量填单。

采购入库单按业务类型可分为：普通采购入库单、代管业务采购入库单和固定资产采购入库单等。若库存管理系统未启用，可在采购管理系统录入入库单据，但库存管理系统启用后，必须在库存管理系统录入入库单据，在采购管理系统可查询入库单据，可根据入库单生成发票。

采购入库单可以手工增加，也可以参照采购订单、采购到货单(到货退回单)等生成。

5. 采购发票

采购发票是供应商开出的销售货物的凭证，系统将根据采购发票确认采购成本，并据以登记应付账款。企业在收到供货单位的发票后，如果没有收到供货单位的货物，可以对发票压单处理，待货物到达后，再输入系统做报账结算处理；也可以先将发票输入系统，以便实时统计在途货物。

图 4-11 是采购发票操作流程图。由图 4-11 可知，普通采购必有订单时，采购发票可以参照采购订单、采购入库单(普通采购)填制；采购发票也可以拷贝其他采购发票填制；直运业务可以参照直运销售发票；受托代销结算后生成受托发票。如果启用了代管业务，则可参照代管挂账确认单生成发票。但不是普通采购必有订单时，采购发票(专用、普通)可手工新增。

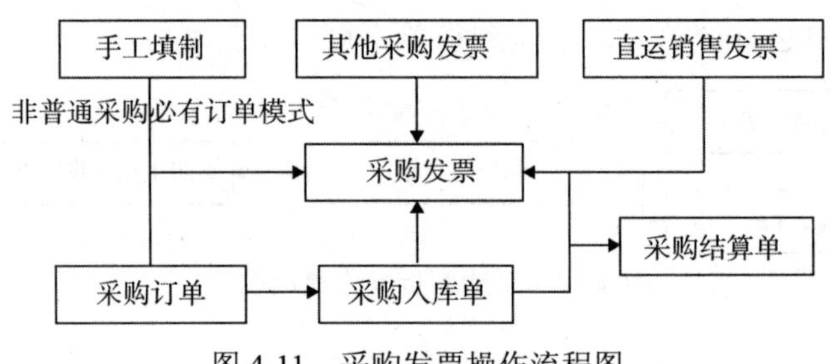

图 4-11　采购发票操作流程图

采购发票按业务性质，可分为蓝字发票和红字发票，红字发票是蓝字发票的逆向单据。

采购发票按发票类型，可分为以下 3 种。

(1) 增值税专用发票。增值税专用发票的扣税类别默认为应税外加，不可修改，税额＝无税金额×税率，价税合计＝无税金额×(1＋税率)。

(2) 普通发票。普通发票包括常用的普通发票、废旧物资收购凭证、农副产品收购凭证和其他收据，其扣税类别默认为应税内含，不可修改，税额＝价税合计×税率，无税金额＝价税合计×(1－税率)。

(3) 运费发票。运费主要是指向供货单位或提供劳务单位支付的代垫款项、运输装卸费、手续费等。运费发票的单价、金额都是含税的，运费发票的默认税率为 7%，可修改。

运费发票是记录在采购货物过程中发生的运杂费、装卸费、入库整理费等费用的单据。运费发票记录可以在手工结算时进行费用分摊，也可以单独进行费用结算。

采购发票可以修改、删除，可以现付、弃付，采购发票与采购入库单可以进行采购结算。启用了代管业务，则是代管挂账确认单与发票结算。采购发票可以在应付款管理系统中审核，同时回填采购发票的审核人。

6. 采购结算单

采购结算也称采购报账，是指采购核算人员根据采购发票、采购入库单核算采购入库成本；采购结算的结果是采购结算单，它是记载采购入库单记录与采购发票记录对应关系的结算对照表，其相应的操作可参见图 4-12。

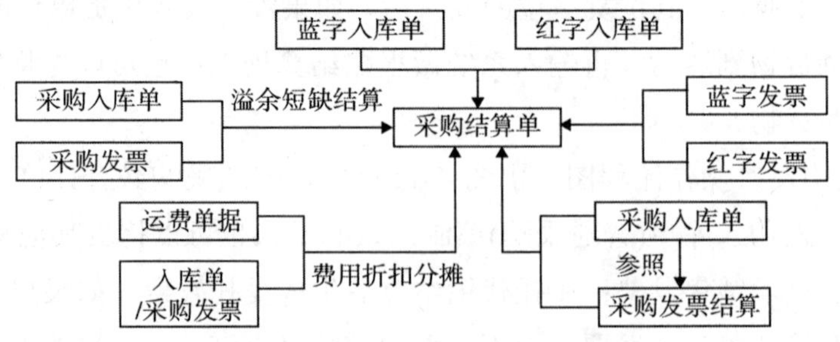

图 4-12　采购结算单操作流程图

采购结算从操作处理上分为自动结算、手工结算两种方式。

(1) 自动结算。自动结算是由系统将符合结算条件的采购入库单记录和采购发票记录自动逐一进行结算。系统按照以下3种结算模式进行自动结算：入库单和发票、红蓝入库单和红蓝发票。

- 入库单与发票：将供应商、存货、数量完全相同的入库单记录和发票记录进行结算，自动结算到行，生成结算单，并将发票记录的金额作为入库单记录的实际成本。
- 红蓝入库单：将供应商、存货相同、数量绝对值相等但符号相异的红蓝入库单行记录进行对应结算，自动结算到行，生成结算单。入库单记录可以没有金额，只有数量。
- 红蓝采购发票：将供应商、存货相同、金额绝对值相等但符号相异的采购发票记录对应结算，自动结算到行，生成结算单。结算的金额即为各发票记录的合计金额。

(2) 手工结算。手工结算时可拆单拆记录，一行入库记录可以分次结算；可以同时对多张入库单和多张发票进行手工结算。手工结算支持下级单位采购、付款给其上级主管单位的结算；支持三角债结算，即甲单位的发票可以结算乙单位的货物。

手工结算有5种结算模式：入库单和发票、红蓝入库单、红蓝发票、溢余短缺处理和费用折扣分摊，前3种与自动结算相同。

溢余短缺是在企业的采购业务中，由于运输、装卸等原因，采购的货物会发生短缺毁损。您需要根据不同的情况，进行相应的账务处理。

采购费用包括专用发票、普通发票上的应税劳务、折扣，以及运费发票上的应税劳务。

- 溢余短缺结算：在采购结算时，如果入库数量与发票数量不一致，即为溢余短缺结算。如果入库数量小于发票数量，则确定其是否为合理损耗。如果是合理损耗，直接记入成本，即相应提高入库货物的单位成本；如果是非合理损耗，则根据业务选择相应的非合理损耗类型，并由存货核算系统依据结算时记录的非合理损耗类型自动生成凭证。
- 费用折扣分摊：费用折扣可以在手工结算时进行费用分摊，运费发票记录也可以单独进行费用结算。

自动结算和手工结算时，可以同时选择发票和运费与入库单进行结算，将运费发票的费用按数量或按金额分摊到入库单中，此时将发票和运费分摊的费用写入采购入库单的成本中。

运费发票进行费用分摊时，只有同时与采购发票一起和入库单结算时，才能在采购入库单的单价中进行体现。如果运费发票开具时，对应的入库单已经与发票结算，则运费发票只能通过费用折扣结算将运费分摊到入库单中，此时运费发票分摊的费用不再记入入库单中，需要到存货核算系统中进行结算成本的暂估处理，系统会将运费金额分摊到成本中。

运费发票进行费用结算时，可以与已结算、未结算或部分结算的入库单同时结算，也可以与存货直接结算；可以将一张或多张运费发票分摊到多个仓库多张入库单的多个存货上；一张入库单可以多次分摊费用。

7. 存货成本凭证

存货核算系统的生成凭证功能，用于对本会计月已记账单据的凭证生成，并可对已生成的所有凭证进行查询显示。所生成的凭证可在账务系统中显示及生成科目总账。

记账即把未记账的单据记入存货明细账。单据记账是存货核算系统，按实际成本进行的入库成本核算和出库成本核算。

当以移动平均核算时，如果出库单记账时为零出库，系统自动按您设置的零成本出库方式，计算出库成本。如果您选择手工输入，则需要您自己输入出库单价；如果不输入，将不能记账。

生成凭证必须按整单制单，即一张单据必须所有记录全部记账，而且有成本(即单据上金额数据不能为空或为零)，才能生成凭证。

4.1.3 采购单据状态与操作

1. 单据状态及其转换

单据，从业务上可分为 5 种状态：录入、未审核、已审核、已执行和关闭状态。在启用制造模块后，对于采购系统中的请购单和采购订单，需要根据单据是否处于锁定状态，决定是否作为 MPS/MRP 运算时的数据来源。因此，对请购单和采购订单设定锁定状态，支持手工锁定和解锁，支持参照 MPS/MRP 采购计划或请购单生成单据的自动锁定。有关单据的锁定含义和作用，请参见本系列图书中的《场景式企业生产制造应用教程》，本教程不设计相关业务和操作此状态。

单据的 5 种业务状态之间的转换关系及相关操作，请参见图 4-13。一般地，填制单据(即新增单据)在没有单击“保存”按钮前，是录入状态，此时可单击“放弃”按钮结束该单据，也可单击“保存”按钮保存该单据。保存成功的单据状态为未审核状态，可单击“审核”按钮使该单据的状态变为已审核状态，也可单击“删除”按钮删除该单据。

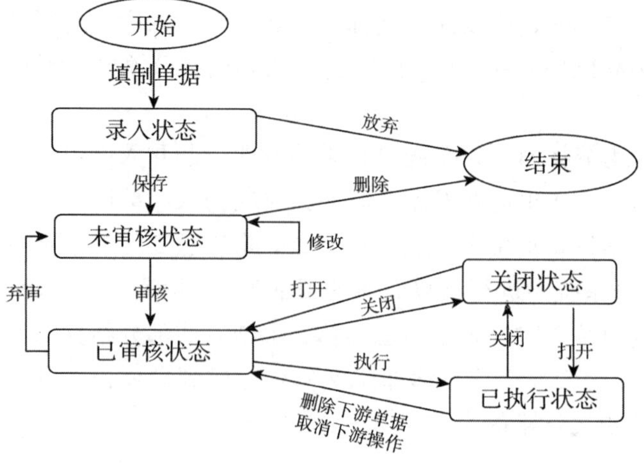

图 4-13　单据状态转换图

在实际业务过程中，审核常常是对当前业务完成的确认。表4-1中所列单据，除了采购发票和采购结算单是不需要审核的单据(这些单据保存即为有效单据)，其他的单据只有经过审核，才是有效单据，才能进入下一流程，被其他单据参照或被其他功能、其他系统使用，如记账、制单等。

在用友ERP-U8中，只有有效单据才可被其他单据、其他系统参照使用。有下游单据生成的单据，系统视该单据为已执行状态，此时不可修改、删除。

已审核的单据，可通过单击“弃审”按钮恢复为未审核的单据，可单击“关闭”按钮关闭该单据，也可被其他单据参照或被其他功能、其他系统使用，使该单据的状态变为已执行状态。已执行的单据不能弃审，但已执行的请购单、采购订单、到货单，可以进行变更。

对于单据关闭功能，可以在两种情况下使用：①单据执行完毕；②该单据执行了一部分，以后确实不再执行剩余的部分。如果单据已关闭，但以后又要执行，可以打开单据。采购管理系统中，需要关闭的单据有采购请购单、采购订单和采购到货单。

已执行状态的单据，可通过删除下游单据或取消下游操作，使该单据恢复为已审核状态。

已审核和已执行状态的单据，可以通过单击“关闭”按钮关闭该单据，也可通过单击“打开”或“还原”按钮恢复该单据为关闭之前的状态(已审核或已执行)。

2. 单据操作

(1) 审核/弃审单据。单据只能整张审核/弃审，不可拆单。若在单据列表中选择了单据的一条记录，系统将自动选取该记录所属单据的所有记录。

审核/弃审单据有以下3种方法：

- 在单据界面进行审核/弃审。
- 在单据列表界面双击单据记录，进入单据卡片界面进行审核/弃审。
- 在单据列表界面选择多张单据，进行批量审核/批量弃审。

提示：

- 审核没有数据修改功能，如果发现单据的数据有错误，可以先进行修改，然后再做审核。
- 只要该单据未审核，不管该单据是否记账或当月是否结账，均可对该单据进行审核。
- 已审核的单据不能再修改、删除；不能再审核。
- 已执行或已关闭的单据，不可弃审。
- 有下游单据生成或被其他系统使用的单据，不可弃审(可将生成的下游单据删除，或取消其他系统的相关操作，如记账、制单等，再弃审)。

(2) 关闭/打开单据。关闭/打开单据有以下3种方法：

- 在单据界面进行关闭/打开。
- 在单据列表界面双击单据记录，进入单据卡片界面进行关闭/打开。

- 在单据列表界面选择多张单据，进行批量关闭/批量打开。

采购订单、到货单、请购单，可以按单据的明细行记录进行行关闭和行打开操作。对于已审核的明细记录(到货单关闭不受是否审核限制)，在单据表体的需要行关闭或行打开的明细行记录上，单击鼠标右键，然后在打开的菜单栏中单击相应的功能菜单项，进行行的关闭或打开操作。

提示：

- 要关闭的单据必须是有效单据，即已审核单据(到货单关闭不受是否审核限制)。
- 关闭的单据不能再执行，但并不影响其下游单据的继续执行。
- 关闭的单据数据不再结转到下年的年度账中。

(3) 拷贝单据。在填制单据时，您可以拷贝系统中已有的单据，减少录入。在采购系统中，参照生单和单据拷贝都使用工具栏中的“生单”按钮。不同的是，单据拷贝时，在要拷贝的单据列表中，选项需要选择“显示已执行完的记录”；如果是参照生单，则在要拷贝的单据列表界面，选项需要选择“执行所拷贝的记录”。

(4) 复制单据。如果您录入过与目前将要填制的单据类似或完全相同的单据，可用工具栏中的“复制”按钮，进行单据复制，以加快单据的录入速度。

4.1.4 采购单据的价税管理

采购单据，如请购单、采购订单、到货单和采购发票，其默认税率的取值，以及单据中单价与税率的计算关系，是采购单据价税管理的主要内容。

1. 扣税类别

根据税法规定，一般纳税人向农业生产者购买的免税农业产品，或者向小规模纳税人购买的农业产品，采购价中包含了一定比例的进项税额，可以从当期销项税额中扣除。但是这种进项税额的计算与增值税的计算又不相同。

(1) 计算规则。不同扣税类别下，无税单价、金额与含税单价、金额的计算规则如下。

- 应税外加：
  - 税额＝无税金额×税率
  - 价税合计＝无税金额×(1＋税率)
- 应税内含：
  - 税额＝价税合计×税率
  - 无税金额＝价税合计×(1－税率)

(2) 业务规则

- 采购订单、采购到货单、采购发票和采购入库单的表头，其“扣税类别”默认为“应税外加”，当表体无记录时，可修改为“应税内含”。
- 请购单只支持应税外加，但参照生成的采购订单可“应税内含”(参照前先将表头的“扣税类别”改为“应税内含”即可)。

- 参照来源单据生成时，扣税类别带入来源单据中的扣税类别，不允许修改。
- 采购专用发票只支持应税外加，普通发票只支持应税内含，运费发票只支持应税内含。
- 采购专用发票在参照采购订单、采购入库单生单时，可参照扣税类别为“应税外加”的单据。
- 采购普通发票在参照采购订单、采购入库单生单时，可参照扣税类别为“应税内含”或“应税外加”的采购入库单、代管挂账确认单、采购订单记录。
- 采购专用发票可拷贝采购专用发票生单，普通发票既可以拷贝专用发票，也可以拷贝普通发票生单。
- 采购运费发票可以拷贝采购运费发票生成，还可以拷贝专用发票、普通发票中有关应税劳务折扣的记录。
- 自动结算时，只有“扣税类别”相同的条件才能进行自动结算。
- 手工结算时，结算的发票与入库单扣税类别应该相同，如果用户选择要结算的发票与入库单扣税类别不同，则提示用户。
- 费用发票和正常发票中的折扣、应税劳务费用，对入库单、存货分摊时，不考虑扣税类别。

2. 默认税率的取值规则

(1) 表头税率。采购订单、到货单、采购专用发票、代管挂账确认单的表头税率，根据“采购系统选项”中“公共及参照控制”选项卡的“单据默认税率”带入(参见3.1.1节)，可修改；采购普通发票的税率默认为0，运费发票表头默认的税率为7%。

(2) 表体记录的税率。

当采购单据表体存货的价格取值，“取自供应商存货价格表价格”和“最新价格”时(参见3.1.1节，“采购系统选项”中“业务及权限控制”选项卡)，根据供应商存货价格表的价格对应的税率和最新交易中的价格对应的税率带入，可修改。

当采购单据的表体存货的价格是手工录入，则按供应商档案中的税率、存货档案中的进项税率、表头的税率(请购单带入采购系统选项中的“单据默认税率”)的优先顺序带入税率。

参照来源单据生成时，如果从来源单据带入价格，则同时带入来源单据的税率(参照ROP计划生单除外)。参照应税外加的采购订单、采购入库单和代管挂账确认单生成普通发票时，税率为0，不从来源单据带入税率。

在采购单据中，可以修改表头的税率。修改表头税率时，系统会提示用户是否同时更新表体的税率，如果选择“是”，则表体所有记录同步按表头的税率更新。

3. 采购单据中含税单价、无税单价、税率的计算关系

(1) 计算。金额＝单价×数量，不考虑无税、含税情况。

- 若输入数量和单价，则自动计算金额。
- 若输入数量和金额，则自动计算单价。

- 若单价改变，系统自动反算金额，数量不变。
- 若金额改变，系统自动反算单价，数量不变。
- 若数量改变，系统自动反算金额，单价不变。

(2) 换算。不同扣税类别下无税金额和含税金额之间的换算规则。

- 应税内含：
  - 无税单价＝含税单价×(1－税率)
  - 无税金额＝价税合计×(1－税率)
  - 税额＝价税合计×税率
- 应税外加：
  - 无税单价＝含税单价÷(1＋税率)
  - 无税金额＝价税合计÷(1＋税率)
  - 税额＝无税金额×税率

(3) 变动规则。

- 修改价税合计时，税率不变，改变含税单价、税额、无税金额、无税单价。
- 修改无税金额时，税率不变，改变无税单价、税额、价税合计、含税单价。
- 修改含税单价时，税率不变，改变价税合计、税额、无税金额、无税单价。
- 修改无税单价时，税率不变，改变无税金额、税额、价税合计、含税单价。
- 修改税额时，如果当前单据表体的价格标识是无税价，则无税金额、无税单价不变，改变价税合计、含税单价；如果当前单据表体的价格标识是含税价，则价税合计、含税单价不变，改变无税金额、无税单价。税率是否改变，根据选项“修改税额时是否改变税率”。
- 修改税率时，如果当前单据表体的价格标识是无税价，则无税金额、无税单价不变，改变价税合计、税额、含税单价；如果当前单据表体的价格标识是含税价，则价税合计、含税单价不变，改变无税金额、税额、无税单价。

4.1.5 采购单据常用栏目

采购单据中，有些共同的表头和表体栏目，其取值规则和取值范围有大体一致的规律。本节将在说明其共性的同时，比较同一栏目名称在不同单据中的取值差异。

1. 采购单据表头栏目

采购单据表头常用栏目有单据号、业务类型、采购类型、供应商、部门、业务员，以及单据日期、审核日期、修改日期等。

(1) 单据号。在新增单据时，单据号可录入或自动生成，生成规则可以自行设置(详见3.1.2 节)，同一类型的单据号必须保证唯一性。

(2) 业务类型。采购单据表头中的“业务类型”栏目，在手工新增单据时可以选择“普通采购”、“受托采购”(在“启用受托代销”业务时，详见图 3-2)、“固定资产”、“代管采购”(在“启用代管业务”时，详见图3-2)等业务类型，但在参照生单时只能由上游单据带入，不可修改。

在新增单据的过程中，若采购单据的表体已经有记录了，则不可修改表头的业务类型；但可以在删除表体记录后，再修改。

不同的采购单据，其表头业务类型的取值有所不同。表 4-2 是采购单据表头“业务类型”栏目，在不同采购单据中取值差异及其对其他栏目的影响差异。

表 4-2　采购单据表头“业务类型”栏目

采购单据名称	业务类型栏目取值范围	取值限制及其对其他栏目的影响
请购单	非必填	不选时，可混输普通存货、受托代销存货
	普通采购	表体只能填写外购且非受托属性的存货
	受托采购	表体只能填写外购且受托属性的存货
	代管采购	表体只能填写外购且非受托属性的存货
	固定资产	表体只能填写外购且有资产属性的存货
	委外加工	表体只能填写委外属性的存货(委外管理启用时可选)
	一般贸易进口	表体只能填写有国外属性的供应商(进口管理启用时可选)
	进料加工	表体只能填写有保税品属性的存货和有国外属性的供应商(进口管理启用时可选)
采购订单	选择，必填	
	普通采购	表体上只能填写外购且非受托属性的存货
	受托采购	表体上只能填写外购且受托属性的存货
	代管采购	表体上只能填写外购且非受托属性的存货
	固定资产	表体只能填写外购且有资产属性的存货
	直运	只能参照直运销售订单生成，不可手工填制
到货单	选择，必填	
	普通采购	表体上只能填写外购且非受托属性的存货
	代管采购	表体上只能填写外购且非受托属性的存货，仓库只能选择有代管属性的仓库
	受托采购	表体上只能填写外购且受托属性的存货
	固定资产	表体只能填写外购且有资产属性的存货
采购入库单	选择，必填	只有普通、受托、代管采购、固定资产 4 种类型，只能填写、参照对应业务类型的采购订单、到货单
采购发票	选择，必填	新增专用发票和普通发票时，只能选择普通采购、直运、固定资产 3 种业务类型；运费发票只有普通采购、固定资产 2 种业务类型
	普通采购	可以在新增专用发票、普通发票和运费发票时选择
	受托发票	只能根据受托结算生成，不能新增
	直运	只有新增专用发票和普通发票时可选择
	固定资产	新增专用发票、普通发票和运费发票时可选择

(3) 采购类型。采购单据表头中的“采购类型”栏目，在手工新增单据时可以录入或参照，可为空。默认为采购类型设置的默认值(详见 2.7 节)，可修改。

(4) 单据日期。在新增单据时，单据日期可录入或参照，必填。其默认值为当前业务日期，即进入系统时输入的登录日期，可修改为任意日期；若参照日历修改该值，则必须符合日期格式，即“yyyy-mm-dd”。

需要注意的是，采购入库单和发票的单据日期，必须大于等于当前会计月第一天的日期，可以录入本月及以后月份的任意日期。

(5) 审核日期。审核日期由采购单据在审核时带入，不可修改。若业务日期(即登录日期)大于或等于单据日期，则审核日期取登录日期；若登录日期小于单据日期，则取单据日期。

(6) 修改日期。修改日期栏目，记录最后一次单据修改时的登录日期，不可编辑。

(7) 扣税类别。采购管理系统提供两种选择：应税外加和应税内含，其含义及作用详见 4.2.1 节。一旦表体有数据，表头扣税类别不可修改。

(8) 供应商。在表头的供应商栏目，可录入或参照供应商档案(详见 2.2 节)生成，必填。特别是当手工新增采购订单、到货单、发票时，必须先输入表头的供应商，然后才能输入表体数据。

编辑供应商栏目时，单击“参照”按钮或按 F2 键，选择一个供应商，或直接输入供应商，然后按 Enter 键确认。

在请购单(非“委外加工”、“一般贸易进口”和“进料加工”业务类型时)、采购订单、到货单和采购入库单单据，编辑或参照供应商档案生成供应商栏目值时，只能参照“供应商属性”具有“货物”属性的供应商。

委外加工业务类型的请购单，只能参照“供应商属性”具有“委外”属性的供应商。

采购发票只能参照“供应商属性”具有“货物”或“服务”属性的供应商。

供应商确定后，如该单据的部门及业务员未录入，则将分管部门、专营业务员自动带入到部门、业务员栏，可修改。

需要注意的是，供应商的停用日期小于或等于单据日期时，该供应商为已停用供应商，不可参照录入，不可用于新增单据，但可以进行单据、账表的查询。

(9) 部门。在表头的部门栏目，可录入或参照部门档案(详见 2.1 节)生成，可为空。

编辑部门栏目时，单击“参照”按钮或按 F2 键，选择一个末级部门，或直接输入末级部门名称，然后按 Enter 键确认。若企业的部门分级，则只能录入最末级的部门。

若先输入供应商，则系统自动带入供应商档案中的分管部门，可修改。

若部门的撤销日期小于或等于当前业务日期，则该部门为已撤销的部门，此时该部门不可参照录入，不可用于新增单据，但可以进行单据、报表查询。

(10) 业务员。在表头的业务员栏目，可录入或参照人员档案(详见 2.1 节)生成，可为空。

编辑业务员栏目时，单击“参照”按钮或按 F2 键，选择一个业务员(是否是业务员，其设置可参见表 2-2)，或直接输入业务员，然后按 Enter 键确认。

若先输入供应商，则系统自动带入供应商档案中的专营业务员，可修改。

若先输入部门再参照人员档案，则只能参照该部门的业务员，但可手工录入其他业务员。

若业务员的失效日期小于等于当前业务日期，则该人员为已停用的业务员，此时该业务员不可参照录入，不可用于新增单据，但可以进行单据、报表查询。

2. 采购单据表体栏目

采购单据表体常用栏目有行号、存货编码、需求跟踪相关栏目、保质期管理的相关栏目、存货计量相关栏目、价格相关栏目、外币相关栏目，以及供应商存货编码和供应商存货名称。

(1) 行号。表体中的行号，由系统自动生成，不可修改。审核之后变更以及锁定之后修改单据时行号不重排，其他情况修改单据时系统按顺序重新生成行号。

(2) 存货编码。表体中的存货编码，可录入或参照存货档案生成，必填。

系统将根据存货编码，带入存货名称、规格型号、存货自定义项、主计量、单位、换算率等栏目。

采购单据中参照生成普通存货(即货物)时，只能参照存货档案中具有“外购”属性的存货。但请购单、采购订单和采购发票，可以参照“应税劳务”的存货，用于运费费用、包装费等采购费用。

采购发票可以参照具有“是否折扣”属性的存货(在存货档案中设置，相应的操作可参见2.4节)，则在开票时可以没有数量，只有金额，或者在蓝字发票中开成负数。

若存货的停用日期小于或等于单据日期，则该存货为已停用，不可参照录入，不可用于新增单据，但可以进行单据、报表查询。

(3) 需求跟踪相关栏目，包括需求跟踪方式、需求跟踪号、需求跟踪行号，以及需求分类代号说明，因本案例企业不涉及，所以在此从略。

(4) 保质期管理的相关栏目，包括生产日期、保质期单位、保质期和失效日期，因本案例企业不涉及，所以在此从略。

(5) 存货计量栏目，包括主计量、换算率、附计量单位、数量、件数(即辅数量)，其含义和换算关系说明，请见2.4节。

(6) 价格相关栏目，包括原币单价、原币含税单价、原币金额、原币价税合计、税率、税额等，各个栏目的含义和栏目之间的数量关系，详见4.1.4节。

(7) 外币相关栏目，包括本币单价(无税)、本币金额(无税)、本币税额、本币价税合计和汇率，因本案例企业不涉及外币业务，所以在此从略。

(8) 供应商存货编码。该栏目显示该行存货的供应商使用的编码。

在填制采购单据时，若输入的是供应商存货编码，则系统自动转化为本企业的存货编码；若录入的是本企业的存货编码，则系统自动带出供应商所对应的存货编码。

(9) 供应商存货名称，即本行存货供应商所使用的存货名称。

4.2 请购与采购订货

采购请购是指企业内部向采购部门提出采购申请，或采购部门汇总企业内部采购需求提出采购清单。请购单是采购业务处理的起点，用于描述和生成采购的需求，如采购什么货物、采购多少、何时使用、谁用等内容；同时，也可为采购订单提供建议内容，如建议供应商、建议订货日期等。

采购订单是企业与供应商之间签订的采购合同、购销协议等，主要内容包括采购什么货物、采购多少、由谁供货，什么时间到货、到货地点、运输方式、价格、运费等。

4.2.1 业务概述与分析

4 月 1 日，生产部向采购部请购镜片树脂 1.5 千克，要求本月 5 号到货。采购员张新海请购，获得批准后与北京塑料二厂签订采购合同(合同编号 CG001)，订购镜片树脂 1.5 千克，无税单价 6000 元，增值税税率为 17%，约定本月 5 号到货。

本笔业务是采购管理中的请购与采购订货业务，需要填制并审核采购请购单、填制并审核采购订单。

4.2.2 虚拟业务场景

人物：刘正——生产部主管
刘静——采购部主管
张新海——采购部职员
席子君——北京塑料二厂销售部

场景一 生产部向采购部提出采购申请，要求订购镜片树脂 1.5 千克，5 日到货

刘正：喂，您好。这里是生产部。

张新海：您好，这里是采购部。

刘正：我们本月 5 号需要 1.5 千克镜片树脂。

张新海：好的，我马上请购(开始填写请购单)。

(张新海请采购主管刘静审核采购请购单)

张新海：主管，生产部要求请购的镜片树脂的请购单已经填好了。您给审核一下？

刘静：好的。(开始审核)

场景二 业务员打电话到北京塑料二厂询问价格并签订采购合同，采购主管刘静审核

张新海：您好！北京塑料二厂吗？

席子君：是的，您是？

张新海：我是亮康眼镜有限公司的采购员。

席子君：您好！

张新海：我们最近需要一批镜片树脂，你们厂镜片树脂的价格和质量怎么样？

席子君：质量可以保证，6000 元每千克。

张新海：那好吧，先定 1.5 千克，本月 5 号要货。

席子君：好的，再见！

张新海：再见！(开始请购转采购)

(张新海请采购主管刘静审核采购订单)

张新海：主管，我已经签了镜片树脂的采购合同了，请您审核。

刘静：好的。(开始审核)

4.2.3 操作步骤

1. 操作流程(见图 4-14)

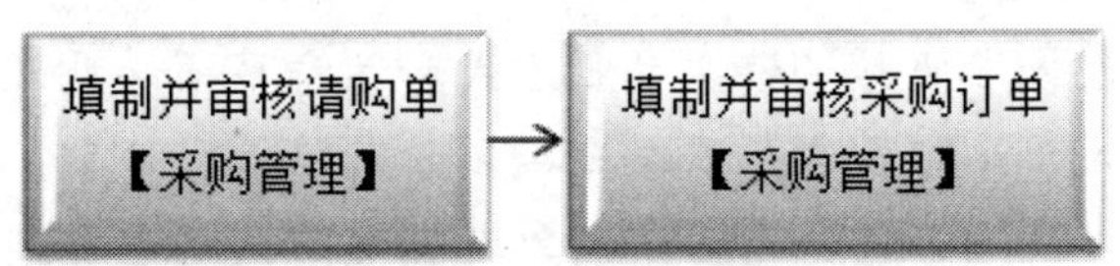

图 4-14 请购与采购的操作流程图

请确认系统日期和业务日期为 2016 年 4 月 1 号……

2. 场景一的操作步骤

视频网址： http://www.mdmuke.com/mdmk/mod/page/view.php?id=1099

任务说明： 填制与审核请购单。

(1) 打开“采购请购单”窗口。在“企业应用平台”的“业务工作”页签中，依次点击“供应链/采购管理/请购/请购单”菜单项，系统打开“采购请购单”窗口。

(2) 填制请购单。单击工具栏中的“增加”按钮，新增一个请购单，然后做如下编辑。

① 表头编辑。参照生成“请购部门”为“生产部”，其他项默认。

② 表体编辑。参照生成表体的“存货编码”为“12220”(镜片树脂)，并在“数量”栏填入“1.5”，修改“需求日期”为“4 月 5 号”，其他项默认。

③ 保存。单击工具栏中的“保存”按钮，保存该请购单，结果如图 4-15 所示。

(3) 审核请购单。单击工具栏中的“审核”按钮，审核通过该请购单。

(4) 退出。单击“采购请购单”窗口右上角的“关闭”按钮，退出该窗口。

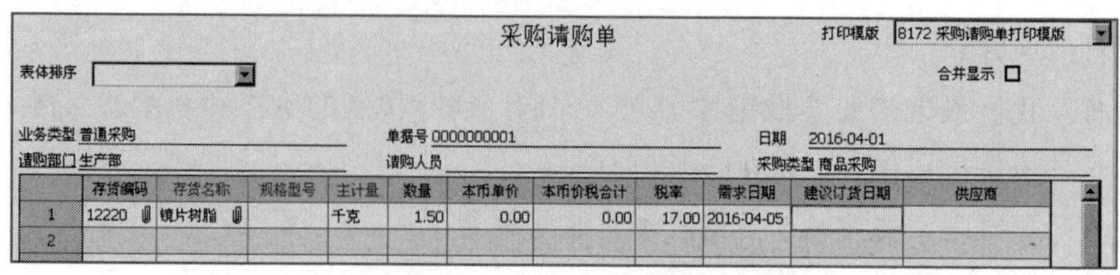

采购请购单

打印模版 8172 采购请购单打印模版

表体排序　　合并显示

业务类型 普通采购　单据号 0000000001　日期 2016-04-01

请购部门 生产部　请购人员　采购类型 商品采购

	存货编码	存货名称	规格型号	主计量	数量	本币单价	本币价税合计	税率	需求日期	建议订货日期	供应商
1	12220	镜片树脂		千克	1.50	0.00	0.00	17.00	2016-04-05		
2											

图 4-15　业务 4.2 的请购单

【请购单表头主要栏目】

- 业务类型：选择，可为空，取值规则和限制详见表 4-2。
- 单据号：录入或自动生成，相应的注意事项详见 4.1.5 节。
- 日期：录入或参照，必填。默认值为当前业务日期，可修改为任意日期。
- 请购部门：录入或参照，可为空，参照方式和注意事项详见 4.1.5 节。
- 请购人员：录入或参照，可为空，参照方式和注意事项详见 4.1.5 节。
- 采购类型：录入或参照，可为空，可修改，相关说明详见 4.1.5 节。

【请购单表体主要栏目】

- 存货编码：录入或参照，必填，参照方式和注意事项详见 4.1.5 节。
- 需求日期：录入，不可为空，需求日期≥请购单单据日期。
- 建议订货日期：录入，可为空，请购单日期≤建议订货日期≤需求日期。
- 供应商：录入或参照，可为空，参照方式和注意事项详见 4.1.5 节。

提示：

- 请购单可以修改、删除、审核、弃审、关闭、打开、锁定、解锁、复制、变更。录入时支持行复制和行拆分。
- 已审核未关闭的请购单可以参照生成采购订单。
- 请购单的制单人(见表底栏目)是新增或修改该单据的操作员，审核人是审核该单据的操作员，关闭人是关闭该单据的操作员，锁定人是手工锁定或自动锁定该单据的操作员。
- 其他单据的制单人、审核人、关闭人、锁定人与请购单类似，从略。

3. 场景二的操作步骤

视频网址：http://www.mdmuke.com/mdmk/mod/page/view.php?id=1100

任务说明：填制与审核采购合同。

(1) 打开“采购订单”窗口。在“采购管理”子系统中，依次点击“采购订货/采购订单”菜单项，系统打开“采购订单”窗口。

(2) 参照请购单生成采购单。首先单击工具栏中的“增加”按钮以新增一张采购订单，然后做如下编辑。

① 打开“拷贝并执行”窗口。单击工具栏中的“生单/请购单”命令，系统打开“查

询条件选择-采购请购单列表过滤”对话框，单击“确定”按钮，系统打开“拷贝并执行”窗口，结果可参见图4-16。

② 拷贝信息。在“拷贝并执行”窗口的上窗格，双击要选择的采购请购单所对应的“选择”栏，选择栏显示“Y”字样(结果如图4-16所示)，此时单击工具栏中的“OK 确定”按钮，返回“采购订单”窗口，请购单资料会自动传递过来。

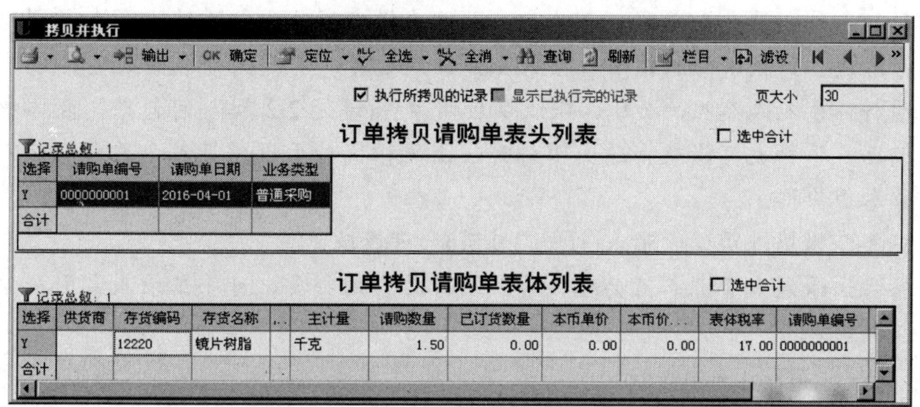

图4-16 业务4.2的“拷贝并执行”窗口

(3) 编辑并保存采购订单。在“采购订单”窗口，做如下编辑。

① 修改表头。编辑“订单编号”(即合同编号)为“CG001”、“采购类型”为“材料进货”、“供应商”为“塑料二厂”、“部门”为“采购部”、“业务员”为“张新海”、“备注”为“采购镜片树脂1.5千克”，其他项默认。

② 表体信息。修改或确认表体的“原币单价”为“6000”，其他项默认。

③ 保存。单击工具栏中的“保存”按钮，保存该订单，结果如图4-17所示。

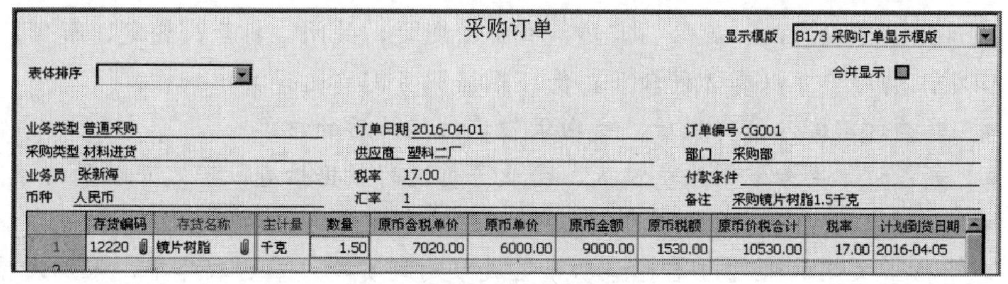

图4-17 业务4.2的采购订单

(4) 审核采购订单。单击工具栏中的“审核”按钮，审核通过该订单。

(5) 退出。单击“采购订单”窗口右上角的“关闭”按钮，关闭并退出该窗口。

【采购订单表头主要栏目】

- 业务类型：手工新增时选择，不可为空；参照生单时带入，不可修改。该栏目的参照方式和注意事项，详见4.1.5节。
- 订单日期：录入或参照，必填。默认值为当前业务日期，可修改为任意日期。

- 订单编号：录入或自动生成，相应的注意事项详见 4.1.5 节。
- 采购类型：录入或参照，可为空，可修改，相关内容详见 4.1.5 节。
- 供货商：录入或参照供应商档案选择，必填，相关内容详见 4.1.5 节。
- 部门：录入或参照，可为空，相关内容详见 4.1.5 节。
- 业务员：录入或参照，可为空，相关内容详见 4.1.5 节。
- 付款条件：录入或参照，可为空，默认为供应商档案中的付款条件(详见 2.3 节)，可修改。付款条件的信用天数从发票日期起算，不是从订单日期起算。
- 币种：录入或参照，必填，默认供应商币种(详见 2.2 节)，可修改。表体中已录入数据，币种也可修改。改变币种时，汇率根据外币设置带入，原币价格不变，反算本币价格。
- 汇率：根据外币设置带入(详见 2.9 节)，可修改。
- 备注：录入或参照，可为空，参照内容为常用摘要，可手工录入常用摘要中不存在的内容。

【采购订单表体主要栏目】

- 存货编码：录入或参照，必填，相关内容详见 4.1.5 节。
- 根据存货编码，系统带入存货名称、规格型号、存货自定义项、主计量、单位、换算率等栏目。
- 原币单价、原币含税单价、原币金额、原币价税合计、税率、税额：相关说明详见 4.1.4 节。
- 计划到货日期：录入或带入，不可为空，计划到货日期≥订单单据日期。参照请购单时，取需求日期，可修改；参照采购计划时，取计划到货日期，可修改。

提示：

- 采购订单可以修改、删除、审核、弃审、变更、关闭、打开、锁定、解锁。
- 审核采购订单可以有 3 种含义，您可根据业务需要选择其中一种。
  - 采购订单输入计算机后，交由供货单位确认后的订单。
  - 如果订单由专职录入员输入，由业务员进行数据检查，确定正确的订单。
  - 经过采购主管批准的订单(本案例企业的审核采购订单的含义)。
- 已审核未关闭的采购订单可以参照生成采购到货单、采购入库单、采购发票、出口订单。

4.3 有询价和订金的采购订货

通常，在采购合同订立的过程中，买卖双方可能对价格进行磋商后导致报价降价的发生，也可能涉及预付订金等事项。在实际操作中，采购业务管理、成本核算和应收应付中都需要与实际情况相符。

在用友 ERP-U8 V10.1 中，采购询价单是记录向某一供应商进行一次询价议价的详细信息记录。询价的对象是某一采购询价计划单中的待采购物料，采购询价单记录特定供应商的具体报价等情况，可以是询价计划单中的某几条记录，也可以是全部。

订金，是指在合同订立或在履行之前，支付一定数额的金钱作为担保的担保方式。当合同不能履行时，除不可抗力外，应根据双方当事人的过错承担违约责任，目前我国法律没有明确规定，所以订金不具备定金所具有的担保性质，可视为“预付款”。在用友 ERP-U8 中，采购的订金通过“预付款”账号反映。

4.3.1 业务概述与分析

4 月 1 日，销售部夏于请采购员张新海采购女士高端太阳镜 1000 副，要求本月 7 号到货，张新海填制采购询价计划单。主管刘静审核通过后，张新海向大运公司咨询其价格，对方报价为无税单价 320 元/副，增值税税率为 17%，张新海填制采购询价单，刘静审核。经协商，对方同意降为 300 元/副，但要求支付订金 50 000 元。经张新海请示，采购主管刘静同意；张新海签订采购合同(合同编号 CG002)，约定本月 7 号到货。当天，出纳向大运公司预付订金 50 000 元，用转账支票支付，票号为 ZZ4567。

本笔业务是采购询价与降价、采购订货、采购订金支付的采购日常业务，需要填制并审核采购询价计划单、填制并审核采购询价单、填制并审核采购订单；填制并审核订金的付款单，以及付款单制单。但因没有启用应付款管理系统，所以订金的付款、审核与制单操作，在本教程中没有完成。若需要可参见本系列教程之《场景式企业供应链应用高级教程(用友 ERP-U8 V10.1)的 4.3.3 节》。

采购询价计划单是对需要采购的一批物料的详细需求的记录，如物料编码、规格、需求日期等，可通过请购单生成，也可以手动录入。它是询价的开始阶段，后续业务将根据此计划单进行采购询价。

采购询价单是记录向某一供应商进行一次询价议价的详细信息记录。询价的对象是某一采购询价计划单中的待采购物料，采购询价单记录特定供应商的具体报价等情况，可以是询价计划单中的某几条记录，也可以是全部。采购询价单仅可参照采购询价计划单生成，但可拷贝已经存在的采购询价单生成。采购询价单可以修改、删除、审核、弃审、查询关键行/查询所有行，已审核的采购询价单可以参照生成采购询价审批单。

采购询价审批单是在某批计划采购存货在询价过程完成后，制作一张供领导审批所制作的单据。审批后，可以向供应商采购。

4.3.2 虚拟业务场景

人物：张新海——采购部职员

刘静——采购部主管

夏于——销售批发部职员
刘小雨——大运公司销售部

场景一　销售部请采购部做询价计划，填制并审核采购询价计划单

夏于：小张，您好！根据销售计划，我们本月 7 号需要女士高端太阳镜 1000 副。

张新海：好的，我们马上处理。

(张新海填制采购询价计划单)

张新海：刘总，今天销售部请购，我做了一个采购询价计划单，请您审核。

刘静：好的。(审核通过)

场景二　采购部向大运公司询价，填制并审核采购询价单和采购询价审批单

刘小雨：喂，您好。这里是大运公司销售部。

张新海：您好，我是亮康眼镜公司的采购员，请问贵公司女士高端太阳镜的价格。

刘小雨：我们公司的女士高端太阳眼镜每副 320 元。

张新海：320 有点儿贵，我们要定 1000 副，数量也不少，您看能不能便宜点儿？

刘小雨：这样的话，我得请示一下我们的主管。稍后给您回电话，您看怎么样？

张新海：那好的，我等您的电话。

(张新海填制采购询价单)

张新海：刘总，我刚咨询了女士高端太阳镜的价格，并做了一个采购询价单，请您审核。

刘静：好的(审核通过)，你再填制个采购询价审批单吧，我一会儿审核了，你就可以签采购合同了，采购单价尽量不要超过 300 元。

张新海：好的，我尽力去办。

(张新海参照采购询价单，生成采购询价审批单)

(刘静审核采购询价审批单)

场景三　大运公司同意降价，采购部填制采购订单，刘静审核

刘小雨：喂，您好。我是大运公司销售部的业务员。

张新海：您好。

刘小雨：我们主管同意降价了，每副 300 元，但要求预付订金 5 万元。

张新海：我们订购 1000 副，要求 7 号到货，行吗？

刘小雨：没问题，希望我们下次能继续合作。

张新海：好的，再见。

刘小雨：再见。

(张新海填制采购订单)

张新海：刘总，请您审核一下和大运公司签订的采购订单。

刘静：好的。(审核)小张，你通知一下财务部，把这笔订单的预付订金给付了。

张新海：好的，刘总。

(刘静审核采购单)

4.3.3 操作指导

1. 操作流程(见图 4-18)

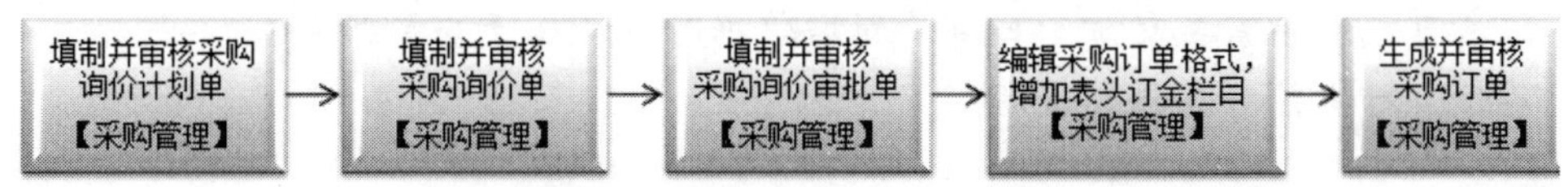

图 4-18 有询价和订金的采购订货业务的操作流程图

请确认系统日期和业务日期为 2016 年 4 月 1 号……

2. 场景一的操作步骤

视频网址：http://www.mdmuke.com/mdmk/mod/page/view.php?id=1101

任务说明：填制并审核采购询价计划单。

(1) 打开“采购询价计划单”窗口。在“采购管理”子系统中，依次点击“采购询价/采购询价计划单”菜单项，系统打开“采购询价计划单”窗口。

(2) 填制并保存采购询价计划单。单击工具栏中的“增加”按钮，新增一张采购询价计划单，然后将表体的“存货编码”栏参照生成为“00002(女士高端太阳镜)”，“计划采购数量”栏输入“1000”，“需求日期”为“2016-04-07”，其他项默认。

(3) 保存。单击工具栏中的“保存”按钮，保存该单据，结果如图 4-19 所示。

(4) 审核。单击工具栏中的“审核”按钮，审核通过该单据。

(5) 退出。单击“采购询价计划单”窗口右上角的“关闭”按钮，关闭并退出该窗口。

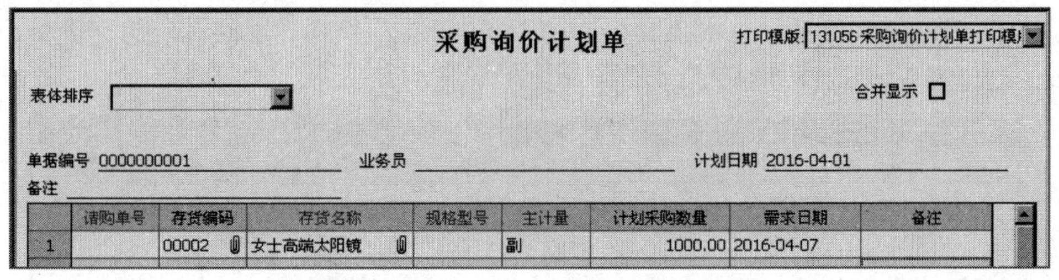

	请购单号	存货编码	存货名称	规格型号	主计量	计划采购数量	需求日期	备注
1		00002	女士高端太阳镜		副	1000.00	2016-04-07	

图 4-19 业务 4.3 的采购询价计划单

【采购询价计划单表头主要栏目】

- 单据编号：录入或自动生成，生成规则可参见 3.1.2 节，同一类型的单据号保证唯一性。
- 业务员：该栏目的参照方式和注意事项，详见 4.1.5 节。
- 计划日期：录入或参照，指做采购询价计划的日期，新增单据时不能小于当前日期；默认值为当前业务日期，可修改为任意日期。
- 备注：指本次计划采购的一些说明。

【采购询价计划单表体主要栏目】

- 请购单号：若参照请购单生成，则将参照的请购单号带入。
- 存货编码：录入或参照存货档案，必填，相关说明详见 4.1.5 节。
- 计划采购数量：本次计划采购询价计划的存货的采购量。
- 需求日期：指需要交货的日期，新增单据时不能小于当前日期。
- 备注：对当前行物料的说明。

提示：

- 采购询价计划单手工录入，也可以参照请购单生成，还可以拷贝已经存在的采购询价计划单生成。
- 采购询价计划单可以修改、删除、审核、弃审。
- 已审核的采购询价计划单可以参照生成询价单和采购询价审批单。

3. 场景二的操作步骤

视频网址：http://www.mdmuke.com/mdmk/mod/page/view.php?id=1102

任务说明：填制并审核采购询价单和采购询价审批单。

【填制并审核采购询价单】

(1) 打开“采购询价单”窗口。在“采购管理”子系统中，依次点击“采购询价/采购询价单”菜单项，系统打开“采购询价单”窗口。

(2) 打开“参照生单”窗口。单击工具栏中的“生单”按钮，系统弹出“查询条件选择”对话框，直接单击“确定”按钮，系统打开“参照生单”窗口。

(3) 拷贝信息。双击“参照生单”窗口上窗格记录所在行的“选择”栏，出现“Y”字样，结果如图 4-20 所示；单击工具栏中的“OK 确定”按钮，返回“采购询价单”窗口，采购询价计划单的信息自动带入。

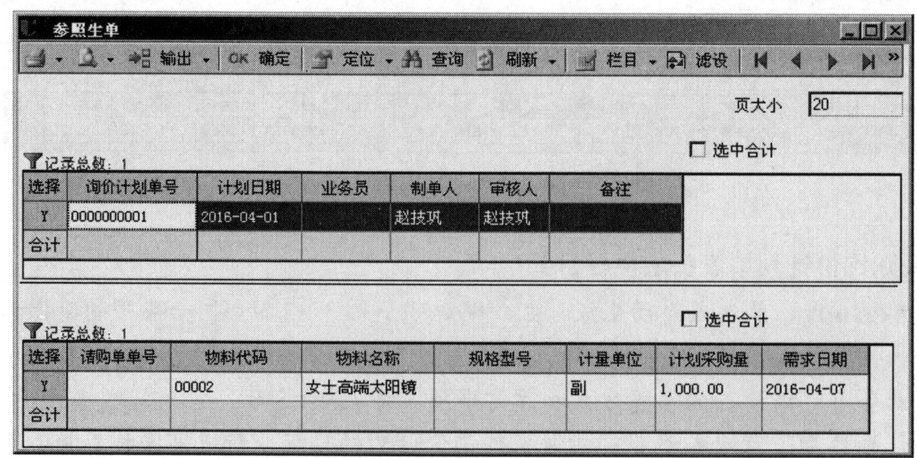

图 4-20 业务 4.3 的参照生单

(4) 编辑信息。参照生成表头的“供应商”为大运公司，编辑表体的“原币单价”为

“320”，其他项默认，结果如图 4-21 所示。

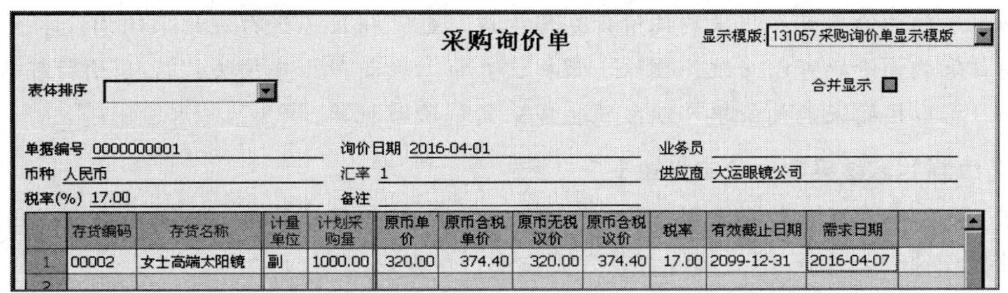

图 4-21 业务 4.3 的采购询价单

(5) 保存与审核。依次单击工具栏中的“保存”和“审核”按钮，保存并审核通过该单据。

(6) 退出。单击“采购询价单”窗口右上角的“关闭”按钮，关闭并退出该窗口。

【采购询价单表头主要栏目】

- 单据编号：录入或自动生成，可设定单据生成规则(请参见 3.1.2 节)，同一类型的单据号保证唯一性。
- 询价日期：录入或参照，新增单据时不能小于当前日期，默认值为当前业务日期，可改为任意日期。
- 业务员：录入或参照人员档案，可为空，相关内容详见 4.1.5 节。
- 币种：录入或参照，默认供应商币种(详见 2.2 节)，可修改。
- 汇率：根据外币设置带入，可修改。
- 供应商：录入或参照供应商档案，必填，相关内容详见 4.1.5 节。
- 税率：根据采购选项中的“单据默认税率”带入(详见 3.1.1 节)，可修改，0≤税率＜100。
- 备注：指本次计划采购的一些说明。

【采购询价单表体主要栏目】

- 存货编码：录入或参照存货档案，必填，相关内容详见 4.1.5 节。
- 计划单号：若根据采购询价计划单，系统带入请购单号；若根据请购单，系统带入来源生产订单号等栏目。
- 有效截止日期：指本次报价有效的截止日期，过期后即失效，新建时有效截止日期不能小于当前日期。
- 原币单价：供应商的不含税报价。
- 原币含税单价：供应商的含税报价。
- 原币无税议价：指企业联系人与供应商议价后达成的不含税价格。
- 原币含税议价：指企业联系人与供应商议价后达成的含税价格。
- 税率：供应商的发票税率。

提示：

- 采购询价单可参照采购询价计划单生成，也可拷贝已经存在的采购询价单生成。
- 采购询价单可以修改、删除、审核、弃审、数量段、查询关键行/查询所有行。
- 已审核的采购询价单可以参照生成采购询价审批单。

【填制并审核采购询价审批单】

(1) 打开“采购询价审批单”窗口。在“采购管理”子系统中，依次点击“采购询价/采购询价审批单”菜单项，系统打开“采购询价审批单”窗口。

(2) 填制采购询价审批单。在“采购询价审批单”窗口中，首先单击工具栏中的“增加”按钮，新增一张采购询价审批单。

(3) 打开“参照生单”窗口。单击工具栏中的“生单”按钮，系统弹出“查询条件选择”对话框，直接单击“确定”按钮，系统打开“参照生单”窗口。

(4) 拷贝信息。双击“参照生单”窗口上窗格记录所在行的“选择”栏，出现“Y”字样，单击工具栏中的“OK 确定”按钮，返回“采购询价审批单”窗口，采购询价单的信息自动带入。

(5) 保存。默认所有的数据项，直接单击工具栏中的“保存”按钮，保存该单据，结果可参见图 4-22。

(6) 选择并审核。双击表体的“选择”栏，使其“生单”栏出现“Y”字样(结果如图 4-22 所示)，然后单击工具栏中的“审核”按钮，审核通过该单据。

(7) 退出。单击“采购询价审批单”窗口右上角的“关闭”按钮，关闭并退出该窗口。

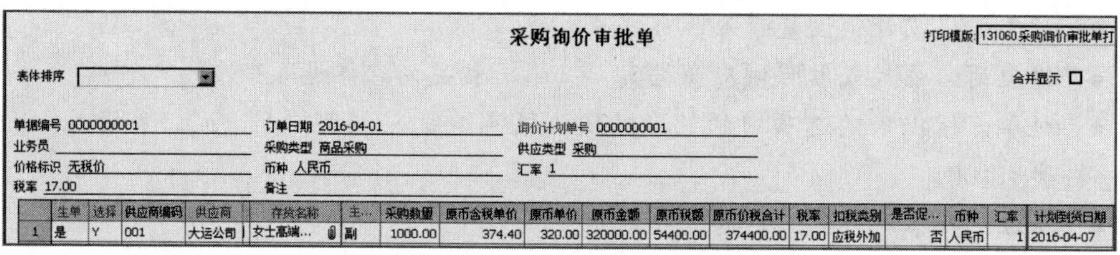

采购询价审批单

打印模版 131060采购询价审批单打

表体排序　　合并显示 □

单据编号 0000000001　订单日期 2016-04-01　询价计划单号 0000000001
业务员　采购类型 商品采购　供应类型 采购
价格标识 无税价　币种 人民币　汇率 1
税率 17.00　备注

	生单	选择	供应商编码	供应商	存货名称	主…	采购数量	原币含税单价	原币单价	原币金额	原币税额	原币价税合计	税率	扣税类别	是否促…	币种	汇率	计划到货日期
1	是	Y	001	大运公司	女士高端…	副	1000.00	374.40	320.00	320000.00	54400.00	374400.00	17.00	应税外加	否	人民币	1	2016-04-07

图 4-22　业务 4.3 的采购询价审批单

【采购询价审批单表头主要栏目】

- 单据编号：录入或自动生成，可设定单据生成规则(参见 3.1.1 节)，同一类型的单据号保证唯一性。
- 订单日期：录入或参照，指做采购询价审批单的日期，新增单据时不能小于当前日期，默认值为当前业务日期，可修改为任意日期。
- 业务员：录入或参照人员档案，可为空，相关内容详见 4.1.5 节。
- 采购类型：录入或参照，可为空。默认为采购类型设置的默认值(详见 2.7 节)，可修改。
- 供应类型：只支持采购。
- 价格标识：审核时带入供应商存货价格表中的价格标示，与表体计算含税价、无税价无关。

【采购询价审批单表体主要栏目】

- 选择：明确指定最终要选择哪一家供应商的报价。
- 存货编码：录入或参照存货档案，必填，相关内容详见4.1.5节。
- 供应商：录入或参照供应商档案，必填，相关内容详见4.1.5节。
- 价格和外币相关的栏目，如原币单价、原币含税单价、原币金额、原币价税合计、税率、税额、本币单价(无税)、本币金额(无税)、本币税额、本币价格合计等，请参见4.1.4节。
- 扣税类别：手工增加时，默认为应税外加，可改为应税内含，相关说明详见4.1.4节。
- 是否促销价：默认为否。若为促销价，在价格有效期间，优先于其他记录。
- 备注：行备注。

提示：

- 采购询价审批单可以手工增加，也可以参照询价计划单生成。
- 采购询价计划单可以修改、删除、审核、弃审、数量段、查询关键行/查询所有行、按物料＋供应商/按供应商＋物料。
- 审核采购询价审批单将会更改供应商存货价格表。
- 采购询价审批单可以生成采购订单。

4. 场景三的操作步骤

视频网址：http://www.mdmuke.com/mdmk/mod/page/view.php?id=1103

任务说明：修改采购订单单据格式、填制并审核采购订单。

【修改采购订单单据格式】

设置“采购订单”的单据格式，在表头增加“订金”栏目。

操作步骤：

(1) 打开“单据格式设置”窗口。在“企业应用平台”的“基础设置”页签中，依次点击“单据设置/单据格式设置”菜单项，系统打开“单据格式设置”窗口。

(2) 选中采购订单的显示单据。依次点击对话框左侧的“采购管理/采购订单/显示/采购订单显示模板”菜单项，右侧出现采购订单单据格式设置界面。

(3) 增加选择“订金”栏目。单击选择工具栏的“表头项目”，在系统弹出的“表头”对话框中，勾选选中“41 订金”(结果可参见图3-10)复选框，单击“确定”按钮，系统返回单据格式设置界面。

(4) 移动位置并保存。在格式设置界面找到“订金”编辑框(结果可参见图4-23)，拖曳到合适的地方，单击“保存”按钮。

(5) 退出。单击“单据格式设置”窗口的关闭按钮，关闭退出该窗口。

需要指出的是，若增加之后看不到“订金”编辑框，则是被其他项挡住了，可通过窗口右上角的“单据标题”下拉列表框选定“订金”，使其被选中，此时该编辑框周围有8个黑点，将鼠标置于8个黑点之间，拖动鼠标，将其放置到合适的位置即可。

【生成并审核采购订单】

(1) 打开“采购询价审批单”窗口。

(2) 生成采购订单。在“采购询价审批单”窗口中，首先单击工具栏中的“末张”按钮，系统显示上一步完成的采购询价审批单，然后单击工具栏中的“生成采购订单”，系统弹出信息框提示已经生成采购订单，单击“确定”按钮，返回“采购询价审批单”窗口，再单击“采购询价审批单”窗口右上角的“关闭”按钮，返回企业应用平台。

(3) 打开“采购订单”窗口。在“采购管理”子系统中，依次点击“采购订货/采购订单”菜单项，系统打开“采购订单”窗口。

(4) 查阅并修改“采购订单”。首先单击工具栏中的“末张”按钮，系统显示本业务中生成的采购订单，然后单击工具栏中的“修改”按钮，并做如下编辑。

① 编辑表头。修改表头的“订单编号”(即合同编号)为“CG002”、“部门”为“采购部”、“业务员”为“张新海”、“订金”为“50 000”、“备注”为“采购女士高端 1 千副有订金”，其他项默认。

② 编辑表体。修改“原币单价”为“300”，其他项默认。

(5) 保存。单击工具栏中的“保存”按钮，保存该单据，结果如图 4-23 所示。

(6) 审核。单击工具栏中的“审核”按钮，审核通过该单据。

(7) 退出。单击“采购订单”窗口右上角的“关闭”按钮，关闭并退出该窗口。

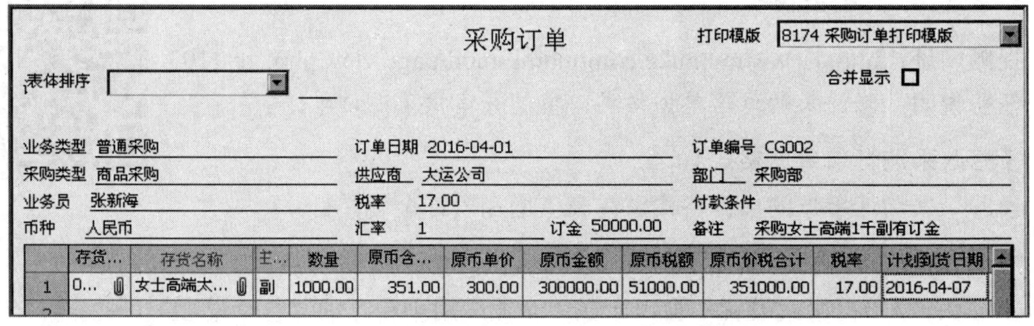

图 4-23 业务 4.3 的采购订单

提示：

- 采购订单的表头和表体主要栏目说明，以及采购订单的操作提示，详见 4.2.3 节。
- 表头项目“订金”：录入，可为空，本单位预付给供应商的采购订金。

4.4 采购到货与现付处理

现付业务指在采购业务发生时，填制保存采购发票后立即付款。用友 ERP-U8 中，在采购发票保存后就可以进行现付款处理，但在应付款管理中已审核的发票不能再做现付处理。

4.4.1 业务概述与分析

4月5日，北京塑料二厂发来本月1日采购的镜片树脂(合同编码为CG001)，仓管部验收入原材料仓库；随货到达的采购专用发票(发票号CG0055)上标明镜片树脂1.5千克，无税单价6000元，税率17%，财务部当日开具银行承兑汇票(支票号：YHCD021)现付全部款项10 530元。

本业务有采购到货和对采购发票进行银行承兑汇票现付的业务，需要填制与审核采购到货单、入库单；填制与现付采购发票；在发票窗口进行采购结算；现付发票的审核与制单；采购成本确认(即入库存货的记账与制单)。

银行承兑汇票(Bank's Acceptance Bill，BA)是商业汇票的一种，是由在承兑银行开立存款账户的存款人出票，向开户银行申请并经银行审查同意承兑的、保证在指定日期无条件支付确定的金额给收款人或持票人的票据。对出票人签发的商业汇票进行承兑，是银行基于对出票人资信的认可而给予的信用支持。银行承诺到期付款的汇票称为银行承兑汇票；由实力雄厚，信誉卓著的企业承诺到期付款的汇票称为商业承兑汇票。

采购发票需要现付时，应该在发票单据界面，单击工具栏中的“现付”按钮，系统弹出现付窗口，录入现付内容，然后单击“确认”按钮，则对当前单据进行了现付，发票左上角注明“已现付”红色标记。

现付的发票可以弃付。弃付当前单据时，单击工具栏中的“弃付”按钮，系统将当前单据弃付。

但因没有启用应付款管理系统，所以现付发票的审核与制单操作，在本教程中没有完成。若需要可参见本系列教程之《场景式企业供应链应用高级教程(用友ERP-U8 V10.1)》的4.5.3节。

4.4.2 虚拟业务场景

人物：张新海——采购部职员
刘静——采购部主管
赵林——仓管部职员
李莉——仓管部主管
罗迪——财务部出纳
张兰——财务部会计
曾志伟——财务部主管

场景一 到货单的填制和审核

(张新海先填制采购到货单，完成之后……)

张新海：刘总，1号采购的镜片树脂到货了，您审核一下。

刘静：好的，辛苦你了。

场景二　仓管部验收入库，入库单的填制与审核

(赵林根据采购到货单填写入库单，完成之后……)

赵林：李总，北京塑料二厂发来的镜片树脂已经验收入库了，麻烦您审核一下。

李莉：好的，辛苦了。

场景三　采购专用发票的填制、现付与结算

张新海：小罗，北京塑料二厂的镜片树脂已经到货了，按合同今天需要支付货款。

罗迪：好的，我马上开张银行承兑汇票给你。

(递给张新海银行承兑汇票)

张新海：谢谢！

(张新海参照采购入库单完成采购专用发票的生成，然后用银行承兑汇票进行现付，并在发票窗口进行采购自动结算)

场景四　采购成本确认

张新海：曾总，今天有一笔现付的采购业务已经完成了，麻烦您审核一下。若没有问题，就可以做采购成本确认了。

曾志伟：好的，我们尽快完成相关的财务处理。

(曾志伟审核通过采购发票)

曾志伟：小张，今天现付的一笔采购业务，我已经审核通过了，你可以做现付制单和采购成本确认了。

张兰：好的，我马上做。

4.4.3　操作指导

1. 操作流程(见图 4-24)

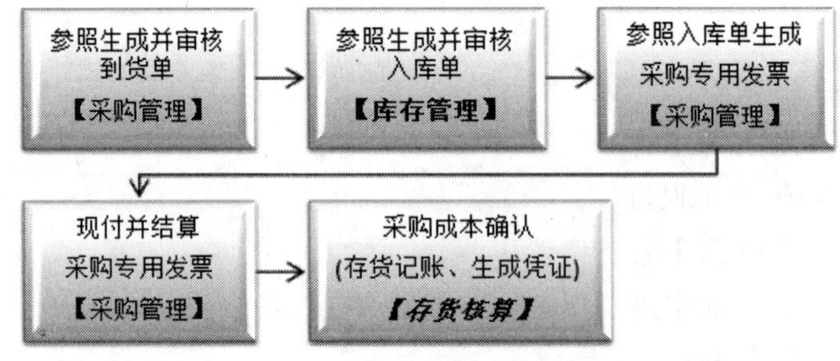

图 4-24　采购到货与现付处理业务的操作流程图

请确认系统日期和业务日期为 2016 年 4 月 5 号……

2. 场景一的操作步骤

视频网址：http://www.mdmuke.com/mdmk/mod/page/view.php?id=1110

任务说明：填制与审核采购到货单。

(1) 打开“到货单”窗口。在“企业应用平台”的“业务工作”页签中，依次点击“供应链/采购管理/采购到货/到货单”菜单项，系统打开“到货单”窗口。

(2) 参照订单生成采购到货单。首先单击工具栏中的“增加”按钮，新增一张采购到货单，再做如下操作。

① 打开“拷贝并执行”窗口。单击“生单/采购订单”命令，系统打开“查询条件选择-采购订单列表过滤”对话框，单击其“确定”按钮，系统打开“拷贝并执行”窗口。

② 拷贝信息。在“拷贝并执行”窗口的上窗格中，双击“订单号”为CG001的采购订单所在行的“选择”栏，再单击工具栏中的“OK 确定”按钮，系统返回“到货单”窗口，此时相关的信息已经有默认值，不需要修改。

(3) 保存。单击工具栏中的“保存”按钮，保存该到货单，结果如图4-25所示。

(4) 审核。单击工具栏中的“审核”按钮，审核通过该到货单。

(5) 退出。单击“到货单”窗口右上角的“关闭”按钮，关闭并退出该窗口。

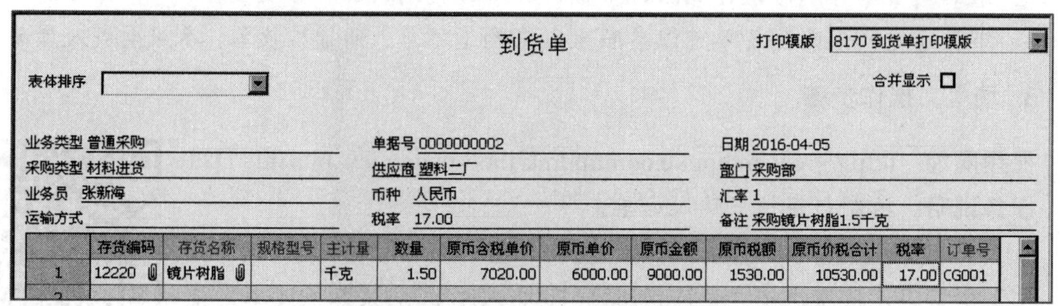

到货单

打印模版 8170 到货单打印模版

表体排序

合并显示

业务类型 普通采购　单据号 0000000002　日期 2016-04-05

采购类型 材料进货　供应商 塑料二厂　部门 采购部

业务员 张新海　币种 人民币　汇率 1

运输方式　税率 17.00　备注 采购镜片树脂1.5千克

	存货编码	存货名称	规格型号	主计量	数量	原币含税单价	原币单价	原币金额	原币税额	原币价税合计	税率	订单号
1	12220	镜片树脂		千克	1.50	7020.00	6000.00	9000.00	1530.00	10530.00	17.00	CG001

图4-25　业务4.4的采购到货单

【采购到货单表头栏目】

- 业务类型：手工新增时选择，必填；参照生单时带入，不可修改。该栏目的参照方式和注意事项，详见表4-2。
- 单据号：录入或自动生成，可设定单据生成规则(参见3.1.2节)，同一类型的单据号保证唯一性。
- 日期：录入或参照，必填。默认值为当前业务日期，可修改为任意日期。
- 采购类型：录入或参照，可为空。默认为采购类型设置的默认值(详见2.7节)，可修改。
- 供应商：录入或参照，必填，只能参照或录入具有货物属性的供应商。该栏目的参照方式和注意事项，详见4.1.5节。
- 部门：录入或参照，必填。该栏目的参照方式和注意事项，详见4.1.5节。
- 业务员：录入或参照，可为空。该栏目的参照方式和注意事项，详见4.1.5节。
- 运输方式：录入或参照，可为空，默认为供应商档案中的到货方式，可修改。
- 汇率：根据外币设置带入，可修改。
- 税率：根据采购选项中的“单据默认税率”带入，可修改，0≤税率＜100，设置规则详见4.2.1节。

- 备注：录入或参照，可为空，参照内容为常用摘要，可手工录入常用摘要中不存在的内容。

【采购到货单表体栏目】

- 存货编码：录入或参照存货档案，必填，参照方式和注意事项详见 4.1.5 节。
- 根据存货编码，系统带入存货名称、规格型号、存货自定义项、主计量、单位、换算率等栏目。
- 原币单价、原币含税单价、原币金额、原币价税合计、税率、税额：相关说明详见 4.1.4 节。

提示：

- 采购到货单可以手工新增，也可以参照采购订单生成；但必有订单时，采购到货单不可手工新增。
- 采购到货单可以修改、删除、审核、弃审、关闭、打开、变更。
- 审核通过的采购到货单可以参照生成采购退货单、到货拒收单，参照生成入库单。

3. 场景二操作步骤

视频网址：http://www.mdmuke.com/mdmk/mod/page/view.php?id=1111

任务说明：填制与审核采购入库单。

(1) 打开库存管理的“采购入库单”窗口。在“企业应用平台”的“业务工作”页签中，依次点击“供应链/库存管理/入库业务/采购入库单”菜单项，系统打开“采购入库单”窗口。

(2) 参照到货单生成采购入库单。在“采购入库单”窗口中，首先单击工具栏中的“增加”按钮，新增一张采购入库单，然后做如下操作。

① 打开“到货单生单列表”窗口。单击表头的“到货单号”的参照按钮，系统打开“查询条件选择-采购到货单列表”对话框；直接单击对话框中的“确定”按钮，系统打开“到货单生单列表”窗口。

② 拷贝信息。在“到货单生单列表”窗口的上窗格中，双击要选择的采购到货单所对应的“选择”栏(即上一步骤完成的采购到货单)，再单击工具栏中的“OK 确定”按钮，系统返回“采购入库单”窗口，此时相关的信息已经默认显示在入库单上。

③ 参照生成或确认表头的“仓库”为“原材料仓库”，其他项默认。

(3) 保存。单击工具栏中的“保存”按钮，保存该单据，结果如图 4-26 所示。

(4) 审核。单击工具栏中的“审核”按钮，系统弹出信息框提示审核成功，单击其“确定”按钮，完成审核工作。

(5) 退出。单击“采购入库单”窗口右上角的“关闭”按钮，关闭并退出该窗口。

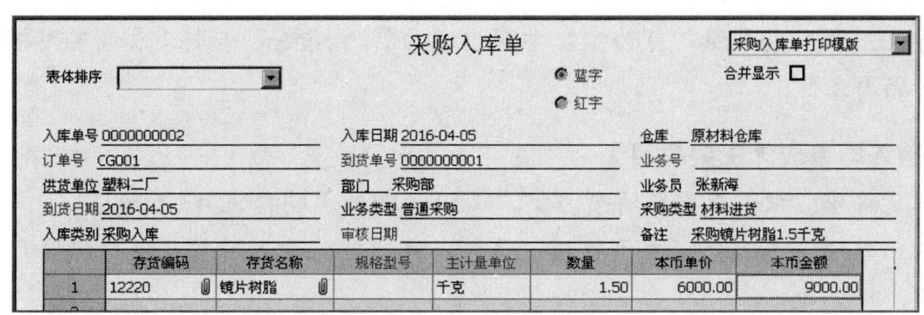

图 4-26 业务 4.4 的采购入库单

【采购入库单表头主要栏目】

- 入库单号：录入或自动生成，必填。可设定单据生成规则(可参见 3.1.2 节)，同一类型的单据号保证唯一性。
- 入库日期：录入或参照，必填。默认值为当前业务日期，可修改；单据日期必须输入大于等于当前会计月第一天的日期，可以录入本月及以后任意日期。
- 仓库：录入或参照，必填，参照内容为仓库档案。只有录入仓库，才能拷贝单据，才能录入表体存货。
  - 手工填制采购入库单，以及根据采购订单、进口订单、进口发票或委外订单生成时，录入或参照。
  - 根据采购到货单、委外到货单、进口到货单、来料检验单、来料不良品处理单生成时，从来源单带入。
  - 业务类型为代管采购时，所选仓库必须是代管仓；业务类型为非代管采购时，则不允许录入代管仓。
  - 业务类型为固定资产时，所选仓库必须是资产仓；业务类型为非固定资产时，则不允许录入资产仓。
  - 业务类型为进料加工时，所选仓库必须是保税仓。
- 供货单位：录入或参照供应商档案，必填，相关说明详见 4.1.5 节。
- 部门：录入或参照未撤销的部门档案，可为空，相关说明详见 4.1.5 节。
- 业务员：录入或参照人员档案，可为空，相关说明详见 4.1.5 节。
- 到货日期：根据到货单带入。
- 业务类型：必填，相关说明详见 4.1.5 节。
- 采购类型：录入或参照，可为空；默认为采购类型设置的默认值，可修改；根据采购订单、委外订单生成时，从来源单中带入，如果关联多张订单生成则带入第一个；根据采购到货单、委外到货单、进口到货单、来料检验单、来料不良品处理单、进口订单、进口发票生成时，从来源单中带入，不可修改。
- 入库类别：录入或参照，可为空。如先录入采购类型，则系统带入所定义的入库类别，可修改；若参照单据带入，可修改。

- 备注：录入或参照，可为空，参照内容为常用摘要，可手工录入常用摘要中不存在的内容。

【采购入库单表体主要栏目】

- 存货编码：录入或参照存货档案，必填，相关说明详见 4.1.5 节。
- 本币单价、本币金额本币税额：录入，可为空。录入一项系统根据公式反算其他项，详见 4.1.4 节。
  - 蓝字入库单，存货的金额必须大于等于零。
  - 红字入库单，存货的金额必须小于等于零。

提示：

- 本案例企业的采购入库单，因采购管理与库存管理集成使用，所以在库存管理系统中进行维护。
- 采购入库单可以手工增加，也可以参照采购订单、采购到货单(到货退回单)、委外订单、委外到货单(到货退回单)生成，也可修改、删除、审核、弃审。
- 采购入库单可以参照生成发票，可以与发票可以进行采购结算。
- 业务类型为固定资产的采购入库单审核且全部结算后可以生成固定资产卡片。

4. 场景三的操作步骤

视频网址：http://www.mdmuke.com/mdmk/mod/page/view.php?id=1112

任务说明：采购专用发票的填制、现付与结算。

(1) 打开“专用发票”窗口。在“采购管理”子系统中，依次点击“采购发票/专用采购发票”菜单项，系统打开“专用发票”窗口。

(2) 参照入库单生成采购专用发票。在“专用发票”窗口中，单击工具栏中的“增加”按钮，新增一张采购专用发票，再单击工具栏中的“生单/入库单”命令，系统打开“查询条件选择-采购入库单列表过滤”对话框；直接单击该对话框中的“确定”按钮，并在系统打开的“拷贝并执行”窗口中，双击上窗格中要选择的采购入库单(即上一步骤完成的采购入库单)所对应的“选择”栏，然后单击工具栏中的“OK 确定”按钮，返回“专用发票”窗口。

(3) 编辑并保存采购专用发票。在“专用发票”窗口中，编辑表头的“发票号”为“CG0055”，其他项默认，然后单击工具栏中的“保存”按钮，结果可参见图 4-28。

(4) 打开“采购现付”对话框。在“专用发票”窗口中，单击工具栏中的“现付”按钮，系统打开“采购现付”对话框，结果可参见图 4-27。

(5) 采购发票现付设置。在“采购现付”对话框的表体部分，选择“结算方式”为“银行承兑汇票”，录入相应的“原币金额”为“10530”，输入“票据号”为“YHCD021”，结果如图 4-27 所示。

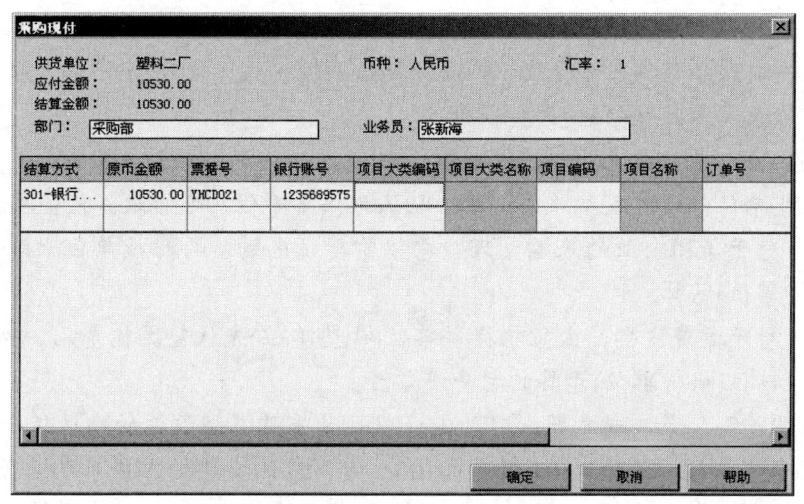

图 4-27 业务 4.4 的采购现付对话框

(6) 确认现付。单击对话框中的“确定”按钮，系统返回“专用发票”窗口，此时窗口左上方出现“已现付”字样，结果可参见图 4-28。

(7) 采购发票窗口结算。在“专用发票”窗口，单击工具栏中的“结算”按钮，此时窗口左上方出现“已结算”字样，表示该发票已经采购结算了，结果如图 4-28 所示。

(8) 退出。单击“专用发票”窗口右上角的“关闭”按钮，关闭并退出该窗口。

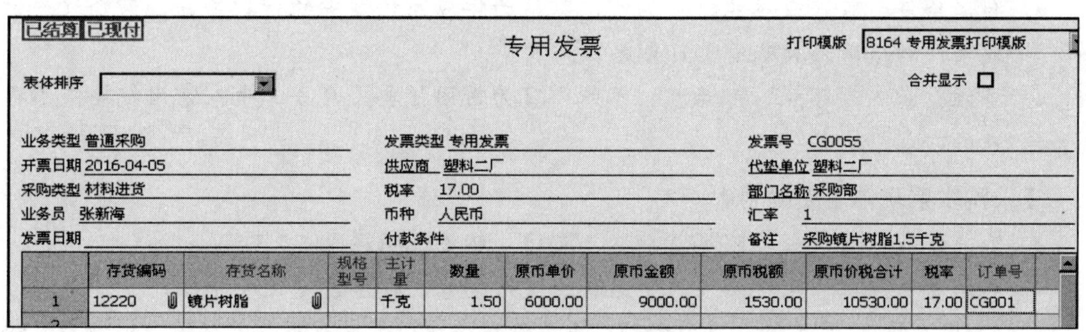

图 4-28 业务 4.4 的采购专用发票(已现付、已结算)

【采购发票表头主要栏目】

- 业务类型：手工新增时选择，必选；参照生单时带入，不可改。该栏目的参照方式和注意事项，详见 4.1.5 节。
- 发票类型：根据进入的功能界面，系统内置发票类型，包括专用发票、普通发票、运费发票，普通发票还可选择普通发票、废旧物资收购凭证、农副产品收购凭证、其他票据 4 种发票类型。
- 发票号：录入或自动生成，可设定单据生成规则(请参见 3.1.2 节)，同一类型的单据号保证唯一性。

- 开票日期：录入或参照，必填，所有与发票相关的日期查询基于该日期；默认值为当前业务日期，可修改；单据日期必须输入大于等于当前会计月第一天的日期，可以录入本月及以后任意日期。
- 供应商：录入或参照供应商档案，必填，相关说明详见 4.1.5 节。
- 代垫单位：录入或参照，必填，默认为供货单位，可修改。代垫单位可分为两种：
  - 对于集团企业的采购管理，向供货单位采购，再对该单位上级主管单位(代垫单位)结算。
  - 对于运费发票，由货物提供单位(代垫单位)先代垫运输费用，然后再收到运输单位(供货单位)开具的运费发票。
- 采购类型：录入或参照，可为空；默认为采购类型设置的默认值，可修改。
- 税率：录入，必填，0≤税率＜100；专用采购发票的根据采购选项中的“单据默认税率”带入，可修改；普通采购发票的默认为 0，可修改；运费发票的默认为 7，可修改。
- 部门名称：录入或参照部门档案，可为空，相关说明详见 4.1.5 节。
- 业务员：录入或参照人员档案，可为空，相关说明详见 4.1.5 节。
- 币种：录入或参照，必填，默认供应商币种，可修改。
- 汇率：根据外币设置带入，可修改。
- 发票日期：录入或参照，可为空。供应商发票的开票日期，可以录入任意日期。
- 付款条件：录入或参照，可为空，默认为供应商档案中的付款条件，可修改。付款条件的信用天数从发票日期起算。
- 备注：录入或参照，可为空，参照内容为常用摘要，可手工录入常用摘要中不存在的内容。

【采购发票表体主要栏目】

- 存货编码：录入或参照存货档案，必填，相关说明详见 4.1.5 节。
- 根据存货编码，系统带入存货名称、规格型号、存货自定义项等栏目。
- (专用发票)原币单价、原币金额、原币价税合计：录入或反算，必填。单价指无税单价，根据取价方式带入，可修改，不能为负数。
- (普通发票、运费发票)原币单价、原币金额：录入或反算，必填。原币单价指含税单价，根据取价方式带入，可修改，不能为负数；原币金额指含税金额、价税合计。
- 税率：录入或带入，必填，0≤税率＜100，相关说明详见 4.1.4 节。
- 税额：录入或反算，必填，相关说明详见 4.1.4 节。

提示：

- 采购发票可以手工新增，也可以参照采购订单、采购入库单(普通采购)填制；采购发票也可以拷贝其他采购发票填制；直运业务可以参照直运销售发票。必有订单时，采购发票(专用、普通)不可手工新增，只能参照生成。
- 采购发票可以修改、删除，可以现付、弃付。

- 采购发票与采购入库单可以进行采购结算。
- 采购发票可以在应付款管理系统中审核，同时回填采购发票的审核人。
- 若应付款管理中设置为启用付款申请，则可参照已审核的采购发票生成付款申请单，还可以在发票卡片和列表中按“付款申请”推式生成付款申请单。

【业务规则】

- 参照入库单或代管挂账确认单生成时，默认按(单据数量－累计开票数量)开票，如果已进行红蓝入库单结算的记录不需要开具发票，在参照生单时可选择不包括已结算完毕的单据。
- 如果对于不记入成本的非资产仓对应入库单需要生成采购发票，则需要将采购选项“不记入成本入库单的需开票”勾选上(用于如消耗性采购业务)。

5. 场景四的操作步骤

视频网址：http://www.mdmuke.com/mdmk/mod/page/view.php?id=1113
任务说明：采购成本确认。

【采购入库记账】

(1) 打开“未记账单据一览表”窗口。在“企业应用平台”的“业务工作”页签下，依次点击“供应链/存货核算/业务核算/正常单据记账”菜单项，系统弹出“查询条件选择”对话框，直接单击该对话框中的“确定”按钮，系统打开“未记账单据一览表”窗口。

(2) 入库记账。在“未记账单据一览表”窗口中，选中本业务生成的采购入库单，然后单击工具栏中的“记账”按钮，系统弹出信息框提示记账成功，单击其“确定”按钮，完成记账工作。

(3) 退出。单击“未记账单据一览表”窗口右上角的“关闭”按钮，退出当前窗口。

提示：

- 对未记账的入库单据进行记账时，当以实际价核算的入库单没有成本时，系统将根据您在选项中入库单成本的设置方式进行处理：如果您选择参照手工输入，系统将不允许记账，显示颜色为蓝色；如果您选择其他方式，如上次入库成本，系统将参照上次入库成本进行记账。
- 本业务是蓝字入库单据记账，记账时取单据上的成本，若单据上无成本则取系统选项“入库单成本选择”中的选项(即参考成本，相应的设置可参见图3-13)成本记账。
- 如果入库单记账时，已部分结算，入库单记账时要拆分成两条记录进行记账，按结算数量、结算单价、结算金额部分作为已结算的采购入库单记账，将未结算数量、未结算单价和未结算暂估金额作为暂估入库单记账。恢复记账时必须两条记录同时恢复。

【采购存货制单】

(1) 打开“生成凭证”窗口。在“存货核算”子系统中，依次点击“财务核算/生成凭证”菜单项，系统打开“生成凭证”窗口。

(2) 打开“选择单据”窗口。单击工具栏中的“选择”按钮，在系统弹出的“查询条件”对话框中，直接单击“确定”按钮，系统打开“选择单据”窗口。

(3) 拷贝信息。在“选择单据”窗口中，选中本业务生成的采购入库单，然后单击工具栏中的“确定”按钮，系统退出“选择单据”窗口返回“生成凭证”窗口。

(4) 生成存货凭证。单击工具栏中的“生成”按钮，系统打开“填制凭证”窗口，并默认显示了本业务入库单上的相关信息(借记：原材料/镜片树脂，贷记：材料采购)，不需要修改。

(5) 保存。单击工具栏中的“保存”按钮，保存该凭证，结果如图 4-29 所示。

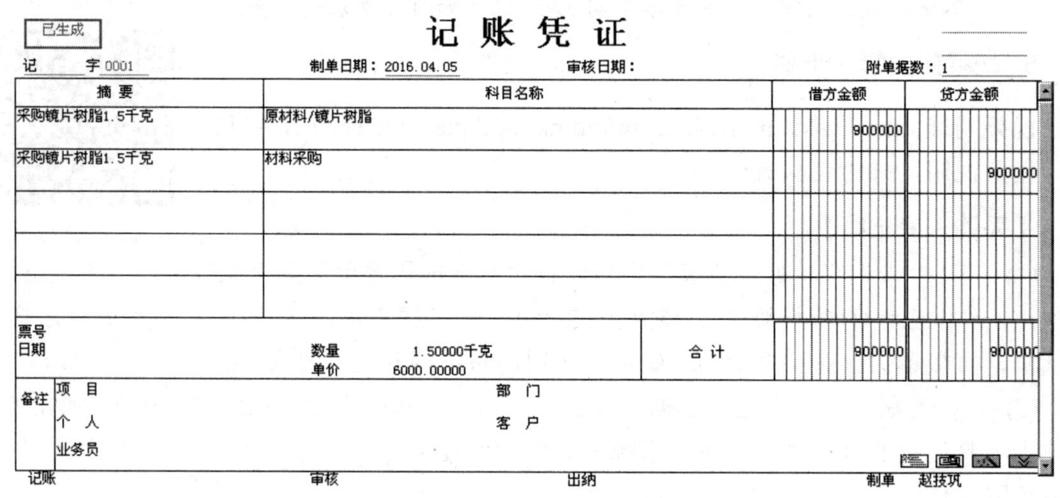

已生成

记账凭证

记 字 0001　　制单日期：2016.04.05　　审核日期：　　附单据数：1

摘要	科目名称	借方金额	贷方金额
采购镜片树脂1.5千克	原材料/镜片树脂	900000	
采购镜片树脂1.5千克	材料采购		900000
票号 日期　数量 1.50000千克 单价 6000.00000	合计	900000	900000

备注　项目　部门
个人　客户
业务员

记账　审核　出纳　制单 赵技巩

图 4-29　业务 4.4 的存货凭证

(6) 退出。单击“填制凭证”和“生成凭证”窗口右上角的“关闭”按钮，关闭并退出窗口。

提示：

- 生成凭证按整单制单，一张单据必须所有记录全部记账而且有成本后才能生成凭证。
- 凭证上的凭证类别、凭证摘要、借方科目、贷方科目和金额可修改，可以增加或删除借贷方记录，但应保证借贷方金额相平，并等于所选记录的金额。
- 采购入库单制单时，借方取存货科目，贷方取对方科目中收发类别对应的科目。
- 如果对采购入库单、发票进行结算制单后，在此系统将自动识别不能再次制单。
- 如果用户没有定义该单据中的存货科目、差异科目和所对应的科目，则所生成的凭证没有科目，并且没有辅助账类，用户可在显示的凭证中填入科目、修改，或增加辅助账类的分录。

- 企业中可能由多人进行财务核算，但每个人的分工和所处理的业务可能不同，本系统可以多人同时制单，但要满足如下约束：调拨单、组装单、拆卸单、形态转换单、其他入库单、其他出库单按仓库控制并发，即同一时间同一仓库只能有一个单据制单；除以上单据以外的其他单据制单按单据类型+仓库进行控制并发，即同一时间同一种单据类型的同一仓库只能有一个单据制单。

4.5 到货拒收业务

通常，对于采购到货之后入库之前的拒收作业，可以通过填制到货拒收单来实现。到货拒收单是采购到货单的红字单据。

但如果在到货时能够直接确定拒收，则可将拒收数量填至到货单的“拒收数量”中，参照到货单的拒收数量生成到货拒收单；如果不能够确定是否拒收，则不录入拒收数量，参照到货单的到货数量减去已入库数量，生成到货拒收单。

值得注意的是，用友 ERP-U8 系统的处理逻辑是：如果到货单中录入了拒收数量，则只能在拒收数量的范围之内进行拒收。所以如果到货时只能部分确定拒收，则不要将拒收数量录入到货单中，可以先录入到货拒收单，待拒收情况全部确定之后，再修改这张到货拒收单或录入另外一张到货拒收单。

4.5.1 业务概述与分析

4 月 7 日，收到大运公司发来合同编号为 CG002 的女士高端太阳镜 1000 副，到货验收时，发现其中 10 副不合格，要求退回。大运公司同意退货并发来购销专用发票，票号为 CG0101，发票上标明女士高端太阳镜 990 副，单价为 300 元，税率为 17%。财务部将采购订单 CG002 的订金冲销相应的应付款，款项尚未支付。

本笔业务是入库前的到货拒收业务，需要填制并审核采购到货单、到货拒收单和入库单；填制采购发票并进行采购结算；采购成本确认；应付单据的审核与制单；预付冲应付的转账与制单。

但因没有启用应付款管理系统，所以应付单据的审核与制单、预付冲应付的转账与制单操作，在本教程中没有完成。若需要可参见本系列教程之《场景式企业供应链应用高级教程(用友 ERP-U8 V10.1)》的 5.2.3 节。

4.5.2 虚拟业务场景

人物：张新海——采购部职员
刘静——采购部主管

赵林——仓管部职员

李莉——仓管部主管

曾志伟——财务部主管

张兰——财务部会计

场景一　采购部收到货物，填制与审核到货单

(张新海先填制采购到货单，完成之后……)

张新海：刘总，本月 1 号我们采购的女士高端太阳镜 1000 副，今天到货了，我已做好到货单了，请您审核。

刘静：好的，辛苦你了。(审核完成)

场景二　到货拒收，填制与审核到货拒收单

张新海：刘总，刚到货的女式高端太阳镜，验收时发现有 10 副不合格，您看如何处理？

刘静：咱们拒收吧。你联系一下大运公司，协商退货的事情。

(张新海电话联系大运公司，对方同意退货，并寄出了合格品 990 副太阳镜的专用发票；张新海填制到货拒收单)

张新海：刘总，大运公司同意退货，我已经做好拒收单了，您审核一下。

刘静：好的。(审核完成)

场景三　仓管部验收入库，填制与审核采购入库单

(赵林根据采购到货单填写入库单，完成之后……)

赵林：李总，采购大运公司的女士高端太阳镜，990 副的合格品已经入库了，麻烦您审核一下。

李莉：好的，辛苦了。(审核完成)

场景四　采购部填制采购发票，并进行采购结算

(张新海先填制采购发票，在发票窗口做结算，完成之后……)

张新海：刘总，今天到货并有部分拒收的采购女士高端太阳镜业务发票到了，我已经在 ERP 系统中填制并做了采购结算。

刘静：好的，辛苦你了。

场景五　采购成本确认

曾志伟：小张，今天有一笔大运公司的采购业务，记着进行采购成本确认。

张兰：好的，我马上做。

(张兰进行采购成本确认)

4.5.3 操作指导

1. 操作流程(见图 4-30)

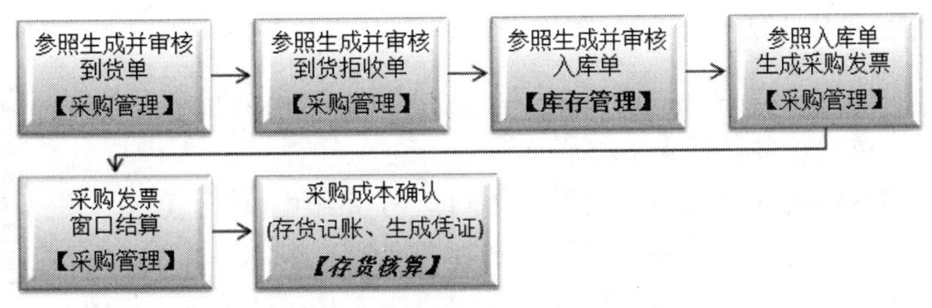

图 4-30 到货拒收业务的操作流程图

请确认系统日期和业务日期为 2016 年 4 月 7 号……

2. 场景一的操作步骤

视频网址： http://www.mdmuke.com/mdmk/mod/page/view.php?id=1119

任务说明： 填制与审核采购到货单。

(1) 打开“到货单”窗口。在“企业应用平台”的“业务工作”页签中，依次点击“供应链/采购管理/采购到货/到货单”菜单项，系统打开“到货单”窗口。

(2) 参照订单生成采购到货单。首先单击工具栏中的“增加”按钮，新增一张采购到货单，再做如下操作。

① 打开“拷贝并执行”窗口。在“到货单”窗口中，单击“生单/采购订单”命令，系统打开“查询条件选择-采购订单列表过滤”对话框，单击其“确定”按钮，系统打开“拷贝并执行”窗口。

② 拷贝信息。在“拷贝并执行”窗口的上窗格，双击要选择的采购订单(订单编号为 CG002)所在行的“选择”栏，再单击工具栏中的“OK 确定”按钮，系统返回“到货单”窗口，此时相关的信息已经有默认值，不需要修改(请注意，表体的“数量”为 1000)。

(3) 保存。单击工具栏中的“保存”按钮，保存该到货单，结果如图 4-31 所示。

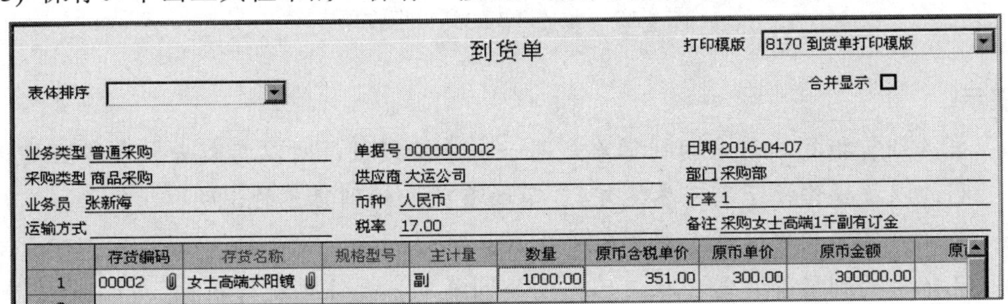

图 4-31 业务 4.5 的到货单

(4) 审核。单击工具栏中的“审核”按钮，审核通过该到货单。

(5) 退出。单击“到货单”窗口右上角的“关闭”按钮，关闭并退出该窗口。

提示：

采购到货单的表头和表体主要栏目说明，以及采购到货单的操作提示，详见 4.4.3 节。

3. 场景二的操作步骤

视频网址： http://www.mdmuke.com/mdmk/mod/page/view.php?id=1120

任务说明： 填制并审核到货拒收单。

(1) 打开“到货拒收单”窗口。在“采购管理”子系统中，依次点击“采购到货/到货拒收单”菜单项，系统打开“到货拒收单”窗口。

(2) 参照到货单生成到货拒收单。首先单击工具栏中的“增加”按钮，新增一张到货拒收单，再做如下操作。

① 打开“拷贝并执行”窗口。在“到货拒收单”窗口中，单击“生单/到货单”命令，系统打开“查询条件选择-采购退货单列表过滤”对话框，单击对话框中的“确定”按钮，系统打开“拷贝并执行”窗口。

② 拷贝信息。在“拷贝并执行”窗口的上窗格中，双击要选择的到货单(即上一步骤完成的采购到货单)所在行的“选择”栏，再单击工具栏中的“OK 确定”按钮，返回“到货拒收单”窗口。

③ 修改“到货拒收单”表体的“数量”为“-10”，其他项默认。

(3) 保存。单击工具栏中的“保存”按钮，保存该单据，结果如图 4-32 所示。

(4) 审核。单击工具栏中的“审核”按钮，审核通过该单据。

(5) 退出。单击“到货拒收单”窗口右上角的“关闭”按钮，关闭并退出该窗口。

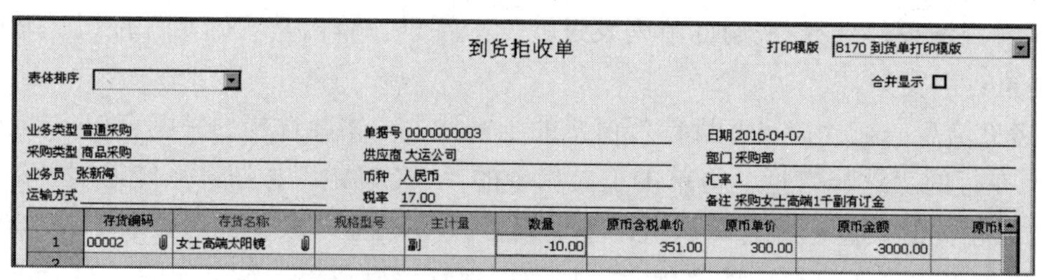

到货拒收单　　打印模版 8170 到货单打印模版

表体排序　　合并显示 □

业务类型 普通采购　　单据号 0000000003　　日期 2016-04-07
采购类型 商品采购　　供应商 大运公司　　部门 采购部
业务员 张新海　　币种 人民币　　汇率 1
运输方式　　税率 17.00　　备注 采购女士高端1千副有订金

	存货编码	存货名称	规格型号	主计量	数量	原币含税单价	原币单价	原币金额	原币
1	00002	女士高端太阳镜		副	-10.00	351.00	300.00	-3000.00	
2									

图 4-32　业务 4.5 的到货拒收单

提示：

- 采购到货拒收单与采购到货单是同一个单据模板，所以其表头和表体主要栏目说明，以及操作提示，可参见 4.4.3 节的有关采购到货单的说明。
- 采购到货拒收单只能参照到货单生成。
- 已审核的到货单才能拒收，已关闭的到货单不允许再进行拒收。
- 到货拒收单保存时，在到货单中填写“已拒收数量”。
- 一张到货单，允许多次进行拒收。

4. 场景三的操作步骤

视频网址：http://www.mdmuke.com/mdmk/mod/page/view.php?id=1121

任务说明：填制并审核采购入库单。

(1) 打开库存管理的“采购入库单”窗口。在“企业应用平台”的“业务工作”页签中，依次点击“供应链/库存管理/入库业务/采购入库单”菜单项，系统打开“采购入库单”窗口。

(2) 参照到货单生成与编辑采购入库单。首先单击工具栏中的“增加”按钮，新增一张采购入库单，然后做如下操作。

① 打开“到货单生单列表”窗口。单击表头的“到货单号”的参照按钮，系统打开“查询条件选择-采购到货单列表”对话框，直接单击对话框中的“确定”按钮，系统打开“到货单生单列表”窗口。

② 拷贝信息。在“到货单生单列表”窗口的上窗格中，双击要选择的采购到货单所在行的“选择”栏(即本业务中完成的采购到货单)，再单击“OK 确定”按钮，系统返回“采购入库单”窗口，此时相关的信息已经默认显示在入库单上。

③ 在“采购入库单”窗口中，确认表头的“仓库”为“大运仓库”、表体的“数量”为“990”，其他项默认。

(3) 保存。单击工具栏中的“保存”按钮，保存该单据，结果如图 4-33 所示。

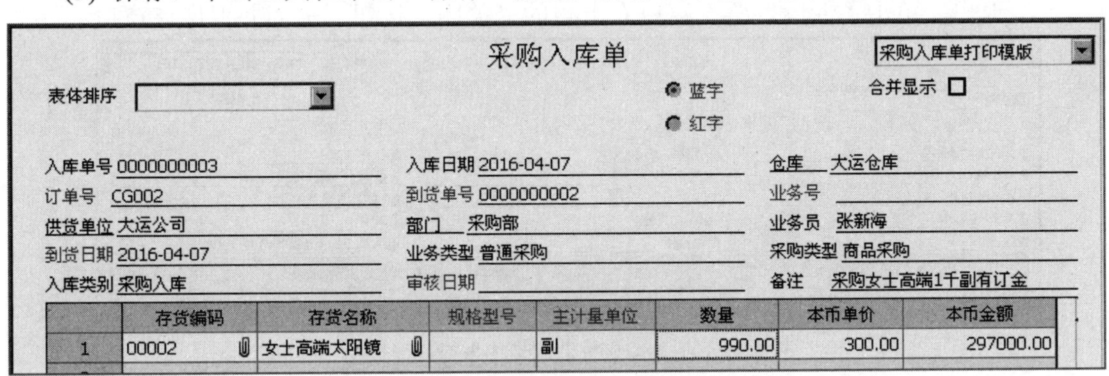

图 4-33　业务 4.5 的采购入库单

(4) 审核。单击工具栏中的“审核”按钮，系统弹出信息框提示审核成功，单击其“确定”按钮，完成审核工作。

(5) 退出。单击“采购入库单”窗口右上角的“关闭”按钮，关闭并退出该窗口。

提示：

采购入库单的表头和表体主要栏目说明，以及采购入库单的操作提示，详见 4.4.3 节。

5. 场景四的操作步骤

视频网址：http://www.mdmuke.com/mdmk/mod/page/view.php?id=1122

任务说明：采购专用发票的填制与结算。

(1) 打开“专用发票”窗口。在“采购管理”子系统中，依次点击“采购发票/专用采购发票”菜单项，系统打开“专用发票”窗口。

(2) 参照入库单生成与编辑采购专用发票。单击工具栏中的“增加”按钮，新增一张采购专用发票，然后做如下操作。

① 打开“拷贝并执行”窗口。单击工具栏中的“生单/入库单”命令，系统打开“查询条件选择-采购入库单列表过滤”对话框，直接单击该对话框中的“确定”按钮，系统打开“拷贝并执行”窗口。

② 拷贝信息。在“拷贝并执行”窗口的上窗格中，双击要选择的采购入库单(即上一步骤完成的采购入库单)所在行的“选择”栏，然后单击工具栏中的“OK 确定”按钮，系统返回“专用发票”窗口。

③ 编辑。编辑表头的“发票号”为“CG0101”、“备注”为“采购女士高端 1 千拒收 10 副”，其他项默认。

(3) 保存。单击工具栏中的“保存”按钮，保存该单据，结果可参见图 4-34。

(4) 采购发票窗口结算。单击工具栏中的“结算”按钮，此时窗口左上方出现“已结算”字样，表示该发票已经采购结算了，结果如图 4-34 所示。

(5) 退出。单击“专用发票”窗口右上角的“关闭”按钮，关闭并退出该窗口。

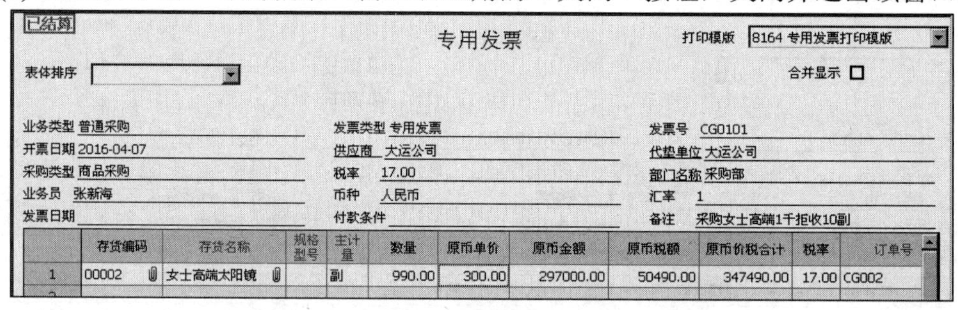

已结算

专用发票

打印模版 8164 专用发票打印模版

表体排序

合并显示 □

业务类型 普通采购　　发票类型 专用发票　　发票号 CG0101

开票日期 2016-04-07　　供应商 大运公司　　代垫单位 大运公司

采购类型 商品采购　　税率 17.00　　部门名称 采购部

业务员 张新海　　币种 人民币　　汇率 1

发票日期　　付款条件　　备注 采购女士高端1千拒收10副

	存货编码	存货名称	规格型号	主计量	数量	原币单价	原币金额	原币税额	原币价税合计	税率	订单号
1	00002	女士高端太阳镜		副	990.00	300.00	297000.00	50490.00	347490.00	17.00	CG002

图 4-34　业务 4.5 的采购专用发票(已结算)

提示：

采购发票的表头和表体主要栏目说明，以及采购发票的操作提示，详见 4.4.3 节。

6. 场景五的操作步骤

视频网址：http://www.mdmuke.com/mdmk/mod/page/view.php?id=1123

任务说明：采购成本确认。

【采购入库记账】

(1) 打开“未记账单据一览表”窗口。在“企业应用平台”的“业务工作”页签下，依次点击“供应链/存货核算/业务核算/正常单据记账”菜单项，系统弹出“查询条件选择”对话框，直接单击该对话框中的“确定”按钮，系统打开“未记账单据一览表”窗口。

(2) 入库记账。在“未记账单据一览表”窗口中，选中本业务生成的采购入库单，然后单击工具栏中的“记账”按钮，系统弹出信息框提示记账成功，单击“确定”按钮，完成记账工作。

(3) 退出。单击“未记账单据一览表”窗口右上角的“关闭”按钮，退出当前窗口。

【采购存货制单】

(1) 打开“生成凭证”窗口。在“存货核算”子系统中，依次点击“财务核算/生成凭证”菜单项，系统打开“生成凭证”窗口。

(2) 打开“选择单据”窗口。单击工具栏中的“选择”按钮，在系统弹出的“查询条件”对话框中，直接单击“确定”按钮，系统退出对话框并打开“选择单据”窗口。

(3) 生成存货凭证。

① 选择采购入库单。在“选择单据”窗口中，选中本笔业务生成的采购入库单，然后单击工具栏中的“确定”按钮，系统返回“生成凭证”窗口。

② 生成凭证。单击工具栏中的“生成”按钮，系统打开“填制凭证”窗口，并显示默认生成的本业务入库单上的相关信息(借记：库存商品，贷记：材料采购)。

③ 修改凭证。修改“摘要”为“采购女士高端990副”，其他项默认。

(4) 保存。单击工具栏中的“保存”按钮，以保存该凭证，结果如图4-35所示。

(5) 退出。单击“填制凭证”和“生成凭证”窗口右上角的“关闭”按钮，关闭并退出窗口。

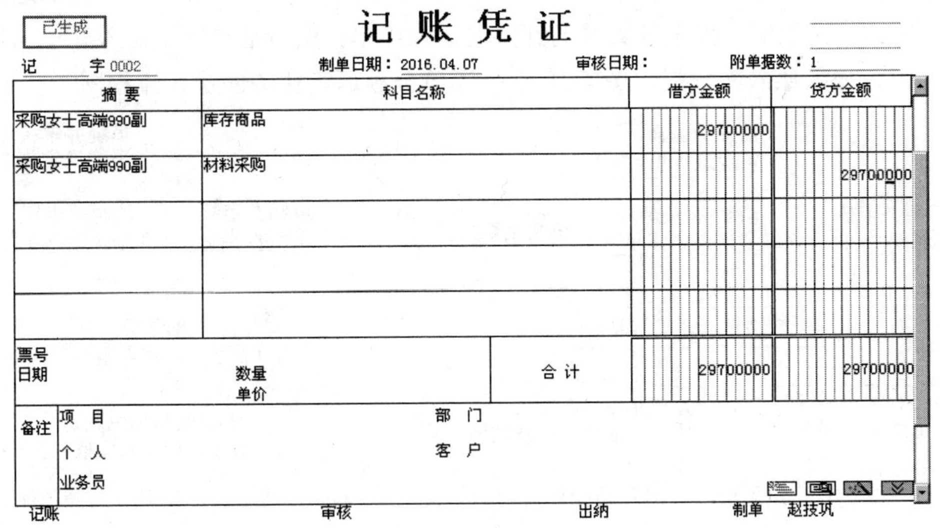

已生成

记账凭证

记 字 0002　制单日期：2016.04.07　审核日期：　附单据数：1

摘要	科目名称	借方金额	贷方金额
采购女士高端990副	库存商品	29700000	
采购女士高端990副	材料采购		29700000
票号 日期	数量 单价 合计	29700000	29700000

备注　项目　部门　个人　客户　业务员

记账　审核　出纳　制单 赵技巩

图4-35　业务4.5的存货凭证

4.6 采购退货业务

采购退货单表示入库后的退货，由采购业务员填退货通知单，仓库负责实物退库。

采购退货的结算，可以分为 3 种情况：结算前的部分退货和全额退货，以及结算后退货。下面分别说明这 3 种情况的主要操作及其单据，相应的业务流程可参见图 4-36。

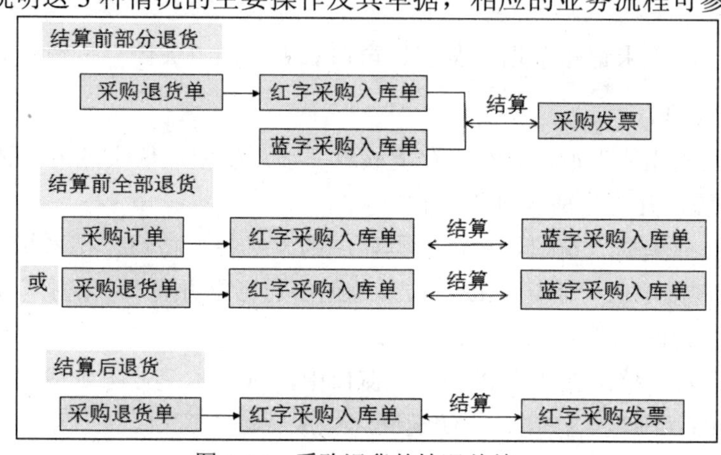

图 4-36　采购退货的情况总结

(1) 结算前部分退货，即已录入采购入库单，但未进行采购结算，并且部分退货。其业务流程为：首先填制一张部分数量的红字采购入库单，然后填制一张相对应的采购发票，其中发票上的数量＝原入库单数量－红字入库单数量。再把红字入库单与原入库单、采购发票进行结算，冲抵原入库数据。图 4-37 是结算前部分退货业务的操作流程图。

(2) 结算前全额退货，即已录入采购入库单，但未进行采购结算，并且全额退货。其业务流程为：首先填制一张全额数量的红字采购入库单，然后把红字采购入库单与原入库单进行结算，冲抵原入库数据。图 4-38 是结算前全额退货业务的操作流程图。

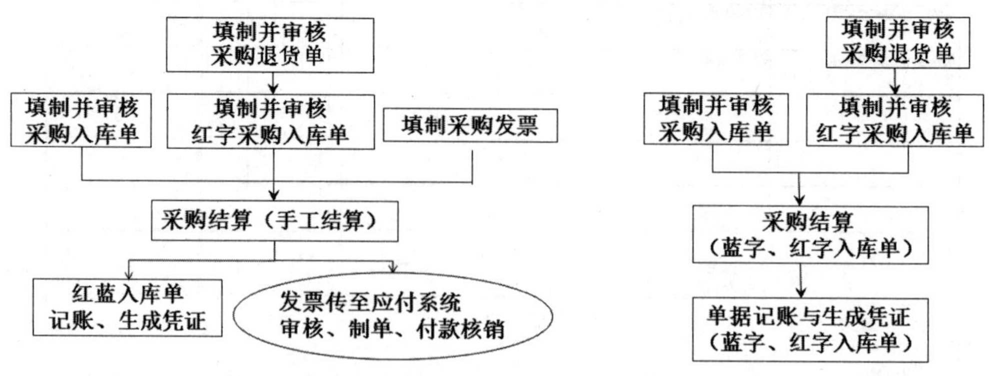

图 4-37　结算前部分退货的操作流程图　　图 4-38　结算前全额退货的操作流程图

(3) 结算后退货，即已录入采购入库单、采购发票，并且已进行了采购结算，现在需要全额或部分退货。其业务流程为：首先填制一张红字采购入库单，再填制一张相应的红字发票，然后把红字采购入库单与红字发票进行结算。

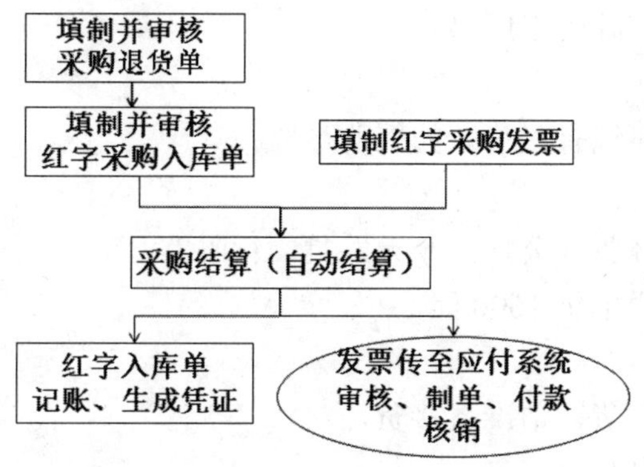

图 4-39　结算后退货业务的操作流程图

4.6.1　业务概述与分析

4 月 7 日，采购部张新海与燕郊硅胶三厂签订采购合同(合同编号 CG004)，订购硅胶 5 公斤，无税单价 1600元，增值税税率为 17%，当日到货并入库，同时收到燕郊硅胶三厂发来的采购专用发票(发票号：CG2345)。入库后发现 1 公斤的硅胶不合格，要求退货，与燕郊硅胶三厂取得联系，对方同意退货。当日的晚些时候收到了相应的红字专用采购发票(票号为 CGTH02)；财务部开出转账支票(支票号为：ZZ8589)，向燕郊硅胶三厂支付本笔业务的全部货款 7488 元。

本笔业务是普通采购业务和采购结算后的部分退货业务，需要填制并审核采购订单、采购到货单、入库单；填制采购发票并进行采购结算；填制并审核采购退货单；填制并审核红字采购入库单；填制红字采购发票并进行采购结算；采购存货的记账与合并制单；红蓝应付单的审核与合并制单；付款单的填制、审核与制单；应付核销与制单。

但因没有启用应付款管理系统，所以红蓝应付单的审核与合并制单，付款单的填制、审核与制单，应付核销与制单等操作，在本教程中没有完成。若需要可参见本系列教程之《场景式企业供应链应用高级教程(用友 ERP-U8 V10.1)》的 5.3.3 节。

4.6.2　虚拟业务场景

人物：张新海——采购部职员
刘静——采购部主管
刘新——硅胶三厂销售部
赵林——仓管部职员
李莉——仓管部主管
曾志伟——财务主管
张兰——财务部会计
罗迪——财务部出纳

场景一　与燕郊硅胶三厂签订采购合同，并审核通过

张新海：您好！燕郊硅胶三厂吗？

刘新：对，您是？

张新海：我是亮康眼镜有限公司的采购员。

刘新：您好！

张新海：我们需要硅胶 5 公斤，今天发货，行吗？

刘新：好的，不含税单价 1600 元。

张新海：可以。

刘新：那我们马上发货，请准备接货。

张新海：谢谢，再见！

刘新：再见！

(张新海请采购主管刘静审核采购订单)

张新海：刘总，请您审核一下刚与燕郊硅胶三厂签订的采购订单。

刘静：好的。(审核中……)小张，辛苦了。

场景二　采购部收到货物，填制与审核采购到货单

(张新海先填制采购到货单，完成之后……)

张新海：刘总，今天采购的硅胶到货了，您审核一下。

刘静：好的，辛苦你了。

场景三　仓管部收货验收入库，填制与审核采购入库单

(赵林根据采购到货单填写入库单，完成之后……)

赵林：李总，采购燕郊硅胶三厂的硅胶，货物已经入库了，麻烦您审核一下。

李莉：好的，辛苦了。

场景四　采购部填制采购发票并进行采购结算

(张新海先填制采购发票，并进行采购结算)

张新海：刘总，今天采购的硅胶的发票也到了，我已经填制好并进行了采购结算。

刘静：好的，辛苦你了。

场景五　仓管部发现不合格硅胶，请采购部协商退货，填制与审核采购退货单

赵林：小张你好，我们入库后发现有 1 公斤的硅胶不合格，你帮忙协商一下看能否退货。

张新海：好的，你稍等(给燕郊硅胶三厂的刘新打电话，对方同意退货)。小赵，对方同意退货了，你们把货发回去吧，我们马上填制审核退货单。

赵林：太好了，我们尽快发货。

场景六　仓管部从仓库发出不合格硅胶，填制与审核红字采购入库单

(赵林根据采购退货单填写红字入库单，完成之后……)

赵林：李总，燕郊硅胶三厂的硅胶有 1 公斤不合格，从仓库退货已经完成了，麻烦您审核一下。

李莉：好的，辛苦了。

场景七　采购部填制红字采购发票并进行采购结算

(张新海先填制红字采购发票，并进行采购结算，完成之后……)

张新海：刘总，今天退货的红字发票到了，我已经填制好并进行了采购结算。

刘静：好的，辛苦你了。

场景八　采购成本确认

曾志伟：小张，今天有一笔采购普通业务和采购退货业务，你可以做采购成本确认了。

张兰：好的，我马上做。

(张兰进行普通采购与采购退货的成本确认)

4.6.3　操作指导

1. 操作流程(见图 4-40)

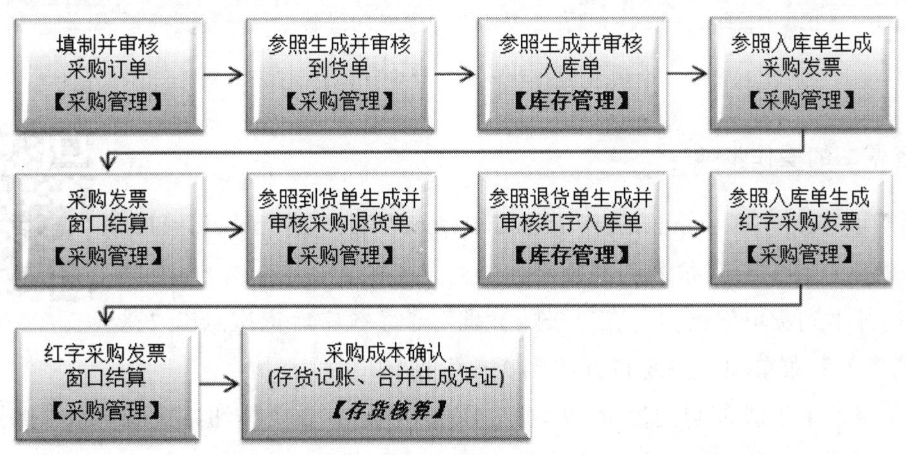

图 4-40　采购退货业务的操作流程图

请确认系统日期和业务日期为 2016 年 4 月 7 号……

2. 场景一的操作步骤

视频网址：http://www.mdmuke.com/mdmk/mod/page/view.php?id=1124

任务说明：填制与审核采购订单。

(1) 打开“采购订单”窗口。在“企业应用平台”的“业务工作”页签中，依次点击“供应链/采购管理/采购订货/采购订单”菜单项，系统打开“采购订单”窗口。

(2) 填制并保存采购订单。单击工具栏中的“增加”按钮，新增一张采购订单，然后做如下编辑。

① 编辑表头。编辑“订单编号”为“CG004”，“采购类型”为“材料进货”，“供应商”为“硅胶三厂”，“部门”为“采购部”、“业务员”为“张新海”、“备注”为“采购硅胶 5 千克”，其他项默认。

② 编辑表体。参照生成“存货编码”为“12310(硅胶)”，编辑“数量”为“5”，确认“原币单价”为“1600”，其他项默认。

③ 保存。单击工具栏中的“保存”按钮，保存该单据，结果如图 4-41 所示。

(3) 审核。单击工具栏中的“审核”按钮，审核通过该采购订单。

(4) 退出。单击“采购订单”窗口右上角的“关闭”按钮，关闭并退出该窗口。

图 4-41 业务 4.6 的采购订单

3. 场景二的操作步骤

视频网址：http://www.mdmuke.com/mdmk/mod/page/view.php?id=1125

任务说明：填制与审核采购到货单。

(1) 打开“到货单”窗口。在“采购管理”子系统中，依次点击“采购到货/到货单”菜单项，系统打开“到货单”窗口。

(2) 参照订单生成采购到货单。单击工具栏中的“增加”按钮，新增一张采购到货单，然后做如下操作。

① 打开“拷贝并执行”窗口。单击“生单/采购订单”命令，系统打开“查询条件选择-采购订单列表过滤”对话框，直接单击其“确定”按钮，系统打开“拷贝并执行”窗口。

② 拷贝信息。在“拷贝并执行”窗口的上窗格中，双击要选择的采购订单(订单编号为 CG004)所在行的“选择”栏，再单击其工具栏中的“OK 确定”按钮，系统返回“到货单”窗口，此时相关的信息已经有默认值，不需要修改。

(3) 保存。单击工具栏中的“保存”按钮，保存该单据，结果如图 4-42 所示。

(4) 审核。单击工具栏中的“审核”按钮，审核通过该单据。

(5) 退出。单击“到货单”窗口右上角的“关闭”按钮，关闭并退出该窗口。

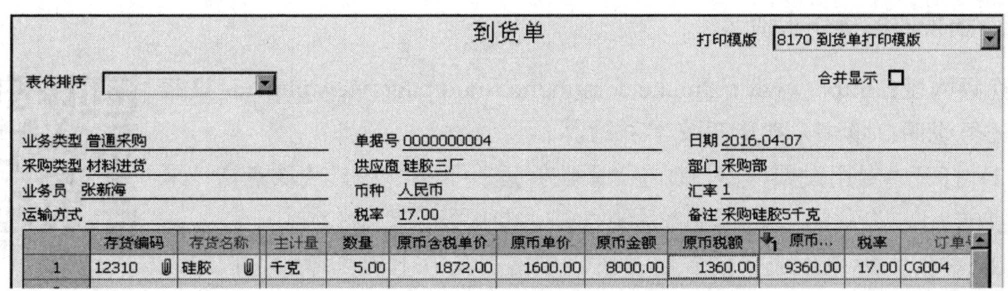
到货单

打印模版 8170 到货单打印模版

表体排序

合并显示

业务类型 普通采购　单据号 0000000004　日期 2016-04-07

采购类型 材料进货　供应商 硅胶三厂　部门 采购部

业务员 张新海　币种 人民币　汇率 1

运输方式　税率 17.00　备注 采购硅胶5千克

	存货编码	存货名称	主计量	数量	原币含税单价	原币单价	原币金额	原币税额	原币…	税率	订单号
1	12310	硅胶	千克	5.00	1872.00	1600.00	8000.00	1360.00	9360.00	17.00	CG004

图 4-42　业务 4.6 的采购到货单

4. 场景三的操作步骤

视频网址：http://www.mdmuke.com/mdmk/mod/page/view.php?id=1126

任务说明：填制与审核采购入库单。

(1) 打开库存管理的“采购入库单”窗口。在“企业应用平台”的“业务工作”页签中，依次点击“供应链/库存管理/入库业务/采购入库单”菜单项，系统打开“采购入库单”窗口。

(2) 参照到货单生成采购入库单。首先单击工具栏中的“增加”按钮，新增一张采购入库单，然后做如下操作。

① 打开“到货单生单列表”窗口。单击表头“到货单号”的“参照”按钮，系统弹出“查询条件选择-采购到货单列表”对话框，直接单击该对话框中的“确定”按钮，系统打开“到货单生单列表”窗口。

② 拷贝信息。在“到货单生单列表”窗口的上窗格中，双击要选择的采购到货单(即上一步骤完成的采购到货单)所在行的“选择”栏，再单击工具栏中的“OK 确定”按钮，系统返回“采购入库单”窗口，此时相关的信息已经默认显示在入库单上。

③ 编辑。参照生成或确认表头的“仓库”为“原材料仓库”，其他项默认。

(3) 保存。单击工具栏中的“保存”按钮，结果如图 4-43 所示。

(4) 审核。单击工具栏中的“审核”按钮，系统弹出信息框提示审核成功，单击其“确定”按钮，完成审核工作。

(5) 退出。单击“采购入库单”窗口右上角的“关闭”按钮，关闭并退出该窗口。

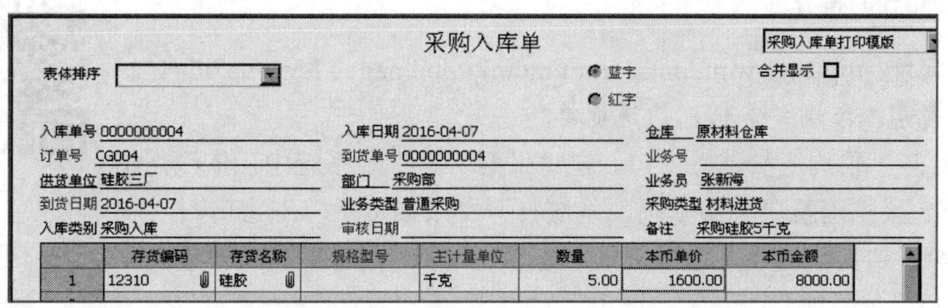
采购入库单

采购入库单打印模版

表体排序

蓝字　红字

合并显示

入库单号 0000000004　入库日期 2016-04-07　仓库 原材料仓库

订单号 CG004　到货单号 0000000004　业务号

供货单位 硅胶三厂　部门 采购部　业务员 张新海

到货日期 2016-04-07　业务类型 普通采购　采购类型 材料进货

入库类别 采购入库　审核日期　备注 采购硅胶5千克

	存货编码	存货名称	规格型号	主计量单位	数量	本币单价	本币金额
1	12310	硅胶		千克	5.00	1600.00	8000.00

图 4-43　业务 4.6 的采购入库单

5. 场景四的操作步骤

视频网址：http://www.mdmuke.com/mdmk/mod/page/view.php?id=1127

任务说明：填制采购专用发票并结算。

(1) 打开“专用发票”窗口。在“采购管理”子系统中，依次点击“采购发票/专用采购发票”菜单项，系统打开“专用发票”窗口。

(2) 参照入库单生成采购专用发票。单击工具栏中的“增加”按钮，新增一张采购专用发票，然后做如下操作。

① 打开“拷贝并执行”窗口。单击工具栏中的“生单/入库单”命令，系统打开“查询条件选择-采购入库单列表过滤”对话框，直接单击其“确定”按钮，系统打开“拷贝并执行”窗口。

② 拷贝信息。在“拷贝并执行”窗口的上窗格中，双击要选择的采购入库单(即上一步骤完成的采购入库单)所在行的“选择”栏，然后单击工具栏中的“OK 确定”按钮，系统返回“专用发票”窗口。

③ 编辑。编辑表头的“发票号”为“CG2345”，其他项默认。

(3) 保存。单击工具栏中的“保存”按钮，结果可参见图 4-44。

(4) 采购发票窗口结算。单击工具栏中的“结算”按钮，此时窗口左上方出现“已结算”字样，表示该发票已经采购结算了，结果如图 4-44 所示。

(5) 退出。单击“专用发票”窗口右上角的“关闭”按钮，关闭并退出该窗口。

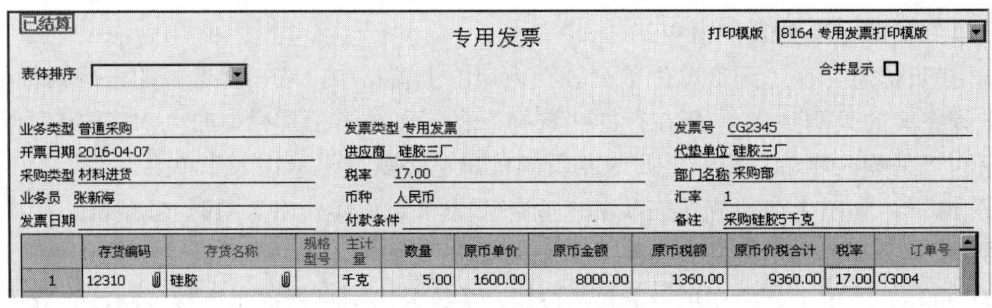

已结算

专用发票

打印模版 8164 专用发票打印模版

表体排序

合并显示

业务类型 普通采购　发票类型 专用发票　发票号 CG2345

开票日期 2016-04-07　供应商 硅胶三厂　代垫单位 硅胶三厂

采购类型 材料进货　税率 17.00　部门名称 采购部

业务员 张新海　币种 人民币　汇率 1

发票日期　付款条件　备注 采购硅胶5千克

	存货编码	存货名称	规格型号	主计量	数量	原币单价	原币金额	原币税额	原币价税合计	税率	订单号
1	12310	硅胶		千克	5.00	1600.00	8000.00	1360.00	9360.00	17.00	CG004

图 4-44　业务 4.6 的采购专用发票(已结算)

6. 场景五的操作步骤

视频网址：http://www.mdmuke.com/mdmk/mod/page/view.php?id=1128

任务说明：填制并审核采购退货单。

(1) 打开“采购退货单”窗口。在“采购管理”子系统中，依次点击“采购到货/采购退货单”菜单项，系统打开“采购退货单”窗口。

(2) 参照到货单生成采购退货单。先单击工具栏中的“增加”按钮，新增一张采购退货单，然后做如下操作。

① 打开“拷贝并执行”窗口。单击“生单/到货单”命令，系统打开“查询条件选择-

采购退货单列表过滤”对话框，直接单击其“确定”按钮，系统退出对话框并打开“拷贝并执行”窗口。

② 拷贝信息。在“拷贝并执行”窗口上窗格中，双击要选择的到货单(即本业务中完成的采购到货单)所在行的“选择”栏目，再单击其工具栏中的“OK 确定”按钮，系统返回“采购退货单”窗口，此时相关的信息已经有默认值。

③ 编辑。修改“采购退货单”表体的“数量”为“-1”、表头的“备注”为“采购退货硅胶 1 千克”，其他项默认。

(3) 保存。单击工具栏中的“保存”按钮，保存该单据，结果如图 4-45 所示。

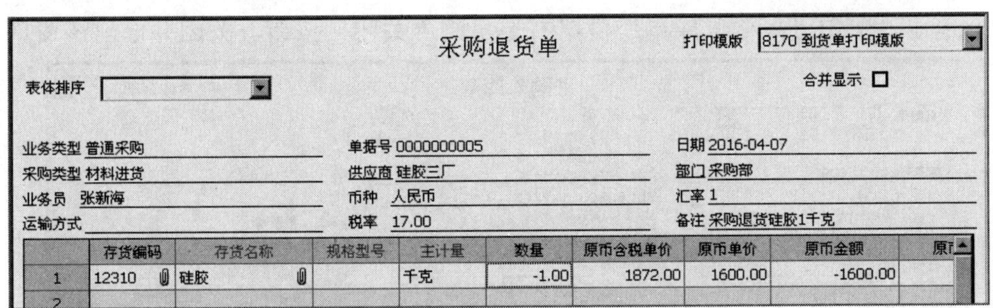

图 4-45　业务 4.6 的采购退货单

(4) 审核。单击工具栏中的“审核”按钮，审核通过该单据。

(5) 退出。单击“采购退货单”窗口右上角的“关闭”按钮，关闭并退出该窗口。

提示：

- 采购退货单与采购到货单是同一个单据模板，所以其表头和表体主要栏目说明，以及操作提示，可参见 4.4.3 节的有关采购到货单的说明。
- 采购退货单可以手工新增，也可以参照采购订单、原采购到货单、不良品处理单生成。但必有订单时，不可手工新增。
- 采购退货单可以修改、删除、审核、弃审、关闭、打开。
- 已审核采购退货单可以参照生成红字入库单。

7. 场景六的操作步骤

视频网址：http://www.mdmuke.com/mdmk/mod/page/view.php?id=1129

任务说明：填制并审核红字采购入库单。

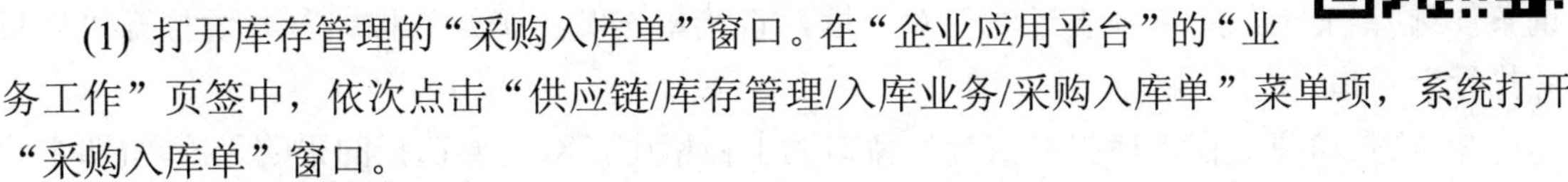

(1) 打开库存管理的“采购入库单”窗口。在“企业应用平台”的“业务工作”页签中，依次点击“供应链/库存管理/入库业务/采购入库单”菜单项，系统打开“采购入库单”窗口。

(2) 参照退货单生成红字采购入库单。首先单击工具栏中的“增加”按钮，新增一张采购入库单，然后做如下操作。

① 打开“到货单生单列表”窗口。先单击窗口上方的“红字”单选按钮，再单击表头的“到货单号”的参照按钮，系统弹出“查询条件选择-采购到货单列表”对话框，直

接单击该对话框中的“确定”按钮，系统打开“到货单生单列表”窗口。

② 拷贝信息。在“到货单生单列表”窗口的上窗格中，双击要选择的采购到货单(即本业务中完成的采购退货单)所在行的“选择”栏，再单击工具栏中的“OK 确定”按钮，系统返回“采购入库单”窗口，此时相关的信息已经默认显示在入库单上。

③ 编辑。参照生成或确认表头的“仓库”为“原材料仓库”，其他项默认。

(3) 保存。单击工具栏中的“保存”按钮，结果如图 4-46 所示。

(4) 审核。单击工具栏中的“审核”按钮，系统弹出信息框提示审核成功，单击其“确定”按钮，完成审核工作。

(5) 退出。单击“采购入库单”窗口右上角的“关闭”按钮，关闭并退出该窗口。

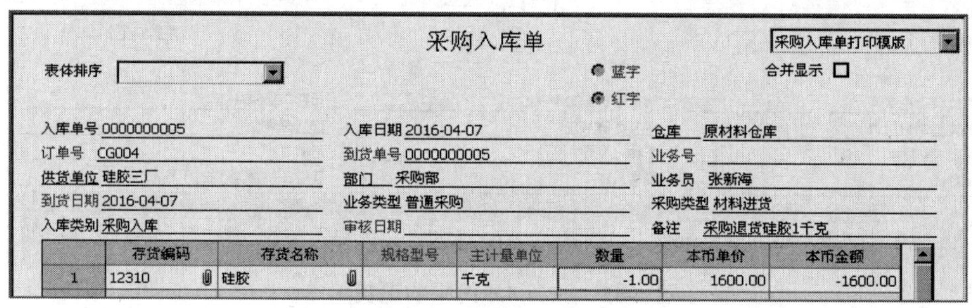

图 4-46　业务 4.6 的采购入库单(红字)

提示：

红字采购入库单与采购入库单(默认为蓝字)，是同一个单据模板，所以其表头和表体主要栏目说明，以及操作提示，可参见 4.4.3 节的有关采购入库单的说明。

8. 场景七的操作步骤

视频网址：http://www.mdmuke.com/mdmk/mod/page/view.php?id=1130

任务说明：填制红字采购专用发票并结算。

(1) 打开红字“专用发票”窗口。在“采购管理”子系统中，依次点击“采购发票/红字专用采购发票”菜单项，系统打开“专用发票(红字)”窗口。

(2) 参照红字入库单生成红字采购专用发票。先单击工具栏中的“增加”按钮，新增一张采购专用发票，再做如下操作。

① 打开“拷贝并执行”窗口。单击工具栏中的“生单/入库单”命令，系统打开“查询条件选择-采购入库单列表过滤”对话框，直接单击其“确定”按钮，系统打开“拷贝并执行”窗口。

② 拷贝信息。在“拷贝并执行”窗口的上窗格中，双击要选择的采购入库单(即本业务中完成的红字采购入库单)所在行的“选择”栏，并单击工具栏中的“OK 确定”按钮，系统返回“专用发票”窗口。

③ 编辑。编辑表头的“发票号”为“CGTH02”，其他项默认。

(3) 保存。单击工具栏中的“保存”按钮，结果可参见图 4-47。

(4) 采购发票窗口结算。单击工具栏中的“结算”按钮，此时窗口左上方出现“已结算”字样，表示该发票已经采购结算了，结果如图 4-47 所示。

(5) 退出。单击“专用发票”窗口右上角的“关闭”按钮，关闭并退出该窗口。

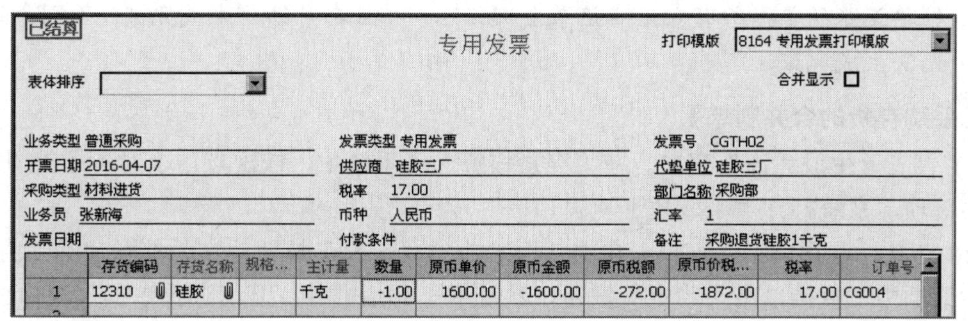
已结算

专用发票

打印模版 8164 专用发票打印模版

表体排序

合并显示

业务类型 普通采购 发票类型 专用发票 发票号 CGTH02

开票日期 2016-04-07 供应商 硅胶三厂 代垫单位 硅胶三厂

采购类型 材料进货 税率 17.00 部门名称 采购部

业务员 张新海 币种 人民币 汇率 1

发票日期 付款条件 备注 采购退货硅胶1千克

	存货编码	存货名称	规格...	主计量	数量	原币单价	原币金额	原币税额	原币价税...	税率	订单号
1	12310	硅胶		千克	-1.00	1600.00	-1600.00	-272.00	-1872.00	17.00	CG004

图 4-47 业务 4.6 的红字采购专用发票(已结算)

提示：

红字专用采购发票与专用采购发票(默认为蓝字)，是同一个单据模板，所以其表头和表体主要栏目说明，以及操作提示，可参见 4.4.3 节的有关采购发票的说明。

9. 场景八的操作步骤

视频网址：http://www.mdmuke.com/mdmk/mod/page/view.php?id=1131

任务说明：采购成本确认。

【采购入库记账】

(1) 打开“未记账单据一览表”窗口。在“企业应用平台”的“业务工作”页签下，依次点击“供应链/存货核算/业务核算/正常单据记账”菜单项，系统弹出“查询条件选择”对话框，直接单击该对话框中的“确定”按钮，系统打开“未记账单据一览表”窗口。

(2) 入库记账。在“未记账单据一览表”窗口中，选中本业务生成的红、蓝采购入库单，然后单击工具栏中的“记账”按钮，系统弹出信息框提示记账成功，单击其“确定”按钮，完成记账工作。

(3) 退出。单击“未记账单据一览表”窗口右上角的“关闭”按钮，退出当前窗口。

【核算说明】

- 蓝字入库单据记账时取单据上的成本，若单据上无成本则取系统选项“入库单成本选择”中的选项成本记账。
- 红字入库单记账时取单据上的成本，若单据上无成本取系统选项“入库单成本选择”中的选项成本(即参考成本，参见图 3-13)。
- 正常单据记账时，仅对用户所选择的记录行进行记账的处理，记账的过程保持不变，但回写单据的记账人时，要将记账人记在单据表体中本次记账的记录行上，表头的记账人不再处理。

- 如果您选择单据审核后才能记账，则正常单据记账的过滤条件中“包含未审核单据”选项就只能选择不包含，在显示要记账的单据列表时，未审核的单据不显示。
- 由于生成凭证只支持按整单制单，故在第 12 个会计月期末处理前，您一定要将未整单记账的单据所有未记账记录全部记账，并且在月结前生成凭证；否则年结后，无法生成凭证。

【采购存货的合并制单】

(1) 打开“生成凭证”窗口。在“存货核算”子系统中，依次点击“财务核算/生成凭证”菜单项，系统打开“生成凭证”窗口。

(2) 打开“选择单据”窗口。单击工具栏中的“选择”按钮，在系统弹出的“查询条件”对话框中，直接单击“确定”按钮，系统退出对话框并打开“选择单据”窗口。

(3) 生成并保存存货凭证。

① 选择采购入库单。在“选择单据”窗口中，选中本笔业务生成的 2 张采购入库单，然后单击工具栏中的“确定”按钮，系统返回“生成凭证”窗口。

② 生成并保存凭证。单击工具栏中的“合成”按钮，系统打开“填制凭证”窗口，并默认显示了本业务入库单上的相关信息(借记：原材料/硅胶，贷记：材料采购)；信息审核无误后，单击“保存”按钮，结果如图 4-48 所示。

(4) 退出。单击“填制凭证”和“生成凭证”窗口右上角的“关闭”按钮，关闭并退出窗口。

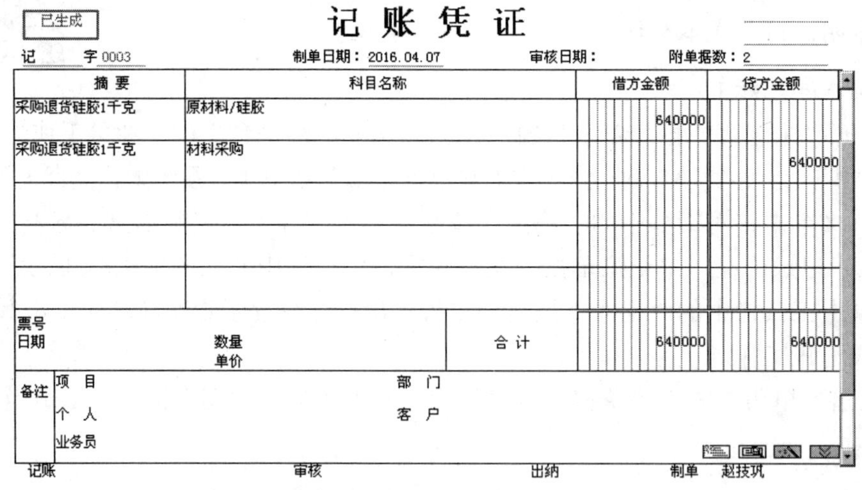

已生成

记 账 凭 证

记 字 0003　　制单日期：2016.04.07　　审核日期：　　附单据数：2

摘 要	科目名称	借方金额	贷方金额
采购退货硅胶1千克	原材料/硅胶	640000	
采购退货硅胶1千克	材料采购		640000
票号 日期	数量 单价 合 计	640000	640000

备注　项 目　　部 门

个 人　　客 户

业务员

记账　　审核　　出纳　　制单 赵技巩

图 4-48　业务 4.6 的存货凭证

4.7 实验报告内容

1. 请查看采购请购单列表，并将结果拷屏后粘贴在实验报告中。

2. 请查看采购订单列表，并将结果拷屏后粘贴在实验报告中。

3. 请查看采购到货单列表，并将结果拷屏后粘贴在实验报告中。

4. 请查看本月的采购入库单列表，并将结果拷屏后粘贴在实验报告中。

5. 请查看期初采购入库单窗口，并将结果拷屏后粘贴在实验报告中。

6. 请查看采购退货单列表，并将结果拷屏后粘贴在实验报告中(条件中设置“单据类型”)。

7. 请查看采购发票列表，并将结果拷屏后粘贴在实验报告中。

8. 请打开采购合同 CG002 的采购结算结果窗口，并将结果拷屏后粘贴在下面。

9. 请查看采购结算列表，并将结果拷屏后粘贴在实验报告中。

10. 请查看本月的出入库流水账，并将结果拷屏后粘贴在实验报告中。

11. 请列出采购业务中可能涉及的 3 个以上的部门名称，并说明各个部门在采购过程中扮演的角色。

12. 何时应该填制采购请购单？采购请购单有哪些作用？

13. 采购订单有哪些作用？

14. 已经审核通过的采购订单，若需要修改，应该如何操作？请详细列出操作步骤。

15. 采购结算有什么作用？

16. 用友 ERP 中的采购结算，有哪几种操作方式？

17. 用友 ERP-U8 中，有哪些单据之间可以进行采购结算？

18. 请列出采购普通业务中 6 种以上的单据名称。

19. 根据本人的操作，列出能转换采购订单状态的操作按钮。

20. 用友 ERP 中采购发票有哪 3 种类型？各有何作用和特点？

21. 用友ERP中采购发票窗口的“结算”按钮，为什么有时显示的是灰色(不可用状态)？

22. 用友 ERP 中采购结算，在什么情况下必须使用手工结算？

23. 请查看 7 日生成的女士高端太阳镜 990 副的存货凭证，并将结果拷屏后粘贴在实验报告中。

24. 红字采购入库单与蓝字采购入库单有哪些异同(业务操作)？

25. 存货记账的作用有哪些？

26. 采购成本确认的作用是什么？

27. 请比较采购到货拒收与采购退货的异同点。

28. 采购退货有哪 3 种情况？请比较它们在业务处理时的流程差异。

29. 请列出结算后的采购退货与普通采购业务操作的异同点。

第5章

库存与存货核算

工业企业的库存业务，除了采购入库和销售出库业务外，还有领料出库、产成品入库业务，以及所有企业都需要的调拨业务和存货盘点等业务。

在用友 ERP-U8 中，库存管理系统是其供应链的重要产品和基础产品，能够满足采购入库、销售出库、产成品入库、材料出库、其他出入库、盘点管理等业务需要，提供仓库货位管理、批次管理、保质期管理、出库跟踪入库管理、可用量管理、序列号管理等全面的业务应用。用友 U8 的库存管理系统，既可以单独使用，也可以与采购管理、销售管理、委外管理、存货核算、主生产计划、需求规划、车间管理、生产订单、物料清单、设备管理、售后服务等集成使用，发挥更加强大的应用功能。

库存管理系统适用于各种类型的工商企业，如制造业、医药、食品、批发、零售、批零兼营、集团应用及远程仓库等，可在该系统中完成工商企业的绝大部分库存管理工作。

存货是指企业在生产经营过程中为销售或耗用而储存的各种资产，包括商品、产成品、半成品、在产品以及各种材料、燃料、包装物、低值易耗品等。存货是保证企业生产经营过程顺利进行的必要条件。为了保障生产经营过程连续不断地进行，企业要不断地购入、耗用或销售存货。

存货是企业的一项重要的流动资产，其价值在企业流动资产中占有很大的比重，存货成本直接影响利润水平，所以企业领导层希望能及时了解存货的资金占用及周转情况，因而使得存货会计人员的核算工作量越来越大。

用友 ERP-U8 的存货核算系统，也是其供应链的重要产品，适用于工商企业的各种存货核算形式，可极大地减轻材料会计的核算工作量。它从资金的角度，管理存货的出入库业务，主要用于核算企业的入库成本、出库成本、结余成本，可及时反映和监督存货的收发、领退和保管情况，也可及时了解存货资金的占用情况。

本章的操作，请按照业务描述中的系统日期(如 4 月 7 日)，以账套主管赵技巩(或读者您本人)的身份，在第 4 章完成的基础上，在库存管理和存货核算系统中进行。

如果您没有完成第 4 章的采购业务的操作，则可以到百度云盘空间(云盘地址：https://pan.baidu.com/s/1kVO5jMZ，访问密码：m68d)的“实验账套数据”文件夹中，将“04 采购业务.rar”下载到实验用机上，然后“引入”(操作步骤详见 1.3.5 节)到 ERP-U8 系统中。而且，本章完成的账套，其“输出”压缩的文件名为“05 库存存货.rar”。

需要注意的是，因云盘中的账套备份文件均为“压缩”文件，所以下载完成后引入前，需要用解压缩工具进行解压(建议用 WinRAR 3.42 或以上版本)，得到相应可以引入的账套数据文件。

本章的所有业务实验操作，都有配套的微视频，您可以通过扫描二维码，或者到指定的网页地址去观看。本教程配套的微视频，均存放在北京神州明灯教育科技有限公司和合一集团的网站上，相应的访问说明请参见云盘中的“微视频访问说明.doc”。

本章的授课时间建议讲课 2～4 学时(主要讲解库存业务的类型、流程和业务分析，内容可参见本教程的 5.1 节和配套的课件)、实验 2～4 学时，实验目的与要求如下：

- 理解库存管理系统的作用及其与其他管理部门的关系。
- 理解存货核算系统的作用及其与其他管理部门的关系。
- 理解库存业务中调拨、盘点等业务的业务流和数据流。
- 熟练掌握材料出库和产成品入库业务的操作。
- 熟练掌握调拨、盘点等库存业务的操作。
- 熟练掌握日常存货核算业务数据的编辑、成本核算和生成凭证。

5.1 预备知识

库存管理和存货核算系统，分别从实物和资金的角度来管理企业的存货。

库存管理中的单据，绝大部分需要审核，即只有审核的单据才为有效单据。需要的单据，从业务上可分为 3 种状态：录入、未审核和已审核，有些单据若有下游单据生成了，则为已执行状态，不可弃审。

需要审核的单据包括：采购入库单、产成品入库单、其他入库单、销售出库单、材料出库单、领料申请单、配比出库单、其他出库单、调拨单、调拨申请单、盘点单、限额领料单、组装单、拆卸单、形态转换单、不合格品记录单和不合格品处理单。本节将对常用的单据进行解释和说明。

不需要审核的单据包括货位调整单和序列号调整单，这 2 种单据保存即为有效单据。

需要关闭的单据包括限额领料单、调拨申请单和领料申请单。限额领料单只能整张关闭/打开，不可拆单；调拨申请单、领料申请单既可以整单关闭/打开，也可以单行关闭/打开。

本节将讲解库存管理和存货核算系统的基本概念、作用和常用操作，包括：库存管理基本概念(如仓库管理、倒冲业务、批次管理等)、库存管理的业务类型、库存的调拨与盘点；存货核算的日常业务、财务核算；存货账簿与汇总分析，以及库存单据的常用单据栏目说明。

5.1.1 库存管理基本概念

库存管理主要是管理企业存货的出入库业务。入库业务，是指仓库收到采购或生产的货物，仓库保管员验收货物的数量、质量、规格型号等，确认验收无误后入库，并登记库存账的管理过程；出库业务，是指仓库进行销售出库、材料出库等业务。

本节将对库存管理中常用概念，包括仓库管理、批次管理、倒冲业务、条形码管理和再订货点法等内容进行讲解。

1. 仓库管理

在用友 ERP-U8 中，可以按照仓库对存货进行管理，同一存货在不同仓库可设置不同的盘点周期、安全库存等参数。

企业可以根据实际需要设置仓库的属性：

- 如果需要对车间存放的存货进行管理，可以设置现场仓，现场仓可以做倒冲业务。
- 如果需要对委外商处存放的材料进行管理，可以设置委外仓(可以做倒冲业务)。
- 如果有代管采购业务，可以设置代管仓。
- 如果需要处理固定资产业务，可以设置资产仓。

2. 倒冲业务

对于因包装的不可分割或价值较低的材料，通常会存放在生产线或委外商处(将材料从普通仓库调拨到现场仓库或委外仓库)，在产品完工后由系统根据完工或入库产品耗用的材料自动倒扣现场仓或委外仓的材料数量。

倒冲类型可分为生产倒冲和委外(入库)倒冲，生产倒冲又分为工序倒冲和入库倒冲。

倒冲方式可分为自动倒冲和盘点补差，盘点业务详见 6.1.3 节。

(1) 生产倒冲的盘点补差。在对现场仓的材料进行盘点时，系统自动将倒冲料的盘点数量(手工填入)与仓库现存量进行比较，并将有差异的倒冲料，按盘点期间相应的材料出库单的出库量进行分配，将倒冲料的差异量分摊到相应生产订单的各产品各工序上，生成新的材料出库单，将差异调平。

(2) 生产工序自动倒冲。在车间管理中进行工序转移单保存时，如果加工的产品在生产订单中有工序倒冲子件，则系统按规则自动生成材料出库单，倒扣现场仓材料数量。

(3) 生产入库自动倒冲。在库存管理中进行产成品入库单保存时，如果入库产品在生产订单中有入库倒冲子件，则系统按规则自动生成材料出库单。

(4) 委外入库自动倒冲。在库存管理中进行采购入库单(业务类型为“委外加工”)保存时，如果入库产品在委外订单中有倒冲子件，则系统按规则自动生成材料出库单。

(5) 委外入库盘点补差。在对委外仓的材料进行盘点时，系统自动将倒冲料的盘点数量(手工填入)与仓库现存量进行比较，并将有差异的倒冲料，按盘点期间相应的材料出库单的出库量进行分配，将倒冲料的差异量分摊到相应委外订单的各产品上，生成新的材料出库单，将差异调平。

倒冲生成的材料出库单是否被自动审核，是根据系统选项"倒冲材料出库单自动审核"是否被勾选决定的，详见 3.3.1 节。

3. 批次管理

用友 ERP-U8 的批次管理功能，可通过存货的批号，记录需要跟随批号的跟踪信息，比如厂家生产批号、医药化工行业主要原辅料的相关重要检测指标等；可以对存货的收发存情况进行批次管理，以利于统计某一批次所有存货的收发存情况，或者某一存货所有批次的收发存情况，同时查询批号对应的跟踪信息。

在库存管理的选项设置时，若选中"有无批次管理"，即设置存货为有批次管理，则出入库时，批次管理的存货需要指定批号，也可设置为自动指定批号。

批次管理的存货，如果在存货档案编辑时没有选择"出库跟踪入库"，或者库存管理的选项设置时没有选中"自动出库跟踪入库"，则系统将相同批号的入库记录自动合并，否则批号不合并。

假设有自动指定批号的批次管理存货"三元罐装奶粉"，结存有 3 批(参见表 5-1)，结存数量分别为 100、20 和 50 罐。若本次出库数量为 150，则按批号先进先出(即按批号排序)的出库结果如表 5-2 所示，按近效期先出(即按失效日期排序)的出库结果如表 5-3 所示。

表 5-1　存货"三元罐装奶粉"结存

批号	保质期	生产日期	失效日期	结存数量
9905	365 天	2015.04.11	2016.04.10	100
9906	365 天	2015.04.03	2016.04.02	20
9907	365 天	2015.06.09	2016.06.08	50

表 5-2　按批号先进先出的出库结果

批号	保质期	生产日期	失效日期	出库数量	结存数量
9905	365 天	2015.04.11	2016.04.10	100	0
9906	365 天	2015.04.03	2016.04.02	20	0
9907	365 天	2015.06.09	2016.06.08	30	20

表 5-3　按近效期先出的出库结果

批号	保质期	生产日期	失效日期	出库数量	结存数量
9906	365 天	2015.04.03	2016.04.02	20	0
9905	365 天	2015.04.11	2016.04.10	100	0
9907	365 天	2015.06.09	2016.06.08	30	20

4. 条形码管理

条形码(barcode)是将宽度不等的多个黑条和空白，按照一定的编码规则排列，用以表达一组信息的图形标识符，具有输入快、准确度高、成本低、可靠性强等优点。

条形码可以标出物品的生产国、制造厂家、商品名称、生产日期、图书分类号、邮件起止地点、类别、日期等许多信息，因而在商品流通、图书管理、邮电管理、银行系统等许多领域都得到了广泛的应用。

条码技术是实现 POS 系统、EDI、电子商务、供应链管理的技术基础，是物流管理现代化的重要技术手段。条码技术包括条码的编码技术、条码标识符号的设计、快速识别技术和计算机管理技术，它是实现计算机管理和电子数据交换必不可少的前端采集技术。

条码的种类很多，常见的有二十多种码制。国际广泛使用的条码种类有 EAN(European Article Number，国际商品条形码)、UPC 码(Universal Product Code，通用产品条形码)、Code39 码(可表示数字和字母，在管理领域应用最广)、ITF25 码(在物流管理中应用较多)、Codebar 码(多用于医疗、图书领域)、Code93 码、Code128 码等。

其中，EAN 码是当今世界上广为使用的商品条码，已成为电子数据交换(EDI)的基础；UPC 码主要为美国和加拿大使用；在各类条码应用系统中，Code39 码因其可采用数字与字母共同组成的方式而在各行业内部管理上被广泛使用；在血库、图书馆和照相馆的业务中，Codebar 码也被广泛使用。

图 5-1 是 EAN 条码，它是一种超市最常使用的一维条码，其组成包括两侧空白区、起始符、数据字符、校验字符(可选)和终止符，以及供人识读的字符组成。

图 5-2 是 UPC 码，商品编码为 12 位(UPC-A)、8 位(UPC-E)，UPC-B 为医药卫生 12 位，UPC-C 为产业部门 14 位，UPC-D 为仓库批发 14 位。

图 5-1　EAN 条码(13 位和 8 位码)

图 5-2　UPC 条码(12 位和 8 位码)

以上列举的均为一维条码，目前二维条码也在迅速发展，图 5-3 所示的是堆积或层排式的二维码，图 5-4 所示的是棋盘或矩阵式二维码。

二维条码可把照片、指纹编制于其中，可有效地解决证件的可机读和防伪问题。因此，可广泛应用于护照、身份证、行车证、军人证、健康证、保险卡等。

图 5-3　层排式二维码

图 5-4　矩阵式二维码

用友 ERP-U8 的库存管理系统中，可使用常用条码，也可以自定义条码。一个存货一般对应一个条形码，也可一个存货对应多个条形码，如可按存货的包装、颜色、尺寸、批号、货位、供应商、单价等信息设置存货的条形码。

增加存货的条形码时，可以直接录入条形码，也可根据规则输入规则内容，然后由系统自动生成条形码。条形码可以修改、删除、封存、重用，未封存的条形码可以用于填制单据。

条形码一旦使用，就不能再修改或删除了，已封存的条形码在单据录入时不能再使用。

5. ROP(再订货点法)

ROP(Re-Order Point，再订货点法)是一种传统的库存规划方法，现在主要用于低值易耗品、劳保用品等的采购计划编制。

再订货点法，是当某个物料的可用库存降至再订货点时，按照批量规则进行订购。即当存货的可用库存≤再订货点时，库存管理系统根据批量规则提出计划订货量。下面将详细讲解可用库存、再订货点和批量规则。

(1) 可用库存。可用库存＝可用量＋接收数量(ROP 采购计划未下达、请购单未完成、采购订单未完成、采购到货单未填仓库或批次存货未填批次部分)。

可用量＝现存量＋预计入库量－预计出库量－冻结量。在用友 ERP-U8 中，可设置更改现存量的时点(详见 3.3.1 节的图 3-9)，现存量是在单据保存时更新还是审核时更新，会影响现存量、可用量、预计入库量、预计出库量的变化。

- 可用量：企业实际上可以使用的存量。

- 现存量：指仓库的实际库存量。每次办理实物出入库后，根据“修改现存量时点”设置，更改现存量。
- 冻结量：冻结分为两种情况，一是整批冻结，即对已入库但因各种原因不能继续进行出入库业务的存货，暂时进行冻结，待原因查明后再解冻；二是因质量检验而进行的部分冻结。
  - 整批冻结，只能对批次管理的存货进行冻结；部分冻结可以对批次或非批次管理存货进行冻结。
  - 已冻结的量，必须从现存量中扣除再计算可用量，即冻结量不能被使用，不能作为可用量。
- 预计入库量：指采购业务或调拨业务已发生或生产订单已下达，实物还未入库但在可预见的未来将要入库的量。包括已请购量、采购在途量、生产订单量、委外订单量、到货/在检量、调拨在途量等。
  - 已请购量：指已审核未关闭的采购请购单未生成采购订单的量。
  - 采购在途量：指已审核未关闭的采购订单未入库或未到货量，以及已审核未关闭的进口订单未到货或未入库的量。
  - 生产订单量：已审核未关闭的生产订单未入库的量。实际业务中，指企业已下达生产订单，准备生产或正在生产过程中但还未完工入库的量(包括产出品)。
  - 委外订单量：已审核未关闭的委外订单未入库的量。实际业务中，指企业已下达委外订单，但还未入库或未到货的量。
  - 到货/在检量：到货单未入库的量，及红字发货单、发票、出口退货单未出库的量。实际业务中，采购或销售退货的商品已到达企业，但还未检验或未办理实物入库的量。
  - 调拨在途量：未审核调拨单针对转入仓库的量；其他出入库单审核时改现存量，已审核的调拨单对应的其他入库单或红字其他出库单未审核的量。实际业务中，企业已开具调拨单，调拨存货已发出正在运输途中，调拨入库方还未收到的存货的量。
- 预计出库量：指销售或调拨业务已发生，实物还未出库但在可预见的未来将要出库的量。包括销售订单量、备料计划量、生产未领量、委外未领量、待发货量、调拨待发量等。
  - 销售订单量：指已开具销售订单或出口订单承诺给客户但还未发货的量。
  - 备料计划量：指已开具限额领料单但未实际领用(即出库)的量。
  - 生产未领量：已下达的生产订单对应子项材料未实际领用(即出库)的量。
  - 委外未领量：已下达的委外订单对应子项材料未实际领用(即出库)的量。
  - 待发货量：指已开具销售发货单但未实际出库的量(先发货为发货单、先开票为发票)或已开具出口销货单但未实际出库的量。

- 调拨待发量：未审核调拨单针对转出仓库的量；其他出入库单审核时改现存量，已审核的调拨单对应的其他出库单或红字其他入库单未审核的量。实际业务中，已开具调拨单，但未发货的量。

(2) 再订货点。再订货点＝日均耗量×固定提前期＋安全库存。

- 日均耗量＝历史耗量/计算日均耗量的历史天数，可修改。
- 历史耗量：历史天数内的销售出库单、材料出库单、其他出库单(不包括调拨单)的出库数量，包括未审核单据。
- 安全库存(Safety Stock，简称 SS)，也称安全存储量或保险库存，是指为了防止不确定性因素(如大量突发性订货、交货期突然延期、临时用量增加、交货误期等特殊原因)而预计的保险储备量(缓冲库存)。

库存管理系统支持手工输入再订货点，也可自动计算再订货点。

(3) ROP 批量规则。可在“存货档案”的“计划”选项卡中，通过“ROP 批量规则”设置批量规则如下。

- 补充至最高库存：如果可用库存＞安全库存，则计划订货量＝最高库存－安全库存；如果可用库存≤安全库存，则计划订货量＝最高库存－可用库存。
- 固定批量：计划订货量＝固定批量。
- 历史消耗量：计划订货量＝日均耗量×保证供应天数。

5.1.2 库存管理业务类型

用友 ERP-U8 的库存管理系统中，其商业版和工业版的业务类型有所不同。商业版的不能使用产成品入库、委外加工入库、材料出库相关的功能，但可以设置受托代销业务。工业版的可以使用产成品入库、材料出库、领料申请、限额领料等，但不能使用受托代销业务。

1. 商业版的业务类型

用友 ERP-U8 的库存管理系统中，商业版的业务类型可分为 4 种，具体如下。

(1) 采购入库单。库存管理的采购入库业务，在“采购入库单”的单据上支持的“业务类型”包括普通采购、受托代销、代管采购和固定资产。

- 普通采购，是适合大多数企业的一般采购业务。
- 受托代销业务，是一种“先销售后结算”的采购业务，仅适用于有受托代销业务的商业企业和医药流通企业。
- 代管采购，是一种“先使用再结算”的采购业务。
- 固定资产采购，用于企业采购固定资产时的采购管理。

(2) 销售出库单。库存管理的销售出库业务，在“销售出库单”的单据上支持的业务类型为普通销售、委托代销和分期收款业务。

- 普通销售出库业务，是库存管理的主要工作之一，您可以参照销售管理系统的发货单、销售发票、销售调拨单和零售日报，生成销售出库单。

- 委托代销业务，指企业将商品委托他人进行销售，但商品所有权仍归本企业的销售方式。委托代销商品销售后，受托方与企业进行结算，并开具正式的销售发票，形成销售收入，商品所有权转移。只有库存管理系统与销售管理系统集成使用时，才能在库存管理系统中应用委托代销业务。
- 分期收款发出商品业务，类似于委托代销业务，货物提前发给客户，分期收回货款，收入与成本按照收款情况分期确认。分期收款销售的特点是：一次发货，当时不确认收入，分次确认收入，在确认收入的同时配比结转成本。

(3) 其他入库单。库存管理的其他入库业务，包括调拨入库、盘盈入库、组装入库、拆卸入库、转换入库等。

其他入库单，是指除采购入库、产成品入库之外的其他入库业务形成的入库单。一般地，其他入库单是由系统根据其他的业务单据自动生成的，业务类型为相应的业务，但也可以手工填制。

(4) 其他出库单。其他出库单指除销售出库、材料出库之外的其他出库业务，如调拨出库、盘亏出库、组装拆卸出库、形态转换出库、不合格品记录等业务形成的出库单。

其他出库单一般由系统根据其他业务单据自动生成，业务类型为相应的业务；还可参照设备作业单生成，实现备件的领用；参照服务单生成，实现服务配件的领用。但也可手工填制。

2. 工业版的业务类型

工业版的业务类型，可分为6种，具体如下。

(1) 采购入库单。与商业版相比，工业版的采购入库单支持的业务，除了普通采购、代管采购、固定资产外，增加了委外加工入库类型，但不支持受托代销业务。

委外加工业务指由发包厂商提供委外品零部件或原材料，委外供应商负责加工，发包厂商支付加工费的业务。

用友ERP-U8支持的委外业务，以委外订单为核心，支持参照委外订单进行收发料以及材料核销，支持参照委外订单开具委外加工费发票以及委外结算，暂不支持无订单的委外到货、入库、发料、开票等委外业务。相应的业务设计可参见本系列互动图书的《场景式企业生产制造应用教程》。

(2) 销售出库单，与商业版相同。

(3) 其他入库单，与商业版相同。

(4) 其他出库单，与商业版相同。

(5) 材料出库单。对于工业企业，材料出库单是领用材料时所填制的出库单据，当从仓库中领用材料用于生产或委外加工时，就需要填制材料出库单。对于生产倒冲或委外倒冲的材料，在进行产成品入库或委外入库(指业务类型为委外加工的采购入库)保存时，系统按规则自动生成材料出库单。

(6) 产成品入库单。产成品入库是工业版特有的入库业务。产成品入库单，一般指产成品验收入库时所填制的入库单据，是工业企业入库单据的主要部分。

5.1.3 库存调拨与盘点

1. 调拨业务

调拨业务，是仓库管理员根据企业内部的门店或分支机构的要货申请，在依据库存状况批复后执行的调拨处理，其应用模型可参见图 5-5。

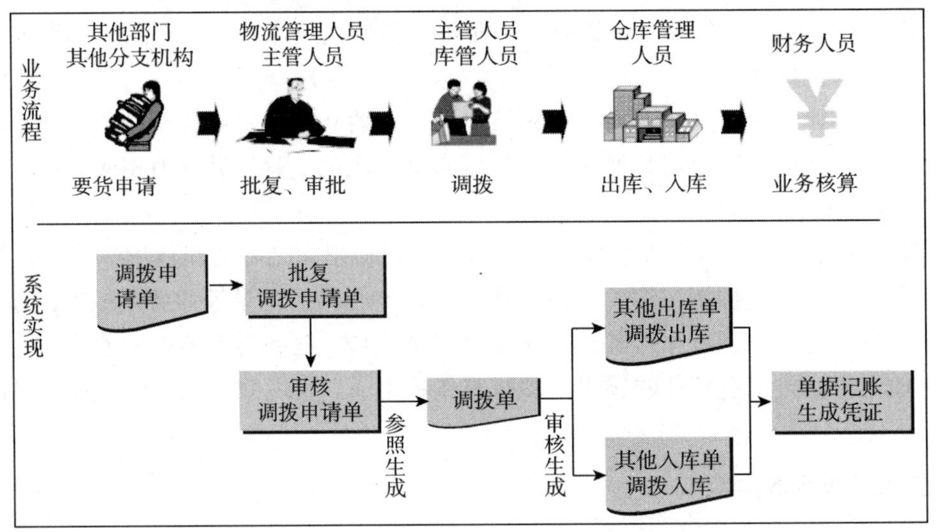

图 5-5 调拨业务的应用模型

由图 5-5 可知，调拨业务的主要单据为调拨申请单和调拨单。

调拨申请单用于录入门店或分支机构的要货情况，或录入企业配货指令，仓库可以根据调拨申请分次调拨。

调拨单是用于仓库之间存货的转库业务，或部门之间的存货调拨业务的单据。同一张调拨单上，如果转出部门和转入部门不同，表示部门之间的调拨业务；如果转出部门和转入部门相同，但转出仓库和转入仓库不同，表示仓库之间的转库业务。

2. 盘点业务

为了保证企业库存资产的安全和完整，做到账实相符，企业必须对存货进行定期或不定期的清查，查明存货盘盈、盘亏、损毁的数量以及造成的原因，并据以编制存货盘点报告表，按规定程序，报有关部门审批。经有关部门批准后，进行相应的账务处理，调整存货账的实存数，使存货的账面记录与库存实物核对相符。图 5-6 所示是盘点业务的应用模型。

(1) 盘点方式。盘点时，库存管理系统提供多种盘点方式，如按仓库盘点、按批次盘点、按存货大类盘点等，还可以对各仓库或批次中的全部或部分存货进行盘点，盘盈、盘亏的结果自动生成其他出入库单。

按仓库盘点是将盘点单表头仓库的全部存货带入盘点单的表体，以利于盘点数据的编辑。

按批次盘点是对盘点单表头“仓库＋表头批号”的全部存货带入盘点单的表体。

按存货大类盘点是对盘点单表头“仓库＋指定大类”的全部存货带入盘点单的表体。

(2) 盘点类型。按盘点的仓库类别，盘点可以分为普通仓库盘点和倒冲仓库盘点。

① 普通仓库盘点。普通仓库盘点的盘点单审核时，根据盘点表生成其他出入库单。所有盘盈的存货生成一张其他入库单，业务类型为盘盈入库；所有盘亏的存货生成一张其他出库单，业务类型为盘亏出库。

② 倒冲仓库盘点，指对现场仓或委外仓进行的盘点。

倒冲仓库盘点的盘点单在审核时，盈亏量不为0的记录生成材料出库单或其他出入库单。

- 盈亏量不为0且盘点会计期间内有材料耗用时，将盈亏量分摊到生产订单、委外订单上，按正数、负数且部门相同的分别生成不同的材料出库单：正数的生成红字材料出库单，负数的生成蓝字材料出库单。
- 盈亏量不为0但盘点会计期间内没有材料耗用时，则与普通仓库盘点相同，即审核时生成其他出入库单。

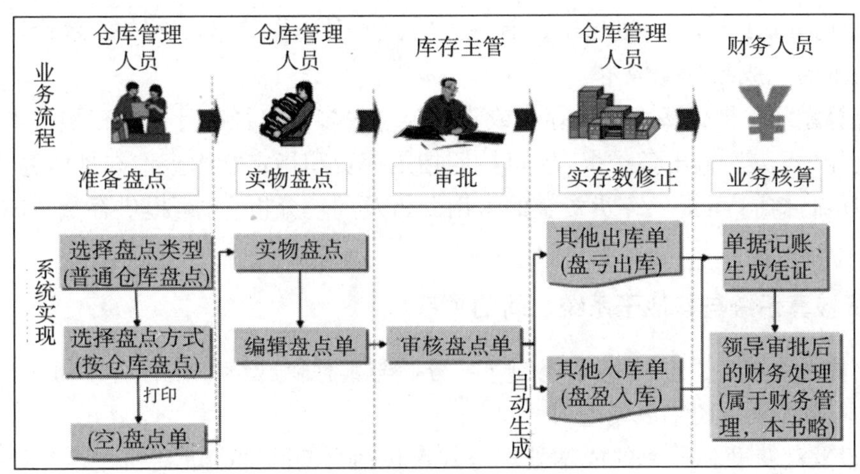

图 5-6 盘点业务的应用模型

5.1.4 存货核算概论

存货的核算是企业会计核算的一项重要内容。用友ERP-U8的存货核算系统，主要针对企业存货的收发存业务进行核算，以掌握存货的耗用情况，及时准确地把各类存货成本归集到各成本项目和成本对象上，为企业的成本核算提供基础数据；并可动态反映存货资金的增减变动情况，提供存货资金周转和占用的分析，从而可以在保证生产经营的前提下，降低库存量，减少资金积压，加速资金周转。

1. 存货核算的功能与特点

存货核算系统主要用于对企业存货的出入库业务，进行出入库存货成本的核算及计算结存余额，涉及的单据主要有采购入库单、产成品入库单、其他入库单，销售出库单、材料出库单、假退料单、其他出库单、入库调整单、出库调整单、计划价/售价调整单、产成品成本分配单等。财务账主要有存货明细账(总账)、受托代销商品明细账(总账)、发出商品明细账、差异明细账、差价明细账，系统自动按照所选核算方式计算成本并记账。

存货核算系统可对数量、金额均具备的出入库存货进行核算，也可对只有数量无金额的存货如赠品、附属物等存货进行核算；可按仓库进行核算，也可按部门(即多个仓库)或存货进行核算；可利用出入库调整单对本月已记账单据进行修改，并同时修改明细账或差异账/差价账；凡当时不能确定入库单价的，均可以暂估价入库，当与采购系统或委外系统集成使用时，可对暂估报销单据进行成本处理；当单独使用时，可填制调整单对金额进行调整。

存货核算系统与采购或委外系统集成使用时，对跨月的暂估入库单，本月报销后可选择月初回冲暂估金额、单到回冲暂估金额或调整暂估金额进行成本处理(详见 5.1 节)。

存货核算系统中，可单独记录及核算受托代销的库存商品明细账和统计报表，以及发出商品业务的发出商品明细账和统计报表；支持工业和商业各 6 种计价方式：全月平均、移动平均(详见 4.4.2 节)、先进先出、后进先出、个别计价、计划价核算/售价核算；可对没有入库成本的产成品分配成本。

存货核算系统，提供按仓库、存货或收发类别等多种口径统计，具有强大丰富的综合统计查询功能，可灵活输出各类报表；可按照指定存货和指定仓库查询与打印存货明细账、总账、差异明细账等；可提供存货资金的占用分析及周转分析，并可提供存货 ABC 分析(详见 6.1.7 节)。

2. 存货核算系统与其他子系统之间的关系

存货核算系统是企业供应链系统的一部分，与其他供应链产品有着密切的关系，

(1) 与采购管理系统集成使用时

- 可设置存货暂估入库的成本处理方式，包括月初回冲、单到回冲、单到补差。
- 采购入库单由采购管理系统(没有启用库存管理系统时)或库存管理系统生成，存货核算系统可修改采购入库单的单价和金额，并对采购入库单进行记账和生成凭证。
- 采购入库时，如果当时没有入库成本，采购系统可对所购存货暂估入库；报销(即票到结算)时，存货核算系统可根据用户所选暂估处理方式进行不同的暂估结算处理。

(2) 与库存管理系统集成使用时

- 期初结存数量、结存金额，可从库存管理系统进行取数，并与库存管理系统进行对账。
- 采购入库单、销售出库单、产成品入库单、材料出库单、其他入库单、其他出库单由库存系统输入，存货核算系统不能生成以上单据，只能修改其单价、金额项。

- 库存系统的调拨单、盘点单、组装拆卸单、形态转换单生成的其他出入库单，由存货核算系统填入其单价、成本并记账。

(3) 与销售系统集成使用时

- 从销售系统取分期收款发出商品期初数据、委托代销发出商品期初数据。
- 可对销售系统生成的销售发票、发货单进行记账和生成凭证。

(4) 与总账系统集成使用时

- 需要对存货科目、对方科目、税金科目等进行设置，以利于凭证科目的自动带入。
- 在本期进行月末结账之前，可对本期的记账单据生成凭证，并将生成的凭证传递到总账系统中。

5.1.5 存货核算日常业务

存货系统的日常业务，主要是进行日常存货核算业务数据的录入和成本核算。在与采购、销售、库存等子系统集成使用时，日常业务主要是对从其他子系统传过来的各种存货出入库单据和调整单据的查询、部分数据项的修改，以及成本计算；在单独使用时，完成各种出入库单据的增加、修改、查询和成本计算。

1. 入库成本核算

入库成本核算是对入库单据进行核算，入库单据包括企业外部采购物资形成的采购入库单、生产车间加工产品形成的产成品入库单，以及盘点、调拨、调整、组装、拆卸等业务形成的其他入库单据。

采购入库单，对于工业企业来讲，一般指采购原材料验收入库时所填制的入库单据；对于商业企业来讲，一般指商品进货入库时填制的入库单。无论是工业还是商业企业，采购入库单是企业入库单据的主要单据，除了只使用存货核算系统情况外，采购入库单都是由其他系统自动传递过来的，但在存货核算系统中可以通过修改功能调整入库金额。

产成品入库单，是指工业企业生产的产成品、半成品入库时所填制的入库单据。在用友 ERP-U8 的存货核算系统中，“产成品入库单”功能可用于编辑正常产品入库和已入库的不合格产品红字退回的单据。

产成品入库单在填制时一般只填写数量，单价与金额既可以通过修改产成品入库单直接填入，也可以由成本分配功能自动计算填入。

2. 出库成本核算

出库成本核算是对出库单据进行的核算，其中销售业务的成本核算可以通过销售发票，也可以通过销售出库单进行出库成本核算(您可以在系统选项设置中选定，详见 3.3.1 节)。

出库单据包括销售出库形成的销售出库单、车间领用材料形成的材料出库单，以及盘点、调整、调拨、组装、拆卸等其他出库业务形成的其他出库单。

销售出库单，对于工业企业来讲，一般指产成品销售出库时所填制的出库单据；对于商业企业来讲，一般指商品销售(包括受托代销商品)出库时填制的出库单。无论是工业还是商业企业，销售出库单是企业出库单据的主要部分，来源于销售管理系统和出口管理系统。所有销售出库单的单价、金额都可在存货核算系统中修改，但对数量的修改只能在该单据填制的系统中进行。

3. 调整业务

出入库单据记账后，发现单据金额错误，如果是录入错误，通常采用修改方式进行调整。但若是因暂估入库后发生零出库业务等原因所造成的出库成本不准确，或库存数量为零而仍有库存金额的情况时，则只能使用入库调整单或出库调整单进行调整。

(1) 入库调整单。入库调整单是对存货的入库成本进行调整的单据，它只调整存货的金额，不调整存货的数量；它调整当月的入库金额，并相应调整存货的结存金额；可针对单据进行调整，也可针对存货进行调整。

提示：

- 已生成凭证的单据不允许调整。如果想进行调整，应先删除所生成的凭证。
- 记账标志：入库调整单在单据录入时仍按整单记账，但在正常单据记账中可拆单按行记账，因此记账标志存放在表体。
- 修改单据：由于可拆单按行记账，因此单据修改也需要按行处理。一张单据中，已记账的单据行不可修改，未记账的单据行可修改；只要表体有已记账的行记录，则单据的表头就不可修改了。

【入库调整记账规则】

- 调整单记账时，在明细账中记录一笔只有金额没有数量的记录。
- 实际价核算时，调整金额记入存货明细账中，形成一笔存货调整；计划价或售价核算时，调整金额记入差异账或差价账中，形成一笔差异调整。
- 全月平均方式核算时，系统自动调整本月对应入库单据上存货的入库成本，现入库成本＝原入库成本＋调整金额。
- 移动平均方式核算时，系统自动调整本月对应入库单据上存货的入库成本，并重新计算明细账中调整记录以下的出库成本及结存成本，并回填出库单。
- 先进先出或后进先出方式核算时，系统自动调整本月对应入库单据上存货的入库成本，并重新计算明细账中该入库单所对应的出库成本，并回填出库单。
- 计划价或售价方式核算时，系统自动调整本月对应入库单据上存货的入库成本差异，现入库成本差异＝原入库成本差异＋调整差异。
- 个别计价法核算时，系统自动调整本月对应入库单据上存货的入库成本，并重新计算明细账中该入库单所对应的出库成本，并回填出库单。注意，一笔出库单据指定多笔入库单据时，不调整对应出库成本。

(2) 出库调整单。出库调整单是对存货的出库成本进行调整的单据，它只调整存货的金额，不调整存货的数量；它调整当月的出库金额，并相应调整存货的结存金额；只能针对存货进行调整，不能针对单据进行调整。

提示：

- 记账标志：出库调整单在单据录入时仍按整单记账，但在正常单据记账中，可拆单按行记账，因此记账标志存放在表体。
- 修改单据：由于可拆单按行记账，因此单据修改也需要按行处理。一张单据中，已记账的单据行不可修改，未记账的单据行可修改；只要表体有已记账的行记录，则单据的表头就不可修改了。

【出库调整记账规则】

- 调整单记账时，在明细账中记录一笔只有金额没有数量的记录。
- 计划价方式核算时，调整金额记入差异账或差价账中，形成一笔差异调整。
- 实际价核算时，调整金额记入存货明细账中，形成一笔存货调整。

(3) 系统调整单。系统调整单是存货核算系统自动生成的出入库调整单，它有以下 3 种来源。

- 单据记账：如果您在单据记账界面上，选择了“账面负结存时入库单记账自动生成出库调整单”，则单据记账时，若账面负结存时入库单记账，则系统自动生成出库调整单，您可在存货核算系统的“系统调整单”功能中修改。
- 存货结算成本处理：若结算成本处理时，暂估方式为“单到补差”且暂估入库单价和报销单价不一致，则系统自动生成入库调整单(报销单价＞暂估单价)或出库调整单(报销单价＜暂估单价)，可修改。
- 期末处理：若期末处理时，出现了“数量为零，金额不为零”的情况，则系统自动生成调整单，可修改。

4. 假退料业务

假退料业务的应用场景是：车间已领用的材料，在月末尚未消耗完，下月需要继续耗用，则可不办理退料业务，而制作假退料单进行成本核算。只有工业版的存货核算才有此功能。

假退料单记账或期末处理时，成本的核算方法同材料出库单。

月末结账时，根据当月已记账的假退料单自动生成假退料的回冲单，数量、金额的符号与假退料单完全相反，日期是下个月的第一天，单据号同原假退料单单号，其他内容完全相同。

假退料回冲单月末结账时自动记账，记账时成本的核算方法同材料出库单。恢复月末结账时，则将假退料单生成的蓝字回冲单一起恢复。

5.1.6 存货业务与财务核算

存货核算系统的业务核算，主要功能是对单据进行出入库成本的计算(记账)、结算成本的处理、产成品成本的分配，以及期末处理。

存货核算必须进行期初记账，否则不能出现业务核算内容。

存货核算系统的财务核算，主要是对已经业务核算的单据制单，即生成凭证，并将凭证传递至总账系统。

1. 单据记账与恢复记账

单据记账可将您输入的单据，登记到存货明细账、差异明细账/差价明细账、受托代销商品明细账、受托代销商品差价账等。

先进先出、后进先出、移动平均、个别计价这 4 种计价方式的存货，在单据记账时进行出库成本核算；全月平均、计划价/售价法计价的存货，在期末处理处进行出库成本核算。

单据记账主要包括正常单据记账、发出商品记账、特殊单据记账和直运销售记账。下面在分别讲解这 4 种记账业务的基础上，说明恢复记账功能的作用。

(1) 正常单据记账。正常单据记账是对普通业务的红蓝出入库单、其他出入库和出入库调整单，进行记账。记账的过程如下：

- 先给选择的满足记账条件的数据打上记账标志。
- 执行记账过程，将参与记账的数据记入存货明细账。
- 记账过程执行完成后，同步其他业务系统单据的单价、金额及相关数据项，并将业务单据上的记账标志更新为实际记账人，记账完毕。

【业务规则】

- 在记账过程中的采购入库单，不能做采购结算、委外核销、委外结算等业务。
- 查询存货的报表(流水账、收发存汇总表、入库汇总表、出库汇总表、暂估材料/商品余额表等)，在记账过程中的记录按已记账的记录查询。
- 如果在记账过程中增加本月的业务数据(出入库单据、结算单、委外核销等)，这些数据不会被记入存货明细账。
- 在记账过程中，为其他系统提供的成本，按已记入存货明细账和总账的成本为准，不含记账过程中的数据。

(2) 发出商品记账。发出商品记账，是对分期收款/委托代销商品的发货单记账(减少库存商品，增加分期收款/委托代销商品)和发票记账(减少分期收款/委托代销商品，并结转销售成本)。

提示：

- 只有销售系统启用时，存货核算系统才能对分期收款发出商品业务进行核算。

- 委托代销商品记账有两种处理方式：一是视同普通销售，二是按发出商品核算，可在存货核算的系统选项中选择(参见3.3.1节)。若选择为按普通销售核算，则在“正常单据记账”功能中进行单据记账和成本核算；若选择按发出商品核算，则在“发出商品记账”功能中进行单据记账和成本核算。

【业务规则】

- 委托代销发货单对应的销售出库单如果已记账，则委托代销发货单不能记账。
- 委托代销发出商品发货单记账时，是根据发货单中各存货或仓库、部门的计价方式，计算发货单的成本。
- 委托代销发出商品发票记账时，取发票对应的发货单的出库成本单价计算发票的销售成本。每次记账后要将发票结转的数量和成本记在明细账的发货单上。如果发货单是计划价或全月平均计价时，发票也可记账，但必须在发货单期末处理后有实际单价时，发票才回写金额。发票记账时，如果发票对应的发货单未记账，则发票不能记账。恢复记账时，发货单对应的发票必须全部恢复记账后，才能恢复发货单。

(3) 特殊单据记账。特殊单据记账是提供调拨单、组装单和形态转换单等特殊单据的记账，以进行成本计算。这些特殊单据，也可以通过“正常单据记账”进行记账和成本计算。

- 调拨单：用于仓库之间存货的转库业务或部门之间的存货调拨业务。
- 组装单：组装指将多个散件组装成一个配套件的过程。组装单相当于两张单据，一个是散件出库单，一个是配套件入库单。配套件和散件之间是一对多的关系，应在产品结构中设置，需要在组装之前完成定义，否则无法进行组装。
- 形态转换单：由于自然条件或其他因素的影响，某些存货会由一种形态转换成另一种形态，如煤块由于风吹、雨淋，天长日久变成了煤渣，活鱼由于缺氧变成了死鱼，等等，从而引起存货规格和成本的变化。因此库管员需根据存货的实际状况填制形态转换单，或叫规格调整单，报请主管部门批准后进行调账处理。

(4) 直运销售记账。直运销售记账是对直运销售业务进行核算。只有销售系统启用时，存货才能对直运销售进行核算。根据直运采购发票或销售发票记入明细账时，仓库和所属部门均为空。

直运销售的业务模式和成本核算规则，请参见8.4节。

(5) 恢复记账。恢复记账是将已登记明细账的单据恢复到未记账状态。

恢复记账的业务规则如下：

- 对于全月平均、计划价/售价、个别计价核算方式，可选择任意一张单据进行恢复，但对于移动平均、先进先出、后进先出核算方式，如果单独恢复其中某个行记录时，易造成数据错误，所以应按记账顺序从后向前恢复。
- 在移动平均、先进先出、后进先出核算方式下，若按存货核算，则恢复记账时可只对要恢复记账的存货按顺序恢复，不影响其他存货；若按仓库核算，则恢复记账时可只对要恢复记账的仓库＋存货按顺序恢复，不影响其他仓库的其他存货；若按部门核算，则恢复记账时可只对要恢复记账的所属部门＋存货按顺序恢复，不影响其他所属部门的其他存货。

- 当与采购或委外系统集成使用时，有暂估回冲处理时，恢复后单据成为暂估状态，用户应重新进行暂估回冲处理。
- 对于本月已生成凭证的单据，不能恢复记账，并且其之前的单据也不能恢复记账。如果想恢复记账，应先删除所生成的凭证。
- 分期收款发出商品发货单恢复记账时，发货单对应的发票必须全部恢复记账后，才能恢复发货单。恢复记账所有单据一起恢复。
- 委托代销发货单恢复记账时，发货单对应的发票必须全部恢复记账后，才能恢复发货单。恢复记账所有单据一起恢复。
- 直运采购发票恢复记账要将已记账的对应直运销售发票的出库调整单一起删除。恢复直运销售发票时要将直运销售发票对应的出库调整单删除。

2. 期末处理

当日常业务全部完成后，就可以进行期末处理了。期末处理时，系统自动计算按全月平均方式核算的存货的全月平均单价及其本会计月出库成本，计算按计划价/售价方式核算的存货的差异率/差价率及其本会计月的分摊差异/差价，并对已完成日常业务的仓库/部门/存货做处理标志。

提示：

- 由于存货核算系统可以处理压单不记账的情况，因此进行期末处理之前，您应仔细检查是否本月业务还有未记账的单据。
- 本月的单据如果不记账，可以放在下个会计月记账，作为下个会计月的单据。
- 期末成本计算每月只能执行一次，执行之后就不能再在本会计期间录入出入库单，若有则只能作为下个会计月的单据录入。
- 由于生成凭证只支持按整单制单，故在第 12 个会计月期末处理前，您一定要将未整单记账的单据所有未记账记录全部记账，并且在月结前生成凭证。否则年结后，无法生成凭证。

【业务规则】

- 按仓库或按部门核算时，可以对整个仓库/所属部门进行期末处理或恢复期末处理，也可选择对仓库/所属部门中部分存货进行期末处理和恢复期末处理。
  - 期末处理时，如果您只选择了仓库/所属部门，而未选择存货，则默认要对仓库/所属部门中的所有未做期末处理的存货进行期末处理。
  - 恢复期末处理时，如果您只选择了仓库/所属部门，而未选择存货，则默认要对仓库/所属部门中的所有已做期末处理的存货恢复期末处理。
- 当所选仓库/部门/存货为计划价/售价核算时，系统自动计算此仓库/部门/存货中各存货的差异率/差价率，并形成差异/差价结转单，此单据用户不可修改；如果您认为此单有误，可按“取消”按钮取消此次处理；如果无误，可单击“确认”按钮以确认期末成本处理结果并记账。

- 当所选仓库/部门/存货为全月平均方式核算时，系统自动计算此仓库/部门/存货中各存货的全月平均单价，并计算本会计月的出库成本(不包括用户已填成本的出库)，生成期末成本处理表，用户可对此表进行打印；如果出库成本不符合要求，可单击“取消”按钮，然后对出库成本调整后再处理；如果单击“确认”按钮，则系统将对明细账回填出库成本，完成后提示“期末处理完成”。
- 全月平均或计划价核算时，系统计算出的出库单价为负数时或无单价时按零出库成本选项处理。
- 期末处理自动生成调整单时，可在系统调整单中进行修改。
- 当所选仓库/部门/存货为移动平均、先进先出、后进先出或个别计价的计价方式时，系统将自动标识此仓库/部门/存货的期末处理标志。
- 本月已进行期末处理的仓库/部门/存货不能再进行期末处理。
- 期末处理后，对于计划价或全月平均计价核算的委外出库单，存货核算回写委外出库单的实际成本后，如果委外出库单已进行数量核销，委外管理会自动将委外出库单的实际成本回写到委外出库单对应的核销单的核销金额中。

3. 存货财务核算

企业的存货，在存货核算日常业务中进行出入库核算后，就可以生成记账凭证了。存货核算的财务核算功能，其主要作用是生成凭证并传递至总账，以及与总账对账。

在财务核算功能模块，可依据业务规则自动生成凭证，可多张单据合成凭证，可将借贷方差异合并制单，还可联查单据。

生成凭证用于对本会计月已记账单据生成凭证，并可对已生成的所有凭证进行查询显示；所生成的凭证可在账务系统中显示及生成科目总账。

5.1.7 存货账簿与汇总分析

存货的账簿可分为明细账、总账和流水账，汇总表包括入库汇总表、出库汇总表和收发存汇总表，存货分析可进行存货周转率、ABC成本分析、库存资金占用规划和入库成本分析等分析。

1. 明细账

明细账是按末级存货设置的，用来反映存货的某段时间内收发存数量和金额的变化。

用友 ERP-U8 的明细账功能，可用于查询本会计年度各月份已记账的末级存货的明细账，可用于查询按计划价/售价核算的已记账存货、本会计年度各月份的差异/差价账，且可以查询差异/差价的汇总数据。存货数量是按库存单位显示辅计量单位的件数信息。若存货的计量有固定换算率，则不仅可查询主计量单位的数量信息，还可查询辅计量单位的件数信息。

用友 U8 的存货核算系统，提供 3 种存货核算方式：按仓库、按部门、按存货核算。核算方式对明细账的影响如下：

(1) 按仓库核算。按仓库核算时，在明细账查询的过滤条件中，仓库必须输入。系统显示每个仓库每种存货的明细账时，将该仓库每种存货期初余额作为该存货的期初余额，对该仓库每种存货的出入库单据进行排序并显示明细账。

按仓库核算时，可分别查询直运业务的存货明细账和非直运业务的存货明细账。

(2) 按部门核算。按部门核算时，在明细账查询的过滤条件中，部门必须输入。系统显示每个部门下每种存货的明细账时，将该部门每种存货期初余额作为该存货的期初余额，对该部门每种存货的出入库单据进行排序并显示明细账。

按部门核算时，可分别查询直运业务的存货明细账和非直运业务的存货明细账。

(3) 按存货核算。按存货核算时，系统显示每种存货的明细账时，将该存货在所有仓库的期初余额加起来作为该存货的期初余额，对该存货在所有仓库的出入库单据进行排序并显示明细账。

按存货核算时，可分别查询直运业务的存货明细账和非直运业务的存货明细账，也可查询全部存货的明细账。

提示：

用友 ERP-U8 在显示或打印存货明细账时，对于有期初余额的存货，本年度的明细账是以有期初余额开始，也就是说从有期初余额的月份开始显示该存货的收入、发出、结存的数据；对于没有期初余额的存货，本年度的明细账以业务实际发生记账月份开始，也就是说该存货没有发生业务的月份不显示收入、发出、结存的数据。

2. 总账

总账账簿是存货的总分类账，它以借贷余的形式，反映各存货的各月份的收发余金额。

用友 ERP-U8 的总账功能，既可按存货分类也可按存货查询各个存货的各月份的收发余金额。

用友 U8 的 3 种存货核算方式，对总账的影响如下：

(1) 按仓库核算。按仓库核算时，在总账查询的过滤条件中，仓库必须输入。系统显示每个仓库每种存货的总账时，将该仓库每种存货期初余额的汇总，作为该存货的期初余额；对该仓库每种存货的出入库单据进行汇总，作为总账的发生额。

按仓库核算时，可分别查询直运业务的存货总账和非直运业务的存货总账。

(2) 按部门核算。按部门核算时，在总账查询的过滤条件中，部门必须输入。系统显示每个部门下每种存货的总账时，将该部门每种存货期初余额的汇总，作为该存货的期初余额；对该部门每种存货的出入库单据进行汇总，作为总账的发生额。

按部门核算时，可分别查询直运业务的存货总账和非直运业务的存货总账。

(3) 按存货核算。按存货核算时，系统显示每种存货的总账时，将该存货在所有仓库的期初余额加起来，作为该存货的期初余额；对该存货在所有仓库的出入库单据进行汇总，作为总账的发生额。如果输入仓库，则只显示该仓库中该存货的总账期初余额和发生额。

按存货核算时，可分别查询直运业务的存货总账和非直运业务的存货总账，也可查询全部存货的总账。

3. 流水账

用友 ERP-U8 存货核算系统中的出入库流水账功能，可用于查询当年任意日期范围内存货的出入库情况，以利于您进行出入库流水的对账和查账。

在该功能模块中，可查询已记账、未记账和全部单据的流水账；可显示暂估单据的流水账；可以联查单据；可以联查凭证。

联查单据是查看流水账中某行记录的单据卡片，可先单击要查看的单据记录行，再单击工具栏中的“联查单据”按钮，以打开相应单据的卡片界面。

联查凭证是查看流水账中某行记录的凭证，可先单击要查看的单据记录行，再单击工具栏中的“联查凭证”按钮，以打开相应记录行的凭证窗口。

4. 汇总表

存货的汇总表，包括入库汇总表、出库汇总表、收发存汇总表等。

(1) 入库汇总表。入库汇总表用于对某期间的入库存货数量金额进行统计汇总。

用友 ERP-U8 存货核算系统中的入库汇总表功能，既可提供已记账、未记账和全部单据的汇总数据，也可提供按不同口径统计汇总的数据，包括按仓库汇总、按存货汇总、按入库类别汇总、按部门汇总、按供应商汇总、按仓库和入库类别汇总、按存货和入库类别汇总、按供应商和入库类别汇总、按部门和入库类别汇总、按对方科目汇总、按销售订单号汇总、按采购订单号汇总等多种口径。

(2) 出库汇总表。出库汇总表用来对某期间的出库存货数量金额进行统计，可以根据各种条件进行组合查询分析，可提供已记账、未记账、全部单据的汇总数据。

(3) 收发存汇总表。收发存汇总表用于对某期间已记账存货的收发存数量金额进行统计汇总。

5. 分析表

用友 ERP-U8 的存货核算系统，提供了存货周转率、ABC 成本分析、库存资金占用规划和入库成本分析等，下面主要说明存货周转率和 ABC 成本分析。

(1) 存货周转率。存货周转率是衡量和评价企业管理状况的综合性指标。

用友 ERP-U8 的存货核算系统，为您提供了对某一种存货、某一类存货或全部存货的存货周转率分析。

存货周转率可按金额和数量分析。按金额分析，可分析消耗成本、平均库存成本、每天的平均库存成本、存货周转率和存货周转天数。

- 消耗成本：用户所选择的期间内，存货的出库成本。
- 平均库存成本：查询期间内存货每天的平均库存成本之和÷查询期间天数。
- 每天的平均库存成本=(当天的期初结存成本+当天的期末结存成本)÷2。
- 存货周转率=查询期间内已消耗存货成本÷查询期间内存货的平均库存成本。
- 存货周转天数=此期间内天数÷存货周转率。

按数量分析，分析消耗数量、平均库存数量、每天的平均库存量、存货周转率和存货周转天数。

- 消耗数量：用户所选择的期间内，存货的出库数量。
- 平均库存数量：查询期间内存货每天的平均库存量之和÷查询期间天数。
- 每天的平均库存量=(当天的期初结存数量+当天的期末结存数量)÷2。
- 存货周转率=查询期间内存货的已消耗量÷查询期间内存货的平均库存量。
- 存货周转天数=此期间内天数÷存货周转率。

(2) ABC 成本分析。

存货的 ABC 成本分析法，又称“存货控制 ABC 分类法”，指对存货按重要性分类并分别对其进行控制和管理的方法。通常按各种材料耗用的金额占材料消耗总额的比重，或各种产品计划成本占产品计划总成本的比重，并采用一定的标准，划分为 A、B、C 三类，其中 A 类最重要，其耗用总额最大，而且都是主要材料；B 类材料的品种、需用量、耗用总额、对生产的重要性均处于一般状态；C 类材料品种多、需用量小，耗用总额较少。通过 A、B、C 分析，对各类存货有区别地进行管理。如对 A 类材料，逐一对它的供应批量、运输批量等进行研究，并与供应单位具体协商，确定最佳经济批量等。

用友 ERP-U8 的存货核算系统中的 ABC 成本分析，是按成本比重高低，将各成本项目分为 ABC 三类。存货核算系统按您设定的分类范围(详见图 5-7，可设置成本比重和实物量比重)，通过统计计算确定各存货的 ABC 分类(结果可参见图 5-7)。

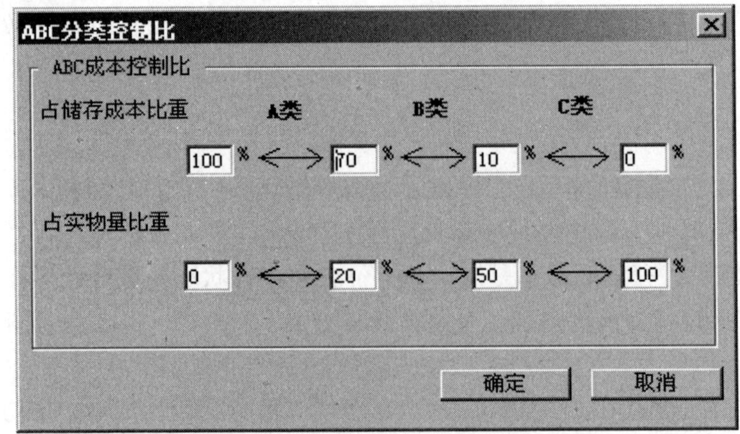

图 5-7　ABC 分类控制比例设置对话框

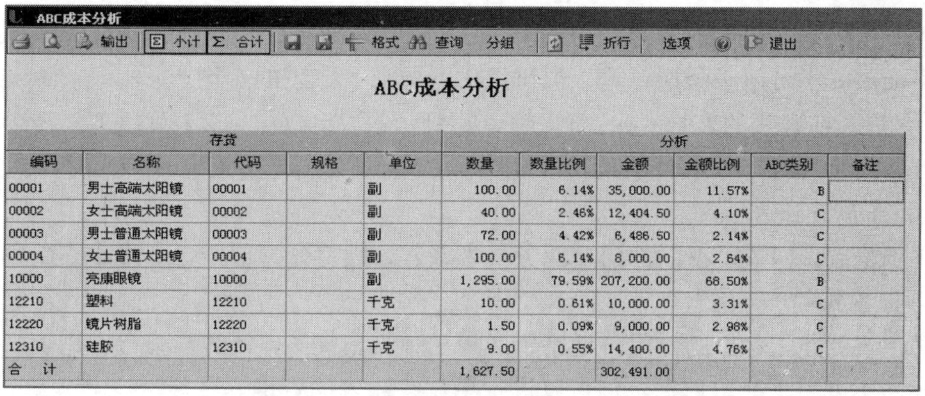

ABC成本分析

存货					分析					
编码	名称	代码	规格	单位	数量	数量比例	金额	金额比例	ABC类别	备注
00001	男士高端太阳镜	00001		副	100.00	6.14%	35,000.00	11.57%	B	
00002	女士高端太阳镜	00002		副	40.00	2.46%	12,404.50	4.10%	C	
00003	男士普通太阳镜	00003		副	72.00	4.42%	6,486.50	2.14%	C	
00004	女士普通太阳镜	00004		副	100.00	6.14%	8,000.00	2.64%	C	
10000	亮康眼镜	10000		副	1,295.00	79.59%	207,200.00	68.50%	B	
12210	塑料	12210		千克	10.00	0.61%	10,000.00	3.31%	C	
12220	镜片树脂	12220		千克	1.50	0.09%	9,000.00	2.98%	C	
12310	硅胶	12310		千克	9.00	0.55%	14,400.00	4.76%	C	
合 计					1,627.50		302,491.00			

图 5-8 ABC 成本分析结果(自动生成)

5.1.8 库存单据常用栏目

库存单据中，也有些共同的表头和表体栏目，本节将在说明其共性的同时，比较同一栏目名称在不同单据中的取值差异。

1. 库存单据表头栏目

库存单据中共同的表头栏目，包括单据号、单据日期、仓库、供应商、客户、部门、业务员、业务类型、入库类别、出库类别、审核日期、修改日期、制单人、审核人、制单时间以及审核时间等 20 多个栏目。

(1) 单据号。在新增单据时，可录入或自动生成单据号，必填。生成单据号的规则可修改(请参考 3.1.2 节)，可录入数字和字母。同一类型的单据号保证唯一性。

(2) 单据日期。在新增单据时，可录入或参照生成单据日期，必填。默认值为当前业务日期，可修改；若参照日历生成，则录入必须符合日期格式“yyyy-mm-dd”。

单据日期必须大于等于当前会计月第一天的日期，可以录入本月及以后月份的任意日期。

(3) 仓库。在新增单据时，录入或参照仓库档案生成仓库，必填。库存单据必须先选择表头仓库，才能录入表体存货。多数情况下，一张单据只能由一个仓库出入库，即多数出入库单据只有表头仓库。

即使出入库单据表体有记录，单据保存之前也允许修改仓库。但若仓库的停用日期小于等于当前业务日期，即该仓库为已停用仓库，则不可参照录入，不可用于新增单据。对于已停用的仓库，仅可进行单据、报表的查询。

(4) 供应商。在表头的供应商栏目，可录入或参照供应商档案(详见 2.2 节)生成，必填。参照的供应商档案，其供应商“属性”必须为“货物”。

编辑供应商栏目时，单击“参照”按钮或按 F2 键，选择一个供应商，或直接输入供应商，然后按 Enter 键确认。

供应商确定后，如该单据的部门及业务员未录入，则将分管部门、专营业务员自动带入到部门、业务员栏，可修改。

需要注意的是，供应商的停用日期小于或等于单据日期时，该供应商为已停用供应商，不可参照录入，不可用于新增单据，但可以进行单据、账表的查询。

(5) 客户。在表头的客户栏目，可录入或参照客户档案(详见 2.2 节)生成，必填。

编辑客户栏目时，单击“参照”按钮或按 F2 键，选择一个客户，或直接输入客户，然后按 Enter 键确认。

客户确定后，如该单据的部门及业务员未录入，则将分管部门、专营业务员自动带入到部门、业务员栏，可修改。

需要注意的是，客户的停用日期小于或等于单据日期时，该客户为已停用客户，不可参照录入，不可用于新增单据，但可以进行单据、账表的查询。

(6) 部门。在表头的部门栏目，可录入或参照部门档案(详见 2.1 节)生成，可为空。

编辑部门栏目时，单击“参照”按钮或按 F2 键，选择一个末级部门，或直接输入末级部门名称，然后按 Enter 键确认。若企业的部门分级，则只能录入最末级的部门。

若先输入供应商/客户，则系统自动带入供应商/客户档案中的分管部门，可修改。

若先输入业务员，且部门为空，则带入人员档案中的业务或费用部门，可修改。

若部门的撤销日期小于或等于当前业务日期，则该部门为已撤销的部门，此时该部门不可参照录入，不可用于新增单据，但可以进行单据、报表查询。

(7) 业务员。在表头的业务员栏目，可录入或参照人员档案(详见 2.1 节)生成，可为空。

编辑业务员栏目时，单击“参照”按钮或按 F2 键，选择一个业务员(是否是业务员，其设置可参见表 2-2)，或直接输入业务员，然后按 Enter 键确认。

若先输入供应商/客户，则系统自动带入供应商/客户档案中的专营业务员，可修改。

若先输入部门再参照人员档案，则只能参照该部门(指人员档案中业务或费用部门)的业务员，但可手工录入其他业务员。

若业务员的失效日期小于等于当前业务日期，则该人员为已停用的业务员，此时该业务员不可参照录入，不可用于新增单据，但可以进行单据、报表查询。

(8) 业务类型。必填，选择或根据参照单据带入。工业版的业务类型，详细讲解可参见 5.1.2 节，简单列表如下：

- 采购入库单：普通采购、委外加工、代管采购、固定资产、一般贸易、进料加工。
- 销售出库单：普通销售、委托代销、分期收款。
- 其他入库单：调拨入库、盘盈入库、组装入库、拆卸入库、转换入库、其他入库、降级入库。
- 其他出库单：调拨出库、盘亏出库、组装出库、拆卸出库、转换出库、不合格品、其他出库、备件领用、服务配件领用。
- 材料出库单：领料、限额领料、配比出库、委外发料、生产倒冲、生产盘点补差、委外倒冲、委外盘点补差、直接供应。
- 产成品入库单：成品入库。

(9) 入库类别、出库类别。库存单据的表头出入库类别，可录入或参照生成，可为空。

其中入库单据只能参照录入入库类别，出库单据只能参照录入出库类别。

(10) 审核日期。单据审核时带入，不可修改。登录日期大于或等于单据日期时，审核日期取登录日期；登录日期小于单据日期时取单据日期。

(11) 修改日期。记录最后一次单据修改时的系统登录日期，不可编辑。

(12) 备注。录入或参照，可为空，参照内容为常用摘要，可手工录入常用摘要中不存在的内容。

(13) 库存量相关的项目，包括现存量、可用量、安全库存量、最高库存量、最低库存量。系统在单据表体，显示当前记录行的现存量、可用量等。

(14) 制单人。新增单据保存时，系统自动带入当前操作员。

(15) 审核人。审核时，自动带入当前操作员。

(16) 修改人。修改单据保存时，系统自动带入当前操作员，记录最后一次修改单据的操作员，不可编辑。

(17) 制单时间。新增单据时，自动带入服务器的系统时间，不可编辑。

(18) 修改时间。修改单据时，自动带入服务器的系统时间，不可编辑。

(19) 审核时间。审核单据时，自动带入服务器的系统时间，不可编辑。

2. 库存单据表体栏目

库存单据中共同的表体栏目，包括表体仓库、存货编码、存货计量相关栏目、价税相关栏目、批次管理相关栏目、保质期管理相关栏目、货位管理相关栏目、代管业务相关栏目等多个栏目。

(1) 仓库。在表体的仓库栏目，可录入或参照仓库档案生成，必填。必须先选择表体仓库，才能录入表体存货。另外，限额领料单、组装单、拆卸单、形态转换单等只有表体仓库，即一张单据上的存货可以设置不同的仓库。

(2) 存货编码：指出库或入库的货物或存货，可录入或参照，必填，参照内容为存货档案或物料档案。

编辑表体的存货编码栏目时，单击“参照”按钮或按 F2 键，选择一个或多个存货，或直接输入存货，然后按 Enter 键确认。当按 Ctrl＋F2 键时，系统将弹出物料参照，选择一个或多个物料，系统将存货及对应结构自由项带入到单据中。

系统根据存货编码，自动带入存货名称、规格型号、存货自定义项、计量单位、库存单位、换算率等栏目。

在出入库管理时，采购入库单只能参照存货档案中具有“外购”属性的存货；销售出库单只能参照存货档案中具有“销售”属性的存货；产成品入库单只能参照存货档案中具有“自制”属性的存货；材料出库单只能参照存货档案中具有“生产耗用”属性的存货。

存货的属性，若为计划品、选项类、PTO 件(详细讲解请参见本系列互动图书中的《场景式企业生产制造应用教程》)，则该存货不可被库存单据使用。

若存货的停用日期小于等于当前业务日期，则该存货为已停用存货，不可参照录入，不可用于新增单据，但可以进行单据、报表查询。

若表体的仓库为保税仓库，则相应存货只能录入“保税”属性的存货。

(3) 存货计量相关的表体栏目，包括计量单位(主单位)、数量(主数量)、库存单位(辅单位)、件数(辅数量)、换算率。

- 无换算率的存货：系统带入计量单位，数量必填；库存单位、件数、换算率不可编辑。
- 固定换算率的存货：系统带入计量单位、库存单位、换算率；数量、件数必填，可以改变库存单位。
- 浮动换算率的存货：系统带入计量单位、库存单位、换算率(入库带存货档案默认换算率；出库根据选项“出库默认换算率”的设置带入)；数量、件数必填一项，系统根据换算率自动计算另一项。
- 蓝字出入库单，存货的数量、件数必须大于零。
- 红字出入库单，存货的数量、件数必须小于零。

(4) 价税相关的表体栏目，如单价、金额，录入或根据取价方式(详见 3.1.1 节和 4.2.1 节)带入，可修改，可为空。公式：金额＝单价×数量，输入其中两项，系统自动反算第三项，即：

- 单价改变，反算金额，数量不变。
- 金额改变，反算单价，数量不变。
- 数量改变，反算金额，单价不变。

另外，蓝字单据，其存货的金额必须大于等于零；红字单据，其存货的金额必须小于等于零。

(5) 批次管理相关的表体栏目，如批号、批次属性，因本案例企业没有涉及批次管理的存货，所以在此从略。

(6) 保质期管理相关的表体栏目，如生产日期、保质期单位、保质期、失效日期、有效期推算方式、有效期至等栏目，因本案例企业没有涉及保质期管理的存货，所以在此从略。

(7) 货位。表头仓库为货位管理的，存货出入库时可录入存货的货位，因本案例企业没有涉及货位管理的存货，所以在此从略。

(8) 现存量、可用量。显示单据表体当前记录行的现存量、可用量。

(9) 代管相关的表体栏目，如代管消耗、代管挂账确认单数量/件数、代管供应商等栏目，因本案例企业没有涉及代管业务，所以在此从略。

5.2 领料出库业务

领料出库涉及材料出库单的填制和审核。材料出库单是领用材料时所填制的出库单据，当从仓库中领用材料用于生产或委外加工时，就需要填制材料出库单。

只有工业企业才有材料出库单。对于工业企业，生产用原辅料、包装材料的出库；研发用试剂耗材、原料的出库及设备维修所用的备品备件的出库，都可以由仓库根据材料出库单发料。

5.2.1 业务概述与分析

4月7日，生产部因生产需要领出硅胶5公斤。

本笔业务是生产部领料出库业务，需要填制并审核材料出库单；领料出库成本确认。

5.2.2 虚拟业务场景

人物：赵林——仓管部职员
李莉——仓管部主管
刘正——生产部主管
张兰——财务部会计

场景一 材料出库单的填制和审核

刘正：你好，我是生产部的刘正。根据生产规划及客户需求，我部现需硅胶5公斤，请帮忙安排材料出库。

赵林：好的，我们尽快将你需要的材料打包出库。

(赵林根据需求填写材料出库单，完成之后……)

赵林：李总，生产部需要的5公斤硅胶已经出库了，麻烦您审核一下。

李莉：好的，辛苦了。(审核出库单完成)

场景二 领料出库成本确认

赵林：小张你好，我是仓管部的赵林，今天出库了一些材料，请你做成本确认。

张兰：好的，我马上做。

5.2.3 操作指导

1. 操作流程(见图5-8)

图5-8 领料出库业务的操作流程图

请确认系统日期和业务日期为2016年4月7号……

2. 场景一的操作步骤

视频网址：http://www.mdmuke.com/mdmk/mod/page/view.php?id=1136

任务说明：填制与审核材料出库单。

(1) 打开“材料出库单”窗口。在“企业应用平台”的“业务工作”页签下，依次点击“供应链/库存管理/出库业务/材料出库单”菜单项，系统打开“材料出库单”窗口。

(2) 编辑材料出库单。单击工具栏中的“增加”按钮，新增一张材料出库单，然后做如下编辑。

① 表头编辑。参照生成“仓库”为“原材料仓库”，“出库类别”为“领料出库”，“部门”为“生产部”，“备注”为“生产领料硅胶 5 公斤”。

② 表体编辑。参照生成“材料名称”为“硅胶”，编辑“数量”为“5”，“单价”为“1600”，其他项默认。

(3) 保存。单击工具栏中的“保存”按钮，保存该单据，结果如图 5-9 所示。

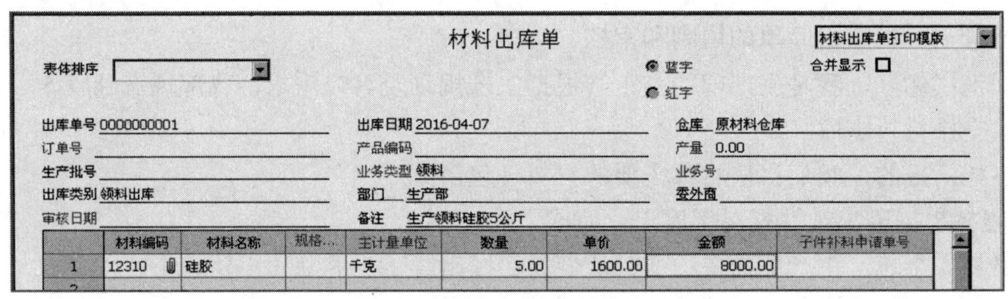

材料出库单

材料出库单打印模版

表体排序　　蓝字　红字　　合并显示

出库单号 0000000001　出库日期 2016-04-07　仓库 原材料仓库

订单号　产品编码　产量 0.00

生产批号　业务类型 领料　业务号

出库类别 领料出库　部门 生产部　委外商

审核日期　备注 生产领料硅胶5公斤

	材料编码	材料名称	规格...	主计量单位	数量	单价	金额	子件补料申请单号
1	12310	硅胶		千克	5.00	1600.00	8000.00	

图 5-9　业务 5.2 的材料出库单

(4) 审核。单击工具栏中的“审核”按钮，系统弹出信息框提示审核成功，单击“确定”按钮，完成审核工作。

(5) 退出。单击“材料出库单”窗口右上角的“关闭”按钮，关闭退出该窗口。

【材料出库单表头主要栏目】

- 出库单号：录入或自动生成，必填，生成规则可修改(可参考 3.1.2 节)。
- 出库日期：录入或参照，必填。
- 仓库：必填，相关说明请参见 5.1.8 节。
- 业务类型：
  - 手工填制材料出库单或根据领料申请单生成时，显示“领料”，不可修改。
  - 根据配比出库单生成且配比出库单关联委外订单生成时，显示“委外发料”；否则显示“配比出库”，不可修改。
  - 根据限额领料单生成时，显示“限额领料”，不可修改。
  - 根据生产订单、补料申请单生成时，显示“领料”，不可修改。
  - 根据委外订单生成时，显示“委外发料”。不可修改。

- 根据产成品入库单、生产订单工序转移单生成时，显示“生产倒冲”，不可改。
- 根据采购入库单(业务类型为委外入库)生成时，显示“委外倒冲”，不可改。
- 根据盘点单生成时，如果盘点仓库是现场仓，显示“生产盘点补差”；如果盘点仓库是委外仓，显示“委外盘点补差”，不可改。
- 根据产成品入库单生成直接供应材料出库单时，显示“直接供应”，不可改。

- 部门：可为空，只能录入未撤销的末级部门，相关说明请参见5.1.8节。

【材料出库单表体主要栏目】

- 材料编码：
  - 手工填制材料出库单时，录入或参照。
  - 根据配比出库单生成且配比出库单关联生产订单或委外订单生成时，从配比出库单带入，不可修改；手工配比时，从配比出库单带入，可修改。
  - 根据限额领料单生成时，从限额领料单带入，不可修改。
  - 根据生产订单、补料申请单、委外订单生成时，从来源单带入，不可修改。
  - 根据产成品入库单、生产订单工序转移单、采购入库单生成倒冲材料出库单时，从来源生产订单或委外订单用料表对应记录带入，不可修改。
  - 根据产成品入库单生成直接供应材料出库单时，从产成品入库单中带入，不可修改。
  - 根据盘点单生成时，按参与分摊的材料出库单显示，不可修改。
  - 根据领料申请单生成时，从领料申请单带入，不可修改。
- 材料代码、材料名称、规格型号、存货自定义项、主计量单位：根据材料编码带入。
- 数量、单价、金额，参见5.1.8节的相关内容。

提示：

- 材料出库单可以手工增加，可配比出库，可参照生产订单系统的生产订单用料表和补料申请单生成，可参照委外管理系统的委外订单用料表生成，或根据限额领料单、领料申请单生成。
- 材料出库单可以在产成品入库单、采购入库单和生产订单工序转移单保存后，由系统自动生成；
- 倒冲仓库盘点的盘点单，审核后可自动生成材料出库单。

3. 场景二的操作步骤

视频网址：http://www.mdmuke.com/mdmk/mod/page/view.php?id=1137

任务说明：材料出库的成本确认。

【材料出库记账】

(1) 打开“未记账单据一览表”窗口。在“企业应用平台”的“业务工作”页签下，依次点击“供应链/存货核算/业务核算/正常单据记账”菜单项，系统弹出“查询条件选择”

对话框，直接单击该对话框中的“确定”按钮，系统打开“未记账单据一览表”窗口。

(2) 材料出库记账。在“未记账单据一览表”窗口中，选中本业务生成的材料出库单，然后单击工具栏中的“记账”按钮，系统弹出信息框提示记账成功，单击“确定”按钮，完成记账工作。

(3) 退出。单击“未记账单据一览表”窗口右上角的“关闭”按钮，退出当前窗口。

【材料出库的存货制单】

(1) 打开“生成凭证”窗口。在“存货核算”子系统中，依次点击“财务核算/生成凭证”菜单项，系统打开“生成凭证”窗口。

(2) 打开“选择单据”窗口。单击工具栏中的“选择”按钮，在系统弹出的“查询条件”对话框中，直接单击“确定”按钮，系统退出对话框并打开“选择单据”窗口。

(3) 生成并保存存货凭证。

① 选择材料出库单。在“选择单据”窗口中，选中本笔业务生成的材料出库单，然后单击工具栏中的“确定”按钮，系统返回“生成凭证”窗口。

② 编辑。在“生成凭证”窗口的“科目类型”为“对方”的行中，参照生成或直接录入“科目编码”为“50010102”(生产成本/直接生产成本/直接材料)，其他项默认。

③ 生成并保存凭证。单击工具栏中的“生成”按钮，系统打开“填制凭证”窗口，并默认显示了相关信息(借记：生产成本/直接生产成本/直接材料，贷记：原材料/硅胶)；信息审核无误后，单击“保存”按钮，结果如图 5-10 所示。

已生成

记 账 凭 证

记 字 0004　　制单日期：2016.04.07　　审核日期：　　附单据数：1

摘要	科目名称	借方金额	贷方金额
生产领料硅胶5公斤	生产成本/直接生产成本/直接材料	800000	
生产领料硅胶5公斤	原材料/硅胶		800000
票号 日期　　数量 5.00000千. 单价 1600.00000	合计	800000	800000

备注　项　目　　部　门

个　人　　客　户

业务员

记账　　审核　　出纳　　制单

图 5-10　业务 5.2 的存货凭证

(4) 退出。单击“填制凭证”和“生成凭证”窗口右上角的“关闭”按钮，关闭并退出窗口。

【业务规则】

材料出库单制单时，借方取对方科目中收发类别对应的科目(参见表3-5)，贷方取存货科目(参见表3-4)。

5.3 产成品入库业务

对于工业企业，产成品入库单一般指产成品验收入库时所填制的入库单据。

5.3.1 业务概述与分析

4月11日，仓管部收到生产部生产完工的眼镜400副，验收入库产成品仓库，核算的入库单价为160元，相应的直接材料为44 000元，直接人工为20 000元。

本笔业务是产成品入库业务，需要填制并审核产成品入库；产成品入库成本确认。

5.3.2 虚拟业务场景

人物：赵林——仓管部职员
李莉——仓管部主管
刘正——生产部职员
张兰——财务部会计

场景一 产成品入库单的填制和审核

刘正：你好，我是生产部的刘正，这是刚生产完毕的400副眼镜，请验收并入库。

赵林：好的，我会尽快验收这批产品。

(赵林验收产品并填写产成品入库单，完成之后……)

赵林：李总，生产部生产的400副眼镜已经验收入库了，麻烦您审核一下。

李莉：好的，辛苦了。

场景二 入库成本确认

赵林：小张你好，我是仓管部的赵林，今天有一批刚生产的眼镜入库，请你做一下成本确认。

张兰：好的，我马上做(开始成本确认)。

5.3.3 操作指导

1. 操作流程(见图 5-11)

图 5-11 产成品入库业务的操作流程图

请确认系统日期和业务日期为 2016 年 4 月 11 号……

2. 场景一的操作步骤

视频网址：http://www.mdmuke.com/mdmk/mod/page/view.php?id＝1138

任务说明：产成品入库单的填制与审核。

(1) 打开“产成品入库单”窗口。在“企业应用平台”的“业务工作”页签下，依次点击“供应链/库存管理/入库业务/产成品入库单”菜单项，系统打开“产成品入库单”窗口。

(2) 编辑产成品入库单。单击工具栏中的“增加”按钮，新增一张产成品入库单，然后做如下编辑。

① 编辑表头。参照生成“仓库”为“产成品仓库”，“部门”为“生产部”，“入库类别”为“产成品入库”，“备注”为“生产完工亮康眼镜 400 副”，其他项默认。

② 编辑表体。参照生成“产品名称”为“亮康眼镜”，编辑“数量”为“400 副”，“单价”为“160 元”，其他项默认。

(3) 保存。单击工具栏中的“保存”按钮，保存该单据，结果如图 5-12 所示。

(4) 审核。单击工具栏中的“审核”按钮，系统弹出信息框提示审核成功，单击“确定”按钮，完成审核工作。

(5) 退出。单击“产成品入库单”窗口右上角的“关闭”按钮，关闭并退出该窗口。

产成品入库单

表体排序 　　蓝字 　红字 　产成品入库单打印模版 　合并显示 □

入库单号 0000000001 　入库日期 2016-04-11 　仓库 产成品仓库

生产订单号 　生产批号 　部门 生产部

入库类别 产成品入库 　审核日期 　备注 生产完工亮康眼镜400副

	产品编码	产品名称	规格型号	主计量单位	数量	单价	金额
1	10000	亮康眼镜		副	400.00	160.00	64000.00
2							

图 5-12 业务 5.3 的产成品入库单

【产成品入库单表头主要栏目】

- 入库单号：录入或自动生成，必填，生成规则可修改(可参考3.1.2节)。
- 入库日期：录入或参照，必填。
- 仓库：必填，录入或参照。
- 生产订单号：可为空。
  - 手工填制产成品入库单时，生产订单号为空。
  - 根据生产订单、产品检验单、产品不良品处理单生成时：如果在生单列表中所选的记录生产订单号相同则显示；否则不显示。
- 部门：可为空，录入或参照部门档案生成，只能录入未撤销的末级部门。
- 入库类别：录入或参照，可为空，默认为单据类型与收发类别对照表中设置的默认值。

【产成品入库单表体主要栏目】

- 产品编码：必填，手工填制产成品入库单时，录入或参照；根据生产订单、产品检验单、产品不良品处理单生成时，从来源单带入，不可修改。
- 产品名称、规格型号、存货自定义项、主计量单位：根据产品编码带入。
- 数量、单价、金额：详细说明请参见5.1.8节相关内容。

提示：

- 产成品入库单可以手工增加，也可以参照生产订单系统的生产订单(父项产品及产出品)生成。
- 产成品入库单可以修改、删除、审核、弃审。
- 与生产订单关联的产成品入库单保存时，如果有倒冲料则系统自动生成材料出库单。

3. 场景二的操作步骤

视频网址：http://www.mdmuke.com/mdmk/mod/page/view.php?id=1139
任务说明：产成品入库的记账与生成凭证。

【产成品入库记账】

(1) 打开“未记账单据一览表”窗口。在“企业应用平台”的“业务工作”页签下，依次点击“供应链/存货核算/业务核算/正常单据记账”菜单项，系统弹出“查询条件选择”对话框，直接单击该对话框中的“确定”按钮，系统打开“未记账单据一览表”窗口。

(2) 产成品入库记账。在“未记账单据一览表”窗口中，选中本业务生成的产成品入库单，然后单击工具栏中的“记账”按钮，系统弹出信息框提示记账成功，单击“确定”按钮，完成记账工作。

(3) 退出。单击“未记账单据一览表”窗口右上角的“关闭”按钮，退出当前窗口。

【产成品入库的存货制单】

(1) 打开“生成凭证”窗口。在“存货核算”子系统中，依次点击“财务核算/生成凭证”菜单项，系统打开“生成凭证”窗口。

(2) 打开“选择单据”窗口。单击工具栏中的“选择”按钮，在系统弹出的“查询条件”对话框中，直接单击“确定”按钮，系统退出对话框并打开“选择单据”窗口。

(3) 生成并保存存货凭证。

① 选择产成品入库单。在“选择单据”窗口中，选中本笔业务生成的产成品入库单，然后单击工具栏中的“确定”按钮，系统返回“生成凭证”窗口。

② 编辑。在“生成凭证”窗口的“科目类型”为“对方”的行中，参照生成或直接录入“科目编码”为“50010102”(生产成本/直接生产成本/直接材料)，其他项默认。

③ 生成凭证。单击工具栏中的“生成”按钮，系统打开“填制凭证”窗口，并默认显示了相关信息(借记：库存商品，贷记：生产成本/直接生产成本/直接材料)。

④ 修改第 2 条分录(即直接材料)的贷方“金额”为“44000”，按 Enter 键。

⑤ 增加第 3 条分录，编辑其“科目名称”为“直接人工”(50010101)，在其“贷方金额”按“＝”键，或输入贷方“金额”为“20000”。

⑥ 确认信息无误后，单击“填制凭证”窗口的“保存”按钮，结果如图 5-13 所示。

(4) 退出。单击“填制凭证”和“生成凭证”窗口右上角的“关闭”按钮，关闭并退出窗口。

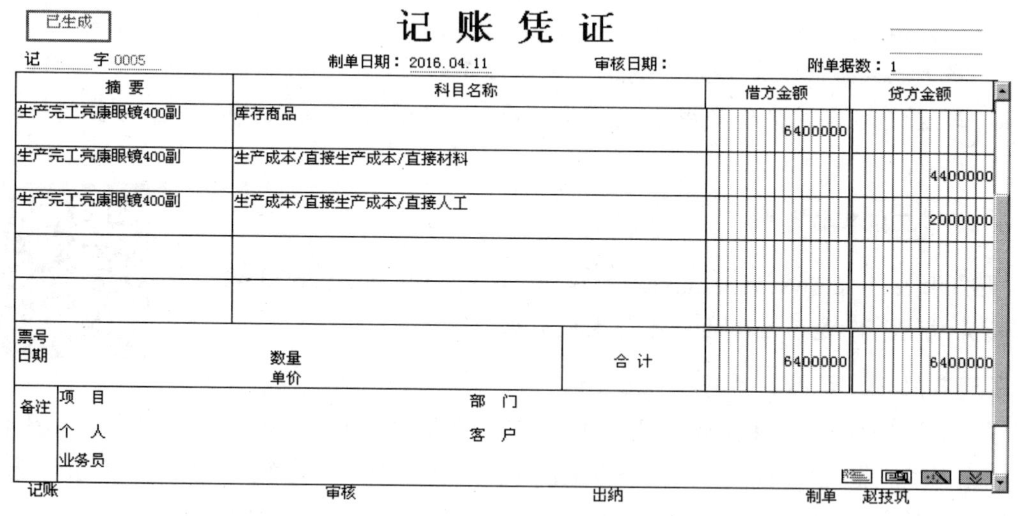

已生成

记账凭证

记 字 0005　　制单日期：2016.04.11　　审核日期：　　附单据数：1

摘要	科目名称	借方金额	贷方金额
生产完工亮康眼镜400副	库存商品	6400000	
生产完工亮康眼镜400副	生产成本/直接生产成本/直接材料		4400000
生产完工亮康眼镜400副	生产成本/直接生产成本/直接人工		2000000
票号 日期	数量 单价	合计 6400000	6400000

备注　项目　　部门

　　　个人　　客户

　　　业务员

记账　　审核　　出纳　　制单　赵技巩

图 5-13　业务 5.3 的存货凭证

【业务规则】

产成品入库单制单时，借方取存货科目(参见表3-4)，贷方取对方科目中收发类别对应的科目(参见表 3-5)。

5.4 调拨业务

调拨业务主要是因为某些仓库涉及维修必须将其中商品转移到另外的仓库产生的，在这一过程中要生成调拨申请单、调拨单、出库单、入库单等单据，并进行相应成本确认和凭证生成。

5.4.1 业务概述与分析

4 月 11 日，由于原材料仓库需要维修，仓管部赵林申请将原材料仓库的所有存货全部调入半成品仓库，仓管部李东经核查该方案可行并批复，仓管部主管审批通过。赵林负责完成了调拨工作。

本笔业务是仓库调拨业务，应该进行实物和财务的调拨处理，所以需要填制、批复与审核调拨申请单；填制与审核调拨单；进行调拨出、入库单的记账与生成凭证。

调拨单审核后自动生成其他出库单和其他入库单。

其他出库单指除销售出库、材料出库之外的其他出库业务，如调拨出库、盘亏出库、组装拆卸出库、形态转换出库、不合格品记录等业务形成的出库单。

其他出库单一般由系统根据其他业务单据自动生成，也可手工填制或参照生成。其他出库单可参照设备作业单生成，实现备件的领用；参照服务单生成，实现服务配件的领用。

手工增加的其他出库单，其业务类型为其他出库，单据可以修改、删除、审核和弃审。由其他业务自动生成的其他出库单，其业务类型为相应的业务，单据可以审核、弃审，调拨单生成的其他出库单可以修改数量。

其他入库单是指除采购入库、产成品入库之外的其他入库业务，如调拨入库、盘盈入库、组装拆卸入库、形态转换入库等业务形成的入库单。

其他入库单一般由系统根据其他业务单据自动生成，其业务类型为相应的业务，可以审核、弃审，其中调拨单生成的其他入库单还可以修改数量。其他入库单也可手工填制或参照生成，手工增加或参照服务单中返厂维修件生成的其他入库单，可以修改、删除、审核和弃审。如果需要修改、删除其他单据或其他业务形成的其他入库单，应通过其他业务(盘点、组装、拆卸、形态转换业务、不合格品记录)进行修改、删除。

5.4.2 虚拟业务场景

人物：赵林——仓管部职员
李东——仓管部职员
李莉——仓管部主管
张兰——财务部会计

场景一　调拨申请单的填制、批复与审核

(因为原材料仓库需要维修，赵林希望将原材料仓库的所有存货调拨到半成品仓库，所以赵林查询了原材料仓库的存货现存量，并填写了调拨申请单……)

赵林：李东，因为原材料仓库需要维修，我填写了调拨申请单，计划把原材料仓库的存货调拨到半成品仓库，请你批复一下。

李东：好的。(开始查询调拨申请单，并根据半成品仓库的存储能力判断……)我已经批复了，没有问题。

赵林：谢谢！

(赵林请主管李莉进行调拨申请单审核)

赵林：李总，因为原材料仓库需要维修，这个仓库的所有存货都需要调拨到半成品仓库，我们已经做好调拨申请单了，请您审核。

李莉：好的，(审核通过……)你做个调拨单，准备仓库调拨吧。

赵林：好的。

场景二　调拨单的填制与审核

(赵林填写调拨单后……)

赵林：李总，申请将原材料仓库的存货调拨到半成品仓库的，我已经填好调拨单了，请您审核。

李莉：好的。(审核完成，系统自动生成其他出、入库单)。

场景三　调拨完成，仓管部主管审核出入库单并查询与填写单价

(赵林完成调拨出库……)

赵林：李东，原材料仓库的存货已经全部调拨出库了，请准备接受。

李东：好的。(验收调拨来的存货，并全部存放于半成品仓库……)我们已经接受完成，请放心。

(赵林来到李莉的办公室……)

赵林：李总，我们已经完成从原材料仓库到半成品仓库的调拨任务了，而且实物品种数量与调拨单上的一致，请您审核调拨出入库单。因为我们不知道存货单价，所以请您审核时填写一下单价。

李莉：知道了，谢谢提醒！

(李莉查询存货单价，修改并审核调拨出、入库单……)

场景四　调拨的记账与生成凭证

赵林：小张你好，我是仓管部的赵林，今天有一批货物从原材料仓库调拨到半成品仓库，请你记账。

张兰：好的，我马上做。

5.4.3 操作指导

1. 操作流程(见图 5-14)

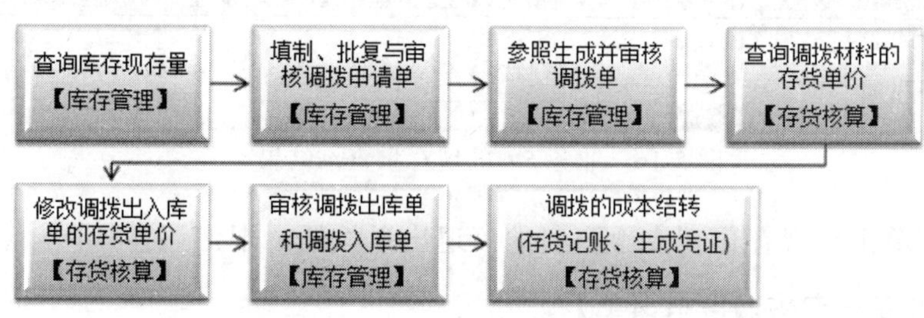

图 5-14　调拨业务的操作流程图

请确认系统日期和业务日期为 2016 年 4 月 11 号……

2. 场景一的操作步骤

视频网址：http://www.mdmuke.com/mdmk/mod/page/view.php?id=1140

任务说明：在查阅现存量的基础上，填制、批复与审核调拨申请单。

【查询原材料仓库所有存货的现存量】

(1) 打开“现存量查询”窗口。在“企业应用平台”的“业务工作”页签下，依次点击“供应链/库存管理/报表/库存账/现存量查询”菜单项，系统弹出“查询条件选择-现存量查询”对话框。

(2) 设置查阅仓库。在对话框中，参照生成“仓库编码”为“0020”(原材料仓库)，结果如图 5-15 所示。

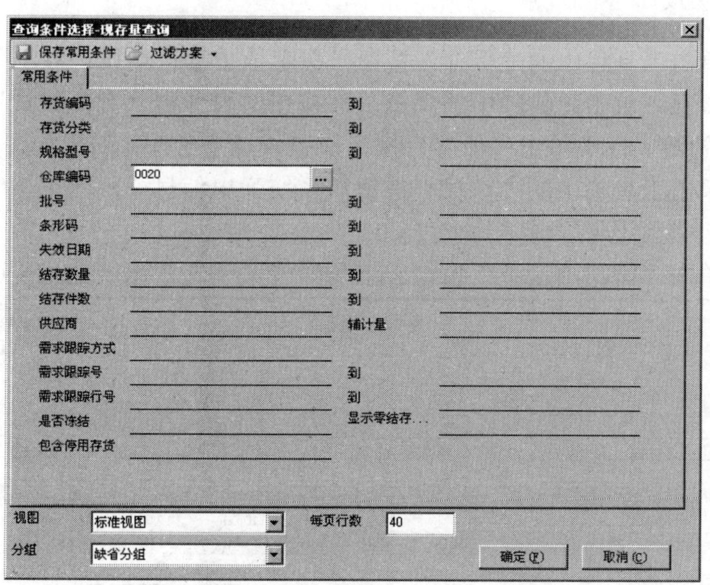

图 5-15　业务 5.4 的现存量查询设置

(3) 单击对话框中的“确定”按钮，系统打开“现存量查询”窗口，并列出原材料仓库的存货，其中塑料 10 千克，镜片树脂 1.5 千克，硅胶为 9 千克，结果如图 5-16 所示。

现存量查询

仓库编码	存货编码	现存数量	其中冻	到货/在检	预计入库数量合计	待发货数	调拨	预计出库	不合格品数量	可用数量
0020	12210	10.00								10.00
0020	12220	1.50								1.50
0020	12310	9.00								9.00
总计		20.50								20.50

图 5-16　业务 5.4 的现存量查询结果

(4) 退出。单击“现存量查询”窗口的“退出”按钮，退出该窗口。

【填制、批复与审核调拨申请单】

(1) 打开“调拨申请单”窗口。在“库存管理”子系统中，依次点击“调拨业务/调拨申请单”菜单项，系统打开“调拨申请单”窗口，结果可参见图 5-10。

(2) 编辑调拨申请单。单击工具栏中的“增加”按钮，新增一张调拨申请单，然后做如下编辑。

① 编辑表头。参照生成“转出部门”和“转入部门”为“仓管部”，“转出仓库”为“原材料仓库”，“转入仓库”为“半成品仓库”，“入库类别”为“调拨入库”，“出库类别”为“调拨出库”。

② 编辑表体。在第 1 行，参照生成“存货名称”为“塑料”、编辑“数量”为“10”；第 2 行的“存货名称”为“镜片树脂”，“数量”为“1.5”；第 3 行的“存货名称”为“硅胶”，“数量”为“9”。

提示：

在此没有查询存货单价和填写单价，所以下面需要查询相应存货的单价，并对审核后的出入库进行单价修改。

(3) 保存。单击工具栏中的“保存”按钮，保存该单据，结果可参见图 5-17。

(4) 批复并保存。单击工具栏中的“批复”按钮，表体中“批复数量”栏自动填充为调拨“数量”栏的数字，再单击“保存”按钮，完成批复工作，结果如图 5-17 所示。

(5) 审核。单击工具栏中的“审核”按钮，系统弹出信息框提示审核成功，单击“确定”按钮，完成审核工作。

(6) 退出。单击“调拨申请单”窗口右上角的“关闭”按钮，关闭并退出该窗口。

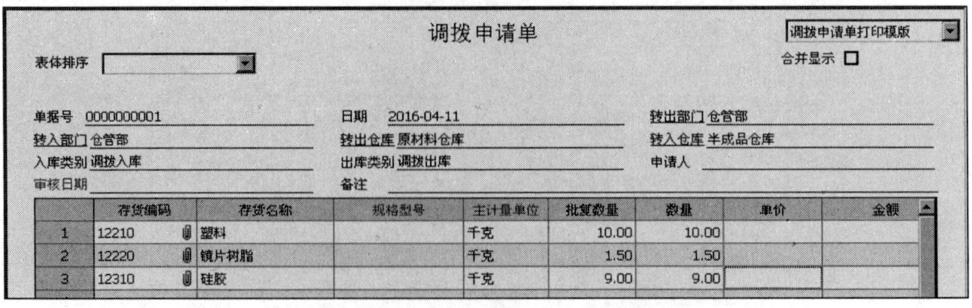

调拨申请单

调拨申请单打印模版　合并显示 □

表体排序

单据号 0000000001　日期 2016-04-11　转出部门 仓管部

转入部门 仓管部　转出仓库 原材料仓库　转入仓库 半成品仓库

入库类别 调拨入库　出库类别 调拨出库　申请人

审核日期　备注

	存货编码	存货名称	规格型号	主计量单位	批复数量	数量	单价	金额
1	12210	塑料		千克	10.00	10.00		
2	12220	镜片树脂		千克	1.50	1.50		
3	12310	硅胶		千克	9.00	9.00		

图 5-17　业务 5.4 的调拨申请单(已批复)

【调拨申请单表头主要栏目】

- 单据号：录入或自动生成，必填，生成规则可修改(可参考 3.1.2 节)。
- 日期：录入或参照日历生成，必填，详细说明请参见 5.1.8 节的相关内容。
- 转出部门、转入部门：录入或参照，详细说明请参见 5.1.8 节的相关内容。
- 转出仓库、转入仓库：录入或参照，分别填写调出的仓库、调入的仓库；同一张调拨单上，转出仓库和转入仓库必须不同；转出仓库和转入仓库要求必须输入一个。
- 出库类别、入库类别：录入或参照，可为空，详细说明请参见 5.1.8 节的相关内容。
- 申请人：录入或参照，可为空，参照内容为人员档案中的业务员。
- 审核日期：单据审核时自动带入，不可修改。
- 备注：录入或参照，可为空，参照内容为常用摘要，可手工录入常用摘要中不存在的内容。

【调拨申请单表体主要栏目】

- 存货编码：录入或参照存货档案，必填，详细说明请参见 5.1.8 节的相关内容。
- 根据存货编码，系统带入存货名称、规格型号、存货自定义项、计量单位、库存单位、换算率等栏目。
- 数量、单价、金额：录入，可为空，详细说明请参见 5.1.8 节的相关内容。
- 批复数量：单击“批复”按钮时，批复数量为空的记录，系统自动将批复数量默认为该条记录的数量；只有在批复时才允许修改。

提示：

修改单据时，批复数量不允许修改；数量及换算率按单据表体数量、换算率间的关系计算；如果数量改变，系统自动将批复数量清空。

- 申请到货日期：参照或手工录入，不允许小于单据日期。
- 已调拨件数：无换算关系存货，此项为空；浮动换算率存货，对应记录已生成调拨单的件数之和；固定换算率存货，此项为已调拨数量/换算率。不可修改。
- 已调拨数量：对应记录已生成调拨单的数量之和，不可修改。

提示：

- 调拨申请单可以修改、删除、批复、审核、弃审、关闭、打开。
- 批复时录入批复数量、批复件数。
- 审核、关闭后不允许修改、删除，也不允许批复。

3. 场景二的操作步骤

视频网址：http://www.mdmuke.com/mdmk/mod/page/view.php?id＝1141

任务说明：填制与审核调拨单。

(1) 打开“调拨单”窗口。在“库存管理”子系统中，依次点击“调拨业务/调拨单”菜单项，系统打开“调拨单”窗口。

(2) 编辑调拨单。单击工具栏中的“增加”按钮，新增一张调拨单，然后做如下操作。

① 打开“调拨申请单生单列表”窗口。单击工具栏中的“生单/调拨申请单”命令，系统打开“查询条件选择-调拨申请单生单列表”对话框(结果如图 5-18 所示)，直接单击对话框中的“确定”按钮，系统打开“调拨申请单生单列表”窗口(可参见图 5-19)。

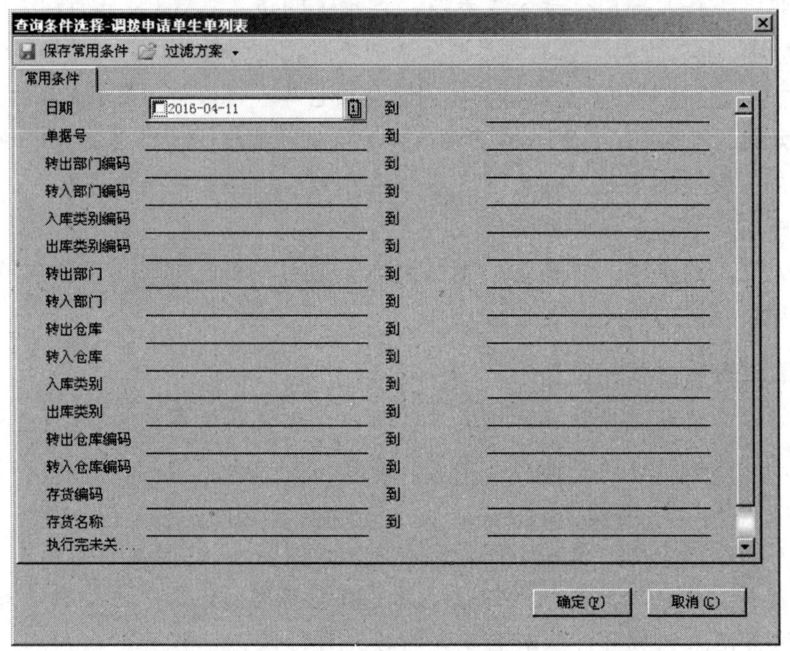

图 5-18　业务 5.4 的调拨申请查询条件选择对话框

② 拷贝信息。在“调拨申请单生单列表”窗口的上窗格，双击要选择的调拨申请单所对应的“选择”栏(结果如图 5-19 所示)，再单击工具栏中的“OK 确定”按钮，系统返回“调拨单”窗口，此时相关的信息已经有默认值。

调拨申请单生单列表

输出 | OK 确定 | 定位 | 全选 | 全消 | 查询 | 刷新 | 栏目 | 滤设 | 退出

调拨单显示模版　　☑ 显示表体(B)　页大小 20

调拨申请单生单表头　　☐ 选中合计

记录总数：1

选择	日期	单据号	转出仓库	转入仓库	转出部门	转入部门	入库类别	出库类别	申请人	制单人	备注
Y	2016-04-11	0000000001	原材料仓库	半成品仓库	仓管部	仓管部	调拨入库	调拨出库		赵技巩	
合计											

调拨申请单生单表体　　☐ 选中合计

记录总数：3

选择	存货编码	存货名称	规格型号	主计量单位	批复数量	已调拨数量	数量	未调拨数量	单价	金额
Y	12210	塑料		千克	10.00		10.00	10.00		
Y	12220	镜片树脂		千克	1.50		1.50	1.50		
Y	12310	硅胶		千克	9.00		9.00	9.00		
合计					20.50		20.50	20.50		

赵技巩　X:1;Y:16

图 5-19　业务 5.4 的“调拨申请单生单列表”窗口

(3) 保存。单击工具栏中的“保存”按钮，保存该单据，结果如图 5-20 所示。

(4) 审核。单击工具栏中的“审核”按钮，系统弹出信息框提示审核成功，单击“确定”按钮，完成审核工作。

	存货编码	存货名称	规格型号	主计量单位	数量	单价	金额	生产批号
1	12210	塑料		千克	10.00			
2	12220	镜片树脂		千克	1.50			
3	12310	硅胶		千克	9.00			

图 5-20　业务 5.4 的调拨单

(5) 退出。单击“调拨单”窗口右上角的“关闭”按钮，关闭退出该窗口。

【调拨单表头主要栏目】

- 单据号：录入或自动生成，生成规则可参见 3.1.2 节，必填。
- 日期：录入或参照，必填。
- 调拨申请单号：根据调拨申请单生成时，显示来源调拨申请单号，其他情况调拨申请单号为空。
- 转出部门、转入部门：录入或参照，只能录入未撤销的末级部门。
- 转出仓库、转入仓库：录入或参照，分别填写调出的仓库、调入的仓库。
- 出库类别、入库类别：根据调拨申请单生成时，从来源单带入，可修改；其他情况，带入、录入或参照。

【调拨单表体主要栏目】

- 存货编码：必填，详细说明请参见 5.1.8 节中的相关内容。
- 系统根据存货编码，将自动带入存货名称、规格型号、存货自定义项、主计量单位、库存单位、换算率等栏目。
- 数量、单价、金额：可为空，详细说明请参见 5.1.8 节中的相关内容。

提示：

- 调拨单可手工增加，也可以参照生产订单、委外订单或调拨申请单填制。
- 调拨单可以修改、删除、审核、弃审。
- 调拨单审核时，系统自动生成其他出库单和其他入库单。
- 此案例中没有编辑调拨单上的“单价”，所以自动生成的其他出、入库单中，其“单价”为空，需要查询相应的存货单价并修改其他出、入库单，才能进行出入库的存货记账与制单。
- 自动生成的其他出库单和其他入库单，在库存管理系统中不允许修改，但可以在存货核算“日常业务”的相应功能模块中修改。

【业务规则】

- 参照调拨申请单生成调拨单。
  - 同一调拨申请单可多次被调拨单参照，但每次只允许选择相同调拨申请单的记录。
  - 参照调拨申请单生成调拨单，不允许增行(但可拆分记录行)，允许删行。
  - 调拨单保存后回写对应调拨申请单的已调拨量，按入库上限控制累计调拨量与对应调拨申请批复量间的关系：如不允许超调拨申请调拨，则累计调拨量不能大于批复量；如允许超调拨申请调拨，则不能超过对应存货的入库上限。
- 反向调拨：反向调拨表示调拨退回的业务，反向调拨将生成红字其他入库单和红字其他出库单，调出仓库和调入仓库的录入与实物流向相同。比如将原来调拨到现场仓的材料退回到原材料仓，则可以在调拨单的“调拨方向”中选择“反向”，调出仓库选择现场仓，调入仓库选择原材料仓，调拨单审核之后系统将生成现场仓的红字其他入库单和原材料仓的红字其他出库单。

4. 场景三的操作步骤

视频网址：http://www.mdmuke.com/mdmk/mod/page/view.php?id=1142

任务说明：在查询原材料仓库存货单价的基础上，修改调拨出、入库单上的存货单价并审核调拨出、入库单。

【查询原材料仓库存货的库存单价】

(1) 打开“明细账查询”窗口。在“企业应用平台”的“业务工作”页签下，依次点击“供应链/存货核算/账表/账簿/明细账”菜单项，系统弹出“明细账查询”对话框，结果可参见图 5-21。

(2) 设置原材料仓库的存货单价。在“明细账查询”对话框中，参照生成“仓库”为“原材料仓库”、“存货分类”为“原材料”，结果如图 5-21 所示。

图 5-21　业务 5.4 的调拨单

(3) 查阅存货单价。单击对话框中的“确定”按钮，系统打开“明细账”窗口，结果如图 5-22 所示，默认显示“存货”为“塑料”的明细账，其“结存”的“单价”为“1000”。

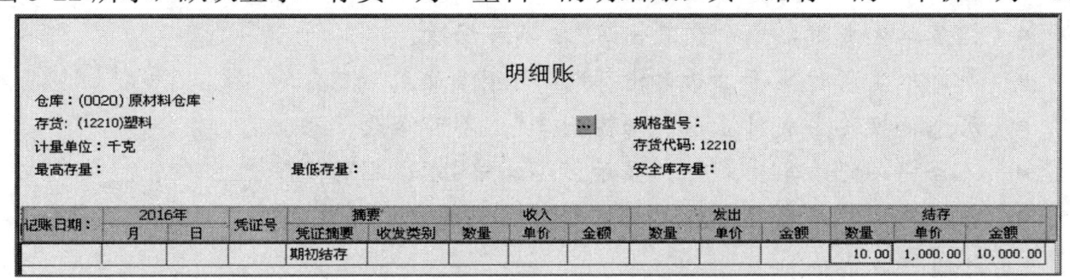

图 5-22　存货“塑料”的明细账窗口

(4) 依次参照生成“存货”为“镜片树脂”和“硅胶”，并记录其“结存”的“单价”(分别为 6000 和 1600)。

(5) 退出。单击“明细账”窗口右上角的“关闭”按钮，关闭并退出该窗口。

【修改调拨出库单上的存货单价】

(1) 打开存货核算的“其他出库单”窗口。在“存货核算”子系统中，依次点击“日常业务/其他出库单”菜单项，系统打开“其他出库单”窗口，并默认显示了本业务自动生成的其他出库单，结果可参见图 5-23。

(2) 修改其他出库单的存货单价。单击工具栏中的“修改”按钮，分别修改表体中 3 种存货的单价，然后单击工具栏中的“保存”按钮，结果如图 5-23 所示。

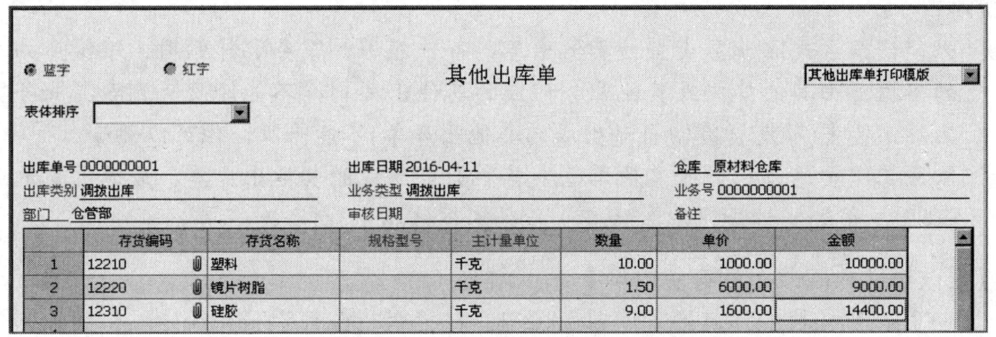

图 5-23　业务 5.4 的其他出库单

(3) 退出。单击“其他出库单”窗口右上角的“关闭”按钮，关闭并退出该窗口。

【其他出库单表头主要栏目】

- 出库单号：录入或自动生成，必填。
- 出库日期：录入或参照，必填。
- 仓库：必填，详细说明请参见 5.1.8 节的相关内容。
- 出库类别：可为空，详细说明请参见 5.1.8 节的相关内容。
- 业务类型：必填。
  - 手工填制其他出库单时，显示“其他出库”，不可修改。

- 调拨单生成时显示“调拨出库”，不可修改。
- 盘点单生成时显示“盘亏出库”，不可修改。
- 组装单生成时显示“组装出库”，不可修改。
- 拆卸单生成时显示“拆卸出库”，不可修改。
- 形态转换单生成时显示“转换出库”，不可修改。
- 不合格品记录单生成时，显示“不合格品”，不可修改。
- 根据在库品不良品处理单、发退货不良品处理单生成时，显示“不合格品”，不可修改。
- 根据设备作业单生成时，显示“备件领用”，不可修改。
- 根据服务单配件生成时，显示“服务配件领用”；根据服务单维修返厂件生成时，显示“维修产品发出”，不可修改。
- 发货签回自动生成时，显示“签回损失”，不可修改。

- 业务号：可为空，详细说明请参见 5.1.8 节的相关内容。
- 部门：可为空，详细说明请参见 5.1.8 节的相关内容。

【其他出库单表体主要栏目】

- 存货编码：必填，详细说明请参见 5.1.8 节的相关内容。
- 存货名称、规格型号、存货自定义项、主计量单位：根据存货编码带入。
- 数量、单价、金额：详细说明请参见 5.1.8 节的相关内容。

提示：

- 只能修改、删除业务类型为其他出库、备件领用、服务配件领用、维修产品发出的单据；由其他单据或其他业务形成的其他出库单，不能修改、删除。业务类型为签回损失(及发货签回自动生成的其他出库单)不能修改，但可以删除。
- 如果您需要修改、删除其他单据或其他业务形成的其他出库单，应通过其他业务(盘点、组装、拆卸、形态转换业务、不合格品记录)修改、删除。

【修改调拨入库单上的存货单价】

(1) 打开存货核算的“其他入库单”窗口。在“存货核算”子系统中，依次点击“日常业务/其他入库单”菜单项，系统打开“其他入库单”窗口，并默认显示了本业务自动生成的其他入库单，结果可参见图 5-24。

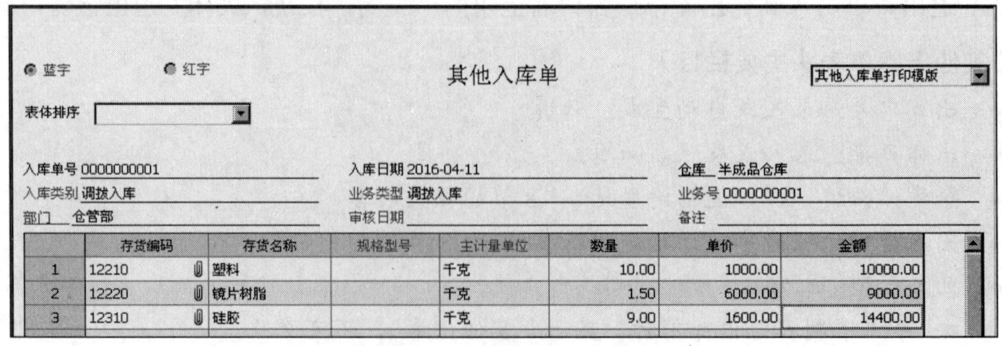

蓝字　红字　其他入库单　其他入库单打印模版

表体排序

入库单号 0000000001　入库日期 2016-04-11　仓库 半成品仓库

入库类别 调拨入库　业务类型 调拨入库　业务号 0000000001

部门 仓管部　审核日期　备注

	存货编码	存货名称	规格型号	主计量单位	数量	单价	金额
1	12210	塑料		千克	10.00	1000.00	10000.00
2	12220	镜片树脂		千克	1.50	6000.00	9000.00
3	12310	硅胶		千克	9.00	1600.00	14400.00

图 5-24　业务 5.4 的其他入库单

(2) 修改其他入库单的存货单价。单击工具栏中的“修改”按钮，分别修改表体中 3 种存货的单价，然后单击工具栏中的“保存”按钮，结果如图 5-24 所示。

(3) 退出。单击“其他入库单”窗口右上角的“关闭”按钮，关闭并退出该窗口。

【其他入库单表头主要栏目】

- 入库单号：录入或自动生成，必填。
- 入库日期：录入或参照，必填。
- 仓库：必填，详细说明请参见 5.1.8 节的相关内容。
- 入库类别：可为空，详细说明请参见 5.1.8 节的相关内容。
- 业务类型：必填。
  - 手工填制其他入库单时，显示“其他入库”，不可修改。
  - 调拨单生成时显示“调拨入库”，不可修改。
  - 盘点单生成时显示“盘盈入库”，不可修改。
  - 组装单生成时显示“组装入库”，不可修改。
  - 拆卸单生成时显示“拆卸入库”，不可修改。
  - 形态转换单生成时显示“转换入库”，不可修改。
  - 根据在库品不良品处理单、发退货不良品处理单生成时，显示“降级入库”，不可修改。
  - 根据服务单生成时，显示“服务维修返厂”，不可修改。
- 业务号：可为空，详细说明请参见 5.1.8 节的相关内容。
- 部门：可为空，详细说明请参见 5.1.8 节的相关内容。

【其他入库单表体主要栏目】

- 存货编码：必填，详细说明请参见 5.1.8 节的相关内容。
- 存货名称、规格型号、存货自定义项、主计量单位：根据存货编码带入。
- 数量、单价、金额：详细说明请参见 5.1.8 节的相关内容。

【审核调拨出库单】

(1) 打开库存管理的“其他出库单”窗口。在“库存管理”子系统中，依次点击“出库业务/其他出库单”菜单项，系统打开“其他出库单”窗口。

(2) 查阅并审核其他出库单。单击工具栏中的“末张”按钮查阅相应的其他出库单，然后单击工具栏中的“审核”按钮，系统弹出信息框提示审核成功，单击“确定”按钮，完成审核工作。

(3) 退出。单击“其他出库单”窗口右上角的“关闭”按钮，关闭并退出该窗口。

【审核调拨入库单】

(1) 打开库存管理的“其他入库单”窗口。在“库存管理”子系统中，依次点击“入库业务/其他入库单”菜单项，系统打开“其他入库单”窗口。

(2) 查阅并审核其他入库单。单击工具栏中的“末张”按钮查阅相应的其他入库单，然后单击工具栏中的“审核”按钮，系统弹出信息框提示审核成功，单击“确定”按钮，完成审核工作。

(3) 退出。单击“其他入库单”窗口右上角的“关闭”按钮，关闭并退出该窗口。

5. 场景四的操作步骤

视频网址：http://www.mdmuke.com/mdmk/mod/page/view.php?id＝1143

任务说明：调拨出、入库单的记账与制单。

【调拨出、入库记账】

(1) 打开“未记账单据一览表”窗口。在“存货核算”子系统中，依次点击“业务核算/正常单据记账”菜单项，系统弹出“查询条件选择”对话框，直接单击其“确定”按钮，系统打开“未记账单据一览表”窗口。

(2) 调拨出、入库记账。在“未记账单据一览表”窗口中，选中本业务生成的出、入库单(共 6 行)，然后单击工具栏中的“记账”按钮，系统弹出信息框提示记账成功，单击“确定”按钮，完成记账工作。

(3) 退出。单击“未记账单据一览表”窗口右上角的“关闭”按钮，退出当前窗口。

【调拨出、入库的存货制单】

(1) 打开“生成凭证”窗口。在“存货核算”子系统中，依次点击“财务核算/生成凭证”菜单项，系统打开“生成凭证”窗口。

(2) 打开“选择单据”窗口。单击工具栏中的“选择”按钮，在系统弹出的“查询条件”对话框中，直接单击“确定”按钮，系统退出对话框并打开“选择单据”窗口。

(3) 选择调拨出入库单。在“选择单据”窗口中，单击工具栏中的“全选”按钮，以选中本笔业务生成的调拨出入库单(共 2 行)，然后单击工具栏中的“确定”按钮，系统返回“生成凭证”窗口。

(4) 编辑存货凭证。

① 分别编辑“其他出库单”的“科目类型”为“存货”的“科目名称”为“塑料”、“镜片树脂”和“硅胶”的相应“对方”的“科目编码”为“140301(塑料)”、“140302(镜片树脂)”和“140303(硅胶)”。

② 分别编辑“其他入库单”的“科目类型”为“存货”的“科目名称”为“塑料”、“镜片树脂”和“硅胶”的相应“对方”的“科目编码”为“140301(塑料)”、“140302(镜片树脂)”和“140303(硅胶)”，结果如图 5-25 所示。

凭证类别 记 记账凭证

选择	单据类型	单据号	摘要	科目类型	科目编码	科目名称	借方金额	贷方金额	借方数量	贷方数量	科目方向	存货编码	存货名称	存货代码
1	其他出库单	000...	其他...	对方	140301	塑料	10,000.00		10.00		1	12210	塑料	12210
				存货	140301	塑料		10,000.00		10.00	2	12210	塑料	12210
				对方	140302	镜片树脂	9,000.00		1.50		1	12220	镜片树脂	12220
				存货	140302	镜片树脂		9,000.00		1.50	2	12220	镜片树脂	12220
				对方	140303	硅胶	14,400.00		9.00		1	12310	硅胶	12310
				存货	140303	硅胶		14,400.00		9.00	2	12310	硅胶	12310
	其他入库单		其他...	存货	140301	塑料	10,000.00		10.00		1	12210	塑料	12210
				对方	140301	塑料		10,000.00		10.00	2	12210	塑料	12210
				存货	140302	镜片树脂	9,000.00		1.50		1	12220	镜片树脂	12220
				对方	140302	镜片树脂		9,000.00		1.50	2	12220	镜片树脂	12220
				存货	140303	硅胶	14,400.00		9.00		1	12310	硅胶	12310
				对方	140303	硅胶		14,400.00		9.00	2	12310	硅胶	12310
合计							66,800.00	66,800.00						

图 5-25 业务 5.4 的“生成凭证”设置结果图

③ 单击工具栏中的“生成”按钮，系统打开“填制凭证”窗口，默认生成了 2 张凭证(可参见图 5-26)。

(5) 保存。单击工具栏中的“成批保存凭证”按钮，系统弹出信息“共有 2 张凭证保存成功”提示框，单击该提示框的“确定”按钮，系统返回“填制凭证”窗口，生成的其他入库单凭证如图 5-26 所示(其他出库单凭证与图 5-26 的内容一致，故没有截图)。

(6) 退出。单击“填制凭证”和“生成凭证”窗口右上角的“关闭”按钮，关闭并退出窗口。

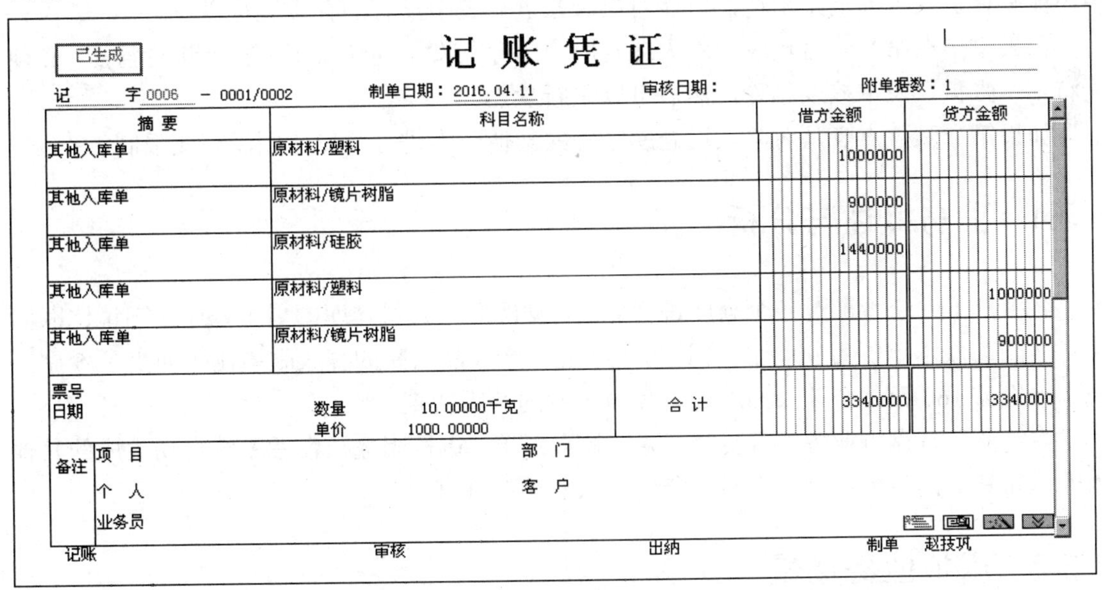

已生成

记 账 凭 证

记 字 0006 - 0001/0002 制单日期：2016.04.11 审核日期： 附单据数：1

摘 要	科目名称	借方金额	贷方金额
其他入库单	原材料/塑料	1000000	
其他入库单	原材料/镜片树脂	900000	
其他入库单	原材料/硅胶	1440000	
其他入库单	原材料/塑料		1000000
其他入库单	原材料/镜片树脂		900000
票号 日期	数量 10.00000千克 单价 1000.00000	合 计 3340000	3340000

备注 项 目 部 门

个 人 客 户

业务员

记账 审核 出纳 制单 赵技巩

图 5-26 业务 5.4 的调拨入库的存货凭证

【业务规则】

调拨业务制单时，借方取存货科目(参见表 3-4)，贷方取存货科目。

5.5 存货盘点工作

为了保证企业库存资产的安全和完整，做到账实相符，企业必须对存货进行定期或不定期的清查，查明存货盘盈、盘亏、损毁的数量以及造成的原因，并据以编制存货盘点报告表，按规定程序，报有关部门审批。

盘盈盘亏简单讲就是实物与账面的差异。盘点实物存数或价值大于账面存数或价值，就是盘盈；盘点实物存数或价值小于账面存数或价值就是盘亏。

普通仓库盘点的盘点单审核时，根据盘点表生成其他出入库单，所有盘盈的存货生成一张其他入库单，业务类型为盘盈入库；所有盘亏的存货生成一张其他出库单，业务类型为盘亏出库。倒冲仓库盘点的盘点单审核时，盈亏量不为 0 的记录生成其他出入库单或材料出库单。

盘点单弃审时，同时删除生成的其他出入库单、材料出库单；生成的其他出入库单、材料出库单如已审核，则相对应的盘点单不可弃审。

需要注意的是，在上次盘点仓库的存货所在的盘点表未审核之前，不可再对此仓库此存货进行盘点，否则系统提示错误。

例如，第一张盘点表是对大运仓库中的女士高端太阳镜进行盘点，该盘点表还没有未审核，又新增了一张盘点表。如果第二张盘点表也对大运仓库进行盘点，则第二张盘点表中不能有存货女士高端太阳镜，只能对第一张盘点表中没有的存货进行盘点。

如果希望在第二张盘点表中对大运仓库中的存货女士高端太阳镜再次进行盘点，必须先将第一张盘点表审核或删除，然后可以重新盘点。

如果第二张盘点表是对除大运仓库之外的其他仓库进行盘点，则没有此限制。

5.5.1 业务概述与分析

4 月 11 日，仓管部对各个仓库进行盘点，发现大运公司仓库的男士普通太阳镜比账面多了 2 副，成本单价为 90 元，合计为 180 元；产成品仓库的亮康眼镜比账面少了 5 副，成本单价为 160 元，合计为 800 元。盘盈盘亏的原因待查。

本笔业务是盘点业务，需要填制并审核盘点单；审核因盘盈盘亏系统自动生成的其他入库单和其他出库单；盘盈盘亏存货的记账与生成凭证。

5.5.2 虚拟业务场景

人物：赵林——仓管部职员
李莉——仓管部主管
张兰——财务部会计

场景一　盘点单的填制、审核与其他出、入库单的审核

赵林：李总你好，我对各仓库进行了盘点。大运公司仓库盘盈男士普通太阳镜2副，产成品仓库盘亏亮康眼镜5副。盘点单我已经填制完毕，请您审核。

李莉：好的，我马上审核盘点单和相应的出、入库单。

场景二　盘盈盘亏的成本确认

赵林：张兰你好，我是仓管部的赵林，我们对仓库进行了盘点，有盘盈盘亏的情况，领导已经审批通过，原因待查，请你做一下账务处理。

张兰：好的，我马上做。

5.5.3　操作指导

1. 操作流程(见图5-27)

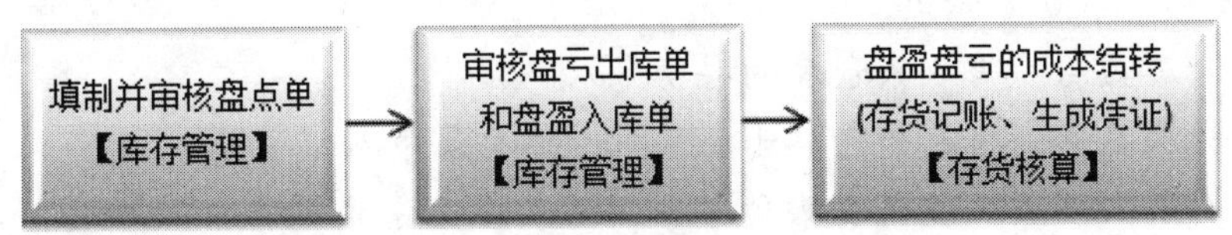

图5-27　存货盘点业务的操作流程图

请确认系统日期和业务日期为2016年4月11号……

2. 场景一的操作步骤

视频网址：http://www.mdmuke.com/mdmk/mod/page/view.php?id＝1144

任务说明：填制与审核盘点单；审核盘盈盘亏生成的其他入库单和出库单。

【填制与审核盘点单】

(1) 打开“盘点单”窗口。在“企业应用平台”的“业务工作”页签下，依次点击“供应链/库存管理/盘点业务”菜单项，系统打开“盘点单”窗口。

(2) 填制并审核大运公司仓库的盘点单。单击工具栏中的“增加”按钮，新增一张盘点单，编辑的操作步骤如下。

① 参照生成表头的“盘点仓库”为“大运仓库”，“出库类别”为“盘亏出库”，“入库类别”为“盘盈入库”，“部门”为“仓管部”。

② 单击工具栏中的“盘库”按钮，此时系统弹出“盘库将删除未保存的所有记录，是否继续？”信息提示框，单击“是”按钮，系统弹出“盘点处理”对话框(参见图5-28)，确认“盘点方式”为“按仓库盘点”，然后单击“确认”按钮，返回“盘点单”窗口。

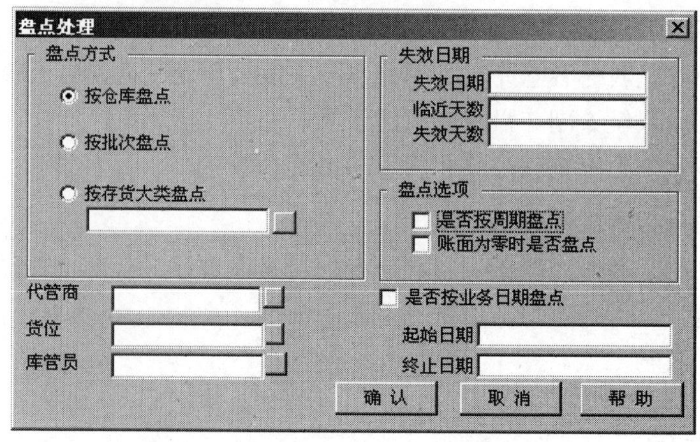

图 5-28 业务 5.5 的大运仓库的盘点单

【“盘点处理”对话框的栏目说明】

- 盘点方式：单选，必填。
  - 按仓库盘点：将表头仓库的存货带入。
  - 按批次盘点：将表头仓库＋表头批号的存货带入。
  - 按存货大类盘点：将表头仓库＋指定大类的存货带入。
- 失效日期：在盘点方式设置的基础上再进行保质期条件的过滤，输入失效日期、临近日期、失效天数，可以输入一个；也可以输入多个，取同时满足多个条件的存货。
- 盘点选项。
  - 是否按周期盘点：勾选。如选，则根据周期盘点参数设置取符合条件的存货。
  - 账面为零时是否盘点：勾选。如选，则盘点时包括账面为零的存货；否则不包括。
- 代管商：多选。对代管仓库可以选择一个或多个代管供应商进行盘点处理，选择代管商则将表头仓库＋指定代管供应商的存货带入。
- 货位：多选。选择按货位明细盘点时可录入。选择货位则将表头仓库＋指定货位的存货带入。
- 库管员：单选。需要按库管员盘点时录入，库管员在仓库存货对照表中设置。
- 是否按业务日期盘点：勾选，并录入业务日期的起止范围。选择此选项，仅对在此业务日期范围内发生过出入库业务的存货进行盘点。

③ 编辑“男士普通太阳镜”的“单价”为“90”、实际的“盘点数量”为账面数量加2(即 102)。

④ 单击工具栏中的“保存”按钮，保存该盘点单，其结果如图 5-29 所示。

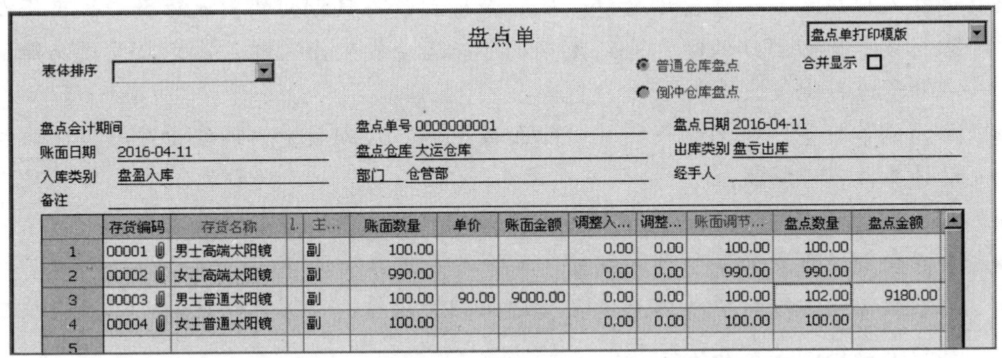

	存货编码	存货名称	规...	主...	账面数量	单价	账面金额	调整入...	调整...	账面调节...	盘点数量	盘点金额
1	00001	男士高端太阳镜		副	100.00			0.00	0.00	100.00	100.00	
2	00002	女士高端太阳镜		副	990.00			0.00	0.00	990.00	990.00	
3	00003	男士普通太阳镜		副	100.00	90.00	9000.00	0.00	0.00	100.00	102.00	9180.00
4	00004	女士普通太阳镜		副	100.00			0.00	0.00	100.00	100.00	
5												

图 5-29　业务 5.5 的大运公司仓库的盘点单

【盘点单表头主要栏目】

- 盘点会计期间：倒冲仓库盘点时，必填，默认为当前登录日期所在会计期间，可修改，提供“01～12” 12 个数字供选择；非倒冲仓库盘点时，盘点会计期间为空，不可录入。
- 盘点单号：录入或根据单据生成规则自动生成(规则设置可参见 3.1.2 节)，必填。同一类型的单据号保证唯一性。
- 盘点日期：录入或参照，必填，详细说明请参见 5.1.8 节的相关内容。增加盘点表体前，账面日期和盘点日期必须先输入。
- 账面日期：必输，默认值为系统登录日期，可修改，账面日期必须小于等于盘点日期。
- 盘点仓库：录入或参照仓库档案，必填。普通仓库盘点时，参照内容为仓库属性是“普通仓”的仓库；倒冲仓库盘点时，参照内容为仓库属性是“现场仓”或“委外仓”的仓库。
- 出库类别、入库类别：带入、录入或参照，可为空，详细说明请参见 5.1.8 节的相关内容。
- 部门：录入或参照部门档案，可为空，详细说明请参见 5.1.8 节的相关内容。
- 经手人：录入或参照人员档案中的业务员，可为空，详细说明请参见 5.1.8 节的相关内容。
- 备注：录入或参照，可为空，参照内容为常用摘要，可手工录入常用摘要中不存在的内容。

【盘点单表体主要栏目】

- 存货编码：必填，详细说明请参见 5.1.8 节的相关内容。
- 存货名称、规格型号、存货自定义项、主计量单位：根据存货编码带入。
- 账面数量：盘点账面日期的库存数量，系统带入，不可修改。
- 单价：根据取价方式带入，用户可修改，修改后系统根据单价及数量计算相应的金额，如账面金额、盘点金额、盈亏金额等。
- 账面金额：账面数量×单价，系统带入，不可修改。

- 调整入库数量、调整出库数量：从账面日到盘点日期间的出入库数量，可修改。账面数量为账面日的结存，到盘点日可能还会发生出入库，盘点数量要与账面调节数量进行比较。
- 账面调节数量：账面调节数量＝账面数＋调整入库数量－调整出库数量，系统自动计算，不可修改。
- 盘点数量/盘点件数：即实盘数量，必须输入，盘点数量不能为负数。
- 盘点金额：盘点金额＝盘点数量×单价，系统自动计算。
- 盈亏数量：盈亏数量＝盘点数量－账面调节数量，系统自动计算，不可修改。正数表示盘盈；负数表示盘亏。
- 盈亏金额：盈亏金额＝盈亏数量×单价，系统自动计算，不可修改。正数表示盘盈；负数表示盘亏。
- 合理损耗率：如按仓库控制盘点参数，取仓库存货对照表的合理损耗率；否则取存货档案的合理损耗率。
- 实际损耗率：实际损耗率＝盘亏数÷账面调节数×100%，系统自动计算，不可修改。
- 原因：录入或参照，可为空，参照的内容为常用摘要。

⑤ 单击工具栏中的“审核”按钮，系统弹出信息框提示审核成功，单击“确定”按钮，完成审核工作，系统自动生成盘盈入库单，结果可参见图 5-31。

(3) 填制并审核产成品仓库的盘点单。单击工具栏中的“增加”按钮，再新增一张盘点单，编辑的操作步骤如下。

① 参照生成表头的“盘点仓库”为“产成品仓库”，“出库类别”为“盘亏出库”，“入库类别”为“盘盈入库”，“部门”为“仓管部”。

② 单击工具栏中的“盘库”按钮，此时系统弹出“盘库将删除未保存的所有记录，是否继续？”信息提示框，单击“是”按钮，系统弹出“盘点处理”对话框，确认“盘点方式”为“按仓库盘点”，然后单击“确认”按钮，返回“盘点单”窗口。

③ 编辑“亮康眼镜”的“单价”为“160”、实际的“盘点数量”为账面数量减 5(即 20395)。

④ 单击工具栏中的“保存”按钮，保存该盘点单，其结果如图 5-31 所示。

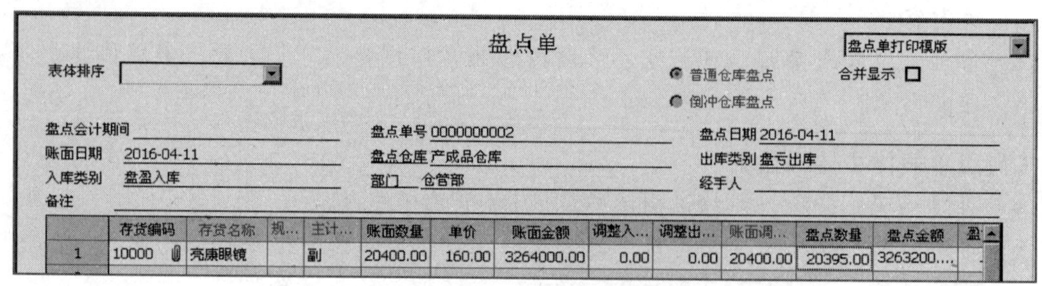

图 5-31 业务 5.5 的产成品仓库的盘点单

⑤ 单击工具栏中的“审核”按钮，系统弹出信息框提示审核成功，单击“确定”按钮，完成审核工作，系统自动生成盘亏出库单，结果可参见图 5-33。

(4) 退出。单击“盘点单”窗口右上角的“关闭”按钮，关闭退出该窗口。

【审核盘盈入库单】

(1) 打开库存管理的“其他入库单”窗口。在“库存管理”子系统中，依次点击“入库业务/其他入库单”菜单项，系统打开“其他入库单”窗口。

(2) 查阅并审核其他入库单。单击工具栏中的“末张”按钮查阅到本业务的其他入库单，然后单击工具栏中的“审核”按钮，系统弹出信息框提示审核成功，单击“确定”按钮，完成审核工作，结果如图 5-32 所示。

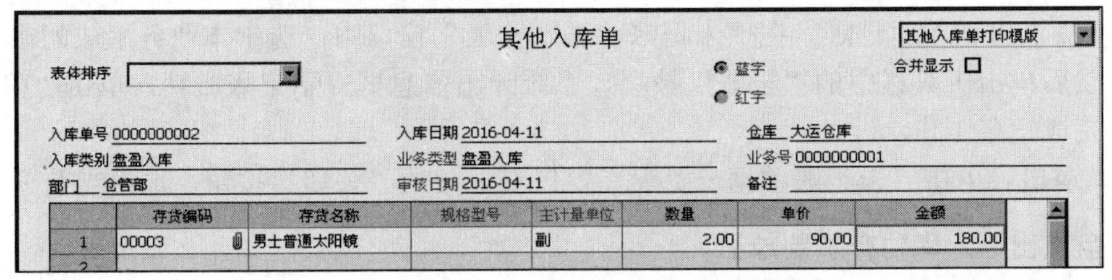

其他入库单　　其他入库单打印模版

表体排序　　蓝字　红字　　合并显示

入库单号 0000000002　入库日期 2016-04-11　仓库 大运仓库

入库类别 盘盈入库　业务类型 盘盈入库　业务号 0000000001

部门 仓管部　审核日期 2016-04-11　备注

	存货编码	存货名称	规格型号	主计量单位	数量	单价	金额
1	00003	男士普通太阳镜		副	2.00	90.00	180.00

图 5-32　业务 5.5 的盘盈入库单

(3) 退出。单击“其他入库单”窗口右上角的“关闭”按钮，关闭并退出该窗口。

提示：

盘盈入库单是一种其他入库单，其表头和表体主要栏目说明，以及操作提示，可参见 5.4.3 节的有关其他入库单的说明。

【审核盘亏出库单】

(1) 打开库存管理的“其他出库单”窗口。在“库存管理”子系统中，依次点击“出库业务/其他出库单”菜单项，系统打开“其他出库单”窗口。

(2) 查阅并审核其他出库单。单击工具栏中的“末张”按钮查阅到本业务的其他出库单，然后单击工具栏中的“审核”按钮，系统弹出信息框提示审核成功，单击“确定”按钮，完成审核工作，结果如图 5-33 所示。

(3) 退出。单击“其他出库单”窗口右上角的“关闭”按钮，关闭并退出该窗口。

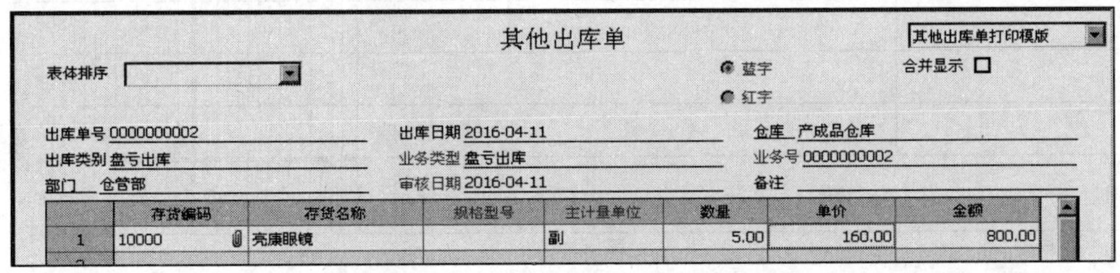

其他出库单　　其他出库单打印模版

表体排序　　蓝字　红字　　合并显示

出库单号 0000000002　出库日期 2016-04-11　仓库 产成品仓库

出库类别 盘亏出库　业务类型 盘亏出库　业务号 0000000002

部门 仓管部　审核日期 2016-04-11　备注

	存货编码	存货名称	规格型号	主计量单位	数量	单价	金额
1	10000	亮康眼镜		副	5.00	160.00	800.00

图 5-33　业务 5.5 的盘亏出库单

提示：

盘亏出库单是一种其他出库单，其表头和表体主要栏目说明，以及操作提示，可参见 5.4.3 节的有关其他出库单的说明。

3. 场景二的操作步骤

视频网址：http://www.mdmuke.com/mdmk/mod/page/view.php?id=1145

任务说明：盘点出、入库单的记账与制单。

【盘点出、入库的存货记账】

(1) 打开“未记账单据一览表”窗口。在“企业应用平台”的“业务工作”页签下，依次点击“供应链/存货核算/业务核算/正常单据记账”菜单项，系统弹出“查询条件选择”对话框，直接单击其“确定”按钮，系统打开“未记账单据一览表”窗口。

(2) 盘点出、入库记账。在“未记账单据一览表”窗口中，选中本业务生成的出、入库单，然后单击工具栏中的“记账”按钮，系统弹出信息框提示记账成功，单击“确定”按钮，完成记账工作。

(3) 退出。单击“未记账单据一览表”窗口右上角的“关闭”按钮，退出当前窗口。

【盘点出、入库的存货制单】

(1) 打开“生成凭证”窗口。在“存货核算”子系统中，依次点击“财务核算/生成凭证”菜单项，系统打开“生成凭证”窗口。

(2) 打开“选择单据”窗口。单击工具栏中的“选择”按钮，在系统弹出的“查询条件”对话框中，直接单击“确定”按钮，系统退出对话框并打开“选择单据”窗口。

(3) 选择盘点出入库单。在“选择单据”窗口中，选中本笔业务生成的盘点出入库单(2 行)，然后单击工具栏中的“确定”按钮，系统返回“生成凭证”窗口。

(4) 生成并保存盘盈入库和盘亏出库的存货凭证。单击工具栏中的“生成”按钮，系统打开“填制凭证”窗口，并默认生成了 2 张凭证，单击工具栏中的“成批保存凭证”按钮，保存自动生成的凭证，结果如图 5-34 和图 5-35 所示。

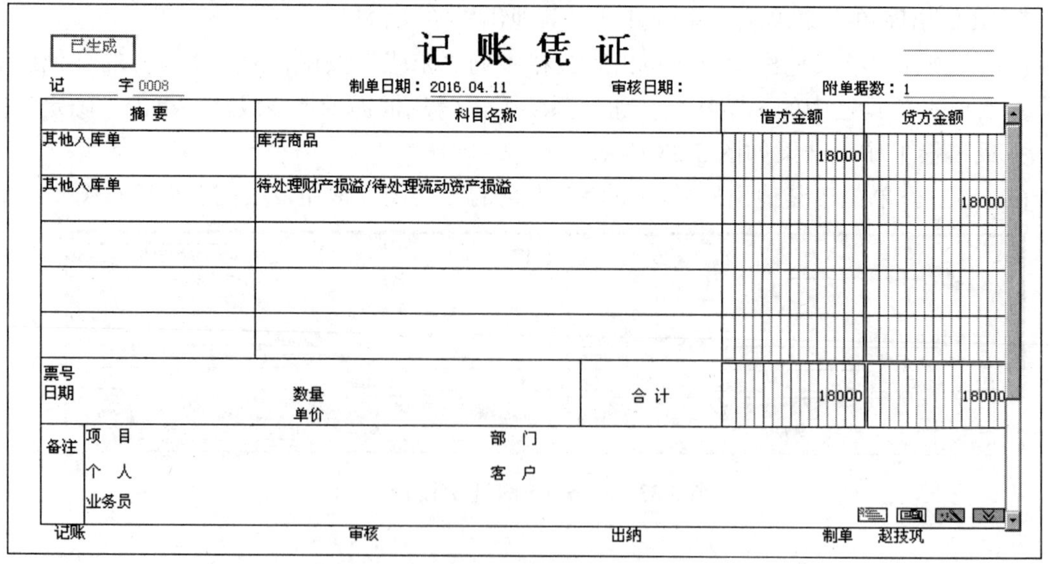

已生成

记账凭证

记 字 0008　　制单日期：2016.04.11　　审核日期：　　附单据数：1

摘要	科目名称	借方金额	贷方金额
其他入库单	库存商品	18000	
其他入库单	待处理财产损溢/待处理流动资产损溢		18000
票号 日期	数量 单价	合计 18000	18000

备注　项目　部门

个人　客户

业务员

记账　审核　出纳　制单 赵技巩

图 5-34　业务 5.5 的盘盈入库的存货凭证

(5) 退出。单击“填制凭证”和“生成凭证”窗口右上角的“关闭”按钮，关闭并退出窗口。

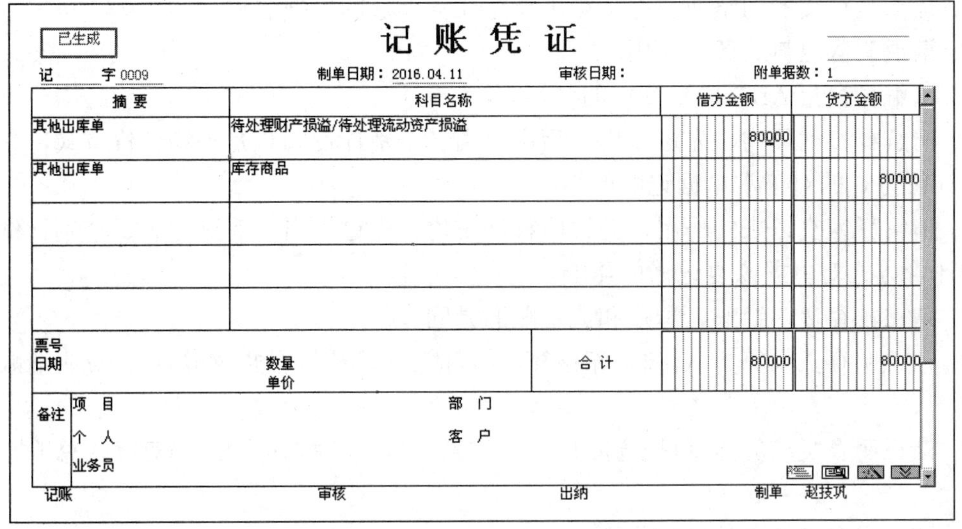

已生成

记 账 凭 证

记 字 0009　　制单日期：2016.04.11　　审核日期：　　附单据数：1

摘要	科目名称	借方金额	贷方金额
其他出库单	待处理财产损溢/待处理流动资产损溢	80000	
其他出库单	库存商品		80000
票号 日期	数量 单价 合计	80000	80000

备注　项目　　部门

个人　　客户

业务员

记账　审核　出纳　制单　赵技巩

图 5-35　业务 5.5 的盘亏出库的存货凭证

【业务规则】

- 盘盈业务制单时，借方取存货科目(参见表 3-4)，贷方取对方科目(参见表 3-5)。
- 盘亏业务制单时，借方取对方科目(参见表 3-5)，贷方取存货科目(参见表 3-4)。

5.6　实验报告内容

1. 请查看本月的材料出库单列表，并将结果界面拷屏后粘贴在实验报告中。
2. 请查看本月的产成品入库单列表，并将结果界面拷屏后粘贴在实验报告中。
3. 请查看本实验填制的调拨申请单，并将结果拷屏后粘贴在实验报告中。
4. 请查看本实验填制的盘点单，并将结果拷屏后粘贴在实验报告中。
5. 请查看本月的其他出库单列表，并将结果界面拷屏后粘贴在实验报告中。
6. 请查看本月的其他入库单列表，并将结果界面拷屏后粘贴在实验报告中。
7. 请查看本月的产成品入库存货凭证，并将结果界面拷屏后粘贴在实验报告中。
8. 请查看本月的盘盈存货凭证，并将结果界面拷屏后粘贴在实验报告中。
9. 请查看本月的盘亏存货凭证，并将结果界面拷屏后粘贴在实验报告中。
10. 请查看库存现存量，并将结果拷屏后粘贴在实验报告中。
11. 请查看亮康眼镜的出入库流水账，并将结果拷屏后粘贴在实验报告中。
12. 请解释现场仓、委外仓、代管仓和资产仓。
13. 请举例说明条形码中一维码和二维码的差异。
14. 请解释 ROP 的作用。
15. 请说明调拨的作用，并画出调拨的业务流程图。

16. 请说明盘点的作用，并画出盘点的业务流程图。

17. 什么是存货的调整业务？请给出调整业务涉及的单据名称。

18. 请说明假退料业务的作用。

19. 请解释存货 ABC 成本分析的含义。

20. 请解释移动平均、先进先出、后进先出、个别计价和全月平均计价方式，并比较这 5 种计价方式的对正常单据记账的影响。

21. 请解释恢复记账的作用，并说明移动平均、先进先出、后进先出、个别计价和全月平均计价方式对单据恢复记账的影响。

22. 请比较存货明细账、总账和流水账的异同。

23. 请说明存货核算方式(按仓库核算、按部门核算和按存货核算)对存货明细账查询的影响。

24. 请说明存货核算方式(按仓库核算、按部门核算和按存货核算)对存货总账查询的影响。

25. 请说明存货期末处理的作用。

26. 请分别从金额和数量的角度，解释存货周转率的含义。

第 6 章

销售业务

销售是企业生产经营成果的实现过程，是企业经营活动的中心。用友 ERP-U8 的销售管理，提供了报价、订货、发货、开票的完整销售流程管理，支持普通销售、委托代销、分期收款、直运、零售等多种类型的销售业务，以及销售退货等逆向业务；可以进行现结业务、代垫费用、销售支出的业务处理；可以制定销售计划，对价格和信用进行实时监控。

普通销售，又可分为先发货后开票业务和开票直接发货业务。

先发货后开票业务，是指根据销售订单或其他销售合同，向客户先发出货物，然后根据发货单开票的业务。发货单作为仓库出货及填制销售发票的依据，可以对应企业的专用票据，如销售小票、提货单、发送单等。相关的业务描述和操作流程，详见本教程的 6.2 节。

开票直接发货业务，是指根据销售订单或其他销售合同，向客户开具销售发票，客户根据发票到指定仓库提货。一般流程是销售部门根据销售订单生成销售发票，客户或送货人依据销售发票中某联到仓库提货。在实际业务中仓库依据销售发票中某联作为出货依据，但用友 ERP-U8 系统会自动生成销售发货单，并根据参数设置生成销售出库单。相关的业务描述和操作流程，详见本教程的 6.3 节。

委托代销业务，指企业将商品委托他人进行销售但商品所有权仍归本企业的销售方式。委托代销商品销售后，受托方与企业进行结算，并开具正式的销售发票，形成销售收入，商品所有权转移。相关的业务描述和操作流程，详见本教程的 6.4 节。委托代销业务只能先发货后开票，不能开票直接发货。

零售业务指商业企业用户将商品销售给零售客户的销售业务，本系统通过零售日报的方式接收用户的零售业务原始数据。相关的业务描述和操作流程，详见本教程的 6.5 节。

销售退货业务是指客户因货物质量、品种、数量等不符合要求而将已购货物退回本企业的业务。相关的业务描述和操作流程，详见本教程的 6.6 节。

本章的操作，请按照业务描述中的系统日期(如 4 月 11 日)，以账套主管赵技巩(或读者您本人)的身份，在第 5 章完成的基础上，在销售管理、库存管理和存货核算系统中进行。

如果您没有完成第 5 章的库存存货业务的操作，则可以到百度云盘空间(云盘地址：https://pan.baidu.com/s/1kVO5jMZ，访问密码：m68d)的“实验账套数据”文件夹中，将“05

库存存货.rar”下载到实验用机上，然后“引入”(操作步骤详见 1.3.5 节)到 ERP-U8 系统中。而且，本章完成的账套，其“输出”压缩的文件名为“06 销售业务.rar”。

需要注意的是，因云盘中的账套备份文件均为“压缩”文件，所以下载完成后引入前，需要用解压缩工具进行解压(建议用 WinRAR 3.42 或以上版本)，得到相应可以引入的账套数据文件。

本章的所有业务实验操作，都有配套的微视频，您可以通过扫描二维码，或者到指定的网页去观看。本教程配套的微视频，均存放在北京神州明灯教育科技有限公司和合一集团的网站上，相应的访问说明请参见云盘中的“微视频访问说明.doc”。

本章的授课时间建议讲课 2～4 学时(主要讲解销售普通业务的类型、流程和单据状态的转换，内容可参见本教程的 6.1 节和配套的课件)、实验 4～6 学时，实验目的与要求如下：

- 理解销售管理系统的作用及其与其他管理部门的关系。
- 理解销售普通业务的业务流和数据流。
- 理解先发货后开票和开票直接发货的操作差异。
- 熟练掌握销售普通业务和退货业务的操作。
- 熟练掌握委托代销和零售日报业务的操作。
- 熟练掌握预收款和代垫运费业务的操作。
- 熟练掌握商业折扣和现金折扣业务的操作。
- 熟练掌握销售成本确认的操作。

6.1 预备知识

传统的销售管理系统，仅包括销售报价、销售订货、销售发货、销售出库和销售开票等业务管理，不涉及销售成本核算和销售应收管理。但从企业经营管理的角度看，销售业务的物流(即销售出库引起的实物变化)，以及由物流驱动的价值流(即存货成本的变化)和资金流(即销售收款引起的资金变化)，应进行无缝连接，形成一个完整的销售业务管理系统。

本节将讲解完整销售业务管理系统的业务类型、应用模型，销售管理过程中涉及的单据类型、单据状态和单据操作。

6.1.1 销售管理概论

销售是指以出售、租赁等方式向第三方提供产品和/或服务的行为与过程。下面从销售业务类型、销售管理应用模型和销售普通业务流程等方面进行讲解。

1. 销售业务类型

销售业务根据企业应用，一般分为普通销售、委托代销、直运业务和分期收款业务等

4 种业务类型。

(1) 普通销售，是适合大多数企业的日常销售业务。根据“发货－开票”的业务流程不同，普通销售可以分为两种业务模式：先发货后开票和开票直接发货业务。系统区分两种流程的依据是判断先录入发货单还是先录入发票。

(2) 委托代销业务，指企业将商品委托他人进行销售，但商品所有权仍归本企业的销售方式。委托代销商品销售后，受托方与企业进行结算，企业开具正式的销售发票，形成销售收入，商品所有权转移。

只有库存管理与销售管理系统集成使用时，才能在库存管理系统中使用委托代销业务。委托代销业务只能先发货后开票(详见 6.4 节)，不能开票直接发货。

(3) 直运业务，是指产品无须入库即可完成购销业务，由供应商直接将商品发给企业的客户，结算时由购销双方分别与企业结算。

直运业务包括直运销售业务和直运采购业务，没有实物的出入库，货物流向是直接从供应商到客户，财务结算通过直运销售发票、直运采购发票解决，具体的可参见本系列教程之《场景式企业供应链应用高级教程(用友 ERP-U8 V10.1)》的 8.4 节。

(4) 分期收款发出商品业务，类似于委托代销业务，货物提前发给客户，分期收回货款，其特点是：一次发货，当时不确认收入，以后分次确认收入，在确认收入的同时配比性地转成本。具体的可参见本系列教程之《场景式企业供应链应用高级教程(用友 ERP-U8 V10.1)》的 8.1 节。

2. 普通销售业务模型

普通销售业务，是指企业 95%以上的常规日常业务，基本上是采用“先发货，后收款”的赊销业务模式，标准的普通销售业务模型请参见图 6-1。

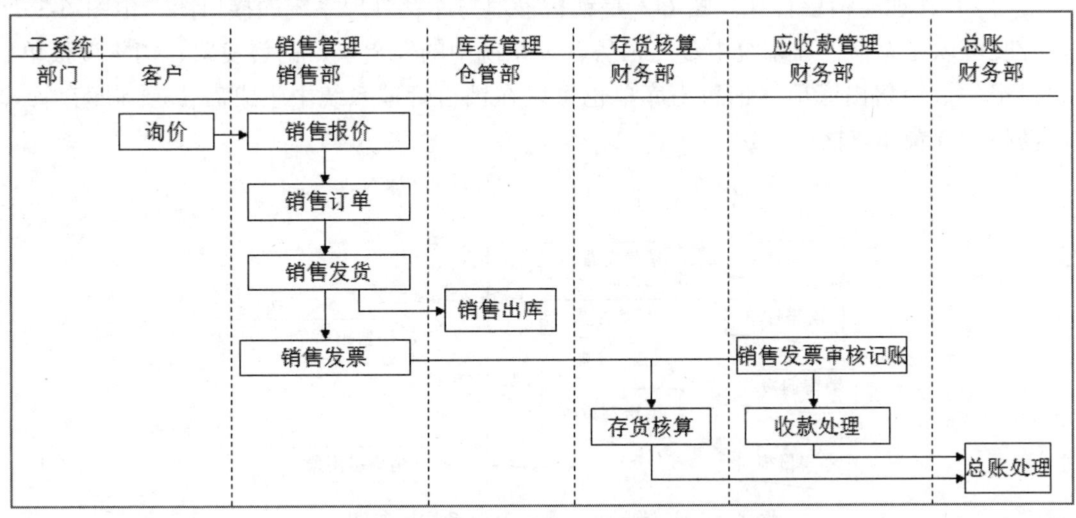

图 6-1 普通销售业务(先发货后开票)的应用模型

由图 6-1 可知，完整的普通销售业务，涉及的部门包括销售部、仓管部和财务部，涉及的 ERP 软件功能模块包括销售管理、库存管理、存货核算、应收款管理和总账系统。

销售管理系统，是用友 ERP-U8 供应链的重要组成部分，提供了报价、订货、发货、开票的完整销售流程，支持普通销售、委托代销、分期收款、直运、零售、销售调拨等多种类型的销售业务，并可对销售价格和信用进行实时监控。

用友 ERP-U8 的销售管理既可以单独使用，又能与用友 U8 的库存管理、采购管理、存货核算、应收款管理等模块集成使用(参见图6-2)，提供完整全面的业务和财务流程处理。下面将详细阐述图 6-2 中各个子系统之间的接口关系。

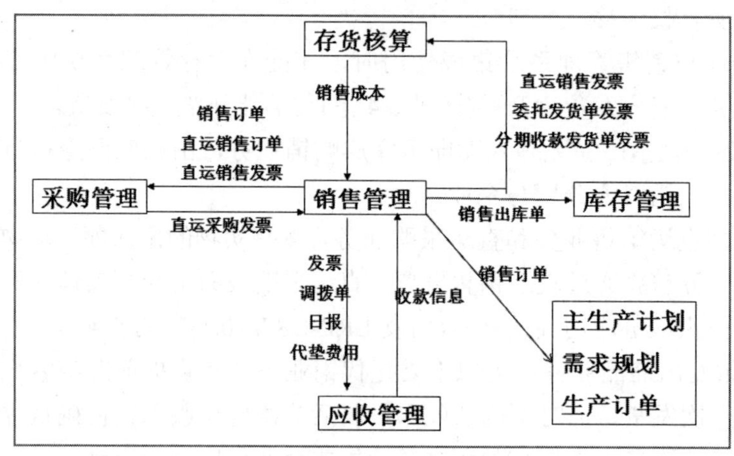

图 6-2　销售管理系统与其他系统的关系

(1) 采购管理与销售管理。销售管理系统的直运销售订单，可参照生成采购管理系统的直运采购订单；直运销售发票与直运采购发票可互相参照。本书第 4 章中图 4-4 是销售管理与采购管理系统的接口图，在此不再赘述。

(2) 库存管理与销售管理。图 6-3 是销售管理与库存管理系统的接口图。由图 6-3 可知，一般可以在库存管理系统中参照销售管理系统中的发货单、销售发票、销售调拨单、零售日报生成销售出库单；销售出库单也可以在销售管理系统中生成后传递到库存管理中，以利于查看和审核。

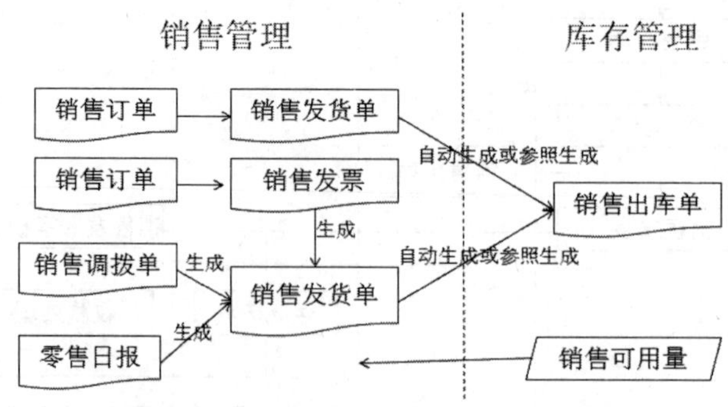

图 6-3　库存管理与销售管理系统接口图

库存管理系统可以为销售管理系统提供可用于销售的存货的可用量。

(3) 存货核算与销售管理。图 6-4 是存货核算与销售管理系统的接口图。由图 6-4 可知，直运销售发票在存货核算系统进行记账，登记存货明细账，并制单生成凭证(详见 8.4 节)。委托代销和分期收款的发货单、发票在存货核算系统中进行记账、制单生成凭证(详见 8.3 节)。

存货核算系统为销售管理系统提供销售成本。

(4) 应收款管理与销售管理。销售货物的货款，形成企业的应收款。由于案例企业同时启用了销售管理和应收款管理系统，所以销售发票由销售系统录入，在应收款管理系统中对这些单据进行审核、弃审、查询、核销、制单等处理。

图 6-5 是应收款管理与销售管理系统的接口图。由图 6-5 可知，销售发票、销售调拨单、零售日报和代垫费用单，在应收款管理系统中审核登记应收明细账，进行制单生成凭证，以及收款结算核销，并回写有关收款核销信息。

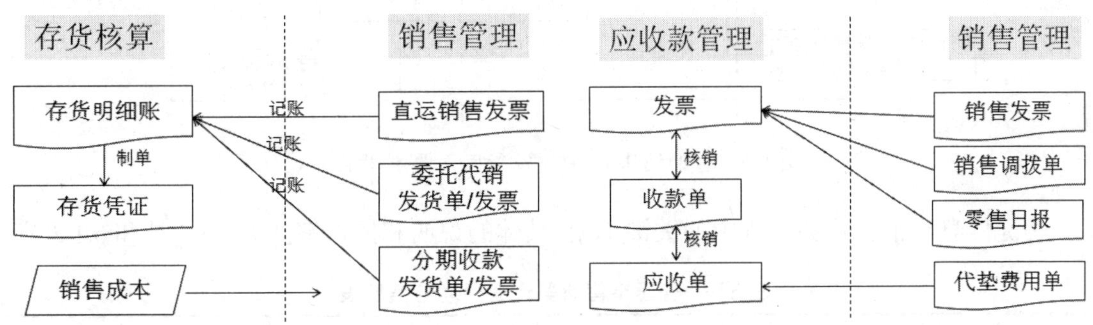

图 6-4　存货核算与采购管理系统接口图　　图 6-5　应收款管理与销售管理系统接口图

3. 普通销售业务流程

普通销售的先发货后开票业务的业务流程(参见图 6-6)，可分为物料流动过程、价值流动过程和资金流动过程。

物料流动过程，包括销售报价、订货、发货、出库和开票 5 个作业活动，相应的信息单据为报价单、销售订单、销售发货单、销售出库单和销售发票。物料流动信息管理，在 ERP 软件的销售和库存管理系统中完成。

价值流动过程，包括材料记账和存货成本制单 2 个作业活动，相应的信息单据为存货的总账、明细账和存货成本记账凭证等，在 ERP 软件的存货核算系统中完成。

资金流动过程，包括应收单据审核与制单、收款单据处理、收款制单、核销与制单等多个作业活动，相应的信息单据为应收记账凭证、收款单、收款记账凭证、应收核销单、核销记账凭证等，在 ERP 软件的应收款管理系统中完成。

普通销售业务的业务流程、作业活动和关键信息详见表 6-1，表中标识的关键活动将引起资源的变化。具体地，销售出库、审核，将引起存货数量的变化；出库成本记账将使得存货成本发生变化；应售款记账将使本企业的应收账款发生变化；已收款记账将使本企业的货币资金发生变化；核销是用收款信息冲销应收款信息，所以核销记账将使本企业的应收账款发生变化。

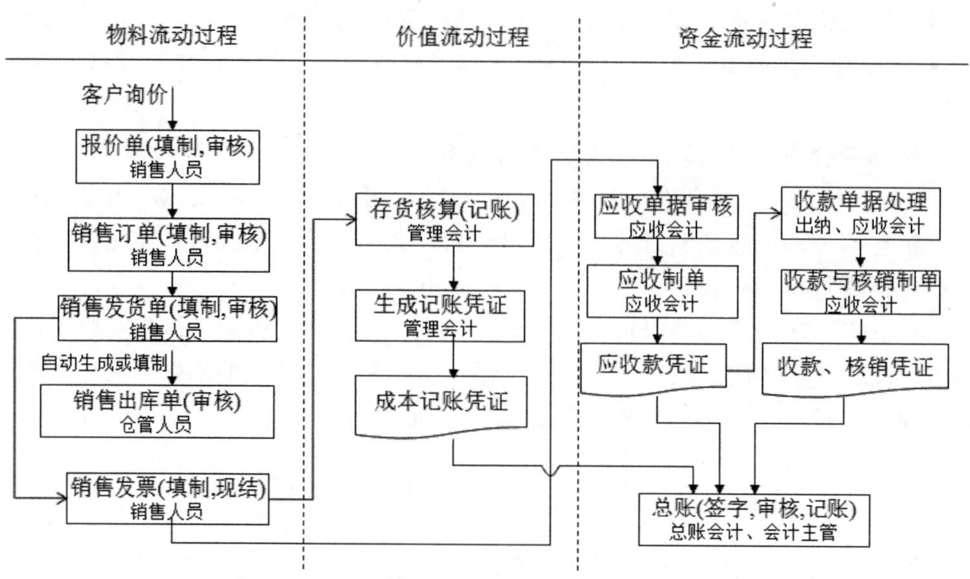

图 6-6 普通销售业务(先发货后开票)流程图

关键信息是销售业务过程中的关键单据，具体的说明和操作请参见 6.1.2 节和 6.1.3 节。

表 6-1 普通销售业务作业活动与信息表

业务	作业类型	作业活动	关键活动	关键信息
		销售报价		销售报价单
		销售订货		销售订单
	物流	销售发货		销售发货单
		销售出库	销售出库、审核	销售出库单
		销售开票		销售发票
	价值流	单据记账	出库成本记账	
		存货成本制单		成本记账凭证
		销售发票审核		
销售业务		发票制单		应收款记账凭证
		应收款记账	应收款记账	
		收款		收款单
	资金流	收款单据审核		
		收款单据制单		已收款记账凭证
		已收款记账	已收款记账	
		应收核销		应收核销单
		应收核销制单		核销记账凭证
		应收核销记账	应收核销记账	

6.1.2 销售单据类型与操作

由表6-1可知，销售业务过程中的关键单据销售报价单、销售订单、销售发货单、销售出库单、销售发票、成本记账凭证、应收款记账凭证、收款单、已收款记账凭证、应收核销单和核销记账凭证，这些单据之间的上下游关系以及单据的主要操作类型，如图6-7(先发货后开票)和图6-8(开票直接发货)所示。

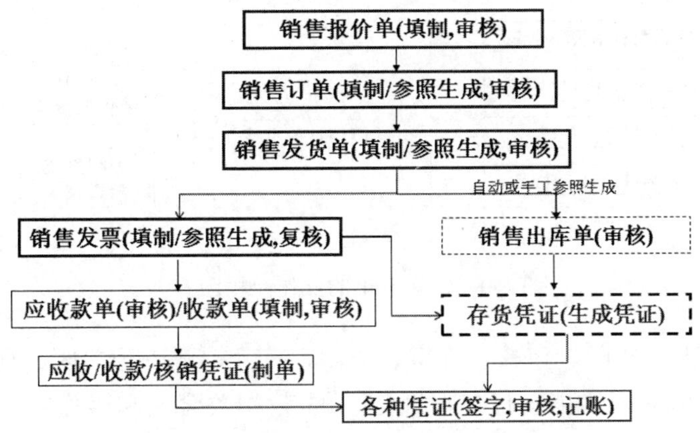

图6-7 普通销售业务(先发货后开票)的单据流程图

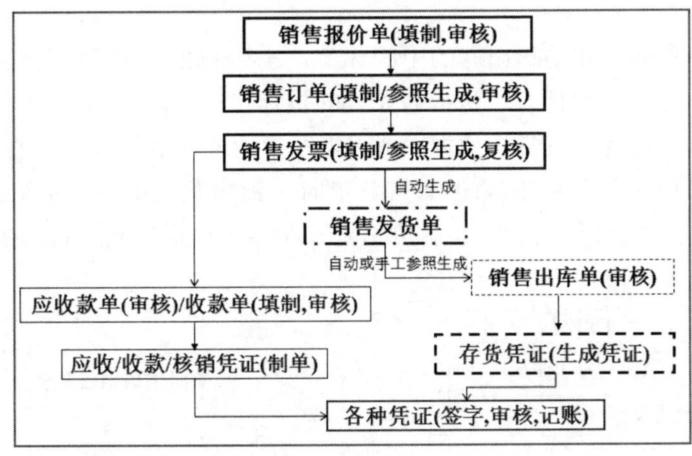

图6-8 普通销售业务(开票直接发货)的单据流程图

1. 销售报价单

销售报价单是销售业务处理的起点，用于描述和生成企业向客户提供货品、规格、价格、结算方式等信息。

销售报价单可以手工增加，也可参照模拟报价生成，可修改、删除、审核、弃审、关闭和打开。已审核未关闭的报价单可参照生成销售订单。但生成销售订单时，不进行数量的控制，即未关闭的报价单可以多次生成销售订单。

2. 销售订单

销售订单是企业与客户之间签订的销售合同、购销协议等，主要内容包括销售什么货物、销售多少，什么时间发货、发货地点、运输方式、价格、运费等。

图 6-9 是销售订单的操作流程图。由图 6-9 可知，销售订单可以根据销售管理系统的销售报价单和销售预订单、合同管理系统的合同、进口管理的进口订单等生成，还可以在销售管理系统中直接录入销售订单。

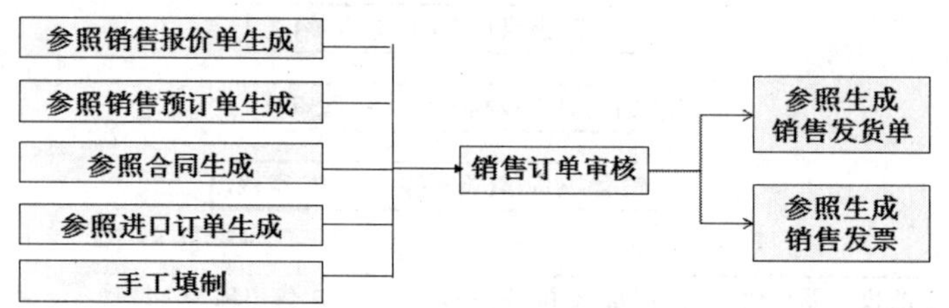

图 6-9　销售订单的操作流程图

销售订单可修改、删除、审核、弃审、关闭、打开，可以行关闭、行打开。工业版账套中的未审核未整单关闭的销售订单可锁定、解锁(相关含义和操作，请参见系列教程中的生产制造部分)。

3. 销售发货单

销售发货是销售订货和销售出库的中间环节，是企业执行与客户签订的销售合同或销售订单，将货物发往客户的行为，是销售业务的执行阶段。

发货单是销售方给客户发货的凭据，是销售发货业务的执行载体。销售发货单可以手工新增，也可以参照销售订单生成(但必有订单时，销售发货单不可手工新增，只能参照生成)，还有通过销售发票复核、销售调拨单复核和零售日报复核时自动生成。图 6-10 是销售发货单的操作流程图。

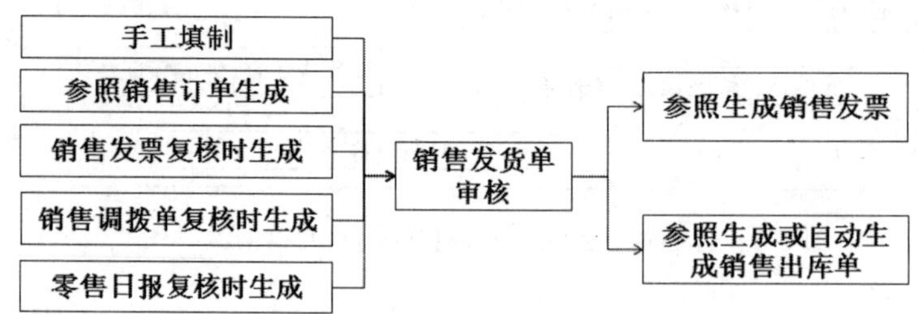

图 6-10　销售发货单的操作流程图

销售发货单可以修改、删除、审核、弃审、关闭、打开，可以行关闭、行打开。已审核未关闭的销售发货单可参照生成销售发票和销售出库单。

4. 销售出库单

销售出库单是销售出库业务的主要凭据，在库存管理系统中用于核算存货的出库数量，在存货核算系统中用于核算存货的出库成本(若销售成本的核算选择依据销售出库单，详见 3.3.1 节)，相应的操作流程可参见图 6-11。

对于工业企业，销售出库单一般指产成品销售出库时所填制的出库单据；对于商业企业，销售出库单一般指商品销售出库时所填制的出库单。

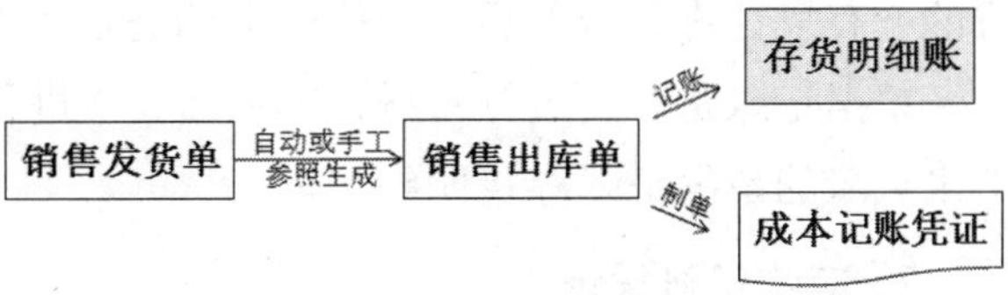

图 6-11　销售出库单的操作流程图

销售出库单按进出仓库方向分为：蓝字销售出库单、红字销售出库单；按业务类型分为：普通销售出库单、委托代销出库单、分期收款出库单。

销售出库单可以修改、删除、审核、弃审等。

5. 销售发票

销售发票是销售收入确认、销售成本计算、应交销售税金确认和应收账款确认的依据，是销售业务的重要环节。销售发票复核后通知财务部门，在应收款管理系统中审核登记应收明细账，制单生成凭证。

销售发票是在销售开票过程中企业所开具的原始销售单据，包括增值税专用发票、普通发票及其所附清单。对于未录入税号的客户，可以开具普通发票，不可开具专用发票。

图 6-12 是销售发票操作流程图。由图 6-12 可知，普通销售必有订单时，销售发票可以参照销售订单、销售发货单填制；直运业务可以参照直运采购发票。但不是普通销售必有订单时，销售发票可手工新增。

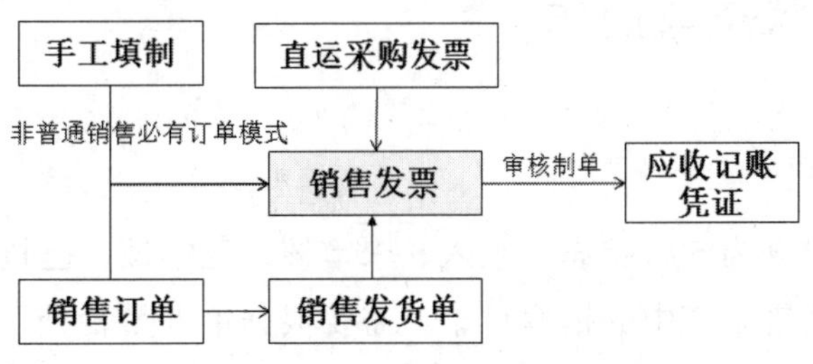

图 6-12　销售发票的操作流程图

销售发票按业务性质，可分为蓝字发票和红字发票，红字发票是蓝字发票的逆向单据。

销售发票按发票类型，分为以下 2 种。

(1) 增值税专用发票。增值税专用发票的扣税类别默认为应税外加，不可修改，税额＝无税金额×税率，价税合计＝无税金额×(1＋税率)。

(2) 普通发票。普通发票包括常用的普通发票、废旧物资收购凭证、农副产品收购凭证和其他收据，其扣税类别默认为应税内含，不可修改，税额＝价税合计×税率，无税金额＝价税合计×(1－税率)。

销售发票可以修改、删除、复核、弃复。

6. 存货成本凭证

存货核算系统的生成凭证功能，用于对本会计月已记账单据的凭证生成，并可对已生成的所有凭证进行查询显示。所生成的凭证可在账务系统中显示及生成科目总账。

单据记账是存货核算系统，按实际成本进行的入库成本核算和出库成本核算。记账即把未记账的单据记入存货明细账。

7. 应收记账凭证

应收制单即生成应收记账凭证，并将凭证传递至总账系统。常用的制单类型包括发票制单、收付款单制单、核销制单、票据处理制单、现结制单和转账制单，其中发票制单的结果是应收记账凭证。

8. 已收记账凭证

已收记账凭证，是收款单制单和现结制单生成的收款凭证。

9. 核销凭证

核销凭证是核销制单生成的凭证，是一种转账凭证。

10. 转账凭证

转账制单和票据处理制单生成的凭证是转账凭证，应收、应付凭证和核销凭证也是转账凭证；另外，存货核算系统生成的凭证一般也是转账凭证。

6.1.3 销售单据状态与操作

1. 单据状态及其转换

单据，从业务上可分为 5 种状态：录入、未审核、已审核、已执行和关闭状态。在启用制造模块后，对于销售系统中的销售订单，需要根据单据是否处于锁定状态，决定是否作为 MPS/MRP 运算时的数据来源。因此，对销售订单设定锁定状态，支持手工锁定和解锁，支持参照 MPS/MRP 采购计划或请购单生成单据的自动锁定。

单据的 5 种业务状态之间的转换关系及相关操作，请参见图 4-13。销售管理系统中，需要审核/复核的单据有：销售报价单、销售订单、销售发货单、销售退货单、销售发票、销售调拨单、零售日报、委托代销发货单、委托代销退货单、委托结算单、委托结算退回单、委托代销调整单、代垫费用单、销售费用支出单。

销售管理系统中，需要关闭的单据有：销售报价单、销售订单、销售发货单和销售退货单，已填制的以上单据可以关闭，即未审核单据也可关闭。另外，销售订单、销售发货单和销售退货单可以行关闭、行打开。

2. 单据操作

(1) 审核/弃审单据。单据只能整张审核/弃审，不可拆单。销售发票、销售调拨单、零售日报3种单据称为复核、弃复。

审核/弃审单据有以下2种方法：

- 在单据卡片界面进行审核/弃审。
- 在单据列表界面进行批审、批弃。

提示：

- 已审核的单据不能再修改、删除；不能再审核。
- 已执行或已关闭的单据，不可弃审。
- 有下游单据生成或被其他系统使用的单据，不可弃审(可将生成的下游单据删除，或取消其他系统的相关操作，如记账、制单等，再弃审)。

(2) 关闭/打开单据。单据只能整张关闭/打开，不可拆单。但销售订单、发货单和退货单，可以行关闭、行打开。关闭/打开单据有以下2种方法：

- 在单据卡片界面进行关闭/打开。
- 在单据列表界面选中要操作的记录，点击批关、批开，进行批量关闭和批量打开。

提示：

- 在销售管理系统中，未审核的单据也可以关闭；要打开的单据必须是已关闭的，打开单据的状态为关闭前的状态。
- 关闭的单据不能再执行，但并不影响其下游单据的继续执行。
- 销售订单、销售发货单、销售退货单可以行关闭、行打开。

(3) 复制单据。如果您录入过与目前将要填制的单据类似或完全相同的单据，可用工具栏中的“复制”按钮，进行单据复制，以加快单据的录入速度。新增红字单据时，退货单、红字发票可选择右键菜单“拷贝蓝字单据”，将所选蓝字单据内容复制到红字单据。

6.1.4 价格计算规则

在销售单据中，数量、单价和金额有一定的计算规则，用户修改其中一项时，系统进行反算。各个数据项的计算关系和计算规则如下。

1. 各个数据项的基本计算关系

(1) 报价。根据销售选项中的“报价含税”选项(参见图3-8)来确定报价是含税价格还是无税价格，本案例企业是报价不含税。

- 选择“报价含税”时，说明报价是含税价格，则含税单价＝报价×扣率1×扣率2；
- 未选择“报价含税”时，说明报价是无税价格，则无税单价＝报价×扣率1×扣率2。

(2) 扣率1：录入、带入或反算，给予客户的购货折扣率。输入扣率1时，报价必须不为 0，否则系统反算各种价格都为零。录入可以大于 100，即加价销售；可以通过单据设计增加“倒扣 1”栏目(可参见 3.2.2 节)，倒扣与正扣互动，倒扣＋正扣＝100。

(3) 扣率 2：录入，扣率的基础上进行二次折扣。输入扣率 2 时，报价必须不为 0，否则系统反算各种价格都为零。录入可以大于 100，即加价销售；可手工录入数量折扣；可通过单据设计增加“倒扣 2”栏目，倒扣与正扣互动，倒扣＋正扣＝100。

(4) 折扣金额：录入或反算。报价含税金额与原币价税合计的差值，系统自动计算；也可直接输入折扣金额，系统反算扣率(不反算扣率 2)和各种价格。

(5) 数量：录入，默认为空。

(6) 税率：按默认值取值。

(7) 税额：录入，税额＝无税金额×税率。

(8) 含税单价：录入或反算，含税单价＝价税合计÷数量。

(9) 无税金额＝无税单价×数量＝价税合计－税额。

(10) 价税合计＝含税单价×数量＝无税金额＋税额。

2. 计算规则

总体来说，金额＝单价×数量，不考虑无税、含税情况。如果您输入了数量、单价、金额三项中的两项，系统反算第三项，即：

- 输入数量和单价，则自动计算金额。
- 输入数量和金额，则自动计算单价。
- 如果单价改变，系统反算金额，数量不变。
- 如果金额改变，系统反算单价，数量不变。
- 如果数量改变，系统反算金额，单价不变。
- 在一张发货单、发票中可以同时输入正负数量的商品。但蓝字发货单、蓝字发票的总金额不能小于 0，红字的总金额不能大于 0。

具体的计算规则，请参见表 6-2 至表 6-8。

表 6-2　报价变动时计算规则表

变动项与条件	不变项	自动计算规则
当报价含税时，报价变动	数量、税率、扣率 1、扣率 2	含税单价＝报价×扣率 1×扣率 2×数量 价税合计＝含税单价×数量 无税金额＝价税合计÷(1＋税率) 税额＝价税合计－无税金额 无税单价＝无税金额÷数量 折扣额＝报价×数量－价税合计
当报价不含税时，报价变动	数量、税率、扣率 1、扣率 2	无税单价＝报价×扣率 1×扣率 2×数量 无税金额＝无税单价×数量 税额＝无税金额×税率 价税合计＝无税金额＋税额 含税单价＝价税合计÷数量 折扣额＝报价×数量－价税合计

表 6-3 单价与金额变动时计算规则表

变动项与条件	不变项	自动计算规则
含税单价	数量、税率	价税合计＝含税单价×数量 无税金额＝价税合计÷(1＋税率) 税额＝价税合计－无税金额 无税单价＝无税金额÷数量 报价、扣率 2 不变，报价不等于零时： • 若“报价含税”，则扣率＝价税合计÷(报价×数量)、折扣额＝报价×数量－价税合计； • 如果“报价不含税”，则扣率＝无税金额÷(报价×数量)、折扣额＝报价×数量×(1＋税率)－价税合计
价税合计	数量、税率	无税金额＝价税合计÷(1＋税率) 税额＝价税合计－无税金额 含税单价＝价税合计÷数量 无税单价＝无税金额÷数量 报价、扣率 2 不变，报价不等于零时： • 如果“报价含税”，则扣率＝价税合计÷(报价×数量)、计算折扣额＝报价×数量－价税合计； • 如果“报价不含税”，则扣率＝无税金额÷(报价×数量)、折扣额＝报价×数量×(1＋税率)－价税合计
无税单价	数量、税率	无税金额＝无税单价×数量 税额＝无税金额×税率 价税合计＝无税金额＋税额 含税单价＝价税合计÷数量 报价、扣率 2 不变，报价不等于零时： • 如果“报价含税”，则扣率＝价税合计÷(报价×数量)，折扣额＝报价×数量－价税合计； • 如果“报价不含税”，则扣率＝无税金额÷(报价×数量)，折扣额＝报价×数量×(1＋税率)－价税合计
无税金额	数量、税率	税额＝无税金额×税率 价税合计＝无税金额＋税额 含税单价＝价税合计÷数量 无税单价＝无税金额÷数量 报价、扣率 2 不变，报价不等于零时： • 如果“报价含税”，则扣率＝价税合计÷(报价×数量)，折扣额＝报价×数量－价税合计； • 如果“报价不含税”，则扣率＝无税金额÷(报价×数量)，折扣额＝报价×数量×(1＋税率)－价税合计

表 6-4　税额变动时计算规则表

变动项与条件	不变项	自动计算规则
税额，当报价含税时	数量、税率、价税合计、含税单价、报价、扣率 2	无税金额＝价税合计－税额 税率＝税额÷无税金额 无税单价＝无税金额÷数量 扣率＝价税合计÷(报价×数量) 折扣额＝报价×数量－价税合计
税额，当报价不含税时	数量、税率、无税金额、无税单价、报价、扣率 2	价税合计＝无税金额＋税额 含税单价＝价税合计÷数量 扣率＝无税金额÷(报价×数量) 折扣额＝报价×数量×(1＋税率)－价税合计

表 6-5　税率变动时计算规则表

变动项与条件	不变项	自动计算规则
税率，当报价含税时	数量、税率、价税合计、含税单价、报价、扣率 2	税额＝价税合计÷(1＋税率)×税率 无税金额＝价税合计－税额 无税单价＝无税金额÷数量 扣率＝价税合计÷(报价×数量) 折扣额＝报价×数量－价税合计
税率，当报价不含税时	数量、税率、无税金额、无税单价、报价、扣率 2	税额＝无税金额×税率 价税合计＝无税金额＋税额 含税单价＝价税合计÷数量 扣率＝无税金额÷(报价×数量) 折扣额＝报价×数量×(1＋税率)－价税合计

表 6-6　数量变动时计算规则表

变动项与条件	不变项	自动计算规则
数量，当报价含税时	税率、含税单价、报价、扣率 2	价税合计＝含税单价×数量 无税金额＝价税合计÷(1＋税率) 税额＝价税合计－无税金额 无税单价＝无税金额÷数量 扣率＝含税金额÷(报价×数量) 折扣额＝报价×数量－价税合计
数量，当报价不含税时	税率、无税单价、报价、扣率 2	无税金额＝无税单价×数量 税额＝无税金额×税率 价税合计＝无税金额＋税率 含税单价＝价税合计÷数量 扣率＝无税金额÷(报价×数量) 折扣额=报价×数量×(1+税率)－价税合计

表 6-7 折扣额变动时计算规则表

变动项与条件	不变项	自动计算规则
折扣额，当报价含税时	数量、税率、报价、扣率 2	价税合计＝报价×数量－折扣额 含税单价＝价税合计÷数量 无税金额＝价税合计÷(1＋税率) 税额＝价税合计－无税金额 无税单价＝无税金额÷数量
折扣额，当报价不含税时	数量、税率、报价、扣率 2	价税合计＝报价×数量×(1＋税率)－折扣额 含税单价＝价税合计÷数量 无税金额＝价税合计÷(1＋税率) 税额＝价税合计－无税金额 无税单价＝无税金额÷数量

表 6-8 折扣率变动时计算规则表

变动项与条件	不变项	自动计算规则
折扣率，当报价含税时	数量、税率、报价、扣率 2	含税单价＝报价×扣率 1×扣率 2 价税合计＝含税单价×数量 无税金额＝价税合计÷(1＋税率) 税额＝价税合计－无税金额 无税单价＝无税金额÷数量 折扣额＝报价×数量－价税合计
折扣率，当报价不含税时	数量、税率、报价、扣率 2	无税单价＝报价×扣率 1×扣率 2 无税金额＝无税单价×数量 税额＝无税金额×税率 价税合计＝无税金额＋税额 含税单价＝价税合计÷数量 折扣额＝报价×数量－价税合计
扣率 2，当报价含税时	数量、税率、报价、扣率 1	含税单价＝报价×扣率 1×扣率 2 价税合计＝含税单价×数量 无税金额＝价税合计÷(1＋税率) 税额＝价税合计－无税金额 无税单价＝无税金额÷数量 折扣额＝报价×数量－价税合计
扣率 2，当报价不含税时	数量、税率、报价、扣率 1	无税单价＝报价×扣率 1×扣率 2 无税金额＝无税单价×数量 税额＝无税金额×税率 价税合计＝无税金额＋税额 含税单价＝价税合计÷数量 折扣额＝报价×数量－价税合计

6.1.5　销售单据常用栏目

销售单据中也有些共同的表头和表体栏目，本节将在说明其共性的同时，比较同一栏目名称在不同单据中的取值差异。

1. 销售单据表头栏目

采购单据表头常用栏目有单据号、业务类型、销售类型、客户、部门、业务员，以及单据日期、审核日期、修改日期等日期相关栏目，制单人、审核人、复核人等操作员相关栏目。

(1) 单据号。在新增单据时，单据号可录入或自动生成，生成规则可以自行设置(详见3.1.2 节)，同一类型的单据号必须保证唯一性。

(2) 业务类型。在新增单据时，业务类型栏目单选必填。有表体记录时，不可修改，可清空表体记录后修改；只有设置相关业务，才可以选择相关的业务类型(详见 6.1.1 节的相关内容)。

- 报价单：可选普通销售、委托代销、分期收款、直运销售，默认为普通销售。
- 销售订单：可选普通销售、委托代销、分期收款、直运销售，默认为普通销售。
- 期初发货单、发货单、退货单：可选普通销售、分期收款，默认为普通销售。
- 销售发票：可选普通销售、直运销售，默认为普通销售；委托销售发票根据委托代销结算单生成，分期收款发票参照分期收款发货单生成。
- 期初委托代销发货单、委托代销发货单、委托代销退货单：默认为委托代销，不可修改。
- 销售调拨单：默认为普通销售，不可修改。
- 零售日报：默认为普通销售，不可修改。

(3) 销售类型。销售单据表头中的“销售类型”栏目，在手工新增单据时可以录入或参照，可为空。默认为销售类型设置的默认值(详见 2.5 节)，可修改。

(4) 单据日期。在新增单据时，单据日期可录入或参照，必填。其默认值为当前业务日期，即进入系统时输入的登录日期，可修改为任意日期；若参照日历修改该值，则必须符合日期格式，即“yyyy-mm-dd”。

需要注意的是，销售发货单的单据日期，必须大于等于当前会计月第一天的日期，可以录入本月及以后月份的任意日期。

(5) 客户简称。在表头的客户简称栏目，可录入或参照客户档案(详见 2.2 节)生成，必填。编辑客户简称栏目时，单击“参照”按钮或按 F2 键，选择一个客户，或直接输入客户简称，然后按 Enter 键确认。

客户确定后，如该单据的部门及业务员未录入，则将分管部门、专营业务员自动带入到部门、业务员栏，可修改。

需要注意的是，客户的停用日期小于或等于单据日期时，该客户为已停用客户，不可参照录入，不可用于新增单据，但老业务可以进行开票、结算业务，可以填制期初单据、红字单据，可以进行单据、账表的查询。

表头的“客户名称”栏，根据“客户简称”带入，可修改。对于零散客户，可以设置一个“零散客户”(详见2.2节)，开票时再将“客户名称”修改为具体的客户名称。

(6) 销售部门。在表头的销售部门栏目，可录入或参照部门档案(详见2.1节)生成，可为空。

编辑部门栏目时，单击“参照”按钮或按F2键，选择一个末级部门，或直接输入末级部门名称，然后按Enter键确认。若企业的部门分级，则只能录入最末级的部门。

若先输入客户，则系统自动带入客户档案中的分管部门，可修改。

若部门的撤销日期小于或等于当前业务日期，则该部门为已撤销的部门，此时该部门不可参照录入，不可用于新增单据，但可以进行单据、报表查询。

(7) 业务员。在表头的业务员栏目，可录入或参照人员档案(详见2.1节)生成，可为空。编辑业务员栏目时，单击“参照”按钮或按F2键，选择一个业务员(是否是业务员，其设置可参见表2-2)，或直接输入业务员，然后按Enter键确认。

若先输入客户，则系统自动带入客户档案中的专营业务员，可修改。

若先输入部门再参照人员档案，则只能参照该部门的业务员，但可手工录入其他业务员。

若业务员的失效日期小于等于当前业务日期，则该人员为已停用的业务员，此时该业务员不可参照录入，不可用于新增单据，但可以进行单据、报表查询。

(8) 付款条件。录入或参照付款条件(详见2.3节)生成，可为空。录入客户时，系统带入客户档案的付款条件(请参见2.2节的客户档案相关内容，其中“信用”选项卡中的“付款条件”可录入该客户的付款条件)，可修改。

付款条件的信用天数从发票日期开始计算，而不是从订单日期开始计算。

(9) 发运方式。录入或参照发运方式(详见2.4节)生成，可为空。录入客户时，系统带入客户档案中的发运方式(在客户档案的“联系”选项卡“发运方式”处)，可修改。

(10) 发货地址。录入客户时，系统带入客户档案中的送货地址(在客户档案的“地址”选项卡“送货地址”处)，可参照修改、手工修改，可为空。

(11) 联系人、联系电话：录入客户时，系统带入客户档案中的联系人、电话(在客户档案的“联系”选项卡“联系人”的“电话”处)，不可修改。

(12) 税率。手工新增单据时，表头的“税率”取值为空，用户可修改。如果不录入，在录入表体第一行记录后，自动取第一行记录存货的“税率”(存货档案中的“税率”栏目值)，可修改。

若表体存货的“存货档案”的“税率”栏目值为空，则带入表头税率。

录入表体以后，可以通过修改表头税率来统一更新表体记录的税率。修改表头税率后，系统提示是否更新表体税率，选择是，则将当前税率更新所有表体记录，并同时计算相应金额；选择否，则保持当前税率不变。

(13) 现存数量。根据当前存货的现存数量带入。

(14) 可用数量。根据可用量计算公式，带入当前存货的可用数量。

(15) 价税合计(大写)：显示价税合计的大写金额，用于单据打印。

(16) 制单人。单据新增保存时，记录制单的操作员名称。

(17) 修改人。单据修改时，记录最后一次修改此单据的操作员名称。

(18) 变更人。单据变更时，带入当前操作员。

(19) 审核人。单据审核时，带入当前操作员。

(20) 复核人。单据复核时，带入当前操作员。

(21) 关闭人。单据关闭时，带入当前操作员。

(22) 修改日期。记录当前单据的修改日期，取最后一次修改单据的系统登录日期。

(23) 审核日期。记录当前单据的审核日期，默认取单据审核时的系统登录日期，在审核时，如果单据日期大于当前登录日期，则审核日期取单据日期。

(24) 制单时间。记录单据的制单时间，取当前服务器的时间。

(25) 修改时间。记录单据最后一次的修改时间，取服务器的时间。

(26) 审核时间。记录单据的审核时间，取服务器的时间。

2. 销售单据表体栏目

销售单据表体常用栏目有仓库、存货编码、需求跟踪相关栏目、保质期管理的相关栏目、存货计量相关栏目、价格相关栏目、外币相关栏目。

(1) 仓库。销售单据表体中的仓库栏目，可录入或参照仓库档案生成，必填。发货单、发票需要录入仓库，一张发货单、发票可以有若干个发货仓库。

若仓库的停用日期小于或等于单据日期，则该仓库为已停用仓库，不可参照录入，不可用于新增单据。

(2) 存货编码。表体中的存货编码，可录入或参照存货档案生成，必填。

根据存货编码或名称、助记码，系统带入存货名称、规格型号、主计量单位、销售单位、换算率、存货自定义项等栏目。

- 销售存货：只能参照录入具有“销售”属性的存货。
- 销售费用：“销售＋应税劳务”的存货，用于销售单据上的运费、包装费等销售费用。
- 销售折扣：“销售＋是否折扣”的存货，在开票时没有数量，只有金额。

若存货的停用日期小于或等于单据日期，则该存货为已停用，不可参照录入，不可用于新增单据，但老业务可以进行开票、结算业务，可以填制期初单据、红字单据，可以进行单据、报表查询。

(3) 保质期管理的相关栏目，包括生产日期、保质期单位、保质期和失效日期，因本案例企业不涉及，所以在此从略。

(4) 存货计量栏目，包括主计量、换算率、附计量单位、数量、件数(即辅数量)，其含义和换算关系说明，可参见2.3节。

(5) 价格相关栏目，包括无税单价、含税单价、无税金额、价税合计、税率、税额等，各个栏目的含义和栏目之间的数量关系，可参见6.1.4节。

(6) 外币相关栏目，包括本币单价(无税)、本币金额(无税)、本币税额、本币价税合计和汇率，因本案例企业不涉及外币业务，所以在此从略。

(7) 退补标志：单选必填，选择内容为“正常”、“退补”，默认为“正常”。退补发货单、发票，可以用于返利或换票业务。

退，表示给客户退回多收的货款，输入负数量、负金额；补，表示向客户补收货款，输入正数量、正金额。

属于退补的发货单、发票记录，不能录入“仓库”栏目值，不能参照生成销售出库单，各销售报表只统计其金额，不统计数量。

6.2 有定金和代垫运费的先发货后开票业务

定金是指在合同订立或在履行之前，支付一定数额的金钱作为担保的担保方式。它属于一种法律上的担保方式，给付定金一方如果不履行债务，无权要求另一方返还定金；接受定金的一方如果不履行债务，需向另一方双倍返还债务。债务人履行债务后，依照约定，定金应抵作价款或者收回。在用友ERP-U8中，销售业务的定金通过“预收款”账号反映。

销售业务中，代垫费用指随货物销售所发生的、不通过发票处理而形成的，暂时代垫将来需向客户收取的费用项目，如运杂费、保险费等。代垫费用实际上形成了对客户的应收款。

6.2.1 业务概述与分析

4月11日，销售批发部夏于与光明公司签订销售合同(合同编号：XS002)，出售男士普通太阳镜100副，无税单价108元，增值税税率为17%。合同签订当日光明公司用转账支票(票号为：131050)支付定金4000元；我公司当日发货，用现金代垫运费200元，全额销售增值税发票(票号为：XS3066，价税合计12 636元)和运费专用发票，随货送出。

本笔业务是一次销售全部发货出库的先发货后开票业务，还涉及销售定金和代垫运费的处理，需要填制并审核销售订单和发货单，审核出库单，填制并复核销售发票，填制并审核代垫费用；销售成本确认；销售应收确认；预收冲应收的转账与制单。

但因没有启用应收款管理系统，所以应收确认(应收单据的审核与制单)、预收冲应收的转账与制单等操作，在本教程中没有完成。若需要可参见本系列教程之《场景式企业供应链应用高级教程(用友ERP-U8 V10.1)》的7.3节。

6.2.2 虚拟业务场景

人物：赵飞——销售部主管
夏于——批发部职员
刘欣——光明公司采购部
李莉——仓管部主管
张兰——财务部会计
罗迪——财务部出纳
曾志伟——财务部主管

场景一 与光明公司签订男士普通太阳镜的销售合同，填制并审核销售订单

(光明公司采购部打来电话)

夏于：喂，您好，这里是亮康眼镜有限公司销售部。

刘欣：您好！我是光明公司采购部的采购员。我们想订购男士普通太阳镜，请问你们的眼镜价格和质量怎么样？

夏于：眼镜的质量没有问题，无税单价 108 元每副。

刘欣：那我们订 100 副，今天就要货，运费可自付。我们还可用转账支票预付定金 4000 元。

夏于：(现存量查询之后……)好的，我们可以先代垫运费。还请尽快发来定金，合作愉快！

(夏于填制销售订单)

夏于：赵总，请您审核一下刚与光明公司签订的销售订单。

赵飞：好的。(审核……)

场景二 销售部填制发货单并审核

(夏于参照销售订单生成发货单)

夏于：赵总，光明公司的发货单我已经填制好了，请您审核。

赵飞：好的，我马上审核，待会你就去通知仓管部发货吧。

(审核……)

场景三 赵飞通知夏于填制销售专用发票和代垫费用单，赵飞复核发票并审核代垫费用单

赵飞：小夏，把这笔业务的销售专用发票和运费的代垫费用单填制一下。

夏于：好的。

(夏于开始填制)

夏于：主管，已经填制好销售专用发票和运费代垫费用单了，麻烦您复核。

赵飞：好的。(复核……)

场景四　夏于通知仓管部发货，仓管部审核销售出库单

夏于：李总，光明公司订购了100副男士普通太阳镜，请您安排一下发货吧。

李莉：好的，我们马上准备。

(仓管部出库完成后，李莉审核出库单……)

场景五　赵飞通知财务部张兰对本笔销售业务进行销售成本结转

赵飞：小张，这笔光明公司的业务已经完成，麻烦进行销售成本结转吧。

张兰：好的，没问题。

(张兰进行销售成本结转……)

6.2.3　操作指导

1. 操作流程图(见图6-13)

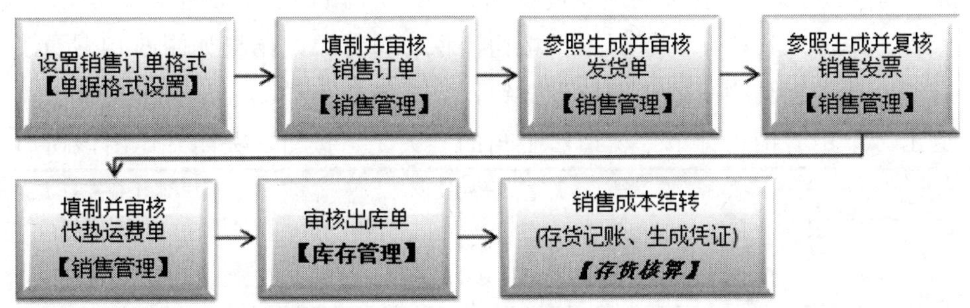

图6-13　有定金和代垫运费的先发货后开票业务的操作流程图

请确认系统日期和业务日期为2016年4月11号……

2. 场景一的操作步骤

视频网址：http://www.mdmuke.com/mdmk/mod/page/view.php?id＝1155

任务说明：修改销售订单单据格式、填制与审核销售订单。

【修改销售订单单据格式】

设置“销售订单”的单据格式，在表头增加“定金原币金额”栏目。

(1) 打开“单据格式设置”窗口。在“企业应用平台”的“基础设置”页签下，依次点击“单据设置/单据格式设置”菜单项，系统打开“单据格式设置”窗口。

(2) 选中销售订单的显示单据。依次点击对话框左侧的“销售管理/销售订单/显示/销售订单显示模板”菜单项，右侧出现销售订单单据格式设置界面。

(3) 增加选择“定金原币金额”栏目。单击选择工具栏中的“表头项目”，在系统弹出的“表头”对话框中，勾选选中“5 定金原币金额”选项，然后单击“确定”按钮，系统返回单据格式设置界面。

(4) 移动位置并保存。在格式设置界面找到“定金原币金额”编辑框(结果可参见图 6-14)，拖曳到合适的地方，并调整其他栏目，合适之后单击“保存”按钮。

(5) 退出。单击“单据格式设置”窗口的关闭按钮，关闭并退出该窗口。

【填制与审核销售订单】

(1) 打开“销售订单”窗口。在“企业应用平台”的“业务工作”页签中，依次点击“供应链/销售管理/销售订货/销售订单”菜单项，系统打开“销售订单”窗口。

(2) 编辑销售订单。单击工具栏中的“增加”按钮，新增一张销售订单，并做如下编辑。

① 编辑表头。修改“订单号”为“XS002”，“客户简称”为“光明公司”，“销售部门”为“批发部”，“业务员”为“夏于”，“定金原币金额”为“4000”，“备注”为“销售男士普通 100 副有定金”。

② 编辑表体。参照生成“存货名称”为“男士普通太阳眼镜”，“数量”栏输入“100”，“无税单价”为“108 元”，确认“预发货日期”为“4 月 11 号”，其他项默认。

(3) 保存。单击工具栏中的“保存”按钮，保存该订单，结果如图 6-14 所示。

(4) 审核。单击工具栏中的“审核”按钮，完成审核工作。

(5) 退出。单击“销售订单”窗口右上角的“关闭”按钮，关闭并退出该窗口。

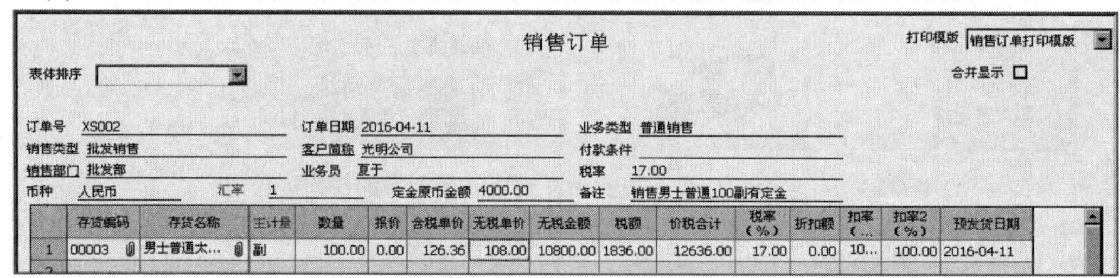

图 6-14 业务 6.2 的销售订单

【销售订单表头主要栏目】

- 订单号：录入或自动生成，必填，详细说明请参见 6.1.5 节的相关内容。
- 订单日期：默认为当前业务日期，可修改，详细说明请参见 6.1.5 节的相关内容。
- 业务类型：单选必填，选择内容为普通销售、委托代销、直运销售、分期收款，默认为普通销售，详细说明请参见 6.1.5 节的相关内容。
- 销售类型：录入或参照，必填；默认为“销售类型”设置的默认值，可修改。
- 客户简称：录入或参照客户档案生成，必填，详细说明请参见 6.1.5 节的相关内容。
- 付款条件：录入或参照付款条件生成，可为空，详细说明请参见 6.1.5 节。
- 销售部门：录入或参照部门档案生成，必填，详细说明请参见 6.1.5 节的相关内容。
- 业务员：录入或参照人员档案中的业务员，可为空，详细说明请参见 6.1.5 节的相关内容。

- 定金原币金额：录入，可为空，客户预付给本单位的订货原币定金。
- 备注：录入或参照，可为空，参照内容为“常用摘要”，可手工录入其他内容。

【销售订单表体主要栏目】

- 存货编码：录入或参照，必填，详细说明请参见6.1.5节的相关内容。
- 存货名称、主计量单位、销售单位(辅计量)、换算率等：系统根据存货编码自动带入。
- 数量、件数(辅数量)：录入数量或件数，必填，大于0。
- 报价：可手工输入，可为空，详细说明请参见6.1.5节的相关内容。
- 无税单价、含税单价、无税金额、价税合计、税额、折扣金额：录入或反算，可为0，计算规则详见6.1.4节。
- 预发货日期：根据表头“预发货日期”栏目值带入，可修改。

提示：

- 销售订单可修改、删除、审核、弃审、关闭、打开，可以行关闭、行打开。
- 工业版账套：未审核未整单关闭的销售订单可锁定、解锁；系统将已锁定、已审核的未关闭的销售订单余量作为需求规划、主生产计划的需求来源。
- 已审核未关闭的销售订单可以变更。
- 已审核未关闭的销售订单可参照生成销售发货单、销售发票，销售订单行记录如果是ATO件，则可下达生产生成生产订单。如果业务中有预收款，可以在《应收系统》中录入预收款单时，参照销售订单号。

3. 场景二的操作步骤

视频网址：http://www.mdmuke.com/mdmk/mod/page/view.php?id=1156

任务说明：填制与审核销售发货单。

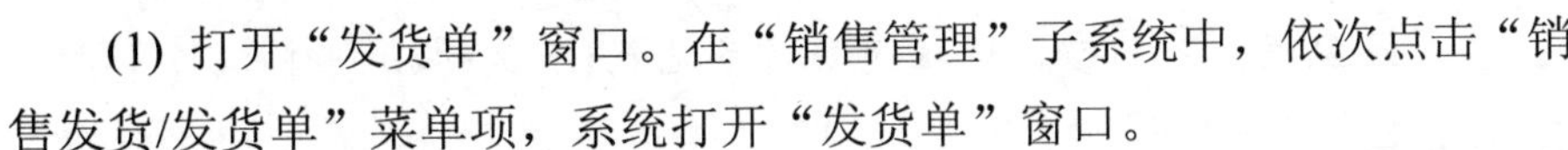

(1) 打开“发货单”窗口。在“销售管理”子系统中，依次点击“销售发货/发货单”菜单项，系统打开“发货单”窗口。

(2) 参照销售订单生成发货单。单击工具栏中的“增加”按钮，系统弹出“查询条件选择-参照订单”对话框，直接单击其“确定”按钮，然后在系统打开的“参照生单”窗口的上窗格中，双击要选择的销售订单(订单编号为XS002)所对应的“选择”栏，再单击工具栏中的“OK确定”按钮，系统返回“发货单”窗口，此时相关的信息已经有默认值，保持数据不变。

(3) 保存。单击工具栏中的“保存”按钮，保存该发货单，结果如图6-15所示。

(4) 审核。单击工具栏中的“审核”按钮，完成审核工作(根据本公司的账套初始设置，系统将自动生成销售出库单)。

(5) 退出。单击“发货单”窗口右上角的“关闭”按钮，关闭并退出该窗口。

图 6-15　业务 6.2 的发货单

【发货单表头主要栏目】

- 发货单号：录入或自动生成，必填，详细说明请参见 6.1.5 节的相关内容。
- 发货日期：默认为当前业务日期，可修改，详细说明请参见 6.1.5 节的相关内容。
- 业务类型：单选必填，选择内容为普通销售、分期收款，默认为普通销售，详细说明请参见 6.1.5 节的相关内容。
- 销售类型：录入或参照，必填，详细说明请参见 6.1.5 节的相关内容。
- 订单号：参照订单时带入。
- 发票号：系统带入，不可修改。
  - 先发货后开票业务，先开发货单，再参照发货单生成发票，此时发票号为空。
  - 开票直接发货业务，在发票复核时，系统自动生成发货单，将发票号带入。
- 客户简称：录入或参照，必填，详细说明请参见 6.1.5 节的相关内容。
- 销售部门：录入或参照，必填，详细说明请参见 6.1.5 节的相关内容。
- 业务员：录入或参照，可为空，详细说明请参见 6.1.5 节的相关内容。
- 发货地址：可参照修改、手工修改，可为空，详细说明请参见 6.1.5 节的相关内容。
- 发运方式：录入或参照，可为空，详细说明请参见 6.1.5 节的相关内容。
- 付款条件：录入或参照，可为空，详细说明请参见 6.1.5 节的相关内容。

【发货单表体主要栏目】

- 仓库名称：录入或参照，必填，详细说明请参见 6.1.5 节的相关内容。
- 存货编码、存货名称：录入或参照，必填，详细说明请参见 6.1.5 节的相关内容。
- 主计量单位、销售单位(辅计量)、换算率：系统根据存货编码自动带入。
- 数量、件数(辅数量)：录入数量或件数，必填。
- 报价：可手工输入，可为空，详细说明请参见 6.1.5 节的相关内容。
- 无税单价、含税单价、无税金额、价税合计、税额、扣率 1、倒扣率 1、扣率2、倒扣率 2、折扣金额：录入或反算，可为 0，详细说明请参见 6.1.5 节的相关内容。

4. 场景三的操作步骤

视频网址：http://www.mdmuke.com/mdmk/mod/page/view.php?id=1157

任务说明：填制与复核(审核)销售专用发票和代垫运费单。

(1) 打开“销售专用发票”窗口。在“销售管理”子系统中，依次点击“销售开票/销售专用发票”菜单项，系统打开“销售专用发票”窗口。

(2) 参照发货单生成销售专用发票。单击工具栏中的“增加”按钮，系统弹出“查询条件选择-发票参照发货单”对话框，直接单击“确定”按钮，系统打开“参照生单”窗口；在该窗口的上窗格中，选中相应的发货单(其对应的“订单号”为“XS002”)，再单击工具栏中的“OK 确定”按钮，返回“销售专用发票”窗口。

(3) 编辑并保存销售专用发票。在“销售专用发票”窗口中，编辑表头的“发票号”为“XS3066”，然后单击工具栏中的“保存”按钮，结果如图 6-16 所示。

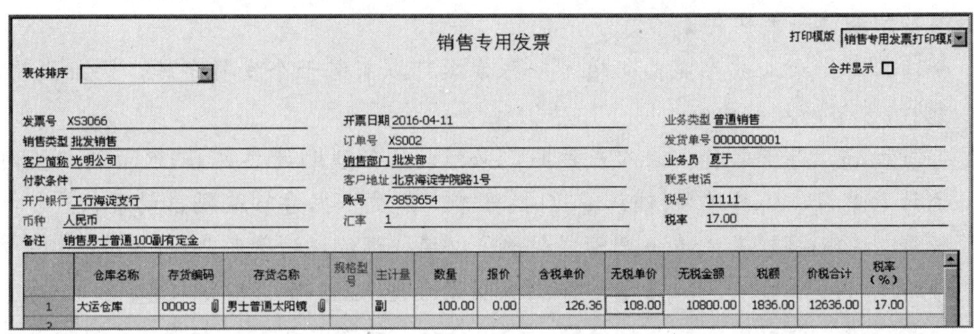

图 6-16　业务 6.2 的销售专用发票

(4) 复核销售专用发票。单击工具栏中的“复核”按钮，复核该销售专用发票。

【销售发票表头主要栏目】

- 发票号：录入或自动生成，必填，详细说明请参见 6.1.5 节的相关内容。
- 开票日期：默认为当前业务日期，可修改，详细说明请参见 6.1.5 节的相关内容。
- 业务类型：单选必填，选择内容为普通销售、直运销售，默认为普通销售，详细说明请参见 6.1.5 节的相关内容。
  - 委托销售发票根据委托代销结算单生成，不可手工填制。
  - 分期收款类型只能参照分期收款发货单时带入，不可手工选择。
- 销售类型：录入或参照，必填，详细说明请参见 6.1.5 节的相关内容。
- 订单号：参照订单时带入。
- 发货单号：系统带入，不可修改。
  - 先发货后开票业务，先开发货单，再参照发货单生成发票，将发货单号带入。
  - 开票直接发货业务，在发票复核时，系统自动生成发货单，将发货单号带入。
- 客户简称：根据客户档案中的开票单位带入，详细说明请参见 6.1.5 节的相关内容。有些企业在业务中，可以给各分公司发货，但在开票时，都是给总公司进行开票结算，对于这种业务，可以在各分公司客户中，将总公司设置为其默认开票单位。在参照发货单、订单进行开票时，参照生单界面中默认带入当前客户的默认开票单位，可以修改，从当前客户开票单位档案中选择一个开票单位。

- 销售部门：录入或参照，必填，详细说明请参见 6.1.5 节的相关内容。
- 业务员：录入或参照，可为空，详细说明请参见 6.1.5 节的相关内容。
- 付款条件：录入或参照，可为空，详细说明请参见 6.1.5 节的相关内容。
- 客户名称、客户地址、电话、客户传真号、税号：根据“客户简称”带入，可修改，详细说明请参见 6.1.5 节的相关内容。
- 开户银行：带入默认的客户开户银行、账号，可修改。
- 账号：参照录入。
- 备注：录入或参照，可为空，参照内容为“常用摘要”，可手工录入其他内容。

【销售发票表体主要栏目】

- 仓库名称：录入或参照，必填，一张发票可以有若干个发货仓库，详细说明请参见 6.1.5 节的相关内容。
- 存货编码、存货名称：录入或参照，必填，详细说明请参见 6.1.5 节的相关内容。
- 主计量单位、销售单位(辅计量)、换算率：系统根据存货编码自动带入。
- 数量、件数(辅数量)：录入数量或件数，必填，详细说明请参见 6.1.5 节的相关内容。
- 报价：可手工输入，可为空，详细说明请参见 6.1.5 节的相关内容。
- 无税单价、含税单价、无税金额、价税合计、税率、税额、扣率 1、倒扣率 1、扣率 2、倒扣率 2、折扣金额：录入或反算，可为 0，计算规则详见 6.1.4 节。

(5) 编辑并保存代垫运费单。

① 单击工具栏中的“代垫”按钮，系统打开“代垫费用单”窗口。

② 在“代垫费用单”窗口中，参照生成“费用项目”为“运输费”，编辑“代垫金额”为“200 元”。

③ 单击工具栏中的“保存”按钮，保存该单据，结果如图 6-17 所示。

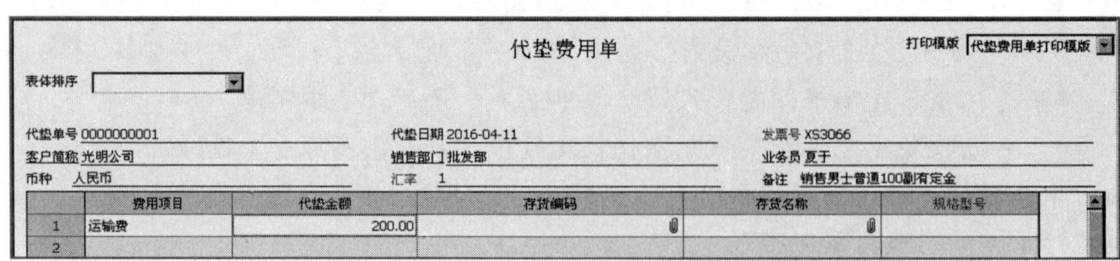

图 6-17　业务 6.2 的代垫费用单

(6) 审核代垫费用单。单击工具栏中的“审核”按钮，完成审核工作。

(7) 退出。单击“代垫费用单”和“销售专用发票”窗口右上角的“关闭”按钮，关闭并退出该窗口。

【代垫费用单表头主要栏目】

- 代垫单号：录入或自动生成，必填，详细说明请参见6.1.5节的相关内容。
- 代垫日期：默认为当前业务日期，可修改，详细说明请参见6.1.5节的相关内容。
- 发票号：在销售发票、销售调拨单、零售日报功能中按“代垫”录入代垫费用单时，根据发票带入，不可修改；否则手工录入。
- 客户简称：录入或参照，必填，详细说明请参见6.1.5节的相关内容。
- 销售部门：录入或参照，必填，详细说明请参见6.1.5节的相关内容。
- 业务员：录入或参照，可为空，详细说明请参见6.1.5节的相关内容。
- 备注：录入或参照，可为空，参照内容为“常用摘要”，可手工录入其他内容。

【代垫费用单表体主要栏目】

- 费用项目：录入或参照费用项目生成(参见2.8节)，必填。
- 代垫金额：录入金额，必填。
- 存货编码、存货名称：录入或参照，详细说明请参见6.1.5节的相关内容。
  - 若能确定代垫费用是发生在哪一个货物上，可输入承担代垫费用的货物，否则可不输入。
  - 在销售发票、销售调拨单、零售日报中进行“代垫”的，不能输入销售发票、销售调拨单、零售日报中不存在的存货。

5. 场景四的操作步骤

视频网址：http://www.mdmuke.com/mdmk/mod/page/view.php?id=1158

任务说明：审核销售出库单。

(1) 打开“销售出库单”窗口。在“企业应用平台”的“业务工作”页签中，依次点击“供应链/库存管理/出库业务/销售出库单”菜单项，系统打开“销售出库单”窗口。

(2) 查阅并审核销售出库单。单击工具栏中的“末张”按钮，查阅到相应的销售出库单，然后单击工具栏中的“审核”按钮，系统弹出信息框提示审核成功，单击“确定”按钮，完成审核工作，结果如图6-18所示。

(3) 退出。单击“销售出库单”窗口右上角的“关闭”按钮，关闭并退出该窗口。

销售出库单

销售出库单打印模版

表体排序

蓝字　红字　合并显示

出库单号 0000000001　出库日期 2016-04-11　仓库 大运仓库

出库类别 销售出库　业务类型 普通销售　业务号 0000000001

销售部门 批发部　业务员 夏于　客户 光明公司

审核日期 2016-04-11　备注 销售男士普通100副有定金

	存货编码	存货名称	规格型号	主计量单位	数量	单价	金额
1	00003	男士普通太阳镜		副	100.00	90.00	9000.00
2							

图6-18　业务6.2的销售出库单

【销售出库单表头主要栏目】

- 出库单号：录入或自动生成，必填，详细说明请参见 5.1.8 节的相关内容。
- 出库日期：录入或参照，必填，详细说明请参见 5.1.8 节的相关内容。
- 仓库：必填，详细说明请参见 5.1.8 节的相关内容。
- 出库类别：可为空，详细说明请参见 5.1.8 节的相关内容。
- 业务类型：必填，详细说明请参见 5.1.8 节的相关内容。
- 销售部门：可为空，详细说明请参见 5.1.8 节的相关内容。
- 业务员：可为空，详细说明请参见 5.1.8 节的相关内容。
- 客户：必填，详细说明请参见 5.1.8 节的相关内容。

【销售出库单表体主要栏目】

- 存货编码：必填，详细说明请参见 5.1.8 节的相关内容。
- 存货名称、规格型号、存货自定义项、主计量单位等：根据存货编码自动带入。
- 数量、件数：
  - 手工填制销售出库单时，手工录入或系统计算。数量＝件数×换算率。
  - 根据销售退货单生成时，带未出库量，可修改。
  - 根据出口销/退货单生成时，带未出库量，可修改。
- 单价、金额：单价根据取价方式带入，可修改。金额＝单价×数量，输入其中两项，系统自动反算第三项，计算规则请参见 6.1.4 节的相关内容。

6. 场景五的操作步骤

视频网址：http://www.mdmuke.com/mdmk/mod/page/view.php?id＝1159

任务说明：销售成本结转。

【销售出库记账】

(1) 打开“未记账单据一览表”窗口。在“企业应用平台”的“业务工作”页签下，依次点击“供应链/存货核算/业务核算/正常单据记账”菜单项，系统弹出“查询条件选择”对话框，直接单击其“确定”按钮，系统打开“未记账单据一览表”窗口。

(2) 销售出库记账。在“未记账单据一览表”窗口中，选中本业务生成的销售发票，然后单击工具栏中的“记账”按钮，系统弹出信息框提示记账成功，单击“确定”按钮，完成记账工作。

(3) 退出。单击“未记账单据一览表”窗口右上角的“关闭”按钮，退出当前窗口。

【销售出库的存货制单】

(1) 打开“生成凭证”窗口。在“存货核算”子系统中，依次点击“财务核算/生成凭证”菜单项，系统打开“生成凭证”窗口。

(2) 打开“选择单据”窗口。单击工具栏中的“选择”按钮，在系统弹出的“查询条件”对话框中，直接单击“确定”按钮，系统退出对话框并打开“选择单据”窗口。

(3) 生成存货凭证。

① 选择销售发票。在“选择单据”窗口中，选中本笔业务生成的销售发票，然后单击工具栏中的“确定”按钮，系统返回“生成凭证”窗口。

② 生成凭证。单击工具栏中的“生成”按钮，系统打开“填制凭证”窗口，并默认显示了本业务销售出库的相关信息(借记：主营业务成本，贷记：库存商品)。

(4) 保存。单击工具栏中的“保存”按钮，保存该凭证，结果如图 6-19 所示。

(5) 退出。单击“填制凭证”和“生成凭证”窗口右上角的“关闭”按钮，关闭并退出窗口。

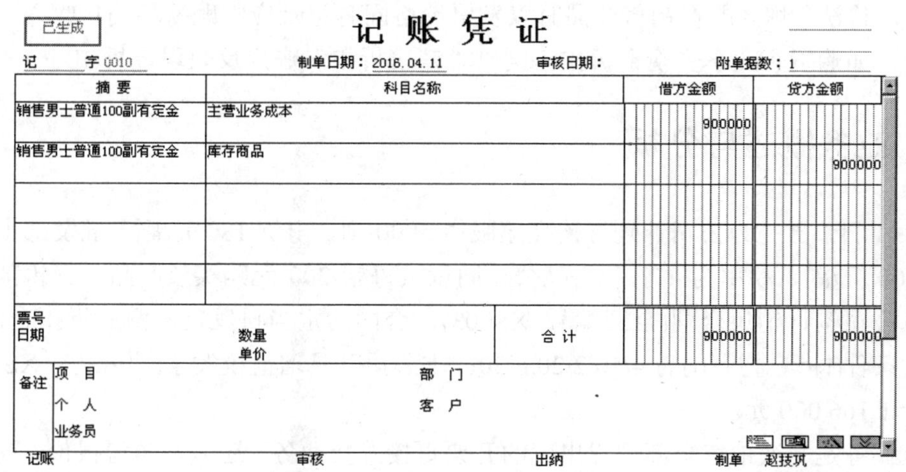

已生成

记账凭证

记 字 0010 制单日期：2016.04.11 审核日期： 附单据数：1

摘要	科目名称	借方金额	贷方金额
销售男士普通100副有定金	主营业务成本	900000	
销售男士普通100副有定金	库存商品		900000
票号 日期	数量 单价 合计	900000	900000

备注 项目 部门 个人 客户 业务员

记账 审核 出纳 制单 赵技巩

图 6-19 业务 6.2 的存货出库凭证

6.3 有报价和折扣的开票直接发货业务

销售报价是企业向客户提供货品、规格、价格、结算方式等信息，双方达成协议后，销售报价单转为有效力的销售订单。

销售过程中的折扣，可分为商业折扣和现金折扣。

商业折扣(税法中又称“折扣销售”)，指实际销售商品或提供劳务时，将价目单中的报价打一个折扣后提供给客户，这个折扣就叫商业折扣。商业折扣是企业在销售商品时，先打折再销售，折扣在前销售在后，是在交易成立及实际付款之前予以扣除，所以对库存现金和主营业务收入不产生影响。商业折扣需要明列出来，通常以百分数，如 5%、10%的形式表示，买方只需按照标明价格的百分比付款即可。

现金折扣(又称销售折扣)，是指企业为了鼓励客户偿还贷款而允诺在一定期限内给予的规定的折扣优待。在用友 ERP-U8 中称为付款条件，通常可表示为“5/10,2/20,n/30”，它的意思是客户在 10 天内偿还贷款，可得到 5%的折扣，即只付原价的 95%的货款；在 20 天内偿还贷款，可得到 2%的折扣，即只要付原价的 98%的货款；在 30 天内偿还贷款，则须按照全额支付货款；在 30 天以后偿还贷款，则不仅要按全额支付贷款，还可能要支付延期付款利息或违约金。

现金折扣发生在销货之后，是一种融资性质的理财费用，因此现金折扣不得从销售额中减除。由于现金折扣直接影响企业的现金流量，所以必须在会计中反映。我国新企业会计准则要求采用总价法入账，即在销售商品时以发票价格同时记录应收账款和销售收入，不考虑现金折扣，如购货企业享受现金折扣，则以“销售折扣”账户反映现金折扣。销售折扣作为销售收入的减项列入损益表。

通常，核算现金折扣的方法有 3 种：总价法、净价法和备抵法。我国新企业会计准则要求采用总价法入账，即在销售商品时以发票价格同时记录应收账款和销售收入，不考虑现金折扣，如购货企业享受现金折扣，则以“销售折扣”账户反映现金折扣。

6.3.1 业务概述与分析

4 月 11 日，雪亮为公司计划订购亮康眼镜 5000 副，出价 180 元/副，批发部报价为无税单价 200 元/副，税率为 17%。雪亮公司同意按每副 200 元购买该产品，销售部夏于与雪亮眼镜公司签订销售合同(合同编号 XS003)，合同约定当日发货，商业折扣金额 4000 元，付款条件(即现金折扣)为 4/10,2/20,n/30。本公司开具增值税发票(票号为：XS3067)，价税合计 1 166 000 元。

本笔业务是一次销售全部发货出库的开票直接发货业务，还涉及销售报价、商业折扣和现金折扣的业务处理，需要填制并审核销售报价单和销售订单，填制并复核销售发票(扣除商业折扣)，查阅发货单和审核出库单；应收确认与销售成本结转。

但因没有启用应收款管理系统，所以应收确认(应收单据的审核与制单)、选择收款与制单、核销制单等操作，在本教程中没有完成。若需要可参见本系列教程之《场景式企业供应链应用高级教程(用友 ERP-U8 V10.1)》的 7.4 节。

6.3.2 虚拟业务场景

人物：赵飞——销售部主管
米娟——雪亮公司采购部
夏于——批发部职员
李莉——仓管部主管
张兰——财务部会计
罗迪——财务部出纳
曾志伟——财务部主管

场景一　向雪亮公司进行销售报价，报价单的填制与审核

(雪亮公司采购部打来电话)

夏于：喂，您好，这里是亮康眼镜有限公司销售部。

米娟：您好！我是雪亮公司采购部的采购员，请问您公司的亮康眼镜，可以每副 180 元出售吗？我们计划订 5000 副。

夏于：不好意思，我们的眼镜质量特别好，最低每副 200 元。您能接受吗？

米娟：这样啊，那我和我们主管商量之后再联系您吧。

夏于：好的，希望我们合作愉快！

(夏于填制销售报价单……)

夏于：赵总，请您审核一下今天的销售报价单。

赵飞：好的。(审核完毕)

场景二　销售部同意折扣销售，并填制和审核销售订单

(夏于给雪亮公司采购部打电话)

米娟：您好，这里是雪亮公司采购部。

夏于：您好，我是亮康公司的夏于。请问关于亮康眼镜，贵公司考虑得怎么样了？

米娟：我们主管同意每副 200 元的价格，但希望能有些商业折扣，而且今天出货。

夏于：太好了，谢谢你！(查询现存量之后……)今天能出货。商业折扣也没问题，我的权限最多可以优惠 4000 元，但可以给更好的现金折扣，10 天内付款 4%的折扣，20 天内 2%，30 天的账期，您能接受吗？

米娟：好的，那咱们签订购销合同吧。

夏于：好的。

(夏于参照销售报价单，填制销售订单完毕)

夏于：赵总，与雪亮公司的销售订单做好了，对方要求了商业折扣和现金折扣，请您审核。

赵飞：好的(审核中……)。都没有问题，你填制销售发票吧。

场景三　夏于参照销售订单生成销售发票，赵飞复核发票、查阅发货单

(夏于参照销售订单，填制销售专用发票完毕)

夏于：赵总，给雪亮公司的销售专用发票我做好了，请您复核。

赵飞：好的。(复核通过发票，并查阅了发货单……)你去通知仓管部出货吧。

场景四　夏于发站内信通知仓管部发货，销售出库单的审核

夏于：今天有一笔销售业务，对方要求今天出货，发货单我们已经审核通过，请您尽快发货。

李莉：好的，我们尽快完成。

(仓管部出库完成后，李莉审核出库单……)

场景五　赵飞通知财务部张兰对本笔销售业务进行销售成本结转

赵飞：小张，有笔雪亮公司的业务已经完成，请做销售成本结转。

张兰：好的，没问题。

(张兰进行销售成本结转……)

6.3.3 操作指导

1. 操作流程(见图 6-20)

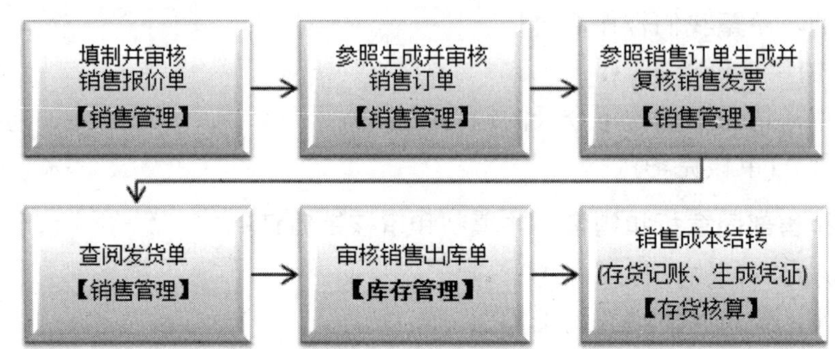

图 6-20　有报价和折扣的开票直接发货业务的操作流程图

请确认系统日期和业务日期为 2016 年 4 月 11 号……

2. 场景一的操作步骤

视频网址：http://www.mdmuke.com/mdmk/mod/page/view.php?id＝1160

任务说明：填制并审核销售报价单。

(1) 打开“销售报价单”窗口。在“企业应用平台”的“业务工作”页签中，依次点击“供应链/销售管理/销售报价/销售报价单”菜单项，系统打开“销售报价单”窗口。

(2) 编辑销售报价单。单击工具栏中的“增加”按钮，新增一张销售报价单，然后做如下编辑。

① 编辑表头。参照生成“客户简称”为“雪亮公司”，“销售部门”为“批发部”，“业务员”为“夏于”，其他项默认。

② 编辑表体。在表体的“存货名称”栏参照生成“亮康眼镜”，“数量”栏输入“5000”，确认“报价”为“200 元”，其他项默认。

(3) 保存。单击工具栏中的“保存”按钮，保存该单据，结果如图 6-21 所示。

(4) 审核。单击工具栏中的“审核”按钮，完成审核工作。

(5) 退出。单击“销售报价单”窗口右上角的“关闭”按钮，关闭并退出该窗口。

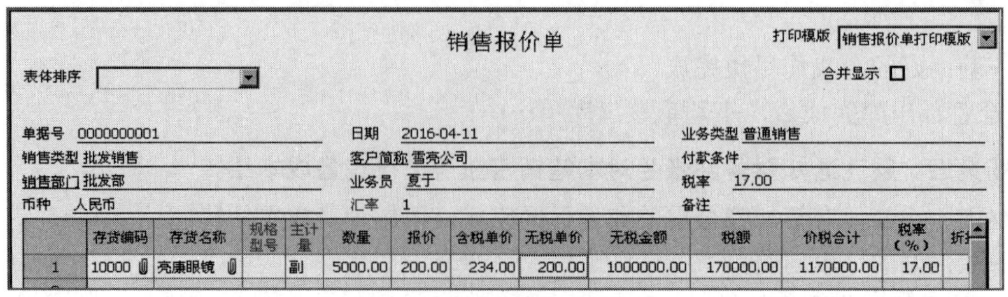

销售报价单

打印模版 销售报价单打印模版

表体排序　　　　合并显示 □

单据号 0000000001　　日期 2016-04-11　　业务类型 普通销售

销售类型 批发销售　　客户简称 雪亮公司　　付款条件

销售部门 批发部　　业务员 夏于　　税率 17.00

币种 人民币　　汇率 1　　备注

	存货编码	存货名称	规格型号	主计量	数量	报价	含税单价	无税单价	无税金额	税额	价税合计	税率（%）	折扣
1	10000	亮康眼镜		副	5000.00	200.00	234.00	200.00	1000000.00	170000.00	1170000.00	17.00	

图 6-21　业务 6.3 的销售报价单

【销售报价单表头主要栏目】

- 单据号：录入或自动生成，必填，详细说明请参见6.1.5节的相关内容。
- 日期：默认为当前业务日期，可修改，详细说明请参见6.1.5节的相关内容。
- 业务类型：单选必填，选择内容为普通销售、委托代销、直运销售、分期收款，默认为普通销售，详细说明请参见6.1.5节的相关内容。
- 销售类型：录入或参照，必填，详细说明请参见6.1.5节的相关内容。
- 客户简称：录入或参照，必填，详细说明请参见6.1.5节的相关内容。
- 付款条件：录入或参照，可为空，详细说明请参见6.1.5节的相关内容。
- 销售部门：录入或参照，必填，详细说明请参见6.1.5节的相关内容。
- 业务员：录入或参照，可为空，详细说明请参见6.1.5节的相关内容。
- 备注：录入或参照，可为空，参照内容为“常用摘要”，可手工录入其他内容。

【销售报价单表体主要栏目】

- 存货编码、存货名称：录入或参照，必填，详细说明请参见6.1.5节的相关内容。
- 主计量单位、销售单位(辅计量)、换算率：系统根据存货编码自动带入。
- 数量、件数(辅数量)：录入数量或件数，必填，大于0。
- 报价：可手工输入，可为空，详细说明请参见6.1.5节的相关内容。
- 无税单价、含税单价、无税金额、价税合计、税率、税额、扣率1、倒扣率1、扣率2、倒扣率2、折扣金额：录入或反算，详细说明请参见6.1.4节的相关内容。

提示：

- 报价单可修改、删除、审核、弃审、关闭、打开。
- 已审核未关闭的报价单可参照生成销售订单。但生成销售订单时，不进行数量的控制，即未关闭的报价单可以多次生成销售订单。

3. 场景二的操作步骤

视频网址：http://www.mdmuke.com/mdmk/mod/page/view.php?id＝1161

任务说明：填制并审核销售订单。

(1) 打开“销售订单”窗口。在“销售管理”子系统中，依次点击“销售订货/销售订单”菜单项，系统打开“销售订单”窗口。

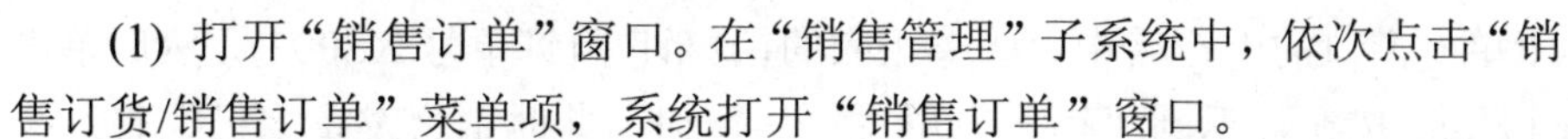

(2) 参照生成销售订单。

① 打开“参照生单”窗口。单击工具栏中的“增加”按钮，新增一张销售订单，再单击工具栏中的“生单/报价”命令，系统打开“查询条件选择-订单参照报价单”对话框，直接单击其“确定”按钮，系统打开“参照生单”窗口。

② 拷贝信息。在“参照生单”窗口的上窗格中，双击要选择的销售报价单所对应的“选择”栏，然后单击工具栏中的“OK确定”按钮，系统返回“销售订单”窗口。

(3) 编辑销售订单。

① 编辑表头。编辑“订单号”为“XS003”，“付款条件”为“4/10,2/20,n/30”，“备注”

为“销售亮康眼镜 5 千副有折扣”。

② 编辑表体。在表体录入“折扣额”为“4000”，结果如图 6-22 所示。

(4) 保存。单击工具栏中的“保存”按钮，保存该单据。

(5) 审核。单击工具栏中的“审核”按钮，完成审核工作。

(6) 退出。单击“销售订单”窗口右上角的“关闭”按钮，关闭并退出该窗口。

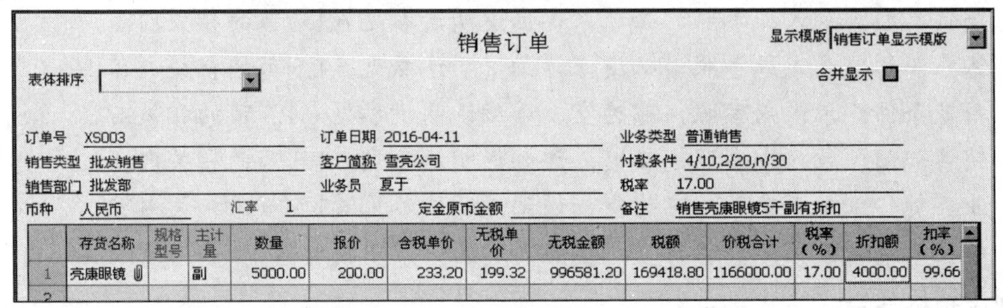

销售订单

显示模版 销售订单显示模版

表体排序

合并显示

订单号 XS003　订单日期 2016-04-11　业务类型 普通销售

销售类型 批发销售　客户简称 雪亮公司　付款条件 4/10,2/20,n/30

销售部门 批发部　业务员 夏于　税率 17.00

币种 人民币　汇率 1　定金原币金额　备注 销售亮康眼镜5千副有折扣

	存货名称	规格型号	主计量	数量	报价	含税单价	无税单价	无税金额	税额	价税合计	税率(%)	折扣额	扣率(%)
1	亮康眼镜		副	5000.00	200.00	233.20	199.32	996581.20	169418.80	1166000.00	17.00	4000.00	99.66
2													

图 6-22　业务 6.3 的销售订单

4. 场景三的操作步骤

视频网址：http://www.mdmuke.com/mdmk/mod/page/view.php?id=1162

任务说明：填制与复核销售专用发票；查阅自动生成和审核的发货单。

【填制与复核销售专用发票】

(1) 打开“销售专用发票”窗口。在“销售管理”子系统中，依次点击“销售开票/销售专用发票”菜单项，系统打开“销售专用发票”窗口。

(2) 参照销售订单生成销售专用发票。

① 单击工具栏中的“增加”按钮，系统弹出“查询条件选择-发票参照发货单”对话框，本业务需要参照销售订单生成，所以直接单击“取消”按钮，系统返回“销售专用发票”窗口。

② 单击工具栏中的“生单/参照订单”命令，系统弹出“查询条件选择-参照订单”对话框，直接单击“确定”按钮，系统打开“参照生单”窗口。

③ 在“参照生单”窗口的上窗格中，选中相应的销售订单(订单号 XS003)，然后单击工具栏中的“OK 确定”按钮，返回“销售专用发票”窗口，此时销售发票上已经有系统默认的信息。

(3) 编辑销售专用发票。编辑表头的“发票号”为“XS3067”，其他项默认。

(4) 保存。单击工具栏中的“保存”按钮，结果如图 6-23 所示。

(5) 复核。单击工具栏中的“复核”按钮，完成复核工作。

请注意，此时系统将自动生成并审核发货单，然后自动生成出库单，因为开票直接发货模式，发货单将由系统自动生成并审核，而且根据本公司的账套初始设置，系统将根据审核的发货单自动生成销售出库单。

(6) 退出。单击“销售专用发票”窗口右上角的“关闭”按钮，关闭并退出该窗口。

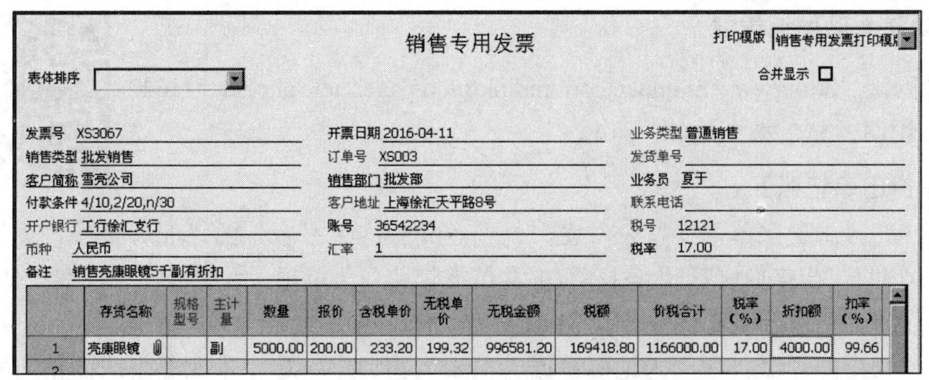

销售专用发票

打印模版 销售专用发票打印模版

表体排序

合并显示 □

发票号 XS3067　开票日期 2016-04-11　业务类型 普通销售
销售类型 批发销售　订单号 XS003　发货单号
客户简称 雪亮公司　销售部门 批发部　业务员 夏于
付款条件 4/10,2/20,n/30　客户地址 上海徐汇天平路8号　联系电话
开户银行 工行徐汇支行　账号 36542234　税号 12121
币种 人民币　汇率 1　税率 17.00
备注 销售亮康眼镜5千副有折扣

	存货名称	规格型号	主计量	数量	报价	含税单价	无税单价	无税金额	税额	价税合计	税率(%)	折扣额	扣率(%)
1	亮康眼镜		副	5000.00	200.00	233.20	199.32	996581.20	169418.80	1166000.00	17.00	4000.00	99.66
2													

图 6-23　业务 6.3 的销售专用发票

【查阅发货单】

(1) 打开“发货单”窗口。在“销售管理”子系统中，依次点击“销售发货/发货单”菜单项，系统打开“发货单”窗口。

(2) 查阅发货单。单击工具栏中的“上张”按钮，查阅到相应的发货单，可见其已经是审核状态，结果如图 6-24 所示。

(3) 退出。单击“发货单”窗口右上角的“关闭”按钮，关闭并退出该窗口。

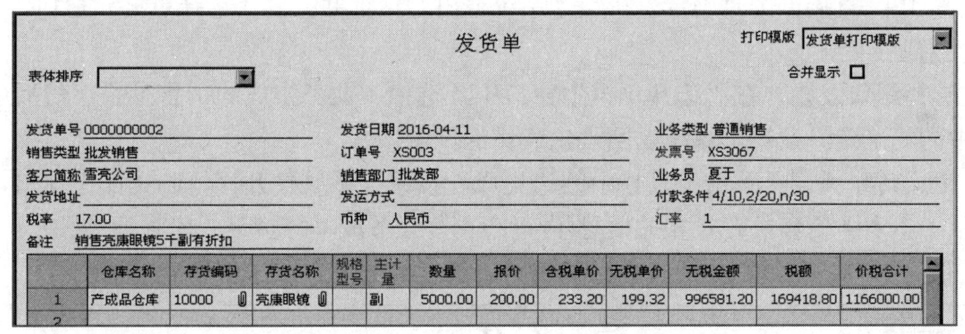

发货单

打印模版 发货单打印模版

表体排序

合并显示 □

发货单号 0000000002　发货日期 2016-04-11　业务类型 普通销售
销售类型 批发销售　订单号 XS003　发票号 XS3067
客户简称 雪亮公司　销售部门 批发部　业务员 夏于
发货地址　发运方式　付款条件 4/10,2/20,n/30
税率 17.00　币种 人民币　汇率 1
备注 销售亮康眼镜5千副有折扣

	仓库名称	存货编码	存货名称	规格型号	主计量	数量	报价	含税单价	无税单价	无税金额	税额	价税合计
1	产成品仓库	10000	亮康眼镜		副	5000.00	200.00	233.20	199.32	996581.20	169418.80	1166000.00
2												

图 6-24　业务 6.3 的销售发货单

5. 场景四的操作步骤

视频网址：http://www.mdmuke.com/mdmk/mod/page/view.php?id＝1163

任务说明：审核销售出库单。

(1) 打开“销售出库单”窗口。在“企业应用平台”的“业务工作”页签中，依次点击“供应链/库存管理/出库业务/销售出库单”菜单项，系统打开“销售出库单”窗口。

(2) 查阅并审核销售出库单。单击工具栏中的“末张”按钮，查阅到相应的销售出库单，然后单击工具栏中的“审核”按钮，系统弹出信息框提示审核成功，单击“确定”按钮，完成审核工作。

(3) 退出。单击“销售出库单”窗口右上角的“关闭”按钮，关闭并退出该窗口。

6. 场景五的操作步骤

视频网址：http://www.mdmuke.com/mdmk/mod/page/view.php?id＝1164

任务说明：销售成本结转。

【销售出库记账】

(1) 打开“未记账单据一览表”窗口。在“企业应用平台”的“业务工作”页签下，依次点击“供应链/存货核算/业务核算/正常单据记账”菜单项，系统弹出“查询条件选择”对话框，直接单击其“确定”按钮，系统打开“未记账单据一览表”窗口。

(2) 销售出库记账。在“未记账单据一览表”窗口中，选中本业务生成的销售发票，然后单击工具栏中的“记账”按钮，系统弹出信息框提示记账成功，单击“确定”按钮，完成记账工作。

(3) 退出。单击“未记账单据一览表”窗口右上角的“关闭”按钮，退出当前窗口。

【销售出库制单】

(1) 打开“生成凭证”窗口。在“存货核算”子系统中，依次点击“财务核算/生成凭证”菜单项，系统打开“生成凭证”窗口。

(2) 打开“选择单据”窗口。单击工具栏中的“选择”按钮，在系统弹出的“查询条件”对话框中，直接单击“确定”按钮，系统退出对话框并打开“选择单据”窗口。

(3) 生成存货凭证。

① 选择销售发票。在“选择单据”窗口中，选中本业务生成的销售发票，然后单击工具栏中的“确定”按钮，系统返回“生成凭证”窗口。

② 生成转账凭证。单击工具栏中的“生成”按钮，系统打开“填制凭证”窗口，并默认显示了本业务销售的存货相关信息(借记：主营业务成本，贷记：库存商品)。

(4) 保存。单击工具栏中的“保存”按钮，保存该凭证，结果如图 6-25 所示。

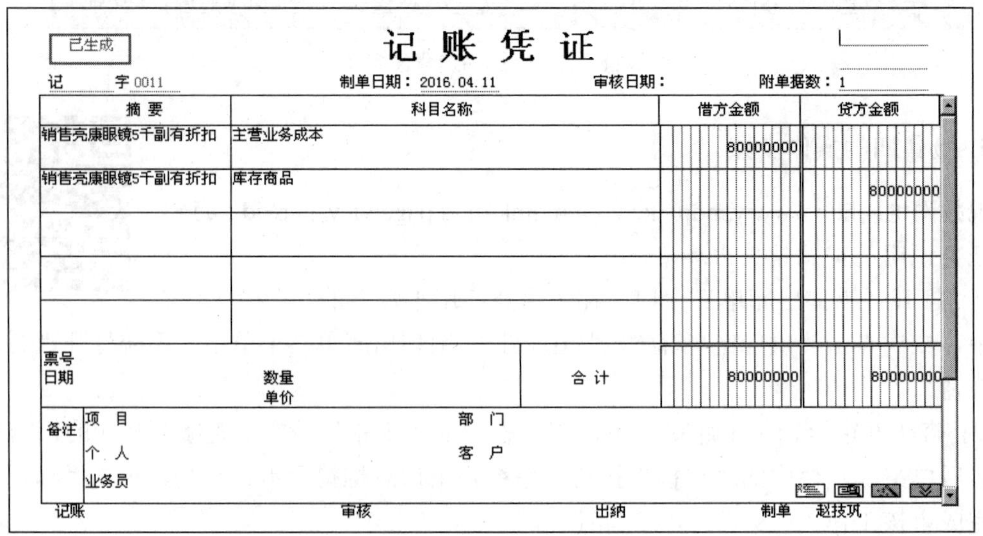
已生成

记账凭证

记 字 0011　　制单日期：2016.04.11　　审核日期：　　附单据数：1

摘要	科目名称	借方金额	贷方金额
销售亮康眼镜5千副有折扣	主营业务成本	80000000	
销售亮康眼镜5千副有折扣	库存商品		80000000
票号 日期　　数量 单价	合计	80000000	80000000

备注　项目　　部门
个人　　客户
业务员

记账　　审核　　出纳　　制单　赵技巩

图 6-25　业务 6.3 的存货出库凭证

(5) 退出。单击“填制凭证”和“生成凭证”窗口右上角的“关闭”按钮，关闭并退出窗口。

6.4 委托代销业务

委托代销业务，指企业将商品委托他人进行销售但商品所有权仍归本企业的销售方式。委托代销的特点是受托方只是一个代理商，委托方将商品发出后，所有权并未转移给受托方，因此商品所有权上的主要风险和报酬仍在委托方。只有在受托方将商品售出后，商品所有权上的主要风险和报酬才转移出委托方。所以，企业采用委托代销方式销售商品时，应在受托方售出商品并取得受托方提供的代销清单时，才确认销售收入，相应的业务流程图可参见图6-26。

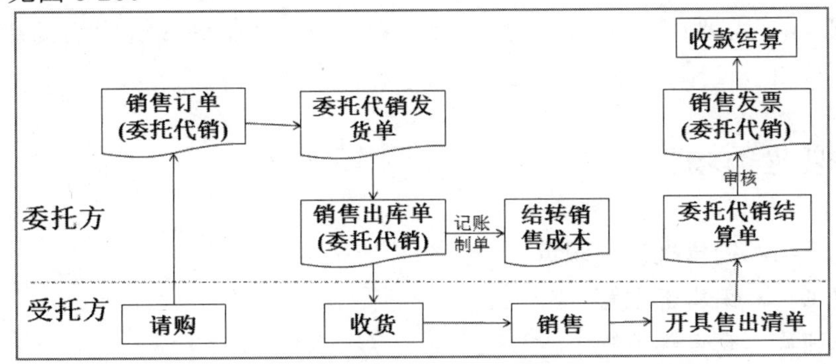

图6-26 委托代销业务流程图

委托代销业务只能先发货后开票，不能开票直接发货。图6-27是对委托代销业务按普通销售核算的操作流程图。

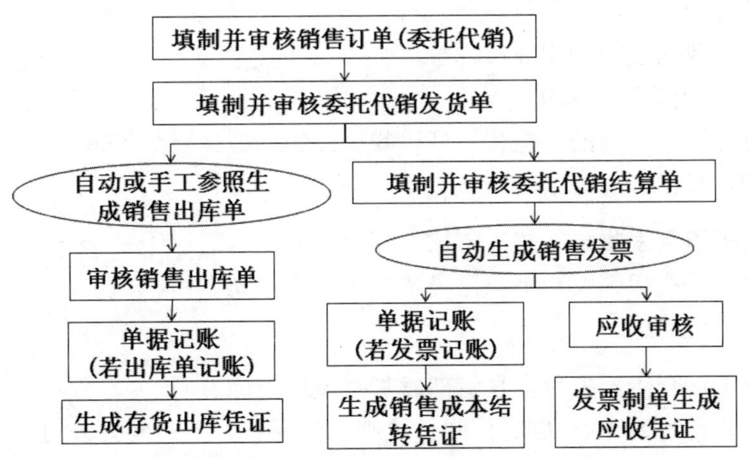

图6-27 委托代销业务按普通销售核算的操作流程图

委托代销的成本核算，既可以按发出商品进行核算，也可以按照普通销售进行核算。案例企业设置的是“按普通销售核算”(参见图3-10)，即在开票后确认销售成本。

6.4.1 业务概述与分析

4 月 11 日，批发部委托同方公司销售亮康眼镜 4000 副，订单号为 WTDX01，商品从本公司产成品仓库当日发出，委托代销合同规定每月 15 号清算一次，委托代销售价为 200 元/副。

4 月 15 日，本公司根据同方公司发来的代销售出清单，开具销售专用发票(票号为 WT0401)，发票上载明已销售亮康眼镜 2000 副，结算价 200 元/副，税率为 17%。

本笔业务是委托代销的发货出库和结算业务，需要填制并审核委托代销的订单和发货单，审核出库单；填制并审核委托代销的结算单，复核销售发票；销售的应收确认和成本结转。

但因没有启用应收款管理系统，所以应收确认(应收单据的审核与制单)操作，在本教程中没有完成。若需要可参见本系列教程之《场景式企业供应链应用高级教程(用友 ERP-U8 V10.1)》的 8.2 节。

6.4.2 虚拟业务场景

人物：夏于——销售批发部职员
赵飞——销售部主管
李莉——仓管部主管

(2016 年 4 月 11 号)

场景一　赵飞让批发部夏于填制委托销售订单，然后审核

赵飞：小夏，同方公司要求委托代销我们的亮康眼镜 4000 副，咱们按售价 200 元每副做单吧，今天发出。

夏于：好的，我尽快填制完成该订单。

(夏于填制委托代销订单完毕)

夏于：赵总，同方公司的委托代销订单我已经填制好，麻烦您审核。

赵飞：好的，没问题。

场景二　夏于填制发货单，赵飞审核

夏于：赵总，委托代销发货单我已经填制好，麻烦您审核。

赵飞：好的，没问题。

场景三　夏于请仓管部发货，仓管部发货并审核出库单

夏于：您好，请您发 4000 副亮康眼镜给咱们的受托方——同方公司。

李莉：好的，我们马上准备。

(仓管部出库完成后，李莉审核出库单……)

(2016 年 4 月 15 号)

场景四　销售部夏于填制委托代销结算单，主管赵飞审核结算单并复核发票

(夏于根据同方公司发过来的售出清单，填制委托代销结算单……)

夏于：赵总，我已经根据同方公司发过来的售出清单，填制了委托代销结算单，请您审核结算单，并复核发票。

赵飞：好的。(审核结算单、复核发票完毕)

场景五　赵飞请财务部对本笔委托代销结算业务进行销售成本结转

赵飞：小张，今天我们已经根据同方公司发来的售出清单，完成了业务处理，麻烦进行销售成本结转。

张兰：好的，没问题。(进行销售成本结转……)

6.4.3 操作指导

1. 操作流程图(见图6-28)

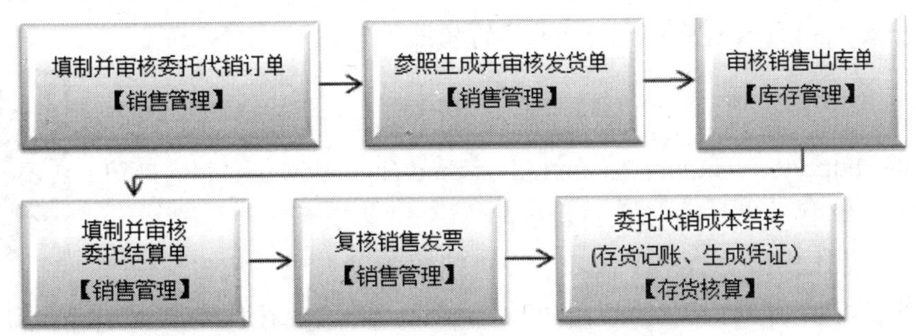

图6-28　委托代销业务的操作流程图

请确认系统日期和业务日期为2016年4月11号……

2. 场景一的操作步骤

视频网址：http://www.mdmuke.com/mdmk/mod/page/view.php?id＝1178

任务说明：填制并审核委托代销订单。

(1) 打开“销售订单”窗口。在“企业应用平台”的“业务工作”页签中，依次点击“供应链/销售管理/销售订货/销售订单”菜单项，系统打开“销售订单”窗口。

(2) 编辑委托代销订单。单击工具栏中的“增加”按钮，新增一张销售订单，然后做如下编辑。

① 编辑表头。修改“订单号”为“WTDX01”，选择“业务类型”为“委托代销”，参照生成“客户简称”为“同方公司”，“销售部门”为“批发部”，“业务员”为“夏于”，“备注”为“委托代销亮康眼镜4千副”，其他项默认。

② 编辑表体。参照生成“存货名称”为“亮康眼镜”，编辑“数量”为“4000”，“无税单价”为“200”，其他项默认。

(3) 保存。单击工具栏中的“保存”按钮，保存该单据，结果如图 6-29 所示。

销售订单

打印模版 销售

表体排序

合并显示

订单号 WTDX01　订单日期 2016-04-11　业务类型 委托代销
销售类型 批发销售　客户简称 同方公司　付款条件
销售部门 批发部　业务员 夏于　税率 17.00
币种 人民币　汇率 1　定金原币... 0.00　备注 委托代销亮康眼镜4千副

	存货编码	存货名称	规格型号	主计量	数量	报价	含税单价	无税单价	无税金额	税额	价税合计	税率(%)	折扣额	扣率(%)	扣率2(%)	预发货日期
1	10000	亮康眼镜		副	4000.00	200.00	234.00	200.00	800000.00	136000.00	936000.00	17.00	0.00	100....	100.00	2016-04-11

图 6-29　业务 6.4 的委托代销订单

(4) 审核。单击工具栏中的“审核”按钮，完成审核工作。

(5) 退出。单击“销售订单”窗口右上角的“关闭”按钮，关闭退出该窗口。

提示：

委托代销订单与销售订单使用的是同一个单据模板，所以其表头和表体的主要栏目，与销售订单一致，相关信息可参见 6.2.3 节的相关内容。

3. 场景二的操作步骤

视频网址：http://www.mdmuke.com/mdmk/mod/page/view.php?id＝1179

任务说明：填制并审核委托代销发货单。

(1) 打开“委托代销发货单”窗口。在“销售管理”子系统中，依次点击“委托代销/委托代销发货单”菜单项，系统打开“委托代销发货单”窗口。

(2) 参照订单生成发货单。单击工具栏中的“增加”按钮，系统弹出“查询条件选择-参照订单”对话框，其“业务类型”已经默认为“委托代销”，所以直接单击其“确定”按钮，并在系统打开的“参照生单”窗口的上窗格中，双击要选择的订单(编号为 WTDX01)所对应的“选择”栏，再单击工具栏中的“OK 确定”按钮，系统返回“委托代销发货单”窗口，此时相关的信息已经有默认值。

(3) 编辑发货单。在“委托代销发货单”窗口，确认表体的“仓库名称”为“产成品仓库”、“数量”为“4000”，其他项默认。

(4) 保存。单击工具栏中的“保存”按钮，保存该单据，结果如图 6-30 所示。

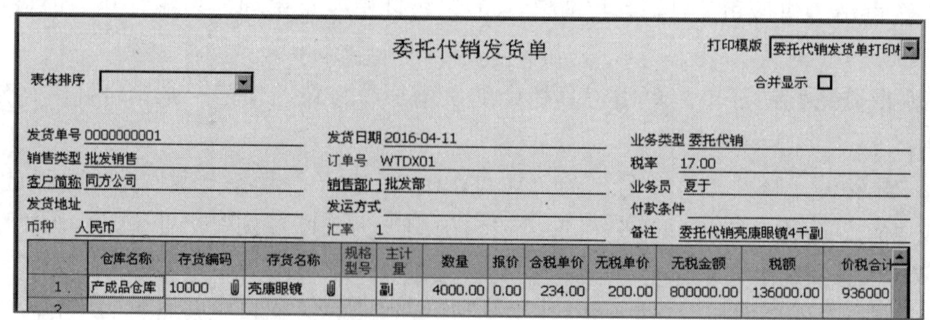
委托代销发货单

打印模版 委托代销发货单打印

表体排序

合并显示 □

发货单号 0000000001　发货日期 2016-04-11　业务类型 委托代销
销售类型 批发销售　订单号 WTDX01　税率 17.00
客户简称 同方公司　销售部门 批发部　业务员 夏于
发货地址　发运方式　付款条件
币种 人民币　汇率 1　备注 委托代销亮康眼镜4千副

	仓库名称	存货编码	存货名称	规格型号	主计量	数量	报价	含税单价	无税单价	无税金额	税额	价税合计
1	产成品仓库	10000	亮康眼镜		副	4000.00	0.00	234.00	200.00	800000.00	136000.00	936000
2												

图 6-30　业务 6.4 的发货单

(5) 审核。单击工具栏中的“审核”按钮，完成审核工作(根据本公司的账套初始设置，系统将自动生成销售出库单)。

(6) 退出。单击“委托代销发货单”窗口右上角的“关闭”按钮，关闭并退出该窗口。

【委托代销发货单表头主要栏目】

- 发货单号：录入或自动生成，必填，详细说明请参见 6.1.5 节的相关内容。
- 发货日期：默认为当前业务日期，可修改，详细说明请参见 6.1.5 节的相关内容。
- 业务类型：默认为委托代销，不可修改。
- 销售类型：录入或参照，必填，详细说明请参见 6.1.5 节的相关内容。
- 订单号：参照订单时带入。
- 客户简称：录入或参照，必填，详细说明请参见 6.1.5 节的相关内容。
- 销售部门：录入或参照，必填，详细说明请参见 6.1.5 节的相关内容。
- 业务员：录入或参照，可为空，详细说明请参见 6.1.5 节的相关内容。
- 发货地址：可参照修改、手工修改，可为空，详细说明请参见 6.1.5 节的相关内容。
- 发运方式：录入或参照，可为空，详细说明请参见 6.1.5 节的相关内容。
- 付款条件：录入或参照，可为空，详细说明请参见 6.1.5 节的相关内容。
- 备注：录入或参照，可为空，参照内容为“常用摘要”，可手工录入其他内容。

【委托代销发货单表体主要栏目】

- 仓库名称：录入或参照，必填，一张发货单可以有若干个发货仓库，详细说明请参见 6.1.5 节的相关内容。
- 存货编码、存货名称：录入或参照，必填，详细说明请参见 6.1.5 节的相关内容。
- 主计量单位、销售单位(辅计量)、换算率：系统根据存货编码自动带入。
- 数量、件数(辅数量)：录入数量或件数，必填。
- 报价：可手工输入，可为空，详细说明请参见 6.1.5 节的相关内容。
- 无税单价、含税单价、无税金额、价税合计、税率、税额、扣率 1、倒扣率 1、扣率 2、倒扣率 2、折扣金额：录入或反算，计算规则请参见 6.1.4 节的相关内容。
- 零售单价：录入或带入，企业给客户的建议零售单价。
- 零售金额：录入或反算，零售金额＝零售单价×数量。
- 退补标志：单选必填，选择内容为正常、退补，默认为正常，退补发货单用于返利或换票业务。
- 订单号：根据发货单记录相关联的订单号带入。
- 退货数量：参照发货单生成退货单时，统计累计退货数量。
- 结算单价：委托代销结算价调整时带入。
- 结算数量：委托代销结算时统计累计结算数量。
- 开票金额：委托代销结算时带入。

提示：

- 委托代销发货单可以手工增加，也可以参照委托代销订单生成；但必有订单业务模式时不可手工新增，只能参照生成。
- 委托代销发货单可以修改、删除、审核、弃审。
- 已审核未全部结算的委托代销发货单，可参照生成委托代销结算单。
- 销售管理与库存管理系统同时启用时，若销售选项的业务控制勾选了“是否销售生成出库单”复选框，则委托代销发货单审核时生成销售出库单，否则需要在库存管理系统中参照生成出库单。

4. 场景三的操作步骤

视频网址：http://www.mdmuke.com/mdmk/mod/page/view.php?id＝1180

任务说明：审核销售出库单。

(1) 打开“销售出库单”窗口。在“库存管理”子系统中，依次点击“出库业务/销售出库单”菜单项，系统打开“销售出库单”窗口。

(2) 查阅并审核销售出库单。单击工具栏中的“末张”按钮，查阅到相应的销售出库单，然后单击工具栏中的“审核”按钮，系统弹出信息框提示审核成功，单击“确定”按钮，完成审核工作。

(3) 退出。单击“销售出库单”窗口右上角的“关闭”按钮，关闭并退出该窗口。

请确认系统日期和业务日期为 2016 年 4 月 15 号……

5. 场景四的操作步骤

视频网址：http://www.mdmuke.com/mdmk/mod/page/view.php?id＝1181

任务说明：填制并审核委托代销结算单，复核发票。

【填制并审核委托代销结算单】

(1) 打开“委托代销结算单”窗口。在“销售管理”子系统中，依次点击“委托代销/委托代销结算单”菜单项，系统打开“委托代销结算单”窗口。

(2) 参照订单生成结算单。

① 打开“参照生单”窗口。单击工具栏中的“增加”按钮，新增一张委托代销结算单，系统弹出“查询条件选择-委托结算参照发货单”对话框，直接单击其“确定”按钮，系统打开“参照生单”窗口，结果可参见图 6-31。

② 拷贝信息。在“参照生单”窗口的上窗格中，双击要选择的订单(订单号为 WTDX01)所对应的“选择”栏(结果如图 6-31 所示)，然后单击工具栏中的“OK 确定”按钮，系统返回“委托代销结算单”窗口，此时相关的信息已经有默认值。

(3) 编辑结算单。在“委托代销结算单”窗口，修改表头的“发票号”为“WT0401”、“备注”为“委托结算亮康眼镜 2 千副”，编辑表体的“数量”为“2000”，其他项默认。

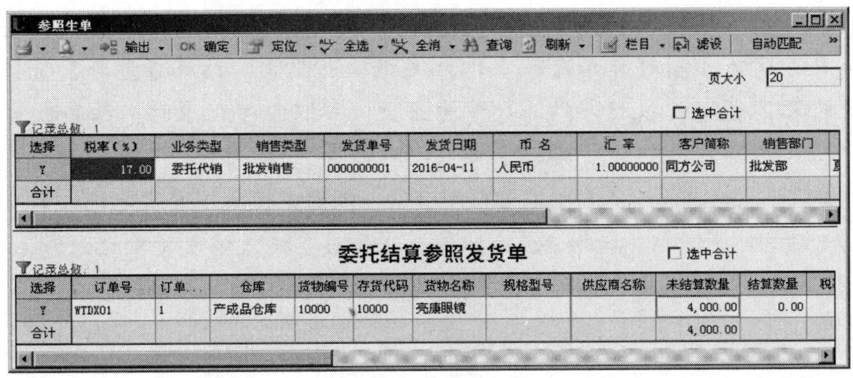

图 6-31 业务 6.4 的参照生单窗口

(4) 保存。单击工具栏中的“保存”按钮，保存该结算单，结果如图 6-32 所示。

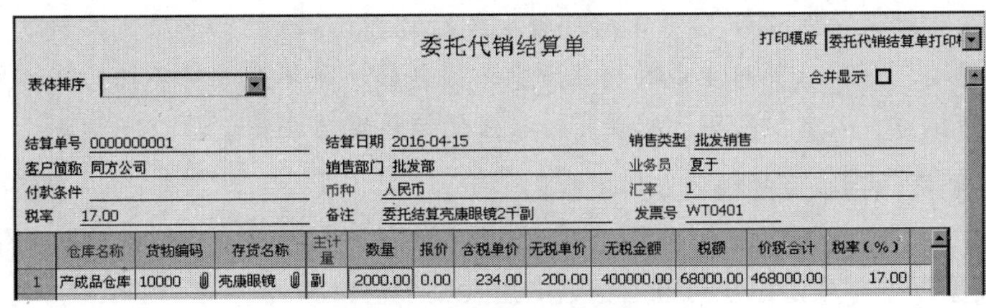

图 6-32 业务 6.4 的结算单

(5) 审核。单击工具栏中的“审核”按钮，系统弹出“请选择发票类型”提示框，选中“专用发票”单选按钮后单击“确定”按钮，系统返回“委托代销结算单”窗口，完成审核工作(委托代销结算单审核时，ERP-U8 系统将自动生成销售专用发票)。

(6) 退出。单击“委托代销结算单”窗口右上角的“关闭”按钮，关闭并退出该窗口。

【委托代销结算单表头主要栏目】

- 结算单号：录入或自动生成，必填，详细说明请参见 6.1.5 节的相关内容。
- 结算日期：默认为当前业务日期，可修改，详细说明请参见 6.1.5 节的相关内容。
- 销售类型：根据委托代销发货单带入，可修改。
- 客户简称：录入或参照，必填，详细说明请参见 6.1.5 节的相关内容。
- 销售部门：录入或参照，必填，详细说明请参见 6.1.5 节的相关内容。
- 业务员：录入或参照，可为空，详细说明请参见 6.1.5 节的相关内容。
- 付款条件：录入或参照，可为空，详细说明请参见 6.1.5 节的相关内容。
- 发票号：录入，可为空。
- 备注：录入或参照，可为空，参照内容为“常用摘要”，可手工录入其他内容。

【委托代销结算单表体主要栏目】

- 仓库名称：根据委托代销发货单记录带入，不可修改。
- 货物编码、存货名称：根据委托代销发货单记录带入，不可修改。

- 主计量单位、销售单位(辅计量)、数量、件数(辅数量)、换算率：根据委托代销发货单记录带入，蓝字记录可改小，红字记录可改大；结算数量与发货数量符号一致，即参照蓝字记录时，结算数量为正数；参照红字记录时，结算数量为负数。
- 报价：根据委托代销发货单记录带入，可修改。
- 无税单价、含税单价、无税金额、价税合计：根据委托代销发货单记录带入，可修改。
- 税率、税额、扣率 1、扣率 2、折扣金额：根据委托代销发货单记录带入，可修改。
- 零售单价、零售金额：根据委托代销发货单记录带入，可修改。

提示：

- 委托代销结算单，参照已审核未全部结算的委托代销发货单填制。
- 委托代销结算单可以修改、删除、审核、弃审。
- 委托代销结算单审核后自动生成销售发票(可选择生成专用发票还是普通发票，在表头栏目录入发票号)；弃审后删除生成的发票。
- 根据委托代销结算单生成的销售发票一经复核，将不允许对委托代销结算单进行弃审操作。若需要弃审，需要先对相应的销售发票弃复。

【复核委托代销结算的销售专用发票】

(1) 打开“销售专用发票”窗口。在“销售管理”子系统中，依次点击“销售开票/销售专用发票”菜单项，系统打开“销售专用发票”窗口。

(2) 查阅并复核销售专用发票。单击工具栏中的“上张”按钮，查阅到委托代销的销售专用发票，然后单击工具栏中的“复核”按钮，完成复核工作，结果如图 6-33 所示。

(3) 退出。单击“销售专用发票”窗口右上角的“关闭”按钮，关闭并退出该窗口。

销售专用发票

打印模版 销售专用发票打印模版

表体排序　　合并显示 □

发票号 WT0401　开票日期 2016-04-15　业务类型 委托
销售类型 批发销售　订单号 WTDX01　发货单号 0000000001
客户简称 同方公司　销售部门 批发部　业务员 夏于
付款条件　客户地址 北京海淀成府路3号　联系电话
开户银行 光大银行海淀支行　账号 85265419　税号 11134
币种 人民币　汇率 1　税率 17.00
备注 委托结算亮康眼镜2千副

	仓库名称	存货编码	存货名称	规格型号	主计量	数量	报价	含税单价	无税单价	无税金额	税额	价税合计	税率(
1	产成品...	10000	亮康眼镜		副	2000.00	0.00	234.00	200.00	400000.00	68000.00	468000.00	1

图 6-33　业务 6.4 的销售专用发票

6. 场景五的操作步骤

视频网址：http://www.mdmuke.com/mdmk/mod/page/view.php?id=1182

任务说明：销售成本结转。

【委托代销发票的存货记账】

(1) 打开“未记账单据一览表”窗口。在“企业应用平台”的“业务工作”页签下，依次点击“供应链/存货核算/业务核算/正常单据记账”菜单项，系统弹出“查询条件选择”对话框，直接单击其“确定”按钮，系统打开“未记账单据一览表”窗口。

(2) 销售发票记账。在“未记账单据一览表”窗口中，选中本业务生成的销售发票，然后单击工具栏中的“记账”按钮，系统弹出信息框提示记账成功，单击“确定”按钮，完成记账工作。

(3) 退出。单击“未记账单据一览表”窗口右上角的“关闭”按钮，退出当前窗口。

【委托代销存货制单】

(1) 打开“生成凭证”窗口。在“存货核算”子系统中，依次点击“财务核算/生成凭证”菜单项，系统打开“生成凭证”窗口。

(2) 打开“单据选择”窗口。单击工具栏中的“选择”按钮，在系统弹出的“查询条件”对话框中，直接单击“确定”按钮，系统退出对话框并打开“选择单据”窗口。

(3) 生成记账凭证。

① 选择单据。在“选择单据”窗口中，选中本业务生成的销售发票，然后单击工具栏中的“确定”按钮，系统退出“选择单据”窗口返回“生成凭证”窗口。

② 生成凭证。在“生成凭证”窗口，单击工具栏中的“生成”按钮，系统打开“填制凭证”窗口，并默认显示凭证的信息，借记：主营业务成本，贷记：库存商品。

(4) 保存凭证。单击工具栏中的“保存”按钮，结果如图6-34所示。

(5) 退出。单击“填制凭证”和“生成凭证”窗口右上角的“关闭”按钮，退出窗口。

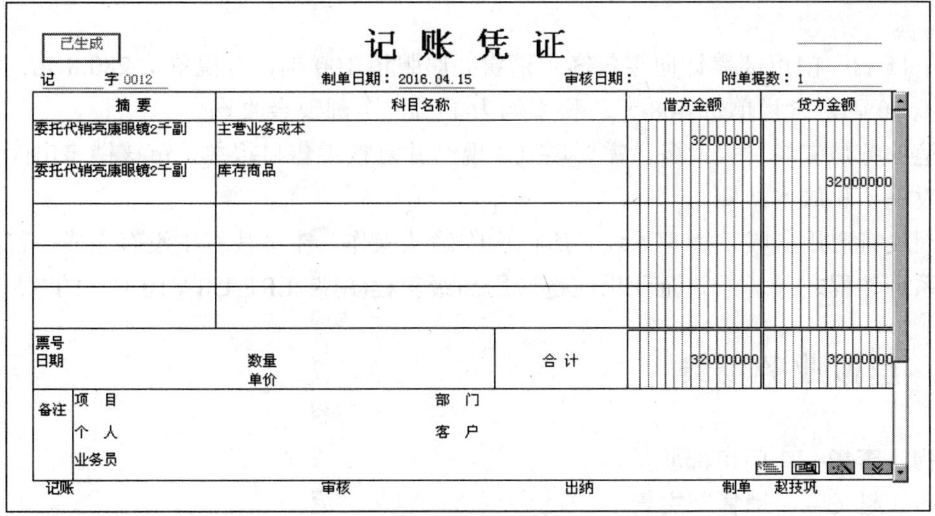

已生成

记账凭证

记 字 0012　　制单日期：2016.04.15　　审核日期：　　附单据数：1

摘要	科目名称	借方金额	贷方金额
委托代销亮康眼镜2千副	主营业务成本	32000000	
委托代销亮康眼镜2千副	库存商品		32000000
票号 日期　数量 单价	合计	32000000	32000000

备注　项目　部门

个人　客户

业务员

记账　审核　出纳　制单 赵技巩

图6-34　业务6.4的委托代销结算的存货凭证

6.5　现结的零售日报业务

零售业务是一种特殊的销售业务种类。零售日报不是原始的销售单据，是零售业务数据的日汇总。零售日报可以用来处理企业比较零散客户的销售，对于这部分客户，企业可以用一个公共客户代替(如零散客户)，然后将零散客户的销售凭单先按日汇总，再录入零售日报进行管理。

零售日报的单据流图，可参见图 6-35。

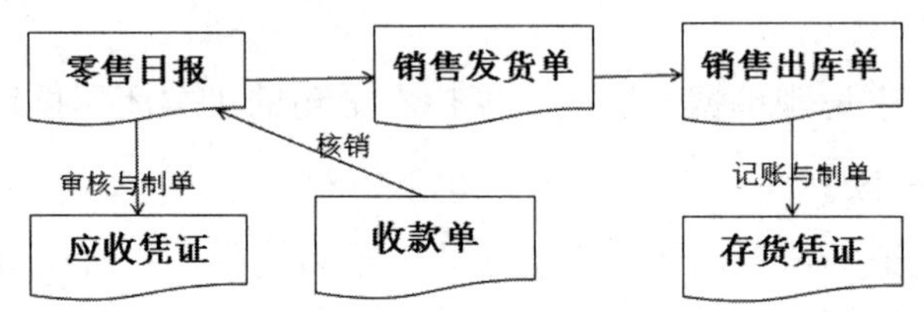

图 6-35 零售日报单据流图

一张零售日报复核时自动生成一张发货单，一张发货单可以分仓库(柜组、销售前台)生成多张销售出库单。但在与库存管理系统集成使用时，若销售选项的业务控制勾选了“是否销售生成出库单”选项，则零售日报复核时自动生成一张销售发货单和一张销售出库单，即此时一张发货单只能生成一张出库单。

零售日报手工增加，可以修改、删除、复核和弃复；复核时生成销售发货单和发票，弃复时删除生成的发货单和发票。

6.5.1 业务概述与分析

4 月 15 日，门市部累计向零售客户销售亮康眼镜 100 副，含税单价 280.8 元；女士高端太阳镜 50 副，含税单价 468 元。税率均为 17%，全部现金收讫。

本笔业务是零售日报业务，需要填制、现结并复核零售日报单，审核销售出库单；销售的应收确认和成本结转。

但因没有启用应收款管理系统，所以应收确认操作，在本教程中没有完成。若需要可参见本系列教程之《场景式企业供应链应用高级教程(用友 ERP-U8 V10.1)》的 8.5 节。

6.5.2 虚拟业务场景

人物：李华——门市部职员
赵飞——销售部主管
张兰——财务部会计
曾志伟——财务部主管

场景一 门市部李华填制并现结零售日报，主管赵飞复核零售日报

赵飞：李华，请汇总上报一下今天的零售情况。

李华：好的。(填制零售日报……)

李华：赵总，今天的零售日报填制完成了，麻烦您复核一下。

赵飞：好的，我知道了。(复核……)

场景二　门市部李华提醒仓管部做出库审核

李华：李总，今天的零售日报我们已经上报，请您关注零售货物的出库情况。

李莉：好的。(审核出库单……)

场景三　赵飞通知财务部张兰进行本笔业务销售成本结转

赵飞：小张，我们门市部的零售日报已经上报并现结了，请做一下销售成结转。

张兰：好的，没问题。

(张兰进行和销售成本结转……)

6.5.3　操作指导

1. 操作流程图(见图 6-36)

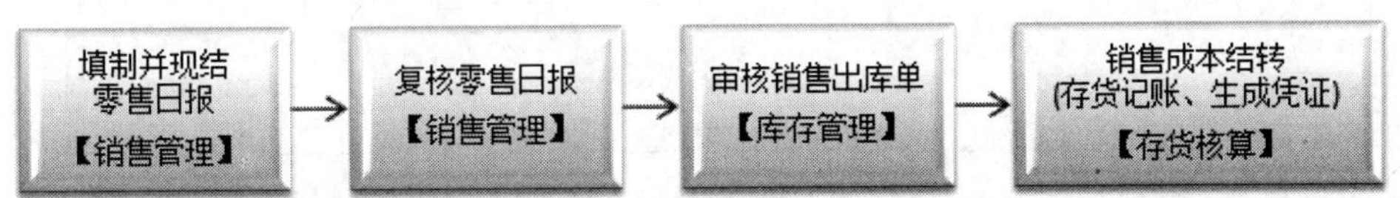

图 6-36　现结的零售日报业务的操作流程图

请确认系统日期和业务日期为 2016 年 4 月 15 号……

2. 场景一的操作步骤

视频网址：http://www.mdmuke.com/mdmk/mod/page/view.php?id＝1189

任务说明：填制、现结并复核零售日报。

提示：

为保证单据的可追溯性，建议在填制零售日报时，将当日的 2 种零售货物分别填制，即填制 2 张零售日报单。

(1) 打开“零售日报”窗口。在“企业应用平台”的“业务工作”页签中，依次点击“供应链/销售管理/零售日报/零售日报”菜单项，系统打开“零售日报”窗口。

(2) 编辑亮康眼镜的零售日报。单击工具栏中的“增加”按钮，新增一张零售日报单，然后做如下编辑。

① 编辑表头。修改“销售类型”为“门市零售”，“客户简称”为“零散客户”，“销售部门”为“门市部”，“业务员”为“李华”，“税率”为“17”，“备注”为“零售亮康眼镜 100 副”，其他项默认。

② 编辑表体。参照生成“存货名称”为“亮康眼镜”，“数量”栏输入“100”，编辑

“报价”为“0”,“含税单价”为“280.8”元，其他项默认。

(3) 保存。单击工具栏中的“保存”按钮，保存该单据，结果可参见图 6-38。

(4) 现结零售日报。单击工具栏中的“现结”按钮，然后在系统打开的“现结”对话框中参照生成“结算方式”为“现金”,“原币金额”为表头的“应收金额”(结果如图 6-37 所示)，再单击“确定”按钮，返回“零售日报”窗口(结果如图 6-38 所示)。

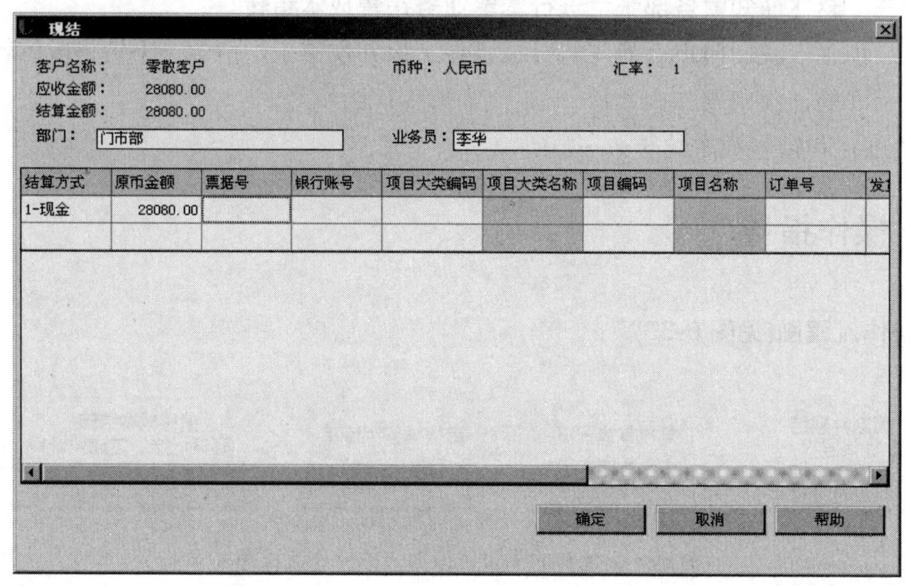

图 6-37 业务 6.5 的亮康眼镜的现结对话框

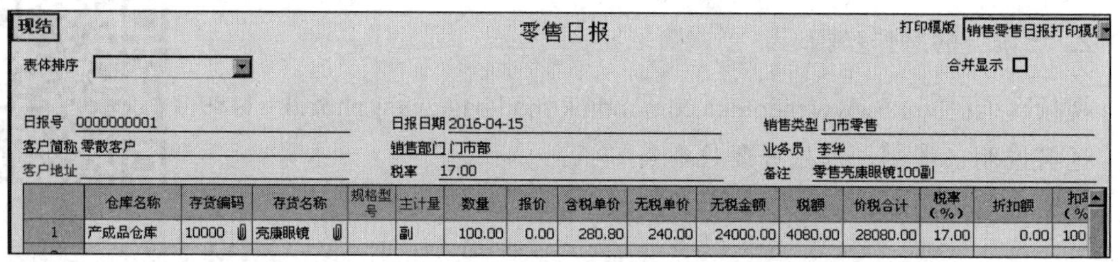

	仓库名称	存货编码	存货名称	规格型号	主计量	数量	报价	含税单价	无税单价	无税金额	税额	价税合计	税率(%)	折扣额	扣率(%
1	产成品仓库	10000	亮康眼镜		副	100.00	0.00	280.80	240.00	24000.00	4080.00	28080.00	17.00	0.00	100

图 6-38 业务 6.5 的亮康眼镜的零售日报

(5) 复核。单击工具栏中的“复核”按钮，完成复核工作。

提示：

- 一张零售日报复核时自动生成一张销售发票和发货单，一张发货单可以分仓库生成多张销售出库单。
- 根据本公司账套的初始设置和以上零售日报的特点，在此每张零售日报复核时将自动生成一张销售普通发票、一张发货单和一张出库单。

(6) 重复步骤(2)～(5)，完成零售女士高端 50 副(含税单价 468 元)的零售日报单填制、现结与复核工作，结果如图 6-39 所示。

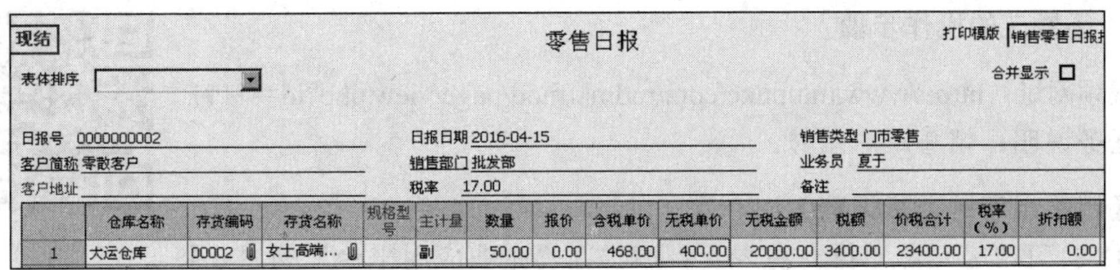

图 6-39　业务 6.5 的女士高端太阳镜的零售日报

(7) 退出。单击“零售日报”窗口右上角的“关闭”按钮，关闭并退出该窗口。

【零售日报表头主要栏目】

- 日报号：录入或自动生成，必填，详细说明请参见 6.1.5 节的相关内容。
- 日报日期：默认为当前业务日期，可修改，详细说明请参见 6.1.5 节的相关内容。
- 销售类型：录入或参照，必填，可修改，详细说明请参见 6.1.5 节的相关内容。
- 客户简称：录入或参照，必填，详细说明请参见 6.1.5 节的相关内容。
- 销售部门：录入或参照部门档案，必填，详细说明请参见 6.1.5 节的相关内容。
- 业务员：录入或参照，可为空，详细说明请参见 6.1.5 节的相关内容。

【零售日报表体主要栏目】

- 仓库名称：录入或参照，必填，一张发货单可以有若干个发货仓库，详细说明请参见 6.1.5 节的相关内容。
- 存货编码、存货名称：录入或参照，必填，详细说明请参见 6.1.5 节的相关内容。
- 主计量单位、销售单位(辅计量)、换算率：系统根据存货编码自动带入。
- 数量、件数(辅数量)：录入数量或件数，必填，大于 0。
- 报价：可手工输入，可为空，详细说明请参见 6.1.5 节的相关内容。
- 无税单价、含税单价、无税金额、价税合计、税率、税额、扣率 1、倒扣率 1、扣率 2、倒扣率 2、折扣金额：录入或反算，详细说明请参见 6.1.4 节的相关内容。

3. 场景二的操作步骤

视频网址：http://www.mdmuke.com/mdmk/mod/page/view.php?id＝1190

任务说明：审核销售出库单。

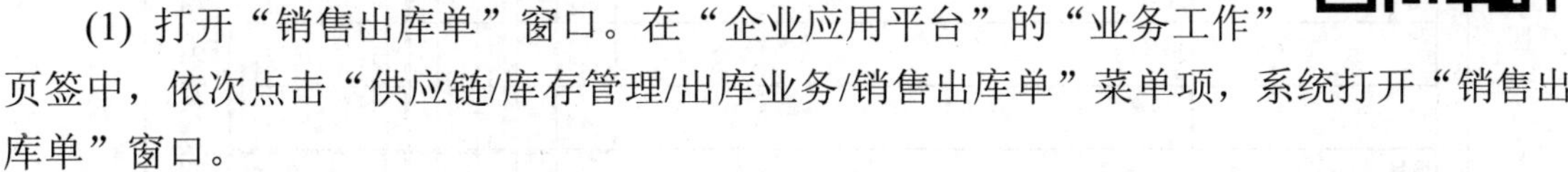

(1) 打开“销售出库单”窗口。在“企业应用平台”的“业务工作”页签中，依次点击“供应链/库存管理/出库业务/销售出库单”菜单项，系统打开“销售出库单”窗口。

(2) 查阅并审核销售出库单。单击工具栏中的“末张”、“上张”或“下张”按钮，查阅到相应的销售出库单，然后在需要审核的销售出库单窗口中，单击工具栏中的“审核”按钮，逐一审核 2 张零售日报单复核时自动生成的 2 张出库单，完成审核工作。

(3) 退出。单击“销售出库单”窗口右上角的“关闭”按钮，关闭并退出该窗口。

4. 场景三的操作步骤

视频网址：http://www.mdmuke.com/mdmk/mod/page/view.php?id＝1191

任务说明：销售成本结转。

【销售出库的存货记账】

(1) 打开“未记账单据一览表”窗口。在“企业应用平台”的“业务工作”页签下，依次点击“供应链/存货核算/业务核算/正常单据记账”菜单项，系统弹出“查询条件选择”对话框，直接单击其“确定”按钮，系统打开“未记账单据一览表”窗口。

(2) 出库记账。在“未记账单据一览表”窗口中，选中本业务生成的 2 张销售日报出库单，然后单击工具栏中的“记账”按钮，系统弹出信息框提示记账成功，单击“确定”按钮，完成记账工作。

(3) 退出。单击“未记账单据一览表”窗口右上角的“关闭”按钮，退出当前窗口。

【出库的存货制单】

(1) 打开“生成凭证”窗口。在“存货核算”子系统中，依次点击“财务核算/生成凭证”菜单项，系统打开“生成凭证”窗口。

(2) 打开“选择单据”窗口。单击工具栏中的“选择”按钮，在系统弹出的“查询条件”对话框中，直接单击“确定”按钮，系统打开“选择单据”窗口。

(3) 打开“生成凭证”窗口。在“选择单据”窗口中，选中本业务生成的 2 张销售出库单，然后单击工具栏中的“确定”按钮，系统返回“生成凭证”窗口。

(4) 打开“填制凭证”窗口。在“生成凭证”窗口，单击工具栏中的“生成”按钮，系统打开“填制凭证”窗口。

(5) 保存出库凭证。单击工具栏中的“成批保存凭证”按钮，完成凭证的保存，结果如图 6-40 和图 6-41 所示。

(6) 退出。单击“填制凭证”和“生成凭证”窗口右上角的“关闭”按钮，退出窗口。

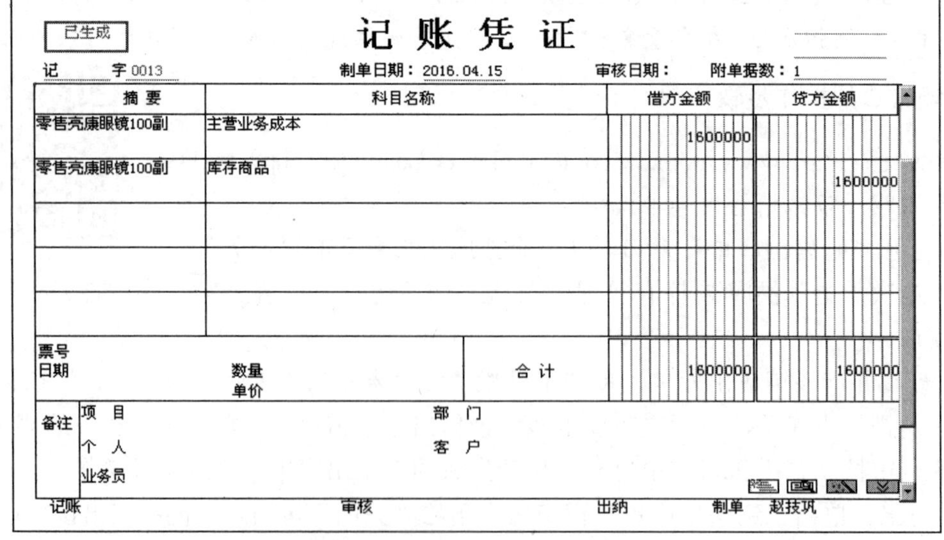

已生成

记 账 凭 证

记 字 0013　　制单日期：2016.04.15　　审核日期：　　附单据数：1

摘 要	科目名称	借方金额	贷方金额
零售亮康眼镜100副	主营业务成本	1600000	
零售亮康眼镜100副	库存商品		1600000
票号 日期	数量 单价 合 计	1600000	1600000

备注　项 目　部 门

个 人　客 户

业务员

记账　审核　出纳　制单　赵技巩

图 6-40　业务 6.5 的亮康眼镜出库凭证

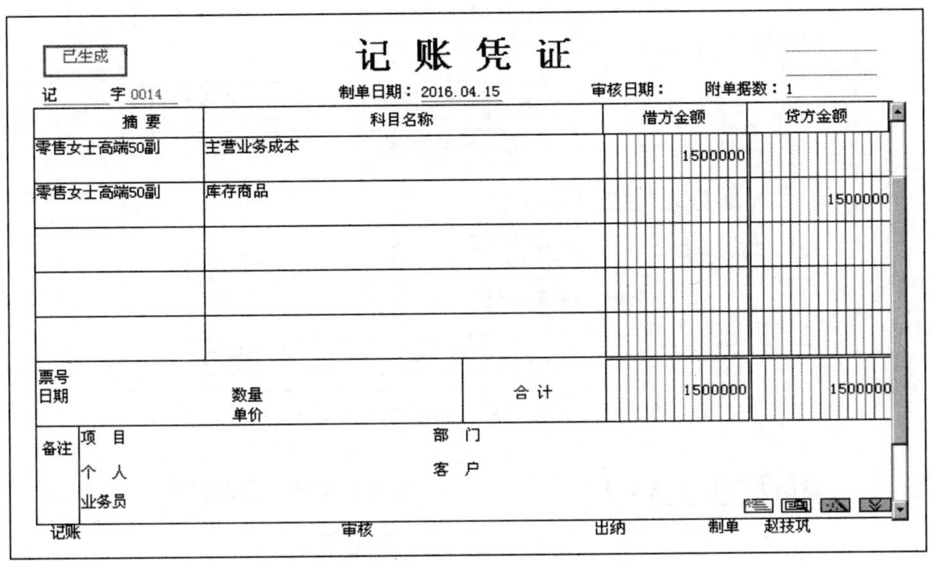

已生成

记 账 凭 证

记 字 0014 制单日期：2016.04.15 审核日期： 附单据数：1

摘要	科目名称	借方金额	贷方金额
零售女士高端50副	主营业务成本	1500000	
零售女士高端50副	库存商品		1500000
票号 日期	数量 单价 合计	1500000	1500000

备注 项目 部门

个人 客户

业务员

记账 审核 出纳 制单 赵技巩

图 6-41 业务 6.5 的女士高端太阳镜出库凭证

6.6 现结的销售退货业务

销售退货业务是指客户因货物质量、品种、数量不符合要求或者其他原因，而将已购货物退回给本单位的业务。

销售退货与正常销售的流程基本相同，若销售退货时未开票未出库，则可直接修改或作废发货单；若销售退货时已开票，则需要先填写退货单，审核退货单时系统自动生成红字销售出库单，到库房办理入库手续，再根据退货单开具红字销售发票。

销售退货单是发货单的红字单据，可以处理客户的退货业务，退货数量≤0。退货单也可以处理换货业务，货物发出后客户要求换货，则用户先按照客户要求退货的货物开退货单，然后再按照客户所换的货物开发货单。

销售退货可分为 3 种情况：开票前的部分退货和全部退货，以及开票后退货。下面分别说明这 3 种情况的主要操作及其单据。

(1) 开票前部分退货，即已录入销售发货单，但未开票，并且部分退货。若需要退货的货物未出库，则可直接修改发货单；若货物已出库，则需要填制销售退货单和相应的红字销售出库单(即退货入库单)。销售开票前部分退货的业务流程图可参见图 6-42。

需要退货的货物已出库的业务流程为：首先填制一张销售退货单(其数量为销售发货单的部分数量)，然后系统自动生成或手工填制一张对应的红字销售出库单，以及一张对应的销售发票，其中发票上的数量＝蓝字出库单数量－红字出库单数量。图6-43 是开票前部分退货已出库业务的操作流程图。

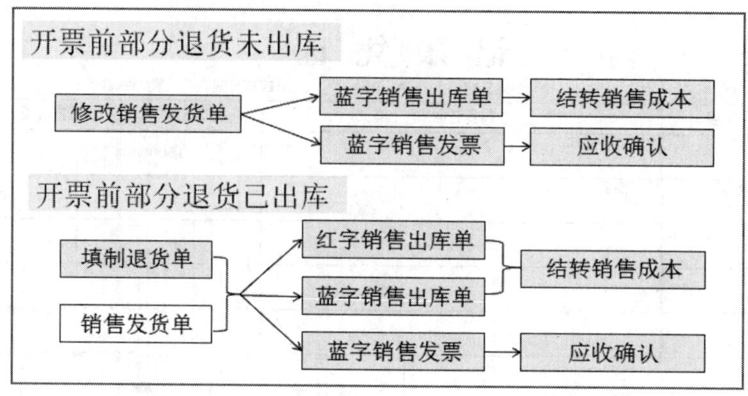

图 6-42　销售开票前部分退货的业务流程图

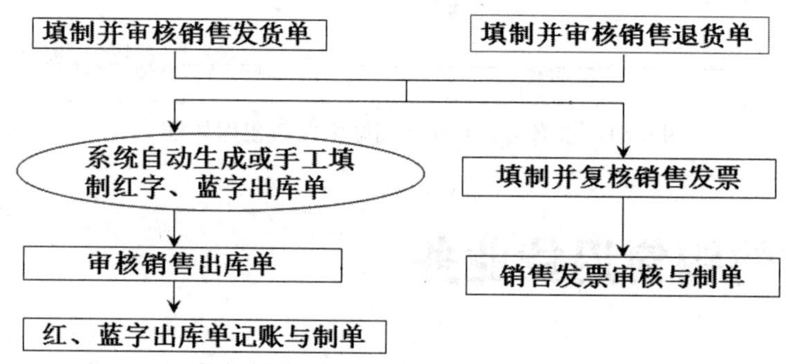

图 6-43　销售开票前部分退货已出库业务的操作流程图

(2) 开票前全部退货，即已录入销售发货单，但未开票，并且全部退货。若需要退货的货物未出库，则可直接删除发货单；若货物已出库，则需要填制销售退货单和相应的红字销售出库单(即退货入库单)。销售开票前全部退货的业务流程图可参见图 6-44。

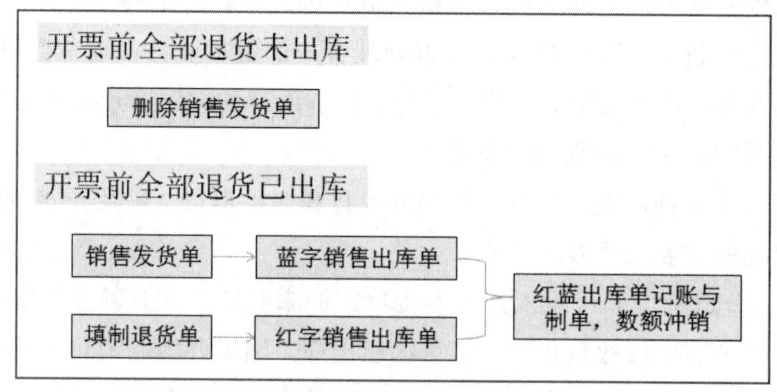

图 6-44　销售开票前全部退货业务流程图

(3) 开票后退货，即已录入销售发票，并且已全部出库，现在需要全额或部分退货。可以有 2 种业务模式：先退货后开票和开票直接退货，相应的单据流图可参见图 6-45 和图 6-46。

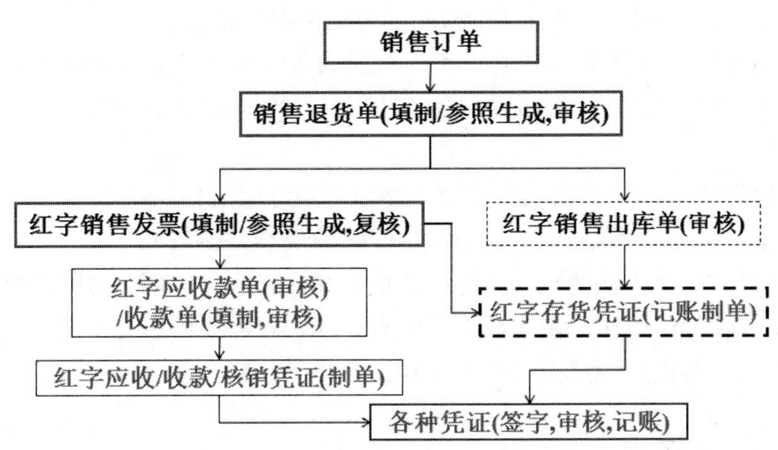

图 6-45　销售开票后退货业务(先退货后开票)的单据流图

先退货后开票的业务流程为：首先填制一张销售退货单，再填制一张相应的红字销售发票，然后红字应收确认和红字成本确认。

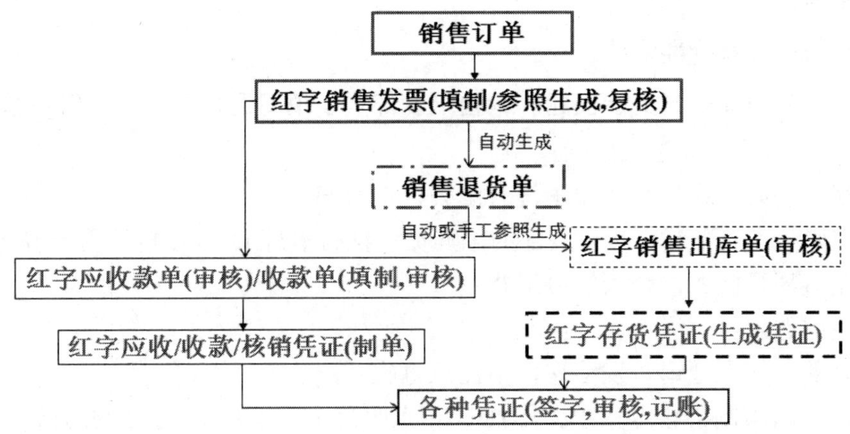

图 6-46　销售开票后退货业务(开票直接退货)的单据流图

开票直接退货的业务流程为：首先填制一张红字销售发票，系统自动生成相应的销售退货单，然后红字应收确认和红字成本确认。

6.6.1　业务概述与分析

4 月 15 日，光明公司要求退货，退回依据合同 XS002 购买的男士普通太阳镜 5 副，本公司同意退货和退款。当日收到退回的眼镜(入大运公司仓库)并开具相应的红字专用发票(发票号：XS6954)，同时办理退款手续，按无税单价 108 元、税率 17%电汇(单号为 DH010)，汇出金额 631.8 元。

本笔业务是已完成开票和收款工作的、同时收货和退款的退货业务，其操作可先退货后开票，也可开票直接退货，相应的业务流程和操作说明如下：

- 先退货后开票：退货单的填制、审核(数量为-5)；红字出库单的填制、审核；红字专用销售发票的填制、现结(金额为-631.8)、复核；销售成本结转和应收确认(应收单审核与制单)。
- 开票直接退货：红字专用销售发票的填制、现结(金额为-631.8)、复核；红字出库单的审核；销售成本结转和应收确认(应收的现结审核与制单)。

下面以先退货后开票方法为例，进行业务场景和操作流程说明。但因没有启用应收款管理系统，所以应收确认操作，在本教程中没有完成。若需要可参见本系列教程之《场景式企业供应链应用高级教程(用友 ERP-U8 V10.1)》的 8.6 节。

6.6.2 虚拟业务场景

人物：赵飞——销售部主管
夏于——批发部职员
李莉——仓管部主管
张兰——财务部会计

场景一　光明公司咨询退货问题，销售批发部夏于填写退货单并请主管审核

(光明眼镜公司采购部打来电话)

夏于：喂，您好，这里是亮康眼镜有限公司销售部。

刘欣：您好！我是光明公司采购部的采购员。我们本月 11 号订购了男士普通太阳镜，刚发现有 5 副有质量问题，今天能办退货吗？

夏于：没问题。

刘欣：好的，马上把退货发给您，请注意查收。

夏于：好的。(填制销售退货单完毕)赵总，光明公司于本月 11 号订购的男士普通太阳镜 100 副，刚发现有 5 副有质量问题，我已经填好退货单了，请您审核一下。

赵飞：好的。(审核完毕，系统自动生成红字出库单)

场景二　销售部发站内信通知仓管部审核红字出库单

夏于：李总您好，光明公司今天退回了 5 副男士普通太阳镜，请您注意接收货物并审核红字出库单。

李莉：好的。

(仓管部收到货物，李莉审核红字出库单)

场景三　夏于填写、现结红字专用销售发票并请销售部主管复核

(夏于收到光明公司的退货发票和本公司的退款单据，填制红字销售专用发票完毕)

夏于：赵总，光明公司的退货发票填制完毕了，并且已经现结，请您复核。

赵飞：好的。(复核……)

场景四　赵飞请财务部对本笔业务进行退货的销售成本结转

赵飞：小张，今天光明公司的退货业务已经完成了，麻烦进行销售成本结转。

张兰：好的，没问题。(销售成本结转……)

6.6.3　操作指导

1. 操作流程(见图6-47)

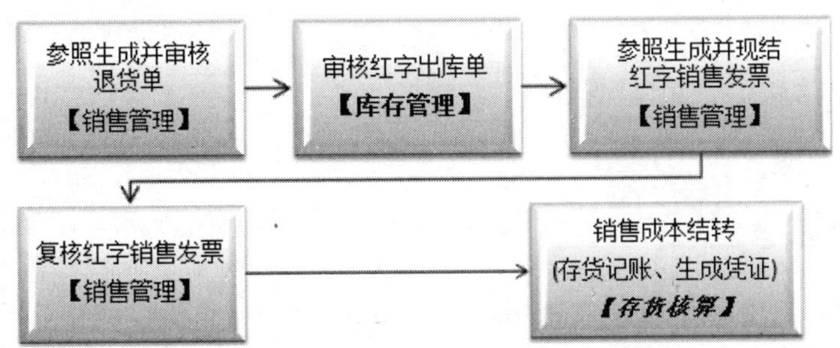

图6-47　现结的销售退货(先退货后开票方法)业务的操作流程图

请确认系统日期和业务日期为2016年4月15号……

2. 场景一的操作步骤

视频网址： http://www.mdmuke.com/mdmk/mod/page/view.php?id=1192

任务说明： 填制与审核退货单。

(1) 打开“退货单”窗口。在“企业应用平台”的“业务工作”页签中，依次点击“供应链/销售管理/销售发货/退货单”菜单项，系统打开“退货单”窗口。

(2) 参照销售订单生成退货单。

① 打开“参照生单”窗口。单击工具栏中的“增加”按钮，系统打开“查询条件选择-参照订单”对话框，直接单击对话框中的“确定”按钮，系统打开“参照生单”窗口。

② 拷贝信息。在“参照生单”窗口的上窗格中，双击要选择的销售订单(订单编号为XS002)所对应的“选择”栏，再单击工具栏中的“OK确定”按钮，系统返回“退货单”窗口，此时相关的信息已经有默认值。

(3) 编辑退货单。修改表头的“备注”为“销售退货男士普通5副”，表体的“数量”为“-5”，其他项默认。

(4) 保存。单击工具栏中的“保存”按钮，保存该退货单，结果如图6-48所示。

(5) 审核。单击工具栏中的“审核”按钮，完成审核工作(根据本公司的账套初始设置，系统将自动生成红字销售出库单)。

(6) 退出。单击“发货单”窗口右上角的“关闭”按钮，关闭并退出该窗口。

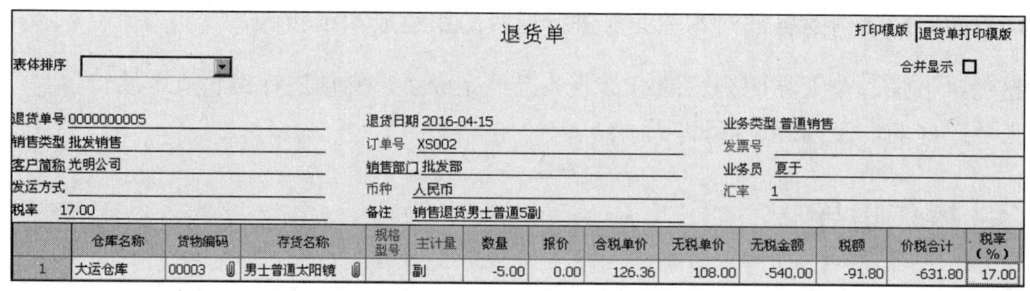
退货单

打印模版 退货单打印模版

表体排序　　合并显示 □

退货单号 0000000005　退货日期 2016-04-15　业务类型 普通销售
销售类型 批发销售　订单号 XS002　发票号
客户简称 光明公司　销售部门 批发部　业务员 夏于
发运方式　币种 人民币　汇率 1
税率 17.00　备注 销售退货男士普通5副

	仓库名称	货物编码	存货名称	规格型号	主计量	数量	报价	含税单价	无税单价	无税金额	税额	价税合计	税率（%）
1	大运仓库	00003	男士普通太阳镜		副	-5.00	0.00	126.36	108.00	-540.00	-91.80	-631.80	17.00

图 6-48　业务 6.6 的退货单

提示：

销售退货单与销售发货单，是同一个单据模板，所以其表头和表体的主要栏目，可参见 6.2.3 节的相关内容。

3. 场景二的操作步骤

视频网址：http://www.mdmuke.com/mdmk/mod/page/view.php?id=1193

任务说明：审核红字销售出库单。

(1) 打开“销售出库单”窗口。在“企业应用平台”的“业务工作”页签中，依次点击“供应链/库存管理/出库业务/销售出库单”菜单项，系统打开“销售出库单”窗口。

(2) 查阅并审核红字销售出库单。在“销售出库单”窗口中，单击工具栏中的“末张”按钮，查阅到本业务生成的红字销售出库单，然后单击“审核”按钮，系统弹出信息框提示审核成功，单击“确定”按钮，完成审核工作，结果如图 6-49 所示。

(3) 退出。单击“销售出库单”窗口右上角的“关闭”按钮，关闭并退出该窗口。

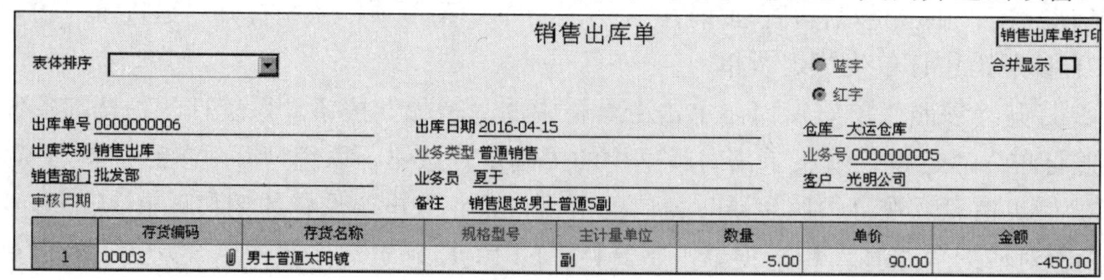
销售出库单

销售出库单打印

表体排序　　○ 蓝字　● 红字　合并显示 □

出库单号 0000000006　出库日期 2016-04-15　仓库 大运仓库
出库类别 销售出库　业务类型 普通销售　业务号 0000000005
销售部门 批发部　业务员 夏于　客户 光明公司
审核日期　备注 销售退货男士普通5副

	存货编码	存货名称	规格型号	主计量单位	数量	单价	金额
1	00003	男士普通太阳镜		副	-5.00	90.00	-450.00

图 6-49　业务 6.6 的红字出库单

提示：

红字销售出库单与蓝字销售出库单是同一个单据模板，所以其表头和表体主要栏目说明，以及操作提示，可参见 6.2.3 节的有关销售出库单的说明。

4. 场景三的操作步骤

视频网址：http://www.mdmuke.com/mdmk/mod/page/view.php?id=1194

任务说明：填制、现结与复核红字销售专用发票。

(1) 打开红字的“销售专用发票”窗口。在“销售管理”子系统中，依次点击“销售开票/红字专用销售发票”菜单项，系统打开红字的“销售专用发票”窗口。

(2) 参照退货单生成红字销售专用发票。

① 打开“参照生单”窗口。单击工具栏中的“增加”按钮，系统弹出“查询条件选择-发票参照发货单”对话框，选择其“发货单类型”为“红字记录”(结果如图 6-50 所示)，然后单击“确定”按钮，系统打开“参照生单”窗口，并已经显示本业务的退货单。

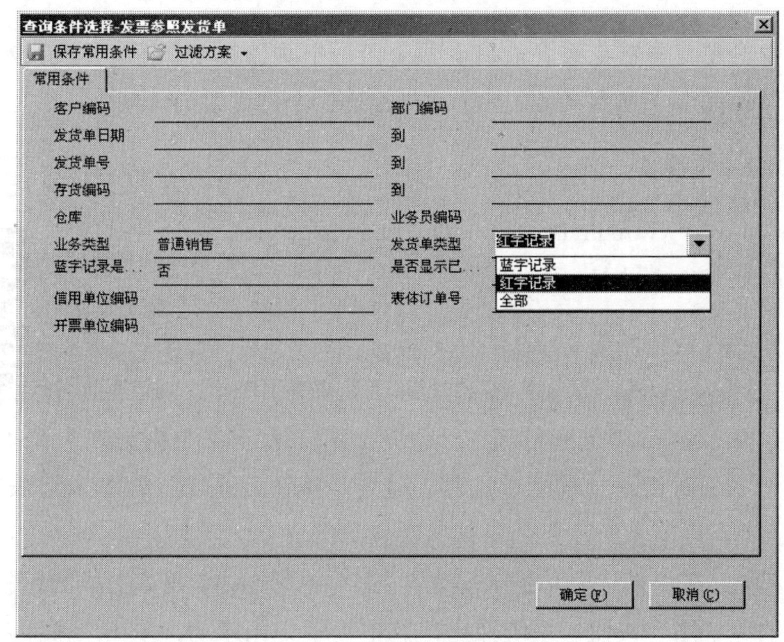

图 6-50　业务 6.6 的“查询条件选择”对话框

② 拷贝信息。在“参照生单”窗口的上窗格中，选中相应的退货单(“订单号”为“XS002”)，单击工具栏中的“OK 确定”按钮，系统返回“销售专用发票”窗口。

(3) 编辑销售专用发票。编辑表头的“发票号”为“XS6954”，其他项默认。

(4) 保存销售专用发票。单击工具栏中的“保存”按钮，保存该发票，结果可参见图 6-51。

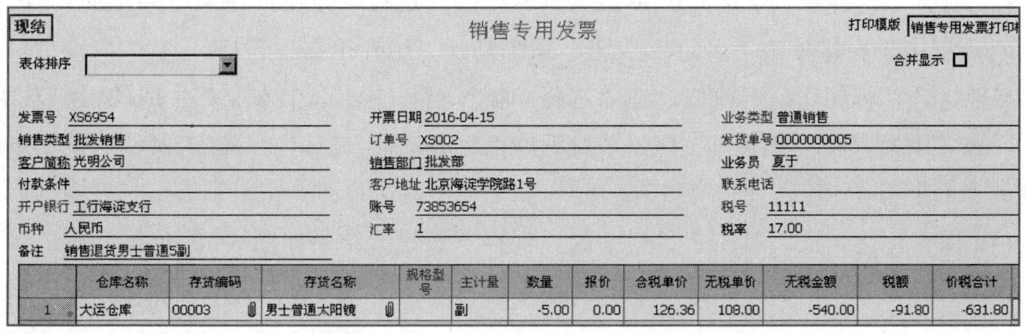

图 6-51　业务 6.6 的红字销售专用发票

(5) 现结销售专用发票。单击工具栏中的“现结”按钮，系统弹出“现结”对话框，选择其“结算方式”为“电汇”，编辑其“原币金额”为“-631.8”、“票据号”为“DH010”，再单击其“确定”按钮，系统返回“销售专用发票”窗口，结果如图 6-51 所示。

(6) 复核。单击工具栏中的“复核”按钮，完成复核工作。

(7) 退出。单击“销售专用发票”窗口右上角的“关闭”按钮，关闭并退出该窗口。

提示：

红字销售专用发票与蓝字销售专用发票是同一个单据模板，所以其表头和表体主要栏目说明，以及操作提示，可参见 6.2.3 节的有关销售专用发票的说明。

5. 场景四的操作步骤

视频网址：http://www.mdmuke.com/mdmk/mod/page/view.php?id＝1195

任务说明：销售成本结转。

【销售出库的存货记账】

(1) 打开“未记账单据一览表”窗口。在“企业应用平台”的“业务工作”页签下，依次点击“供应链/存货核算/业务核算/正常单据记账”菜单项，系统弹出“查询条件选择”对话框，直接单击其“确定”按钮，系统打开“未记账单据一览表”窗口。

(2) 出库记账。在“未记账单据一览表”窗口中，选中本业务生成的销售发票，然后单击工具栏中的“记账”按钮，系统弹出信息框提示记账成功，单击“确定”按钮，完成记账工作。

(3) 退出。单击“未记账单据一览表”窗口右上角的“关闭”按钮，退出当前窗口。

【出库制单】

(1) 打开“生成凭证”窗口。在“存货核算”子系统中，依次点击“财务核算/生成凭证”菜单项，系统打开“生成凭证”窗口。

(2) 打开“选择单据”窗口。单击工具栏中的“选择”按钮，在系统弹出的“查询条件”对话框中，直接单击“确定”按钮，系统打开“选择单据”窗口。

(3) 打开“填制凭证”窗口。在“选择单据”窗口中，选中本业务生成的销售发票，然后单击工具栏中的“确定”按钮，系统返回“生成凭证”窗口，单击工具栏中的“生成”按钮，系统打开“填制凭证”窗口。

(4) 保存存货凭证。单击工具栏中的“保存”按钮，结果如图 6-52 所示。

(5) 退出。单击“填制凭证”和“生成凭证”窗口右上角的“关闭”按钮，退出窗口。

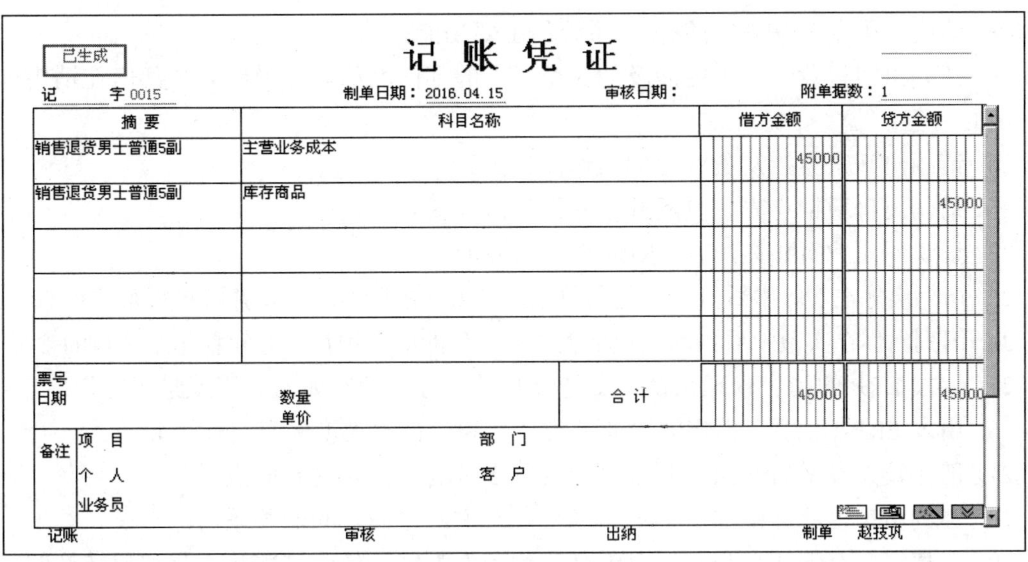

已生成

记账凭证

记 字 0015 制单日期：2016.04.15 审核日期： 附单据数：1

摘要	科目名称	借方金额	贷方金额
销售退货男士普通5副	主营业务成本	45000	
销售退货男士普通5副	库存商品		45000
票号 日期 数量 单价	合计	45000	45000

备注 项目 部门

个人 客户

业务员

记账 审核 出纳 制单 赵技巩

图 6-52 业务 6.6 的红字出库凭证(借贷方金额为红字)

6.7 实验报告内容

1. 请查看销售报价单列表，并将结果拷屏后粘贴在实验报告中。
2. 请查看销售订单列表，并将结果拷屏后粘贴在实验报告中。
3. 请查看销售专用发票列表，并将结果拷屏后粘贴在实验报告中。
4. 请查看销售发货单列表，并将结果拷屏后粘贴在实验报告中。
5. 请查看销售出库单列表，并将结果拷屏后粘贴在实验报告中。
6. 请查看代垫费用单列表，并将结果拷屏后粘贴在实验报告中。
7. 请查看销售订单 XS002 的编辑窗口，并将结果拷屏后粘贴在实验报告中。
8. 请查看销售订单 XS002 发货单的编辑窗口，并将结果拷屏后粘贴在实验报告中。
9. 请查看委托代销业务 WTDX01 结算单的编辑窗口，并将结果拷屏后粘贴在实验报告中。
10. 请查看委托代销业务 WTDX01 的发票，并将结果拷屏后粘贴在实验报告中。
11. 请查看零售日报列表，并将结果拷屏后粘贴在实验报告中。
12. 请查看零售亮康眼镜的出库单，并将结果拷屏后粘贴在实验报告中。
13. 请查看零售亮康眼镜的存货凭证，并将结果拷屏后粘贴在实验报告中。
14. 请查看存货流水账，并将结果拷屏后粘贴在实验报告中。
15. 请查看 15 号的销售专用发票列表，并将结果拷屏后粘贴在实验报告中。(高级条件中设置“开票日期＝2016-04-15”)
16. 请查看库存现存量，并将结果拷屏后粘贴在实验报告中。
17. 请查看“发货单开票收款勾对表”，并将结果拷屏后粘贴在实验报告中。

18. 请列出用友 ERP 中销售管理系统的主要功能。

19. 请列出销售业务中可能涉及的 3 个以上的部门名称，并说明各个部门在销售过程中扮演的角色。

20. 请画出开票直接发货业务的操作流程图。

21. 请画出普通销售先发货后开票的操作流程图。

22. 请说明商业折扣在用友 ERP-U8 中的编辑步骤。

23. 请列出你在实验中看到的销售订单表头和表体的所有项目，并解释每个项目的含义。

24. 请列出你在实验中看到的发货单表头和表体的所有项目，并解释每个项目的含义。

25. 用友 ERP 的销售管理系统，支持哪几种业务类型？如何启用或禁用它们？

26. 用友 ERP-U8 中，销售的“业务类型”和“销售类型”有何作用？

27. 请比较先发货后开票和开票直接发货 2 种业务模式的异同点。

28. 请列出销售业务中的 5 种单据名称，并说明它们之间的关系。

29. 销售订单有哪几种状态？以你今天的操作为例，说明这些状态是如何转换的。

30. 请说明委托代销业务发生的业务环境。

31. 请比较委托代销业务与普通销售先发货后开票业务的异同。

32. 如何启用委托代销业务？

33. 在“销售选项”中设置“委托代销必有订单”选项的作用是什么？

34. 请画出实验中你完成委托代销业务的操作流程图。

35. 若委托代销结算单上没有发票号的编辑栏，如何设置才能编辑发票号？

36. 零售日报业务与普通销售业务的开票直接发货模式相比，操作时有哪些相同点和不同点？请列示。

37. 请解释销售退货的含义。

38. 企业业务中，销售退货会有哪几种情况？

39. 请比较开票前和开票后销售退货的业务发生环境。

40. 请比较销售退货与相应单据修改在操作上的主要差异。

41. 若某笔销售业务已经开具并审核了发货单后，发现其销售订单上有单价错误，需要修改销售订单，此时该如何操作？

42. 若某笔销售业务已经进行销售成本结转，发现销售出库单上的单价有错误，需要修改单价，请给出你的操作步骤系列。

43. 若某笔采购业务已经进行采购成本确认，发现采购入库单上的单价有错误，需要修改单价，请给出你的操作步骤系列。

44. 若某笔采购业务已经进行采购应付确认，发现采购发票上的货款总价有错误，需要修改货款数额，请给出你的操作步骤系列。

第 7 章

月末处理

企业业务活动的月末处理，是指在月末时对各个子系统进行结转处理，把一定时期内应记入账簿的经济业务全部登记入账后，计算记录本期发生额及期末余额，并将本月余额结转至下期或新的账簿。

在用友 ERP-U8 系统中，各个业务子系统的月末结账，需要遵循一定的顺序，结转顺序如图 7-1 所示。

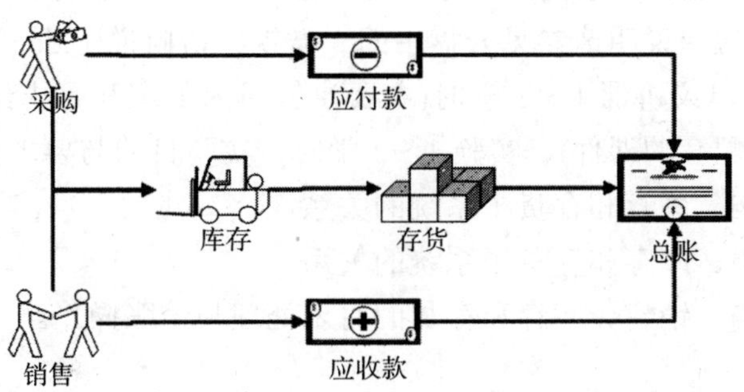

图 7-1　供应链结转顺序图

由图 7-1 可知：

- 采购管理系统月末结账后，才能进行应付款管理系统的月末结账。
- 销售管理系统月末结账后，才能进行应收款管理系统的月末结账。
- 采购与销售管理系统月末结账后，才能进行库存管理与存货核算系统的月末结账。
- 库存管理系统月末结账后，才能进行存货核算系统的月末结账。
- 总账系统必须是最后进行月末结转。

在月末结账时，需要注意以下几点：

- 在月末结账前，一定要进行账套数据的备份，否则一旦数据发生错误，损失将无法挽回。
- 只有在当前会计月的所有工作全部完成后，才能进行月末结账，否则会遗漏某些业务，导致业务数据不全面。
- 若没有期初记账，则不能进行月末结账。

- 若上月尚未结账，则本月业务不能记账。
- 不允许跳月取消月末结账，只能从最后一个月逐月取消。
- 在月末结账后，该月的单据将不能修改和删除，该月末录入的单据将视为下个会计月的单据。

本章的操作，请按照业务描述中的系统日期(如 4 月 30 日)，以账套主管赵技巩(或读者您本人)的身份，在第6 章完成的基础上，对采购、销售、库存和存货核算进行月末处理和月末结账。

如果您没有完成第 6 章的销售业务的操作，则可以到百度云盘空间(云盘地址：https://pan.baidu.com/s/1kVO5jMZ，访问密码：m68d)的“实验账套数据”文件夹中，将“06 销售业务.rar”下载到实验用机上，然后“引入”(操作步骤详见 1.3.5 节)到 ERP-U8 系统中。而且，本章完成的账套，其“输出”压缩的文件名为“07 月末处理.rar”。

需要注意的是，因云盘中的账套备份文件均为“压缩”文件，所以下载完成后引入前，需要用解压缩工具进行解压(建议用 WinRAR 3.42 或以上版本)，得到相应可以引入的账套数据文件。

本章的所有业务实验操作，都有配套的微视频，您可以通过扫描二维码，或者到指定的网页去观看。本教程配套的微视频，均存放在北京神州明灯教育科技有限公司和合一集团的网站上，相应的访问说明请参见云盘中的“微视频访问说明.doc”。

本章的授课时间建议讲课 1～2 学时(主要讲解月末处理和月末结账的作用和处理流程，内容可参见教程配套的课件)、实验 1～2 学时，实验目的与要求如下：

- 深入理解采购、库存和存货子系统的关系。
- 深入理解销售、库存和存货子系统的关系。
- 熟练掌握采购、销售、库存和存货的月末处理与结账操作。

7.1 采购销售月末结账

请确认系统日期和业务日期为 2016 年 4 月 30 号……

视频网址： http://www.mdmuke.com/mdmk/mod/page/view.php?id=1200

任务说明： 采购和销售的月末结账。

【采购管理系统的月末结账】

(1) 打开采购“结账”对话框。在“企业运用平台”的“业务工作”页签中，依次点击“供应链/采购管理/月末结账”菜单项，系统打开“结账”对话框，结果可参见图 7-2。

(2) 关闭所有的采购订单。

① 在“结账”对话框中，系统已经默认选择会计月份“4”，单击“结账”按钮，系统弹出“月末结账”信息提示框(结果如图 7-3 所示)，提示“是否关闭订单？”。

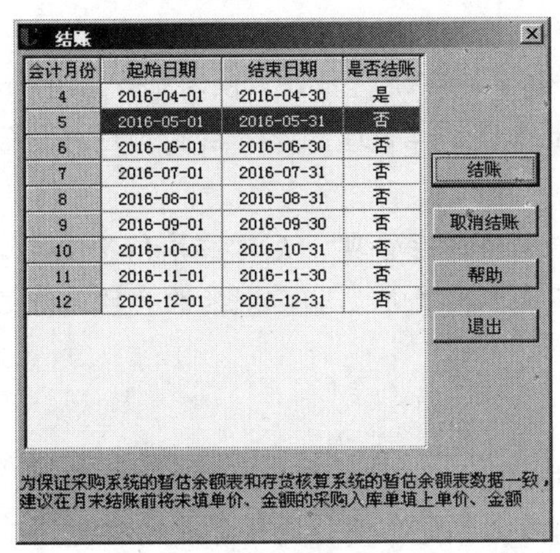

图 7-2　采购管理系统“结账”对话框

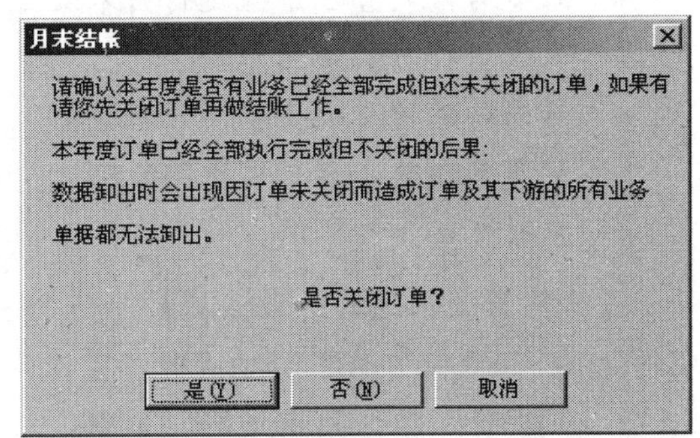

图 7-3　“是否关闭订单？”信息提示框

② 单击“是”按钮，系统弹出“查询条件选择”对话框，默认“订单执行情况”是“入库完成”且“是否关闭”为“否”，即采购货物已经入库但订单没有关闭，直接单击“确定”按钮，系统打开“订单列表”窗口，结果如图 7-4 所示。

提示：

月末需要将入库完成的采购订单进行关闭操作；如果需要设置自动关闭的条件，可在“采购管理/设置/采购选项”打开的对话框中的“其他业务控制”选项卡中设置。

③ “全选”所有未关闭的采购订单并“批关”，系统弹出操作成功的提示框，直接单击“确定”按钮，系统返回“订单列表”窗口，单击其右上角的“关闭”按钮，关闭该窗口。

(3) 再次打开采购“结账”对话框，并再次针对 4 月份“结账”，系统再次弹出“月末结账”信息提示框，提示“是否关闭订单？”，单击“否”按钮，系统自动进行月末结账(结果如图 7-2 所示)，将所选月份采购单据按会计期间分月记入有关账表中。

(4) 退出。单击“结账”对话框中的“退出”按钮，退出该对话框。

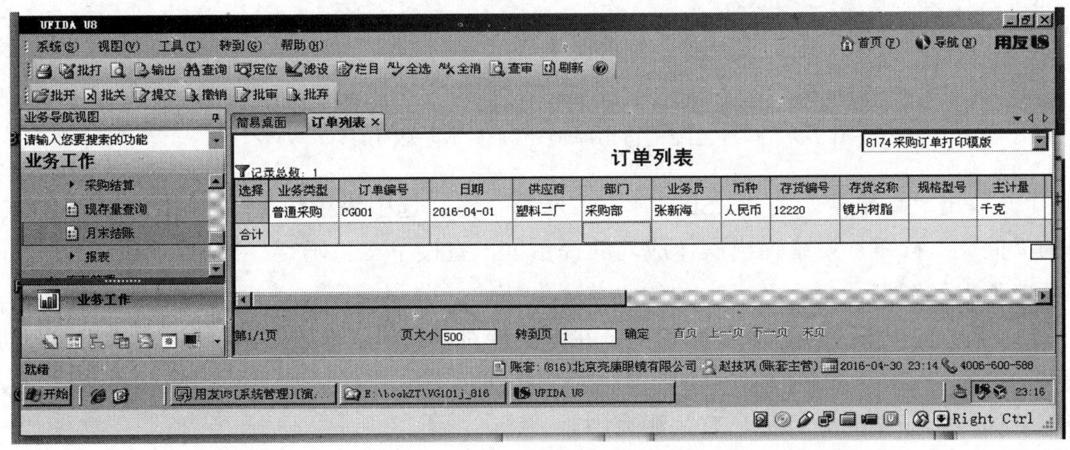

图 7-4　本月已经采购入库但还没有自动关闭的订单列表

提示：

- 采购管理系统的月末结账，可以对多个月的单据一次性结账，但不允许跨月结账。
- 只有对采购管理系统进行月末处理了，才能对库存管理、存货核算和应付款管理系统进行月末处理。
- 若采购管理系统要取消月末结账，必须先取消库存管理、存货核算和应付款管理的月末结账，若它们中的任何一个系统不能取消月末结账，则采购管理系统的月末结账也不能取消。

【销售管理系统的月末结账】

(1) 打开销售“结账”对话框。在“企业运用平台”的“业务工作”页签中，依次点击“供应链/销售管理/月末结账”菜单项，系统打开“结账”对话框，结果可参见图 7-2。

(2) 关闭所有的销售订单。

① 在“结账”对话框中，系统已经默认选择会计月份“4”，单击“结账”按钮，系统弹出“销售管理”信息提示框，提示“是否关闭订单？”，结果可参见图 7-3。

② 单击“是”按钮，系统弹出“查询条件选择”对话框，默认“订单执行情况”是“出库已完成”且“是否关闭”为“否”，即销售货物已经出库但订单没有关闭，直接单击“确定”按钮，系统打开“销售订单列表”窗口，结果如图 7-5 所示。

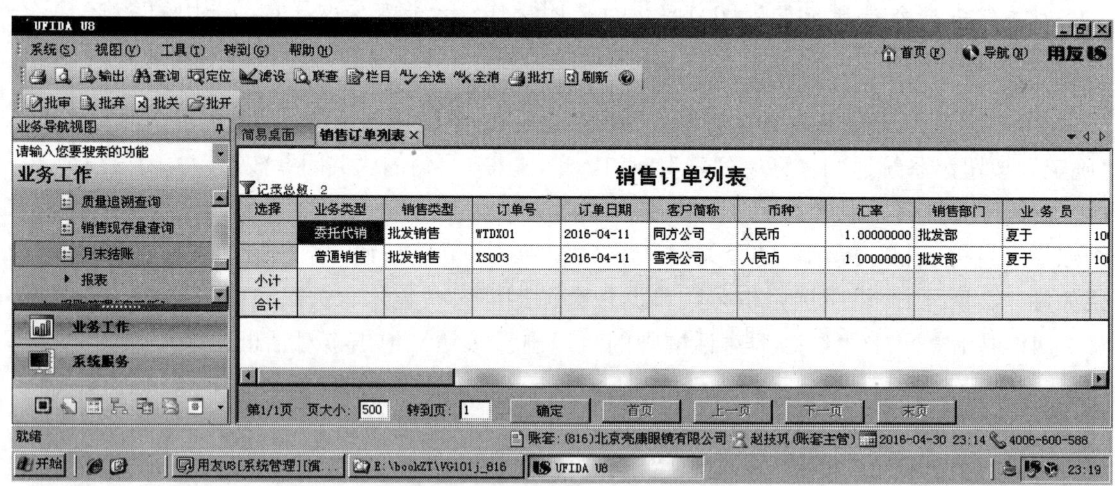

图 7-5 本月已经销售出库但还没有自动关闭的订单列表

③ 双击“订单号”为“XS003”的“选择”栏，选中该销售订单，然后单击工具栏中的“批关”按钮，系统弹出操作成功的提示框，直接单击“确定”按钮，系统返回“销售订单列表”窗口，单击其右上角的“关闭”按钮，关闭该窗口。

(3) 再次打开销售“结账”对话框，并再次针对 4 月份“结账”，系统再次弹出信息提示框，提示“是否关闭订单？”，单击“否”按钮，系统自动进行月末结账，将所选月份销售单据按会计期间分月记入有关账表中。

(4) 退出。单击“结账”对话框中的“退出”按钮，退出该对话框。

提示：

- 只有对销售管理系统进行月末处理了，才能对库存管理、存货核算和应收款管理系统进行月末处理。
- 若销售管理系统要取消月末结账，必须先取消库存管理、存货核算和应收款管理的月末结账；若它们中的任何一个系统不能取消月末结账，则销售管理系统的月末结账也不能取消。

7.2 库存存货月末处理

请确认系统日期和业务日期为 2016 年 4 月 30 号……

视频网址：http://www.mdmuke.com/mdmk/mod/page/view.php?id=1201

任务说明：库存的月末结账，存货的月末处理与结账。

【库存管理系统的月末结账】

(1) 打开库存“结账”对话框。在“企业运用平台”的“业务工作”页签中，依次点击“供应链/库存管理/月末结账”菜单项，系统打开库存“结账”对话框。

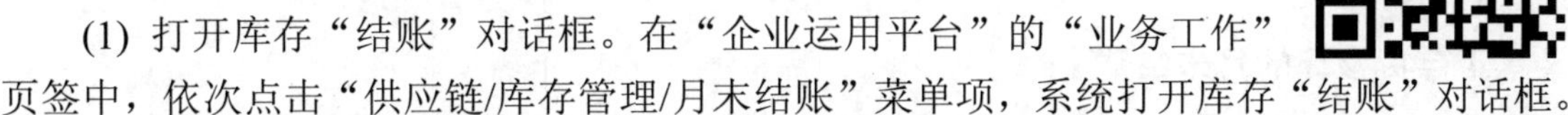

(2) 在“结账”对话框中，系统已经默认选择会计月份“4”，直接单击“结账”按钮，系统提出“库存管理”信息提示框，提示结账后将不能修改期初数据，是否继续结账。

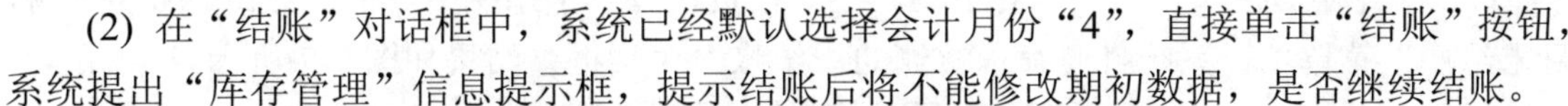

(3) 单击“是”按钮，系统自动完成月末结账。

(4) 退出。单击“结账”对话框中的“退出”按钮，退出该对话框。

提示：

- 只有对采购和销售管理系统进行月末结账之后，才能对库存管理系统进行月末处理。
- 只有在存货核算系统当月未结账或取消结账后，库存管理系统才能取消结账。

【仓库和存货的期末处理】

(1) 打开“期末处理”对话框。在“企业运用平台”的“业务工作”页签中，依次点击“供应链/存货核算/业务核算/期末处理”菜单项，系统打开“期末处理”对话框，结果如图 7-6 所示。

(2) 在“期末处理”对话框中，系统已经默认选中了所有的仓库，单击左侧的“处理”按钮，系统自动完成各个仓库的期末处理任务，并弹出信息框提示期末处理完毕，单击其“确定”按钮返回。

(3) 退出“期末处理”对话框。单击“期末处理”对话框右上角的“关闭”按钮，关闭并退出该对话框。

提示：

- 只有采购、委外和销售系统做结账处理后，才能进行月末处理。
- 恢复期末处理的功能，在总账结账后将不可用。

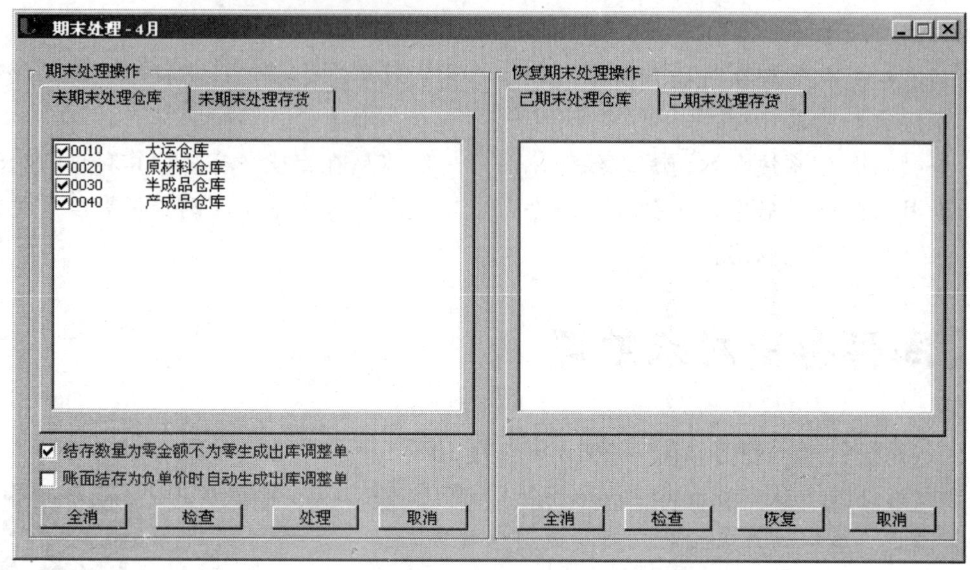

图 7-6　存货核算的期末处理对话框

【存货核算的月末结账】

(1) 打开存货核算“结账”对话框。在“存货核算”子系统中，依次点击“业务核算/月末结账”菜单项，系统打开存货核算的“结账”对话框，结果如图 7-7 所示。

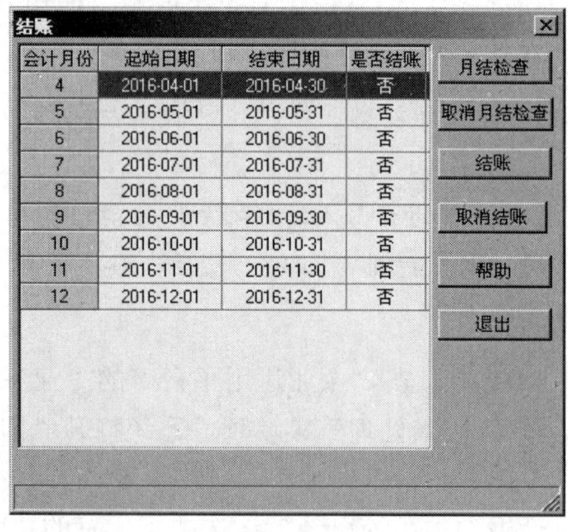

图 7-7　存货核算系统月末处理对话框

(2) 月结检查。单击“结账”对话框中的“月结检查”按钮，系统开始进行合法性检查；若检查通过，系统弹出“检测成功！”的信息提示框，单击“确定”按钮退出信息提示框。

(3) 月结结账。在“结账”对话框中，单击“结账”按钮，系统完成月末结账并弹出“月末结账完成！”的信息提示框，单击“确定”按钮退出信息提示框和“结账”对话框。

提示：

- 只有对采购、销售和库存管理系统进行月末结账之后，才能对存货核算系统进行月末结账处理。
- 在进行存货核算系统月末结账后，只有以下一个会计期间时间登录 ERP-U8 系统，才能恢复月末结账。

7.3 实验报告内容

1. 请查看您的本月所有采购订单的执行统计表，并将其输出成 htm 文件，然后在上交作业前，将该文件与实验报告文件压缩在一起上交。

2. 请查看您的本月所有到货单的列表，并将结果界面拷屏后粘贴在实验报告中。

3. 请查看您的本月所有采购发票的列表，并将结果界面拷屏后粘贴在实验报告中。

4. 请查看您的本月所有采购入库单的列表，并将结果界面拷屏后粘贴在实验报告中。

5. 请查看您的本月所有采购结算单的列表，并将结果界面拷屏后粘贴在实验报告中。

6. 请通过采购综合统计表，查看本月大运公司的综合统计(共 6 条)列表，并将结果界面拷屏后粘贴在实验报告中。

7. 请通过采购执行进度表，查看采购订单 CG001 的到货明细、入库明细、发票明细和付款明细，并将 4 个结果界面逐一拷屏后粘贴在实验报告中。

8. 请查看您的本月所有销售订单的列表，并将结果界面拷屏后粘贴在实验报告中。

9. 请查看您的本月所有发货单的列表，并将结果界面拷屏后粘贴在实验报告中。

10. 请查看您的本月所有销售发票的列表，并将结果界面拷屏后粘贴在实验报告中。

11. 请查看您的本月所有销售出库单的列表，并将结果界面拷屏后粘贴在实验报告中。

12. 请查看您的本月所有其他入库单的列表，并将结果界面拷屏后粘贴在实验报告中。

13. 请查看您的本月所有其他出库单的列表，并将结果界面拷屏后粘贴在实验报告中。

14. 请通过销售统计表，查看您的本月销售毛利率，并将结果界面拷屏后粘贴在实验报告中。

15. 请通过库存管理的统计表，查看您的本月存货分布表，并将结果界面拷屏后粘贴在实验报告中。

16. 请在存货核算系统中，用 ABC 成本分析法分析您的本月各个存货数量金额的占比，并将结果界面拷屏后粘贴在实验报告中。

第8章

综合实验

本章设计的综合业务，有利于读者从企业管理者的角度，理解与分析业务，并可在步骤概要的提示下，理解业务与软件操作之间的关系，用于检验读者是否理解并掌握了相关操作。

本章的操作，请按照业务描述中的系统日期(如 4 月 1 日)，以账套主管赵技巩(或读者您本人)的身份，在第 3 章完成的基础上，对案例企业 4 月份的采购、销售、库存和存货核算进行综合练习。

如果需要，您可以到百度云盘空间(云盘地址：https://pan.baidu.com/s/1kVO5jMZ，访问密码：m68d)的“实验账套数据”文件夹中，将“03 期初记账.rar”下载到实验用机上，然后“引入”(操作步骤详见 1.3.5 节)到 ERP-U8 系统中。而且，本章完成的账套，其“输出”压缩的文件名为“08 综合实验.rar”。

需要注意的是，因云盘中的账套备份文件均为“压缩”文件，所以下载完成后引入前，需要用解压缩工具进行解压(建议用 WinRAR 3.42 或以上版本)，得到相应可以引入的账套数据文件。

本章的实验用时建议 4～6 学时，其实验目的与要求如下：

- 综合理解企业供应链的业务流、价值流和资金流。
- 综合理解采购、销售、库存与存货之间的物流和数据流。
- 熟练掌握普通采购和普通销售业务的操作。
- 熟练掌握采购退货与销售退货业务的操作。
- 熟练掌握订金、运费、折扣等业务的操作。
- 熟练掌握材料出库、产成品入库、调拨、盘点等业务的操作。
- 综合练习采购、销售、库存和存货核算，熟练掌握并完成所有的实验任务。

2016 年 4 月份的购销存业务

【业务 1】 4 月 1 日，生产部向采购部请购硅胶 5 千克，要求本月 5 号到货。采购员张新海完成请购单，采购主管刘静审核通过该请购单。

步骤概要：填制与审核采购请购单。

【业务 2】 4 月 1 日，采购员张新海与硅胶三厂签订采购合同(合同编号 CG011)，订购硅胶 5 千克，无税单价 1600 元，增值税税率为 17%，价税合计 9360 元，本月 5 号到货，采购主管刘静审核通过该采购订单。

步骤概要：采购订单的填制(参照采购请购单)与审核。

【业务 3】 4 月 5 日，硅胶三厂依据采购合同 CG011 发来硅胶，仓管部验收入原材料仓库；随货到达的采购专用发票(发票号 CG0055)上标明硅胶 5 千克，无税单价 1600 元，税率 17%，财务部当日开具转账支票(支票号：ZZ001)现付全部款项 9360 元。

步骤概要：

- 填制与审核采购到货单。
- 填制与审核采购入库单。
- 采购专用发票的填制、现付与采购窗口结算。
- 采购成本确认(借记：原材料/硅胶，贷记：材料采购)。

【业务 4】 4 月 5 日，销售部夏于请采购员张新海采购女士高端太阳镜 1000 副，要求本月 7 号到货，张新海填制采购询价计划单。主管刘静审核通过后，张新海向大运公司咨询其价格，对方报价为无税单价 320 元/副，增值税税率为 17%，张新海填制采购询价单，刘静审核。经协商，对方同意降为 300 元/副。经张新海请示，采购主管刘静同意；张新海签订采购合同(合同编号 CG012)，约定本月 7 号到货。

步骤概要：

- 填制并审核采购询价计划单。
- 填制并审核采购询价单。
- 填制并审核采购询价审批单。
- 填制并审核采购订单。

【业务 5】 4 月 5 日，采购员张新海与大运公司签订采购合同(合同编号 CG013)，订购女士普通太阳镜 4000 副，无税单价 80 元，增值税税率为 17%。当日，收到这批货物和随货物发来的增值税发票(票号 CG0578，价税合计 374 400 元)。太阳镜已验收并入大运公司仓库，款项尚未支付。

步骤概要：

- 填制并审核采购订单。
- 填制并审核采购到货单。
- 填制并审核采购入库单。
- 填制采购专用发票。
- 采购结算。
- 采购成本确认(即入库存货记账与制单，借记：库存商品，贷记：材料采购)。

【业务 6】 4 月 7 日，收到大运公司发来合同编号为 CG012 的女士高端太阳镜 1000

副，到货验收时发现其中10副不合格，要求退回，大运公司同意退货。

步骤概要：

- 填制与审核采购到货单(1000副)。
- 填制与审核到货拒收单(-10副)。
- 填制与审核采购入库单(990副)。

【业务7】 4月7日，采购部收到大运公司发来的采购专用发票，票号为CG0101，发票上标明女士高端太阳镜990副，单价为300元，税率为17%，价税合计347 490元。

步骤概要：

- 填制采购专用发票。
- 采购结算。
- 采购成本确认(借记：库存商品，贷记：材料采购)。

【业务8】 4月7日，采购部张新海与北京塑料二厂签订采购合同(合同编号CG014)，订购树脂镜片2公斤，无税单价6000元，税率为17%，价税合计14 040元；当日到货并入库，同时收到塑料二厂发来的采购专用发票(发票号：CG2345)；财务部开出转账支票(支票号为：ZZ8589)，支付全部货款。

当日入库后发现有1公斤的树脂镜片不合格，要求退货；与塑料二厂取得联系，对方同意退货。当日的晚些时候收到了相应的红字专用采购发票(票号为 CGTH02，价税合计7020元)和用转账支票(票号ZZ8590)退回的货款7020元。

步骤概要：

- 填制并审核采购订单。
- 填制并审核采购到货单。
- 填制并审核采购入库单。
- 填制采购发票、现付并进行采购结算。
- 填制并审核采购退货单。
- 填制并审核红字采购入库单。
- 填制红字采购发票、现付并进行采购结算。
- 采购存货的记账与合并制单(借记：原材料/树脂镜片，贷记：材料采购)。

【业务9】 4月7日，生产部因生产需要领出硅胶12公斤，出库单价1600元。

步骤概要：

- 填制并审核材料出库单。
- 领料出库成本确认(借记：直接材料，贷记：原材料/硅胶)。

【业务10】 4月11日，仓管部收到生产部生产完工的眼镜400副，验收入库产成品仓库，核算的入库单价为160元，相应的直接材料为44 000元，直接人工为20 000元。

步骤概要：

- 填制并审核产成品入库。
- 产成品入库成本确认(借记：库存商品，贷记：直接材料、直接人工)。

【业务 11】 4 月 11 日，由于原材料仓库需要维修，仓管部赵林申请将原材料仓库的所有存货全部调入产成品仓库，仓管部李东经核查该方案可行并批复，仓管部主管审批通过。赵林负责完成了调拨工作。

步骤概要：

- 填制、批复与审核调拨申请单。
- 填制与审核调拨单。
- 进行调拨出、入库单的记账与生成凭证。

【业务 12】 4 月 11 日，仓管部对各个仓库进行盘点，发现产成品仓库的亮康眼镜比账面多了 5 副，成本单价为 160 元，合计为 800 元；塑料账面少了 0.5 公斤，成本单价为 1000 元，合计为 500 元。盘盈盘亏的原因待查。

步骤概要：

- 填制并审核盘点单。
- 审核因盘盈盘亏系统自动生成的其他入库单和其他出库单。
- 盘盈存货的记账与生成凭证(借记：库存商品，贷记：待处理流动资产损溢)。
- 盘亏存货的记账与生成凭证(借记：待处理流动资产损溢，贷记：库存商品)。

【业务 13】 4 月 11 日，销售批发部夏于与光明公司签订销售合同(合同编号 XS012)，出售女士普通太阳镜 4000 副，无税单价 96 元，增值税税率为 17%，价税合计 449 280 元。我公司当日发货，用现金代垫运费 960 元；全额增值税发票(票号为：XS3066)和运费发票，随货送出。

步骤概要：

- 填制并审核销售订单。
- 填制并审核销售发货单。
- 审核出库单。
- 填制并复核销售发票。
- 填制并审核代垫费用单。
- 销售成本结转(借记：主营业务成本，贷记：库存商品)。

【业务 14】 4 月 11 日，雪亮公司计划订购亮康眼镜 5000 副，出价 180 元/副，批发部报价为无税单价 200 元/副，税率为 17%。雪亮公司同意按每副 200 元购买该产品，要求商业折扣 6000 元。本公司同意此要求，销售批发部夏于与雪亮公司签订销售合同(合同编号 XS013)，财务部开具相应的增值税发票(票号为 XS3067，价税合计 1 164 000 元)。公司当日发货出库，款项尚未收到。

步骤概要：

- 填制并审核销售报价单。
- 填制并审核销售订单。
- 填制并复核销售发票(扣除商业折扣)。
- 查阅发货单。

- 审核出库单。
- 销售成本结转(借记：主营业务成本，贷记：库存商品)。

【业务15】 4月11日，批发部委托同方公司销售亮康眼镜5000副，订单号为WTDX11，商品从本公司产成品仓库当日发出，委托代销合同规定每月15号清算一次，委托代销售价为200元/副。

步骤概要：

- 填制并审核委托代销订单。
- 填制并审核委托代销发货单。
- 审核委托代销出库单。

【业务16】 4月15日，本公司根据同方公司发来的代销售出清单，开具销售专用发票(票号为WT0401)，发票上载明已销售亮康眼镜1500副，结算价200元/副，税率为17%。

步骤概要：

- 填制并审核委托代销的结算单。
- 复核销售发票。
- 销售成本结转(借记：主营业务成本，贷记：库存商品)。

【业务17】 4月25日，门市部累计向零售客户销售亮康眼镜100副，含税单价351元，税率为17%，全部现金付讫。

步骤概要：

- 填制、现结与复核零售日报单(3张)。
- 审核销售出库单。
- 销售成本确认(借记：主营业务成本，贷记：库存商品)。

【业务18】 4月25日，光明公司要求退货，退回依据合同XS012购买的女士普通太阳镜50副，本公司同意退货和退款。当日收到退回的眼镜(入大运公司仓库)并开具相应的红字专用发票(发票号XS6954)，同时办理退款手续，按无税单价96元、税率17%开出一张转账支票，票号为DH010，金额为5616元。

步骤概要：可先退货后开票，也可开票直接退货

(先退货后开票)

- 填制与审核销售退货单(数量为-50)。
- 红字销售出库单的填制与审核。
- 红字专用销售发票的填制、现结(金额为-5616)与复核。
- 销售成本结转(红字的，借记：主营业务成本，贷记：库存商品)。

(开票直接退货)

- 红字专用销售发票的填制、现结(金额为-5616)、复核。
- 红字销售出库单的审核。
- 销售成本结转(红字的，借记：主营业务成本，贷记：库存商品)。

【业务19】 4月30日，存货核算的期末处理(记账、仓库期末处理与生成凭证)。

【业务20】 4月30日，采购、销售、库存与存货的月末结账。

参考文献

1. 李继鹏，董文婧，李勉. 用友 ERP 供应链管理系统实验教程(U8 V10.1 版)[M]. 北京：清华大学出版社，2014.3.

2. 赵建新，何晓岗，周宏. 用友 ERP 供应链管理系统实验教程(U8.72 版)[M]. 北京：清华大学出版社，2012.4.

3. 邹辉霞. 供应链物流管理(第 2 版)[M]. 北京：清华大学出版社，2009.4.

4. Donald J. Bowersox 等著. 供应链物流管理[M]. 北京：机械工业出版社，2010.12.

5. Donald J. Bowersox 等著，马士华译注. 供应链物流管理[M]. 北京：机械工业出版社，2010.12.

6. 张莉莉，李吉梅等. 企业财务业务一体化实训教程(用友 ERP-U8.72 版)[M]. 北京：清华大学出版社，2013.07.

7. 张莉莉. 企业财务业务一体化实训教程(用友 ERP-U10.1 版)[M]. 北京：清华大学出版社，2014.03.

8. 王新玲. 财务业务一体化实战演练(用友ERP-U8.72 版)[M]. 北京：清华大学出版社，2013.07.

9. 龚中华，何平等. 用友 ERP-U8 完全使用详解[M]. 北京：人民邮电出版社，2013.07.

10. 龚中华，何平等. 用友 ERP-U8(V8.72)模拟实战——财务、供应链和生产制造[M]. 北京：人民邮电出版社，2012.06.

11. 何平、龚中华等. 用友培训教程——财务核算/供应链管理/物料需求计划(第 2 版)[M]. 北京：人民邮电出版社，2010.11.

12. 李爱红. 用友 ERP-U8.72 财务业务一体化实训教程[M]. 郑州：郑州大学出版社，2013.01.